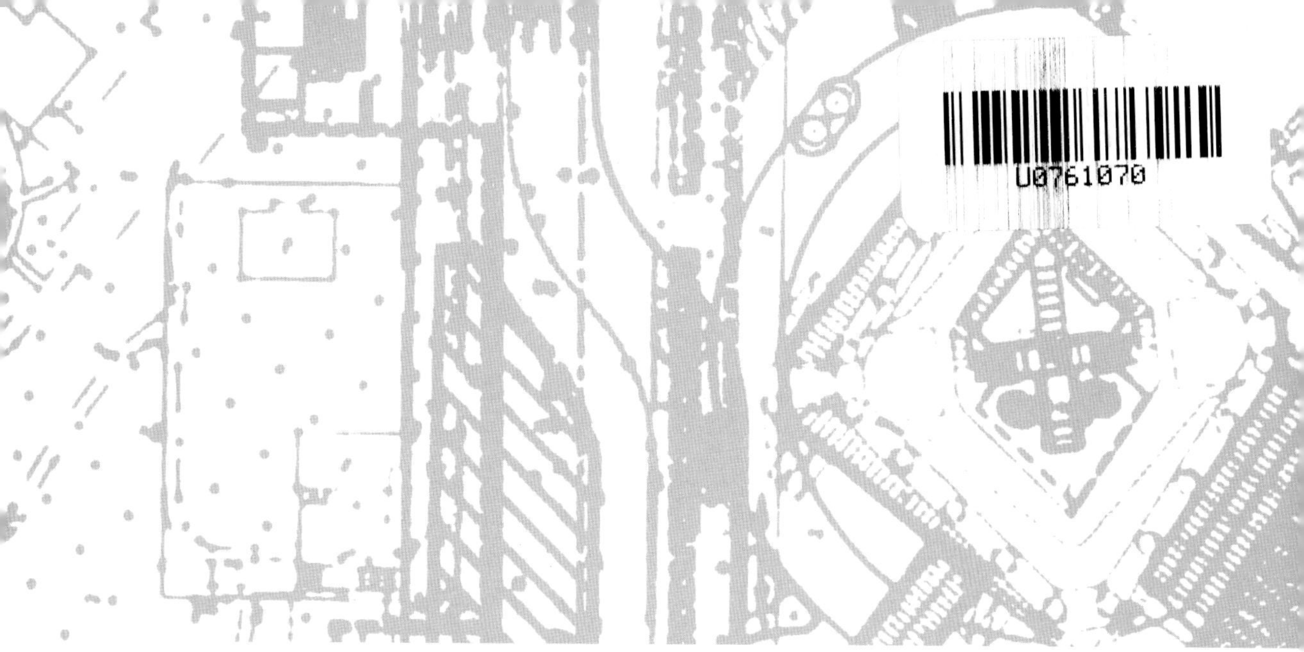

重大建设项目
施工交通组织技术
上海实践

朱 浩 著

·上海·

图书在版编目(CIP)数据

重大建设项目施工交通组织技术上海实践 / 朱浩著
. —上海：同济大学出版社，2022.7
ISBN 978-7-5765-0283-1

Ⅰ.①重… Ⅱ.①朱… Ⅲ.①城市交通—交通运输管理—研究—上海 Ⅳ.①U491

中国版本图书馆 CIP 数据核字(2022)第 121528 号

2022 年度上海市重点图书

重大建设项目施工交通组织技术上海实践
朱　浩 著

责任编辑：高晓辉
责任校对：徐春莲
封面设计：王　翔

出版发行	同济大学出版社　www.tongjipress.com.cn (地址：上海市四平路1239号　邮编：200092　电话：021-65985622)
经　　销	全国各地新华书店、建筑书店、网络书店
排版制作	南京文脉图文设计制作有限公司
印　　刷	上海安枫印务有限公司
开　　本	787mm×1092mm　1/16
印　　张	17.25
字　　数	431 000
版　　次	2022 年 7 月第 1 版
印　　次	2022 年 7 月第 1 次印刷
书　　号	ISBN 978-7-5765-0283-1
定　　价	118.00 元

版权所有　侵权必究　印装问题　负责调换

序

上海作为一个特大型城市，高度重视城市基础设施规划建设，20世纪90年代以来，围绕着建设"四个中心"的城市发展目标，持续高强度地开展市政道路、轨道交通和地下管网等重大基础设施建设。项目在施工期间必定会占用有限的城市道路空间资源，加剧道路交通拥挤。为了兼顾重大建设项目推进和城市交通正常运行，上海从1998年开始探索开展建设项目施工交通组织专项研究和实践。开展建设项目施工交通组织方案研究，已成为上海城市精细化管理的重要内容之一。

建设项目施工交通组织方案是在传统交通组织的基础上，结合施工要求和区域交通特点研究制定的。施工交通组织涉及的部门多，协同性要求高，上海在20多年的实践中，形成了以公安交警总牵头、各交通行业部门相配合，专业交通研究单位和项目建设单位协同编制施工组织方案的工作机制，有效推进和落实了施工交通组织各项工作和任务。

在20多年时间里，上海市城乡建设和交通发展研究院（原上海市城市综合交通规划研究所）全过程参与了施工交通组织工作机制完善及技术水平提升，形成了数百个重大建设工程项目施工期间交通组织方案案例，在建设项目施工交通组织方面积累了较为丰富的实践经验，城市基础设施的快速发展为建设项目施工交通组织技术的进步提供了成长机遇。为了传承经验和进一步提升施工交通组织研究能力，更好适应城市精细化管理工作要求，我院组织编写了《重大建设项目施工交通组织技术上海实践》一书。

本书回顾了上海建设项目施工交通组织工作的发展历程，梳理了不同时期施工交通组织工作的特点，并选取上海20多年来最具代表性的施工交通组织项目为案例，系统总结了施工交通组织技术方法、流程、工作机制等方面的成果和经验。本书可以为交通工程研究人员和行业管理人员提供技术指导和参考。

薛美根

2022年6月18日

前 言

上海从20世纪90年代以来,持续高强度地开展交通基础设施建设,为如今构建"五个中心"全球卓越城市提供了交通保障。然而,轨道交通、城市快速路、地下管网改造等项目大规模集中施工,占用道路空间资源,加剧了全市道路交通供需失衡的局面,道路拥堵也随之加剧。

为了降低施工对道路交通的影响,同时也配合"交通排堵保畅"工作,上海在1998年首次开展了轨道交通4号线(原称"明珠线二期")车站施工期间交通组织研究工作,并以此为起点,不断探索和完善建设项目施工期间交通组织的工作机制和研究技术。建设项目施工交通组织成为上海贯彻精细化管理的关键工作之一。完善的施工交通组织工作机制对保障城市交通平稳运行,保障人民城市高质量发展具有重大的社会意义及经济价值。近年来,上海加快交通基础设施建设,浦东国际机场综合改扩建、沪苏湖高铁、申嘉湖航道整治、北横通道、各条轨道交通线路等事关城市综合交通系统的重大项目集中实施;架空线入地、积水点改造等涉及民生改善的项目也陆续推进。秉承"人民城市人民建、人民城市为人民"的指示要求,营造良好交通环境和秩序,满足市民生活和经济发展需求,作好建设项目施工期间交通组织工作尤为重要。

笔者主持完成了数百项上海市重大建设项目施工交通组织研究任务,全程参与重大建设项目施工交通组织工作机制的构建,在重大建设项目施工交通组织方面积累了丰富的工作经验,摸索和总结出了施工交通组织特有的技术方法。

本书以上海多个重大建设项目施工交通组织案例为基础,梳理了不同类型施工交通组织方案特征;把具体案例与交通工程理论相结合,提炼和丰富了案例理论价值。本书回顾总结施工交通组织关键技术和研究方法,可以为交通工程学科教学提供丰富的实证案例,也可为工程设计者和建设管理者提供技术指导和参考。

本书编写得到了薛美根院长的指导,同济大学孙剑教授、刘启远博士提供了交通仿真理论及测算支持,上海城市综合交通规划科技咨询有限公司的赵毅、杨晋晶和黄鑫等同志提供了案例资料,在此谨向为著书提供帮助的同仁深表谢意!

上海重大建设项目施工交通组织工作得到了上海市交警总队、上海市交通委、上海申通地铁集团有限公司等部门和单位的大力支持。在此,向给予施工交通组织工作关心和指导的单位及领导表示衷心感谢!

笔者水平有限,恳请读者和业内同仁对书中的不足与疏漏提出指正。

著 者

2022 年 1 月

目 录

序
前言

第1章 施工交通组织概述 ·· 1
1.1 重大建设项目交通组织界定 ·· 1
1.2 编写背景 ·· 1
1.3 施工交通组织定义及特征 ·· 4
1.4 重大建设项目施工交通组织分类及定义 ························· 5
1.5 国内外研究现状 ·· 7
    1.5.1 国外施工交通组织的研究内容及特征 ························ 7
    1.5.2 国内施工交通组织的研究内容及特征 ························ 8
    1.5.3 国内外研究现状总结 ·· 9
1.6 本章小结 ·· 9
参考文献 ·· 10

第2章 上海重大建设项目施工交通组织发展历程 ················ 11
2.1 重大建设项目施工交通组织起步探索阶段(1998—2002年) ······ 12
    2.1.1 重大项目施工交通组织起步探索阶段发展过程 ············ 12
    2.1.2 重大项目施工交通组织起步探索阶段特点与经验总结 ···· 13
2.2 轨道交通引领的施工交通组织发展完善阶段(2002—2010年) ··· 14
    2.2.1 轨道引领施工交通组织发展完善过程 ······················· 14
    2.2.2 施工交通组织发展完善阶段特点与经验总结 ··············· 15
2.3 重大建设项目施工交通组织综合提升阶段(2010年至今) ······ 17
    2.3.1 施工交通组织综合提升阶段发展过程 ······················· 17
    2.3.2 施工交通组织综合提升阶段特点与经验总结 ··············· 17
2.4 上海施工交通组织工作现状总结 ································· 18
2.5 本章小结 ·· 19
参考文献 ·· 19

第3章　施工交通组织设计方法及流程 ·········· 20
3.1 施工交通组织与其他建设项目交通组织的对比分析 ·········· 20
3.2 施工交通组织的流程图 ·········· 22
3.3 施工交通组织主要技术手段及流程 ·········· 23
3.3.1 资料收集 ·········· 23
3.3.2 施工交通组织难点问题分析 ·········· 25
3.3.3 确定施工影响范围 ·········· 26
3.3.4 施工期间交通影响评价 ·········· 27
3.3.5 施工方案评价与改善 ·········· 27
3.3.6 施工交通组织方案制定 ·········· 28
3.3.7 施工交通组织方案评价 ·········· 29
3.3.8 交通组织方案的审查和确定 ·········· 30
3.3.9 交通组织方案的实施和调整 ·········· 30
3.4 施工交通组织管理保障机制 ·········· 31
3.4.1 多渠道交通组织方案宣传提示 ·········· 31
3.4.2 各部门的协调保障机制 ·········· 31
3.4.3 科技化与信息化手段的应用 ·········· 32
3.5 本章小结 ·········· 32
参考文献 ·········· 33

第4章　重大建设项目单点施工交通组织 ·········· 34
4.1 单点施工交通组织设计原则 ·········· 34
4.1.1 单点施工交通组织设计基本原则 ·········· 34
4.1.2 施工工艺与交通组织密切衔接 ·········· 35
4.1.3 其他交通组织设计原则 ·········· 35
4.2 单点施工交通组织研究内容及流程 ·········· 36
4.2.1 施工建设资料调查与分析 ·········· 37
4.2.2 交通数据调查采集和处理 ·········· 38
4.2.3 现场调研和施工方案评估 ·········· 40
4.2.4 单点施工交通组织难点问题 ·········· 40
4.2.5 路口翻交方案编制和优化 ·········· 43
4.2.6 不同施工阶段交通组织方案设计衔接 ·········· 43
4.2.7 单点施工区域相关保障措施 ·········· 45
4.2.8 施工交通组织方案后评估与调整 ·········· 46
4.3 单点施工交通组织的方案评价方法 ·········· 46

目 录

    4.3.1 单点施工交通组织评价方法及意义 ·· 46
    4.3.2 单点施工交通组织的微观分析方法 ·· 47
    4.3.3 评价结果分析 ·· 48
4.4 案例选择说明 ··· 48
4.5 案例一：轨道交通 10 号线与 11 号线换乘站交通大学站施工交通组织 ········· 49
    4.5.1 案例背景 ·· 49
    4.5.2 案例具体交通组织方案简述 ··· 50
4.6 案例二：轨道交通 14 号线静安寺站施工交通组织 ······························· 65
    4.6.1 案例背景 ·· 65
    4.6.2 施工交通组织工作概述 ··· 65
    4.6.3 施工交通组织工作过程和具体方案 ··· 66
    4.6.4 案例的经验与启示 ··· 80
4.7 案例三：武宁路快速化工程中山北路/武宁路节点施工交通组织 ········· 81
    4.7.1 案例背景 ·· 81
    4.7.2 施工交通组织方案 ··· 82
    4.7.3 交通组织方案微观评价流程 ··· 86
    4.7.4 仿真运行效果评估 ··· 87
    4.7.5 施工交通组织后评估情况 ··· 89
    4.7.6 案例的经验与启示 ··· 95
4.8 本章小结 ··· 95
参考文献 ·· 95

第 5 章 干道项目施工交通组织 ·· 96
5.1 干道项目施工交通组织编制技术原则 ··· 96
5.2 干道项目施工交通组织编制流程与技术路线 ··· 97
5.3 干道施工交通组织研究内容 ··· 98
    5.3.1 施工建设资料调研与分析 ··· 98
    5.3.2 交通现状数据调查采集和处理 ··· 99
    5.3.3 交通组织方案影响分析与评价 ··· 100
    5.3.4 干道项目施工交通组织研究重点 ··· 101
    5.3.5 干道项目施工交通组织方案编制与优化 ····································· 102
    5.3.6 周边道路扩容及管理措施调整 ··· 102
    5.3.7 公共交通线路组织调整 ··· 103
    5.3.8 其他交通组织管理方式 ··· 103
5.4 干道项目施工交通组织方案实施效果评估 ··· 104

		5.4.1 干道项目施工交通组织评价意义及方法 ·········· 104
		5.4.2 交通组织方案影响分析方法 ·········· 105

5.5 案例选择说明 ·········· 105

5.6 案例一：北翟路(中环—外环)快速化改建工程施工交通组织 ·········· 106
    5.6.1 北翟路(中环—外环)快速化改建工程概况 ·········· 106
    5.6.2 北翟路交通组织关键问题分析 ·········· 107
    5.6.3 北翟路交通组织方案设计 ·········· 110
    5.6.4 方案实施效果评估 ·········· 116
    5.6.5 案例的经验与启示 ·········· 117

5.7 案例二：轨道交通13号线南京西路站施工期间交通组织 ·········· 117
    5.7.1 南京西路站与大中里地块同步施工项目概况 ·········· 117
    5.7.2 南京西路站与大中里地块同步施工项目难点 ·········· 119
    5.7.3 交通组织方案 ·········· 129
    5.7.4 施工交通组织实时效果评估 ·········· 133
    5.7.5 案例经验与启示 ·········· 134

5.8 案例三：武宁路快速化改建工程施工交通组织 ·········· 134
    5.8.1 武宁路快速化改建工程概况 ·········· 134
    5.8.2 武宁路改建交通组织难点及问题分析 ·········· 135
    5.8.3 武宁路交通组织方案设计 ·········· 138
    5.8.4 方案实施效果评估 ·········· 140
    5.8.5 案例经验与启示 ·········· 141

5.9 本章小结 ·········· 142

参考文献 ·········· 142

第6章 重大通道施工交通组织 ·········· 143

6.1 重大通道施工交通组织原则 ·········· 143

6.2 重大通道施工交通组织研究内容 ·········· 144
    6.2.1 现状交通调查及分析 ·········· 144
    6.2.2 重大通道施工交通组织难点问题 ·········· 144
    6.2.3 重大通道施工交通组织影响评估 ·········· 145
    6.2.4 交通疏导管理 ·········· 145

6.3 重大通道施工交通组织方案仿真分析与后评估 ·········· 146
    6.3.1 重大通道施工交通组织宏微观交通影响分析方法 ·········· 146
    6.3.2 重大通道施工交通影响区域划分 ·········· 147
    6.3.3 重大通道施工交通组织后评估方法 ·········· 148

目 录

  6.3.4 重大通道施工交通影响评价指标 ………………………… 150
  6.3.5 评价结果分析 ……………………………………………… 151
6.4 案例选择说明 …………………………………………………………… 151
6.5 案例一:外滩综合改造工程 …………………………………………… 152
  6.5.1 外滩综合改造工程概况 …………………………………… 152
  6.5.2 外滩综合改造工程交通组织研究内容 …………………… 154
6.6 案例二:G15 嘉浏段拓宽改造工程 …………………………………… 168
  6.6.1 G15 嘉浏段拓宽改造工程概述 …………………………… 168
  6.6.2 G15 嘉浏段交通组织方案 ………………………………… 169
  6.6.3 G15 嘉浏段施工交通组织微观交通仿真与评估 ………… 176
  6.6.4 案例的经验与启示 ………………………………………… 181
6.7 案例三:济阳路快速化改造工程 ……………………………………… 181
  6.7.1 济阳路快速化改造工程概述 ……………………………… 181
  6.7.2 济阳路快速化改造施工交通组织综述 …………………… 182
  6.7.3 济阳路工程交通组织方法内容简介 ……………………… 183
  6.7.4 案例的经验与启示 ………………………………………… 197
6.8 案例四:S20 外环隧道大修工程 ……………………………………… 197
  6.8.1 S20 外环隧道大修工程概述 ……………………………… 197
  6.8.2 S20 外环隧道大修施工交通组织 ………………………… 199
6.9 本章小结 ………………………………………………………………… 203
参考文献 ……………………………………………………………………… 203

第7章 重要枢纽施工交通组织 …………………………………………… 204

7.1 浦东国际机场综合改造工程概况 ……………………………………… 204
7.2 浦东国际机场交通组织难点及问题分析 ……………………………… 205
7.3 浦东国际机场交通组织原则 …………………………………………… 207
7.4 浦东国际机场站施工交通组织 ………………………………………… 208
  7.4.1 S1 迎宾大道交通现状调查与数据收集(2019 年) ……… 208
  7.4.2 浦东国际机场站施工方案比选论证 ……………………… 211
  7.4.3 浦东国际机场站施工交通组织方案简介 ………………… 212
  7.4.4 浦东国际机场站施工交通组织方案预评估 ……………… 214
  7.4.5 浦东国际机场站交通组织后评估 ………………………… 215
7.5 S32 南进场线翻交交通组织 …………………………………………… 215
  7.5.1 S32 交通现状调查与数据收集 …………………………… 215
  7.5.2 S32 南进场线改道方案设计与评估 ……………………… 216

　　　　7.5.3　T3航站楼及S32南进场线施工期间货车流线组织 ················ 217
7.6　P7出租车蓄车场搬迁交通组织 ·· 218
　　　　7.6.1　P7蓄车场交通现状调查与数据收集 ·· 218
　　　　7.6.2　P7蓄车场搬迁交通组织难点分析 ·· 219
　　　　7.6.3　P7临时蓄车场设计和优化论证 ··· 220
　　　　7.6.4　P7蓄车场搬迁周边道路配套交通组织方案 ······························· 222
7.7　案例的经验与启示 ··· 227
7.8　本章小结 ·· 227

第8章　重大建设项目施工交通影响综合评价 ··· 228

8.1　研究必要性及研究目标 ··· 228
　　　　8.1.1　研究必要性 ··· 228
　　　　8.1.2　研究目标 ·· 229
8.2　交通综合影响评价研究范围和年限 ··· 229
8.3　交通综合影响评价总体研究思路 ·· 229
8.4　交通综合影响评价研究方法 ·· 230
8.5　交通综合影响评价成果介绍 ·· 231
　　　　8.5.1　2020—2021年度综合影响评价成果概述 ··································· 231
　　　　8.5.2　上海2016—2021年建设项目交通综合影响评价情况综述 ············ 241
8.6　本章小结 ·· 254

附录 ··· 255

第 1 章
施工交通组织概述

1.1 重大建设项目交通组织界定

本书中的"重大建设项目"一般是指纳入上海市重大工程项目清单,或者纳入各区重点实施的建设项目,包括轨道交通、市政道路新建和养护、地下管线(架空线入地)敷设等。它们的共同点在于,一是施工建设期间需要较大范围占用市政道路空间,会对道路交通产生明显影响;二是建设周期较长,对交通影响的持续时间长且部分还有叠加影响。

本书中的"交通组织"是特指建设工程项目在施工期间的交通组织,主要包括建设项目施工占路后交通疏导和交通管理措施调整,目的是降低施工对交通的影响。

本书的研究重点是重大建设项目施工期间交通组织的技术和方法。

1.2 编写背景

随着我国经济高速发展,机动化出行率不断提高,这对城市交通运行带来了极大的压力与挑战,交通拥堵已经成为日益严重的社会问题。根据高德《2020 年度中国主要城市交通分析报告》[1],我国拥堵排名前 20 位的城市高峰拥堵延时指数(实际旅行时间与自由流状态下的比值)均已突破 1.66,具体如表 1-1 所示,交通问题已成为制约城市经济发展的关键因素之一。

表 1-1　　2020 年中国主要城市高峰拥堵延时指数

拥堵延时指数排名	城市名称	汽车保有量所属区间	高峰拥堵延时指数
1	重　庆	超 400 万辆	1.952
2	西　安	超 300 万辆	1.890
3	长　春	200 万辆以下	1.836
4	济　南	超 200 万辆	1.818
5	北　京	超 400 万辆	1.796
6	青　岛	超 300 万辆	1.795
7	哈尔滨	超 200 万辆	1.772

续表

拥堵延时指数排名	城市名称	汽车保有量所属区间	高峰拥堵延时指数
8	南京	超 200 万辆	1.769
9	大连	200 万辆以下	1.763
10	上海	超 400 万辆	1.747
11	昆明	超 200 万辆	1.741
12	贵阳	200 万辆以下	1.737
13	成都	超 400 万辆	1.734
14	兰州	200 万辆以下	1.727
15	海口	200 辆万以下	1.723
16	广州	超 200 万辆	1.721
17	长沙	超 200 万辆	1.720
18	沈阳	超 200 万辆	1.705
19	西宁	200 万辆以下	1.673
20	银川	200 万辆以下	1.665

城市道路交通拥堵不单单受汽车保有量增长等因素影响，城市内快速路、地铁、地下通道等重大交通基础设施建设也是交通拥堵的主要诱因之一。中国城市轨道交通协会发布了《城市轨道交通 2020 年度统计和分析报告》[2]，2020 年轨道交通在建里程排名前 10 位的城市中，有半数拥堵情况已经较为严重，如图 1-1 所示。这也表明，在轨道交通集中建设的时期里，施工占路等因素一定程度上削弱了道路交通的容量，会加剧道路交通的拥堵。

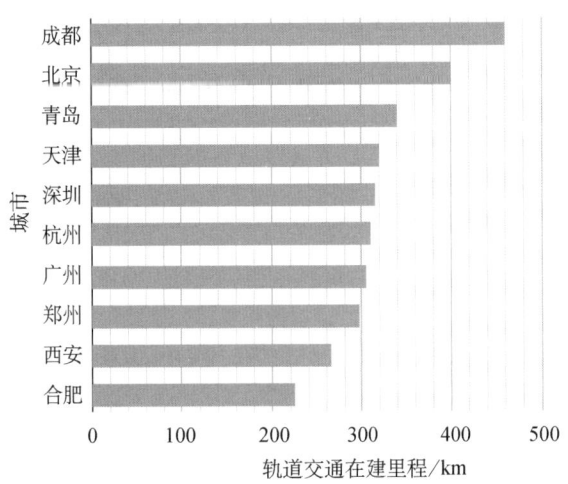

图 1-1　2020 年中国城市轨道交通在建里程前 10 位的城市

重大建设项目施工交通组织设计是指在现有路网条件下，在保证各类建设项目按计划实施的同时兼顾通行效率，对各类交通参与者的通行时空条件进行重新规划的方法。这也是城市化建设过程中，保障交通系统安全稳定运行的重要前提。在城镇化发展初期，道路交通流量低，道路设施结构简单，各类项目施工建设相对简单，对城市交通的稳定运行影响不大。随着我国改革开放进一步深入，机动化水平以及交通参与者复杂程度越来越高，重大项目建设与交通系统稳定运行的矛盾越发突出，施工交通组织作为一类新的交通研究内容在我国也就越来越受到重视，施工交通组织成为城市精细化管理的重要组成部分。合理完善的施工交通组织方法，对保障整个城市交通稳定运行、人民城市高质量发展具有重大的社会意义及经济价值。

目前我国施工交通组织相关规范及研究成果主要是基于优先确保施工的原则，据此进行方案设计，难以满足大规模建设情况下交通组织的应用需求。我国重大建设项目施工交通组织的难点具体表现在：

（1）施工空间与交通通行空间的需求形成矛盾。

机动车保有量和出行量的快速增长导致施工交通组织方案需要满足的通行需求越来越高，施工方的占地需求与道路交通通行空间需求形成极大的资源矛盾。在早期（2000年以前）的施工交通组织中，由于机动车流量低，道路情况简单，采用一次性大面积围挡施工，当时这一施工方式对交通产生的影响相对较小。而随着机动车流量的快速增长以及交通系统复杂化程度提高，非机动车、公交车、行人等与社会车流混行，施工对交通的影响越来越大。过去一次性围挡大面积占地施工的方式已经鲜见，重大建设项目施工都会考虑到对交通的影响而分阶段进行，并且也预留空间保障各类交通参与者的通行。施工过程中交通参与者通行空间已从被动位置逐渐向主动位置转变。早期与现在施工区交通组织环境对比如图1-2和图1-3所示。

图1-2　早期施工区交通组织环境　　　　图1-3　现在施工区交通组织环境

（2）施工交通组织精细化设计要求越来越高。

由于道路空间资源受限，施工交通组织更加需要各类精细化的组织管理手段以实现道路资源最大化利用。目前我国大部分城市对重大建设项目施工交通组织方法较多关注微观设计层面，比如施工区的路口翻交、路段断面及线型设计、限速引导等。而在宏观战略层面的系统性分析方法相对缺乏，比如重大施工建设项目的影响区域分析、直接影响区和间接影响区的分析手段及对应的管理手段较少。施工交通组织对预测、管理、评估的精细化、多样化要求越来越高,施工交通组织理论方法与实践的要求也进一步提高。

(3) 各类健全的组织保障体系需求大。

目前我国城市的交通基础设施建设尤其是地铁建设中,施工节点呈现多点化、区域化的发展趋势,连续多区域施工的相互影响使交通影响预测分析的工作难度加大。同时,施工交通组织问题涉及施工方、设计方、管理方等多个参与方,需要有统一健全的管理体系以保障施工交通组织工作有效运转。

上海作为中国典型现代化大都市,建立了较为完善的城市基础设施框架和城市交通体系[3]。2020年底,上海轨道交通网络拥有729.2 km运营里程和430座车站,位居世界第1位[4]。上海轨道交通建设周期长达二三十年,对城市交通的稳定运行产生了极大的压力与挑战。上海市城乡建设和交通发展研究院从1998年承担首个施工交通组织项目以来,在20多年里完成了各类重大建设项目施工交通组织研究工作,积累了交通组织设计方法(方案)、工作机制及机构保障等方面的经验,施工交通组织的理念和技术方法也在不断更新和发展,使上海在大规模建设的历程中,始终保持高效稳定的交通运行水平,没有产生系统性、长期性的拥堵。施工交通组织工作对上海交通发展作出了积极贡献。

1.3 | 施工交通组织定义及特征

《城市道路施工作业交通组织规范》(GA/T 900—2010)[5]对施工交通组织进行了如下定义:占用城市道路施工作业期间,为了降低占道施工作业给城市交通带来的影响,采取相应的对策,保障道路交通安全、有序,不发生大范围、长时间的交通拥堵。其包括临时占道施工交通组织和长时间占道施工交通组织。更具体来讲,施工交通组织是指项目建设在占用原有道路空间后,通过道路的翻交渠化、路段交通流线设计、信号控制系统优化、区域分流诱导、公交线路调整以及其他综合保障等一系列措施,使施工对区域交通出行影响最小的一系列交通管理方法的综合。

重大建设项目施工交通组织是一类特殊的交通组织及研究工作,相比于其他类型交通组织,具有以下七个维度的典型特征:

(1) 影响范围大。部分大型单点施工交通组织项目会涉及周边路口分流。在城市重大通道的施工建设中,影响范围会进一步扩大,一旦交通组织设计方案不合理,就会对城市交通系统带来大范围的负面影响。尤其是在城市地铁项目建设多点开花的情况下,多个施工节点叠加影响极易造成交通系统的大面积瘫痪。

(2) 持续时间长。不同于高速公路养护交通组织或大型活动等的交通影响评估,重大建设项目施工交通组织持续时间较长,一般会在2年左右。在此期间周边的用地开发、区域出行特征等交通系统的各因素改变,都会对施工区域的交通运行产生影响。因此需要考虑在项目施工周期内周边交通环境因素变化的不确定性。

(3) 方案动态性。为了尽可能降低对交通的影响,重大建设项目施工方一般会考虑分阶段施工,不同施工阶段对道路的占用、对各类交通参与者的影响都存在差异。施工交通组织的动态性体现在:①区域影响范围的动态性。不同施工阶段围挡占路差异会使得交通影响范围产生动态变化,包括直接影响区及间接影响区等。②交通组织方案的动态性。不同施工阶段占用道路情况各有差异,交通组织方案也需要随之重新编制和调整。重大工程如上海轨道交通14号线静安寺站,施工期间交通组织工作一共经历了6个阶段,每个阶段都编制了相应的交通组织方案。③实施过程的反馈动态性。在专家评审阶段、政府职能部门如交警等的审查阶段、施工实施阶段等任何一个阶段发现交通组织方案存在不合理性,均需要及时进行优化调整。

(4) 涉及多模式交通。重大建设项目施工交通组织要解决多模式出行需求[6],需要优先考虑行人、非机动车和公交系统的通行,需要保障社会机动车辆的通行,同时也需要考虑应急救援等特殊车辆的通行。

(5) 流程全面性。施工交通组织、交通影响评价以及大型活动交通组织三类交通组织研究的流程有较大不同,具体表现在:①施工交通组织在施工方案拟定阶段开始介入,为了预留更多的交通组织空间,保障区域交通的稳定运行,一般在满足施工有效进行的情况下,尽量压缩施工围挡范围,交通组织方在此过程中的话语权较高;②施工交通组织需要在研究前期开展详尽的调查,掌握周边交通运行状况,如静态交通设施情况、路网结构、道路断面布置和管理措施、各类交通流量特征等基础资料信息,作为交通组织方案里路口翻交、交通渠化等具体方案研究设计的依据,其调查工作量也远大于交通影响评价或者大型活动交通组织[7];③施工交通组织方案评估的多元性,施工交通组织既要从技术角度评估方案的合理性,也要从社会层面考虑方案对周边住宅区、商业区和办公聚集场所交通出行的影响,同时在方案实施后,还需要进行方案后评估来评判其合理性。

(6) 技术科学性。施工交通组织技术的科学性是保障该项工作全面性和方案动态性的关键。施工交通组织关键技术包括:①施工区域道路翻交技术,在空间受限的情况下,制定合理的路口渠化方案以及信号控制方案;②交通影响区域的分析技术,在不同施工阶段,通过交通影响分析的四阶段法,或者其他数据源,分析施工交通组织后对区域交通出行的影响,划分直接影响区和间接影响区;③区域路网的诱导分流技术,在施工导致的交通影响范围内,设计交通出行诱导以及分流方案,并对交通分流疏导运行状况做实施效果的后评估。

(7) 机制完整性。重大建设项目施工交通组织一般需要多部门协调,平衡建设方、管理方和交通使用方的利益诉求。因此,形成完善的施工交通组织工作机制及协调平台是很重要的。施工交通组织工作机制包括交警、交通委、市政、地铁、水务、规划等多个部门,这有助于全过程协调施工交通组织工作的推进和落实。

1.4 | 重大建设项目施工交通组织分类及定义

建设项目周边路网设施情况、所处地区位置、用地红线、周边建筑特征、相关道路交叉口几何特征、交通需求以及地质等条件均存在差异,这也导致不同项目的施工交通组织方法和方案存在差异。

施工交通组织类型较多,可以按施工的地点划分,包括城市道路交叉口/路段施工区、高快速路施工区等;或按封闭道路情况划分,包括全幅道路封闭施工和半幅道路封闭施工;或按施工项目划分,如地铁施工、一般主次干道施工(含地下管线)、高快速路施工(含养护)、相关建筑施工等。

本书为了总结施工交通组织特点,根据重大项目建设影响区域范围、关键组织手段及方法等核心差异性特征,将施工交通组织划分为三种类型,即单点施工、干道施工和通道施工。不同施工分类的关键特点如图1-4所示。

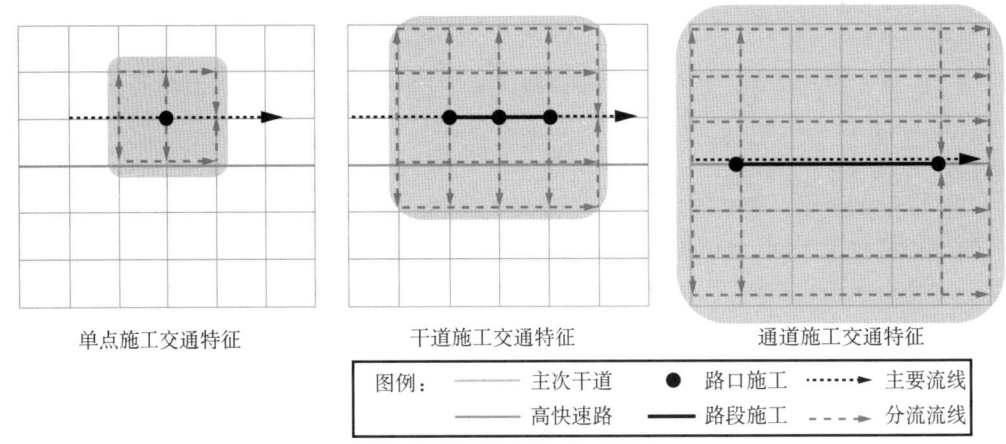

图1-4 不同类型施工交通组织特点

单点施工交通组织针对建设项目占用单个路口,或占用局部路段的施工类型。这类施工项目一般对交通影响范围较小,只需要相邻道路分流就可以,采用的交通管理措施力度相对较低。这类施工项目多数位于交通流量较低,或者施工期间交通便道可以做到"占一还一"的路段。

干道施工交通组织是指建设项目在主次干道上连续关联的多路口进行占路施工时,所采取的主次干道翻交、区域路网分流、信号控制优化、区域公交调整以及其他保障措施的综合。这类交通组织大多需要较大范围路网的分流,也需要在相关交叉口采取限制转向等强制分流手段,其影响范围会扩大到周边3~4条主次干道范围,甚至扩大至相邻快速路或高速公路。

通道施工交通组织是指在对外交通枢纽、高速公路入城段等重要通道上进行改扩建施工时,因施工需要不得不对通道采取半幅或全幅封闭施工,且有重要匝道关闭的情况下,所采取的匝道管理、多级路网诱导及分流、公交调整以及其他综合性保障措施的综合。这类交通组织涉及的影响范围更广,需要采取多级分流措施,需要对道路立交的部分转向交通进行组织调整,并且需要结合施工阶段采取不同的交通疏导措施。采用的交通管理措施更为复杂。

三类施工交通组织主要特征总结如表1-2所示。

表1-2 施工交通组织类型划分及主要特征

特征 \ 类型	单点施工交通组织	干道施工交通组织	通道施工交通组织
施工范围	单个交叉口	主次干路连续多路口或路口相连路段	市域内或市域间的立体化快速通道
影响区域	一般只影响单路口区域内部的道路,少部分需分流相邻路段	影响范围为干道周边或平行的3~4条路段	影响通道所在城市主要关联区域

— 6 —

续表

特征 \ 类型	单点施工交通组织	干道施工交通组织	通道施工交通组织
组织手段	单点路口渠化翻交为主	干道路口翻交+周边路段分流	路段分流+区域诱导
分流节点	一般不分流	包括干道通过所有节点	一般为首末节点上下游
关键理论	单点路口的交通设计方法	连续干道的交通设计管理以及交通分流方法	宏观的交通影响分析方法
评价方法	微观层面运行指标评价	宏微观结合的分析方法	宏观大范围的交通影响分析方法

1.5 国内外研究现状

1.5.1 国外施工交通组织的研究内容及特征

欧美国家很早意识到施工作业区对交通的重要影响,把道路施工认定为引起民众对交通系统不满的第二大原因,对施工区交通问题给予了很大关注。美国在此方面研究较为广泛,美国交通运输研究委员会(Transportation Research Board,TRB)专门设立道路施工区分委会,支持施工区交通问题的研究,给予大量资金支撑,着重解决施工区通行能力、交通延误、车辆排队和交通安全等问题。研究内容涉及精细化管理手段、政策、法规、施工区安全、施工人员作业等,研究主要集中在道路养护作业,很少涉及大范围交通疏解组织。美国联邦公路管理局与美国各州交通运输部多年来也持续不断地针对施工区通行效率、行驶安全、组织决策等方面进行探索和实践,推出了《交通控制设施手册》(Manual on Uniform Traffic Control Devices for Streets and Highways)[8]和《美国高速公路通行能力手册》(Highway Capacity Manual)[9]。其中《交通控制设施手册》是美国公路施工区组织的行业标准,包含施工区组织影响因素以及各类设施、控制方案的使用实施指南。《美国高速公路通行能力手册》根据公路养护作业对道路通行能力折减因素及程度,按照时间分为短期施工区和长期施工区两种类型,认为施工区的短期影响主要取决于施工区特性和交通流量,其中,施工区特性包含施工区的长度、施工区的数量、施工区未封闭车道的通行能力、施工作业的起始时间和持续时间、限制车速以及绕行方案等内容。他们的研究对象相对较为单一,研究范围相对较小,研究内容较为精细。美国公路合作研究组织(National Cooperative Highway Research Program,NCHRP)历年来出台了多个关于道路施工区各类标牌标志精细化设计的规范,如《高速公路建设工作区设计》(Design of Construction Work Zones on High-Speed Highways)[10]、《施工区的限速管理》(Work Zones Speed Management)[11],以及车辆通行保障的相关规范等[12]。

在部分欧洲国家,施工交通组织研究同样倾向于道路施工和养护过程中的精细化交通设计内容。在英国运输部的《街道工程和道路工程安全》(*Safety at Street Works and Road Works*)[13]手册中,较为详细地介绍总结了各类公路路段、环岛、十字路口、铁路路口等养护施工过程涉及的标志标牌设置规范、车辆让行规则、施工区各区段的长度、夜间灯光设置、锥形交通标志样式、紧急联系方式,甚至施工管理人员的服装要求等。德国的《道路施工人员操作手册》(*Richtlinien für die Sicherung von Arbeitsstellen an Straßen*)[14]中也同样对相关的道路维修、养护等进行了规范化操作的介绍,尤其关注施工期间的人员操作规范、行车安全空间以及车辆与施工人员的安全距离等内容。欧美国家施工交通组织研究主要内容典型示意如图1-5所示。

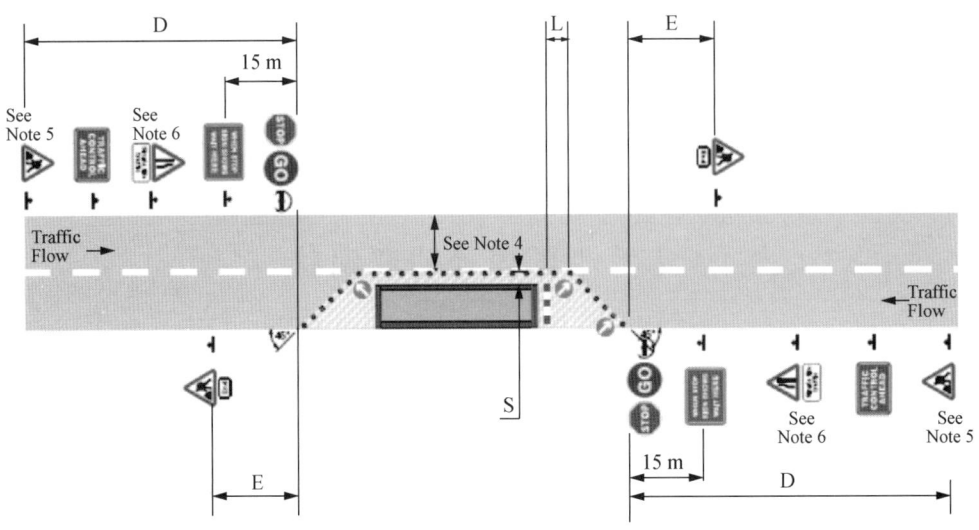

图1-5 欧美国家施工交通组织主要研究内容典型示意

国外施工交通组织研究多以小范围短周期的养护施工为主,施工作业对交通的影响相对较小;施工交通组织虽然也包含了交通分流、安全设施、交通控制和作业区合理布置等内容,但交通组织的复杂性和难度相对较低,也较少涉及交通组织与施工方法的反馈协调。国外施工交通组织的做法和经验在微观层面有一定借鉴意义,但难以适应我国大范围高强度基础设施建设交通组织的要求。

1.5.2 国内施工交通组织的研究内容及特征

国内研究侧重于交通组织方案设计和技术方法,即遵循交通工程学的基本原理,借鉴国外道路养护维修作业区交通管理经验,充分考虑施工现状,形成施工作业区交通组织技术路线与规范,明确交通疏解分析相关流程。近年来轨道交通建设的不断推进,建设期间对道路交通产生较大影响,各地进行了多项轨道交通建设期间的交通组织研究,国内学者在借鉴传统交通改善规划、重大活动交通组织、道路品质提升和高速公路施工交通组织实践经验的基础上形成施工交通组织方案。方案形成过程主要参照道路交通组织和交通影响评价及一些特殊交通组织管理,主要有以下四类:一是传统的道路工程和管理方面的交通组织及优化,代表作有翟忠民编著的《道路交通组织优化》[15];二是大型活动交通组织方案,代表作有崔洪军等编著的《大型活动交通组织管理》[16],研究了大型活动的观众生成及分布、影响范围及新增OD、分配模型、方案制定及评价、相关案例等;三是高速公路改扩建施工交通组织,主要是高速公路不停车改扩建等；四是轨道交通施工期间交通疏解组织方案，代表作有何明卫等编著的《城市轨道交通施工期间交通疏解方法及实践》[17]。目前为止还缺少针对国内轨道交通建设、道路快速化改造等重大工程项目施工期间交通组织的系统性经验总结。

国内施工交通组织发展经历了被动起步、快速发展、精细化管理三个阶段。20世纪90年代，北京、上海、广州率先开启轨道交通建设，建设方案设计阶段尚未考虑施工对交通影响，在施工方案实施阶段才开始启动施工期间交通组织设计。这一阶段尚无经验可以借鉴，导致施工区交通组织方案设计滞后于项目设计方案，且受制于可用土地范围，施工交通组织可调控空间有限，组织效果难以显现。进入21世纪头10年，相关方面在总结90年代经验的基础上认识到施工交通组织的重要性，建设项目在方案设计阶段就开始施工交通组织设计，这一阶段施工交通组织方案可以"反馈"设计方案和施工方案的调整，从而提高施工组织的科学性，也突显施工交通组织的重要性[18-19]。2010年之后，伴随互联网和信息化技术的不断推进，施工交通组织管理向信息化、网格化、精细化发展，基于数据驱动的城市管理为精确预判施工方案影响范围、为施工方案的科学评估建立良好基础。

相比国外，国内施工交通组织研究范围更大，作用时间更长，同时涉及多方利益矛盾，交通组织方案更为复杂。国内各大城市正经历不同的发展阶段，上海在城市建设方面起步较早，施工交通组织探索时间相对较长，积累了大量实践经验，也对实践经验进行了系统性总结，可为其他城市提供借鉴，避免因项目施工带来交通拥堵，确保项目顺利推进。

1.5.3　国内外研究现状总结

国外学者对占道施工区的交通特性和安全均做了较为细致的研究，形成了相应的规范标准，主要包括车流限速、通行能力、施工区域长度、交通控制、施工封闭位置以及交通组织实施后效果评价等。国外施工区交通组织总体呈现"小"而"精"的特点，施工多以道路养护作业为主，施工影响范围较小；施工组织管理较为精细，包含施工前的年度占道施工协调计划，施工方案告知协调，施工过程中对施工作业人员和通行人员的安全保护措施。国外有关交通组织的标准和规范有一定的借鉴价值。国外城市建设发展阶段、道路网结构和交通流特性与国内有显著差异，国内交通具有非机动车出行量占比较高，驾驶人行为不够规范等特点。针对我国交通流特性和复杂交通环境需制定适应我国国情的交通组织方案。

20世纪90年代，我国在施工交通组织方面也相继颁布了国家及行业标准，规定在施工区域需要设置明显的施工指示标志、警告标志以及交通安全防护设施，在交通分流点需设置提示牌和绕行线路指示等。但上述的规范标准主要还是针对道路管养施工，尚不能支撑和指导面向大型复杂工程应用的交通组织。交通组织更多是依靠管理者经验来执行，对于大型项目施工交通组织的协调统筹能力较弱，理论研究与工程实践水平尚待提高。

总之，我国近年来处于基础设施建设发展阶段，施工交通组织工作经验有一定积累，需要尽快研究出符合我国道路交通特点以及施工特点的交通组织技术方法、标准和规范。

1.6　本章小结

本章节通过分析我国城市交通拥堵的部分成因，阐述了重大建设项目施工交通组织对城市交通稳定运行的重要性。通过对重大建设项目施工交通组织根据典型特征进行分类，将施工交通组织划分为单点施工、干道施工以及通道施工三种类型，并对其定义以及差异化特征进行了界定说明。同时介绍了国内外施工交通组织的现状，分析了国内外施工交通组织的主要研究内容及特征。

参考文献

[1] 高德地图智慧交通业务中心. 2020年度中国主要城市交通分析报告[R]. 高德地图,国家信息中心,清华大学,2021.

[2] 中国城市轨道交通协会. 城市轨道交通2020年度统计和分析报告[R]. 北京:中国城市轨道交通协会,2021.

[3] 上海市人民政府. 上海市城市交通发展白皮书[M]. 上海:上海人民出版社,2002.

[4] 上海市城乡建设和交通发展研究院上海城市综合交通规划研究所. 2021上海市综合交通发展年度报告[R]. 上海:上海市城乡建设和交通发展研究院 2021.

[5] 中华人民共和国公安部. 城市道路施工作业交通组织规范:GA/T 900—2010[S]. 北京:中国标准出版社,2010.

[6] 马静. 城市轨道交通建设期间地面交通组织管理技术方法研究[D]. 西安:长安大学,2014.

[7] 谢鑫鑫. 轨道交通施工期间交通组织研究与分析[D]. 南京:东南大学,2015.

[8] Federal Highway Administration. Manual on Uniform Traffic Control Devices for Streets and Highways[M]. U.S. Department of Transportation,2003.

[9] Transportation Research Board. Highway capacity manual[M]. 2010.

[10] Mahoney K M,Porter R J,Taylor D R,et al. Design of construction work zones on high-speed highways[M]. 2007.

[11] National Cooperative Highway Research Program. Work zones speed management[M]. 2011.

[12] National Research Council. Traffic law enforcement in work zones:phase II research[R]. 2010.

[13] Department for Transport. Safety at street works and road works[M]. 2013.

[14] RSA Richtlinien für die Sicherung von Arbeitsstellen an Straβen[M]. Kirschbaum Verlag GmbH Fachverlag für Verkehr und Technik,2002.

[15] 翟忠民. 道路交通组织优化[M]. 北京:人民交通出版社,2004.

[16] 崔洪军,陆建,刘孔杰. 大型活动交通组织管理[M]. 北京:人民交通出版社,2007.

[17] 何明卫,税文兵,杨军. 城市轨道交通施工期间交通疏解方法及实践[M]. 北京:人民交通出版社,2020.

[18] 中华人民共和国交通运输部. 公路养护安全作业规程:JTG H30—2015[S]. 北京:人民交通出版社,2015.

[19] 中华人民共和国公安部. 道路作业交通安全标志:GA 182—1998[S]. 北京:中国标准出版社,1998.

第 2 章
上海重大建设项目施工交通组织发展历程

进入 20 世纪 90 年代以来,上海交通基础设施处于高强度大规模的建设发展状态。轨道交通、高架道路、地下管线、高速公路改扩建、地下通道等建设项目在相当长的时期里集中进行施工,给上海道路交通带来了额外的压力,进一步加剧了道路交通供需失衡的矛盾,同时也给施工交通组织和交通"排堵保畅"两项工作有效结合提供了发展契机。

上海最早于 1998 年开始对轨道交通 4 号线(当时称"轨道交通明珠线二期")开展了施工交通组织研究,取得了预期效果。之后,逐步推广建设项目施工交通组织工作,并逐步完善施工交通组织工作机制,形成了具有上海特色的建设项目施工交通组织的技术方法和工作机制。

上海建设项目施工交通组织的发展过程历经了起步探索、发展完善、综合提升三个典型阶段。施工交通组织的技术方法、管理手段、工作机制均在此过程中发生了变革与创新,三个阶段典型特征及代表性案例如图 2-1 所示。

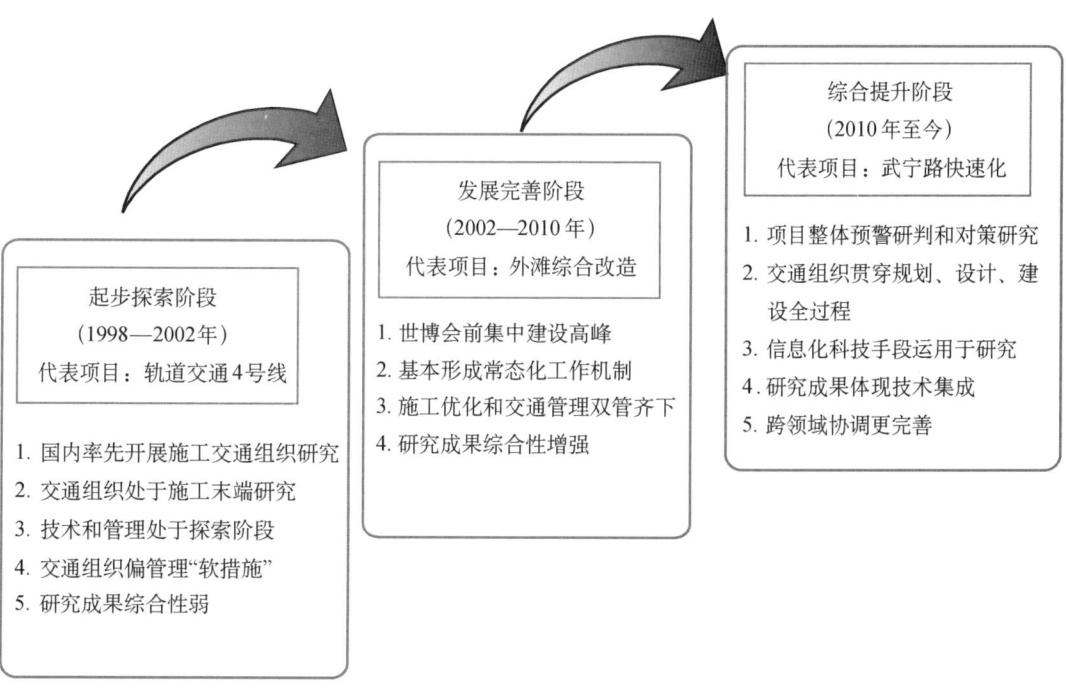

图 2-1 上海建设项目施工交通组织三个阶段发展历程

2.1 | 重大建设项目施工交通组织起步探索阶段 (1998—2002 年)

20世纪80年代末上海经济处于突破性发展阶段，城市化率迅速增加，使得机动车保有量和使用率快速增长，然而上海城市格局相对集中，集聚在内环线的浦西地区以及内环线浦东的沿黄浦江地区，道路网尚未成型，轨道交通路网尚处于发展起步阶段，交通供需矛盾严重。由此产生道路交通拥堵、公交乘车难等问题，阻碍了城市经济进一步发展。为缓解行车难、乘车难两大难题，这一阶段交通发展以弥补历史欠账为主，尤其注重道路基础设施建设。至90年代初，上海先后建成内环高架、延安高架和南北高架等多条城市快速路，对缓解交通拥堵发挥了积极作用。轨道交通开启从无到有的转变，先后开通了地铁1号线一期和2号线一期，但线路里程较短，覆盖范围较小，对缓解拥堵的作用有限。为了更好支撑上海城市经济和规模突破性的发展，90年代末，上海制定了以轨道交通为骨干的公共交通优先发展战略规划，编制了上海轨道交通网络规划[1]。1997年利用既有沪杭铁路线建设轨道交通3号线（原称"明珠线一期"），标志着上海正式拉开加速推进轨道交通建设的序幕。轨道建设之始，一系列市政道路项目同步施工，给市中心本已拥堵的道路交通带来较大压力，给市民出行造成了较大影响。

2.1.1 重大项目施工交通组织起步探索阶段发展过程

根据建设计划，轨道交通4号线将于1999年开工建设。由于部分车站位于徐家汇、零陵路沿线，施工期间会造成局部道路的封交，对沿线市民交通出行带来很大影响。在轨道交通4号线开工前一年的1998年，由上海市交警总队牵头，会同项目建设单位上海地铁建设公司、施工单位和交通研究单位上海市城乡建设和交通发展研究院（当时称"上海市城市综合交通规划研究所"），开展了轨道交通4号线车站施工期间交通组织研究工作。从此，上海开启了重大建设项目施工交通组织研究的序幕。1998—2002年上海为赢得2010年世博会举办权启动了基础设施建设，轨道交通施工交通组织成为了起步探索阶段的主要工作内容。

这一时期的施工交通组织一般都处于项目施工阶段，交通组织研究工作处在末端研究阶段。交通组织主要依据施工工艺和施工筹划[2]，在优先确保施工顺利开展的前提下，主要研究施工节点周边道路交通如何分流，如何合理引导车辆（公交线路）绕行，最大限度缓解因施工节点引发的道路拥堵。这一时期，交通组织研究对施工工艺和施工筹划的反馈作用小，交通组织更关注单个施工节点研究，交通组织评估标准主要依据交通延误、拥堵程度等传统指标；交通组织主要由交警部门进行主体管理，交通研究单位制订方案，施工单位负责落实。

受到当时轨道交通施工工艺、工程进度、建筑动拆迁以及工程投资等多方面因素的制约，施工交通组织的切入点更偏向于通过交通管理和疏导等手段来改善区域交通。因此，交通组织方案采取了外围道路分流、地区道路单行道、部分路口简化机动车转向、信号灯配时优化、公交线路绕行以及重要交叉口和路段增设警力等措施。这些管理措施的实施，旨在通过简化交通流向、减少交通流冲突、提高既有道路通行能力等投入小，对施工进程影响小的措施来应对可能出现的交通问题。另外，由于当时的技术方法不成熟，交通组织研究的深度和精细化是不足的。

相对而言,由于事先研制了交通组织方案,轨道交通4号线施工期间,部分车站周边道路交通虽然出现困难,但总体保持可控状态,不仅把市民出行影响降到最低,也保障了工程项目顺利实施,达到了交通组织的预期目标(图2-2)。

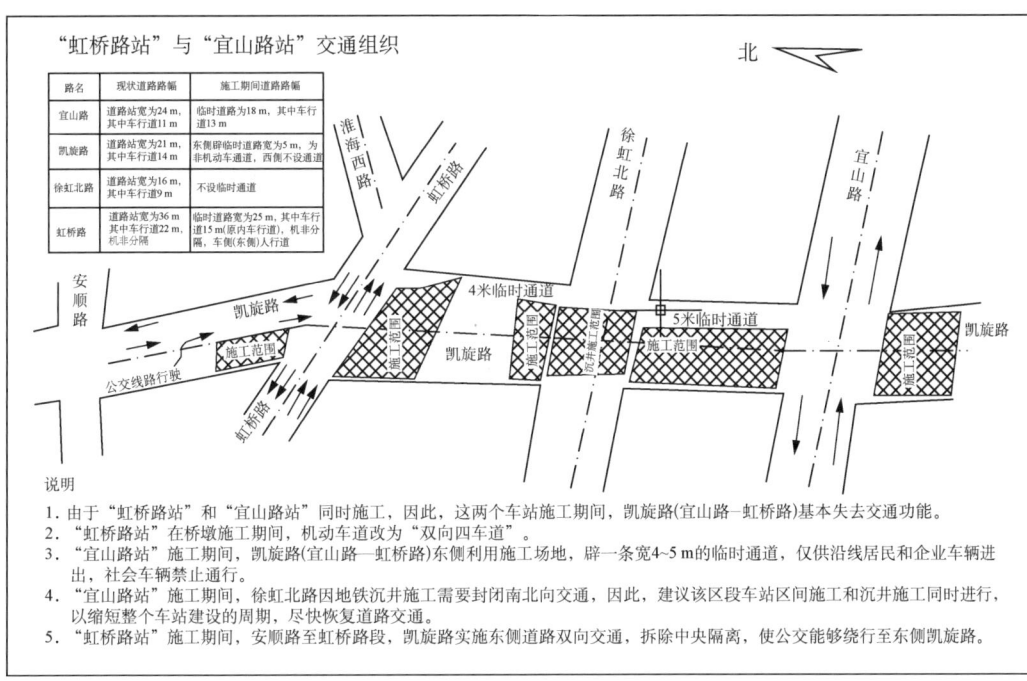

图2-2 轨道交通4号线施工期间虹桥路站与宜山路站交通组织示意图

2.1.2 重大项目施工交通组织起步探索阶段特点与经验总结

在道路资源极为紧张的条件下,轨道交通4号线施工交通组织工作在保障施工顺利推进,以及最大限度降低交通影响方面发挥了积极作用,也得到了市民的充分肯定,市政府亦由此确立了上海重大建设项目必须开展施工交通组织的工作要求。但因为尚处于发展起步探索阶段,技术经验不够完善,方案仍有较大优化空间。这一阶段施工交通组织特点可概括为以下三点。

(1)施工交通组织处于工程后期,被动适应施工工艺与施工筹划,可调整空间有限。

轨道交通4号线交通组织研究工作是在施工阶段开展的,已经处于整个建设项目的后期。由于在车站前期用地征收时,仅考虑了施工单位本身施工作业的空间,没有考虑交通设置临时便道(临时道路)的空间,因此在用地条件、施工工艺优化、施工筹划调整等方面没有预留可供完善调整的空间条件。再如,建设单位仅根据车站自身的施工工艺和进度要求编制了施工筹划,导致交通组织研究对施工筹划做优化调整的余地很小,不可避免地出现为了保障施工工期而降低交通组织标准的情况。通过总结经验,有关部门认识到需要在轨道线路设计阶段就增加施工交通组织研究的内容,从源头上为交通组织预留设施条件和优化空间。

(2) 施工交通组织局限于单个节点,系统性分析与统筹协调不足。

在轨道交通4号线交通组织研究开展的时期,建设管理条线较多,信息资料沟通渠道较少,使得交通组织更关注车站相邻地区的交通疏导,对其他地区在建或计划建设的工程是否有叠加影响,交通组织是否需要协调统筹等方面的研究相对较少。例如在轨道交通4号线东安路零陵路站交通组织研究时,受到零陵路和东安路动迁限制,零陵路东西向交通需要封交。机动车和公交线路需要从斜土路等道路绕行,相应制定了交通疏导的方案。而在实际施工中期,斜土路(大木桥路附近)又同时进行了地下管线敷设施工,对主要分流道路斜土路通行造成了不利影响,使得区域交通组织做了重新调整,交通引导标志标牌也相应调整。通过总结经验,认识到施工交通组织研究过程中,应该整合相邻地区其他工程建设的情况,在研究中一并统筹其他建设项目的施工影响,使交通组织方案更全面、更合理、更精准。

(3) 施工交通组织以管理手段为主,缺少多部门共同参与筹划,未形成系统性工作机制。

轨道交通4号线交通组织研究过程中,由于受到当时轨道交通施工工艺、工程进度、建筑动拆迁以及工程投资等多方面因素影响,交通组织方案更多是通过管理手段来引导和分流道路交通,采取的措施有单行道、部分路口禁止机动车左转等。这些措施通过单行道和简化路口转向,提高路段和路口通行能力,最大限度"吸纳"分流的车流量。但由于地区道路容量损失较大,交通疏导方案虽然一定程度上降低了道路拥堵的蔓延程度,地区交通仍比施工前有明显恶化,公交出行因线路绕行和道路拥堵所产生的延误更为明显。通过总结经验,交通管理和建设单位都认识到,交通组织是一项综合性的工作,需要交警、规划、路政、地铁建设和交通运输等多个部门共同参与共同筹划,缺少系统性工作机制就无法充分发挥交通组织的作用。

2.2 | 轨道交通引领的施工交通组织发展完善阶段 (2002—2010年)

2001年开始,上海市道路交通运行状况发生了较大变化。随着机动车拥有量和出行量的迅猛增长,延安高架、南北高架、内环线等高架快速路在经过几年的运行后都出现了不同程度的拥堵,地面主要干道如"三横三纵"主干道的车辆延误也逐年增加,道路交通又进入新一轮拥堵状态,全市在交通管理中提出了"交通排堵保畅"的工作要求。2002年12月,上海赢得2010年世博会的举办权。根据世博会主办方的预测分析,世博会期间观展人数日均在20万左右,高峰日一般观众人数在50万左右,极端最高峰观众人数将达到90万左右。要保障世博会交通安全有序,上海需要构筑快速大运量轨道网络,也要进一步提升城市快速路和高速公路的集散能力。同时,上海其他基础设施如地下管网、城市建筑和道路环境都将有全面的改造和美化施工。自此,上海围绕世博会保障掀起了一轮城市大建设的高潮,这对施工交通组织既是一个重大挑战,也是进入快速发展的重要契机。

2.2.1 轨道引领施工交通组织发展完善过程

2002年之后,围绕世博会期间的交通保障,全市掀起大规模以城市轨道交通为主的市政道路、网管等重大项目建设施工,对已经拥堵的城市路网产生较大压力。这一阶段为重大项目施工交通组织工作的发展完善积累了丰富的实践经验,也加速推进了重大建设项目施工交通组织工作科学化、系统化、综合化、常态化发展进程。8年内上海相继开工建设并开通轨道交通3号线至11号线9条线路,延长了轨道交通1号线和轨道交通2号线,同时中环线浦西段开工并建成通车、沪杭高速上海段完成改造[4]、外滩综合改造工程建成运行。这一期间所有重大建设项目均进行了专项施工交通组织。高峰期,世博会工程项目、轨道交通工程项目等都在紧张地施工。根据上海市市政工程管理局网站信息,2007年6月25日至7月1日一周内的不同规模掘路计划就有114项,涉及18项世博园区内道路配套工程、10项越江桥隧工程、7项轨道交通工程,施工规模空前。2002年至2010年世博会举办前,整个上海像个大工地,在建的重大工程项目累计约有20多个,该时期轨道交通先后有7条线路在建,市政道路如中环线等有5条在建。

经过轨道交通4号线实践之后,交通管理、轨道建设、道路管理等部门认识到施工交通组织工作的重要性和实用性。世博会前期建设筹备过程中,充分总结了起步阶段实践经验教训,施工交通组织进入了发展完善阶段,工作机制和技术方法不断得到完善和提升,继续为顺利推进城市建设进程提供了有力支撑。施工交通组织根据施工不同阶段占地范围,进行精确的施工围挡和交通组织设计,从时间和空间两个维度优化道路资源,实现道路资源的最大化利用。

2.2.2 施工交通组织发展完善阶段特点与经验总结

"发展完善阶段"吸取了之前工作的经验与教训,在大量实践中进一步深化施工交通组织设计技术和管理机制,由交通管理部门、建设部门、城市规划部门、交通设计科研单位等共同参与研究,对"十五"和"十一五"期间轨道交通及其他市政设施建设可能产生的交通影响以及相应对策进行研究,以指导轨道交通及其他市政项目设计、施工以及交通管理等相关工作,确保了世博会前期大规模基础设施建设期间,上海道路交通处于基本正常的运行状态,有效避免大规模恶性拥堵局面发生。这一阶段施工交通组织工作确保了城市客运通道骨架的畅通,为顺利举办世博会起到了积极推动作用。施工交通组织的技术方法更为科学,统筹协调各部门协同工作的机制更为健全。这一阶段施工交通组织特点可概括为以下三点。

(1) 交警牵头多部门联合研究,统筹协作、权责分明。

这一阶段施工交通组织由交警部门牵头,会同建设、规划、交通、地铁、路政、公交、设计研究和施工等多个相关部门和单位,共同研究编制交通组织方案。交通组织采用一事一议规则,经交警部门审批批准后实施。在搭建交通组织工作架构的同时,也明确了各部门的职责、任务和要求。交警部门总牵头,结合项目规划设计和施工工艺筹划优化,充分吸纳相关部门的意见,指导交通研究单位编制交通组织方案,执行和监督落实交通组织的各项措施。规划部门在规划前期开展优化项目选址、建设用地范围界定等研究,为项目实现使用功能、合理布局、最大限度提供施工交通便道空间等提供规划保障。建设部门(含施工单位)优化施工工艺和筹划,尽量少占用道路,缩短施工周期,尽早恢复道路正常通行。路政部门配合建设需要,对部分道路进行扩容改造,提高周边路网分流能力。公交客运部门做好公交线路绕行改道或者公交车站临时搬迁工作,最大限度方便市民乘坐公交出行。交通研究单位以施工节点为重点,开展交通组织研究工作,结合施工特点,运用交通理论和交通预测工具,提出分阶段的交通组织方案,并报相关部门审核。

(2) 施工交通组织研究内容更全面,工作过程规范化,组织方案成果标准化。

交通组织方案由交通专业研究单位编制;交通组织成果中需综合施工建设和交通管理

部门的意见,使交通组织方案兼顾交通和施工两方面的效益。

在此机制要求下,交通组织成果包含五个方面内容:

一是工程项目施工方案优化。这一内容旨在提升和优化施工工艺,减少不必要的施工占路。

二是现状调查和预测研判。这一内容在充分掌握建设项目周边道路现状的前提下,预判施工后可能出现的交通问题,找出存在的症结,为交通组织方案编制提供定量和定性的基础。

三是编制交通组织方案,提出交通流引导和管理的措施方案。交通组织方案包含硬件改善和软件改善两个方面。"硬件改善"包括对周边道路局部扩容改造,信号灯、交通引导标志标牌等设施设备调整和优化,公交线路和车站临时调整等内容,属于设施设备方面的调整。"软件改善"主要是交通管理措施的优化调整,如交通总量控制(机动车单双号通行)、机动车单行道、公交和慢行交通专用道、交叉口转向限制、重要路口增设警力等方面。旨在通过管理手段提高区域路网的通行能力,满足道路主流向的通行需求,降低施工影响程度。

四是交通组织方案效果预评估。该项内容是通过定量分析,研判交通组织实施后的效果,分析仍然存在的交通难点,及时优化交通预案,为交通组织提供多套方案,使交通组织方案更有针对性和可操作性。

五是开展全过程跟踪评估(后评估)。该项内容旨在配合项目进展,分阶段适时开展交通跟踪评估,为建设过程中出现的交通新问题提供及时的交通组织调整和优化方案,确保地区交通平稳有序。

(3) 统筹完善各部门意见,建设与管理精细化水平同步提升。

施工交通组织工作机制和研究技术的不断完善,不仅提高了交通组织技术水平,也促进了施工工艺的不断提升[3]。在这期间,建设单位"非开挖施工技术"和交通管理部门的"交通管理手段"两方面同步取得快速发展,建设项目精细化建设和精细化管理也得到充分发展。施工交通组织对管理和建设的反馈和促进作用得到充分发挥,各部门统筹意见的平台也进一步完善。上海重大建设项目占路施工审批流程如图 2-3 所示。

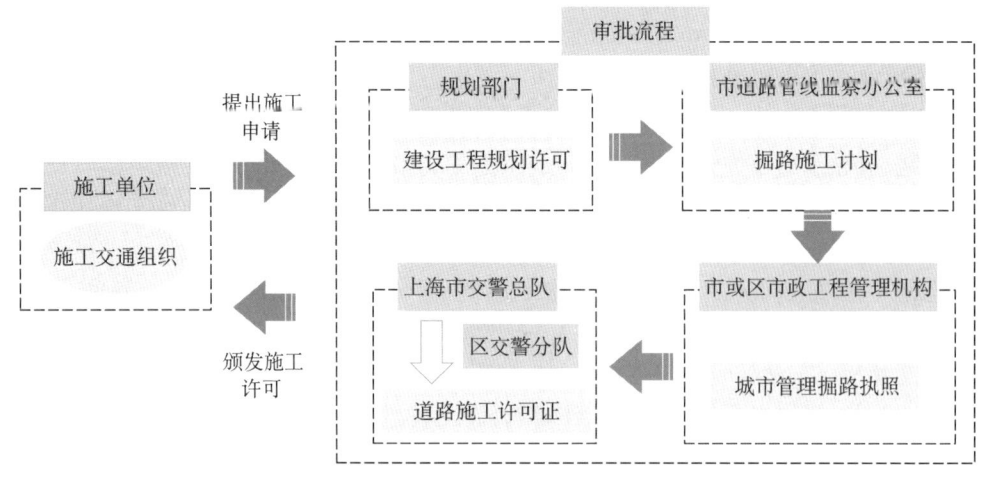

图 2-3　上海市占道施工审批流程

2.3 | 重大建设项目施工交通组织综合提升阶段（2010年至今）

2010年5月，世博会在上海举办。为了保障世博会交通，上海经过充分研究，对位于世博核心区、疏导区和引导区内的建设项目采取了暂停施工的管理措施。因此，2010年3月至11月，上海市除了城市外围区少数轨道交通车站施工外，中心城区无占路施工的工地，道路交通全部恢复正常。由于世博会期间以轨道交通为主的公共客运交通组织有力，再加上新建道路设施的支撑，上海世博会期间城市交通运行良好，很好地实现了世博主题"城市，让生活更美好"[5]。

世博会期间，有关部门一起对建设项目施工交通组织开展了系统性的总结，并借鉴世博会交通保障成功经验，在原来工作机制的基础上做了进一步的提升完善。这一阶段施工交通组织技术和管理水平在"全过程参与、多专业融合、多维度评估"方面做了进一步的综合提升。

2.3.1 施工交通组织综合提升阶段发展过程

世博会以后，上海进入了新一轮基础设施建设高峰期，除了继续推进轨道交通建设外，这一阶段重大建设项目以道路拓宽和快速化改造、架空线入地、重要道路大修养护等项目建设为主，工程项目更注重民生改善和城市品质提升。同时这一阶段城市治理更加注重人性化管理，强调街区品质提升，注重友好型和安全型街道建设[6]，这也对施工交通组织工作提出了更高的要求。

这一阶段施工交通组织技术和管理水平更加注重综合能力的提升。施工交通组织工作更有广泛性，纳入了更多城市建设单位，确保施工交通组织相关的决策更有效更全面。施工交通组织在技术上更精准，运用仿真技术，宏观和微观研究相结合，使得交通组织方案更科学合理。

2.3.2 施工交通组织综合提升阶段特点与经验总结

在历经起步探索阶段和发展完善阶段之后，上海施工交通组织更注重品质与质量提升，更加人性化，更好地体现"城市让生活更美好"的城市发展目标，也更加注重管理的精细化。这个阶段施工交通组织特点可概括为以下三点。

（1）关注项目更完整，研究团队更全面，研究方案更科学。

关注项目更完整主要表现为：交通组织研究的对象扩大，在原来轨道交通、市政工程的基础上，把地下管线施工和城市交通设施日常养护也纳入了研究范围，涵盖了所有对道路交通产生影响的工程项目。

研究团队更全面主要表现为：交通组织的研究由交警、交通研究和建设施工三家单位扩展到规划、路政（现为交通委）、水务等多个方面，从组织机制上确保交通组织研究成果更综合性更有可操作性，对于交通组织方案的执行和监督落实，管理部门之间的协同更加密切。

交通组织方案更科学主要表现为：交通信息数据采集更为多元化，研究的技术方法更丰富[7](如仿真技术),交通疏导的措施更有效更系统(如采取高速公路收费优惠等措施),交通宣传的渠道更丰富(如微信公众号)。

(2) 更加突出全过程参与研究,有效支撑交通管理工作开展。

这一阶段,施工交通组织工作贯穿了从项目工程可行性研究阶段、总体设计阶段到最终施工阶段的全过程参与研究,为项目规划选址优化、工程设计方案优化、建设用地界定、项目预算编制、施工工艺和筹划编制提供完整的方案和依据。

施工交通组织注重为交通管理者提供更全面的决策建议。这一时期施工交通组织增加了全市层面建设项目综合评估的工作内容,把上海每年度各项在建项目和计划新建项目进行汇总,综合评估当年度不同时期全市层面可能出现的施工影响节点和矛盾,为交通管理部门(者)提供全市性的施工影响预警研判,并提出相应的改善对策。这项工作发挥了指导宏观层面管理工作的作用。

施工交通组织也更注重为交通管理部门(者)提供适时建设进展情况信息。自 2016 年起,上海每年编制《重大建设项目交通影响状况》(双月刊),定期上报本市建设项目的进展情况和交通影响情况,为管理部门适时调整交通管理措施和安排相关工作提供了决策依据。

(3) 施工交通组织更加突出多专业融合和多维度评估,交通组织方案更合理。

这一阶段施工交通组织技术方法更科学,信息化等科技手段更广泛运用于交通疏导和研究中。施工交通组织的技术集成更加丰富,施工交通组织更加注重交通安全和交通应急处置的研究,更加注重运用智能交通设施设备和手段实现区域交通疏导和管控,使得施工交通组织技术精准性进一步提高,也促进了施工交通组织的目标从"保畅通为主"转变为"兼顾安全和畅通"。

这一时期交通组织研究和关注的维度更多。施工交通组织不仅仅评估交通拥堵等指标,也把施工质量、工程成本(工期和资金)、社会影响、交通系统承载能力等因素作为综合评估内容,使交通组织方案兼顾施工、交通使用者和交通管理三方的利益平衡。

2.4 上海施工交通组织工作现状总结

上海经过 20 多年的工作积累,逐步形成了较为成熟的工作机制和研究方法,归纳起来就是:构建了施工交通组织工作组织架构;建立了施工交通组织全过程工作机制;形成了施工交通组织技术和方法。

构建了工作组织架构。由交通管理部门牵头(交警、交通委),会同规划、建设、设计、交通研究部门共同编制施工交通组织方案,管理部门监管、研究部门提方案、建设单位实施,分工和职责明确。

建立了全过程工作机制。施工交通组织工作贯穿项目设计和施工的全过程,从项目工程可行性研究和设计阶段直至施工阶段,均开展专项交通组织研究,使项目在规划选址、用地征收、施工成本(工艺、周期)、投资概算等方面更为精准和具有可操作性。

形成了特有的技术和方法。这主要表现为上海在施工交通组织研究中达成了五个原则共识:

一是"施工区域道路设施占一还一"的原则,施工区域占用多少车道补偿多少车道。该原则在征地条件和工艺工况允许的前提下,尽量保持原设施通行能力的完整性,确保区域道路总体容量不明显下降,避免交通矛盾扩散。

二是"行人、非机动车、公交优先"的原则,在施工区域道路空间资源紧张的条件下,优先满足慢行交通和公交通行,社会车辆视情况进行绕行分流。这一原则力求保障出行方式中慢行和公交占70%以上的市民的优先通行权,给市民出行提供便捷。

三是"利用交通出行低谷时段安排施工"的原则,尽量利用国定小长假、寒暑假等交通出行低谷时段安排施工作业,降低施工对交通的影响。同时,施工期间交通组织也特别关注清明、五一、国庆等小长假集中出行情况,在施工交通组织中预留通行容量并制定疏导预案。

四是"系统科学开展研究工作,形成完整交通组织方案"的原则,交通组织方案内容更全面更系统。施工交通组织方案需要整合交通安全(尤其是高速公路、快速路改扩建项目)、区域交通分流引导、公交线路绕行、主要分流道路设施增能改造、信号灯配时优化、重要交通节点增设警力等内容,做到方案设计的精细化[5-6]。

五是"交通研究技术人员要具备跨专业技术能力"的原则。为适应施工交通组织研究工作,研究人员不仅要掌握交通工程和设计的技术技能,也要了解不同项目(轨道交通、高速公路、桥隧等)施工工艺情况,这样才能使研究成果既满足交通需求也符合施工需求。此外,在传统交通研究方法和手段基础上,还需要了解信息化手段和智能交通技术,掌握跨专业技术集成能力。

2.5 本章小结

本章对上海市重大建设项目施工交通组织的发展历程做了总结,详细介绍了上海市施工交通组织所经历过的探索起步、发展完善、综合提升三个阶段管理理念和技术的迭代过程,总结了各阶段施工交通组织工作的思考与探索,为了解上海施工交通组织工作提供基础资料,也为其他城市学习借鉴上海经验提供依据。

参考文献

[1] 上海市人民政府. 上海市城市交通发展白皮书[M]. 上海:上海人民出版社,2002.
[2] 上海市加强对建设工程的交通组织管理[J]. 城市道桥与防洪,2005(02):75.
[3] 左天福. 服务民生,不断提高上海城市交通组织和交通设施的精细化、科技化水平[J]. 交通与运输,2013,29(01):10-12.
[4] 刘俊,夏振翔,张毅娟,等. 沪杭高速公路(莘松段)施工期间交通组织方案[J]. 交通与运输,2009,25(02):56-58.
[5] 薛美根. 世博停车换乘交通组织和引导方案研究[R]. 上海:上海市城市综合交通规划研究所,2010.
[6] 薛美根,邵丹. 世博后上海交通发展的战略思考[J]. 上海城市规划,2012(02):14-17.
[7] 朱浩. 金山大桥周边集中施工期间交通研判及组织[J]. 上海公路,2018(01):87-89+6.

第 3 章
施工交通组织设计方法及流程

本章首先对建设项目交通影响评价、交通改善设计、大型活动交通组织以及施工交通组织四种交通研究工作进行对比分析,总结施工交通组织与其他项目交通组织的差异。其次以相关规范为基础,结合上海施工交通组织多年工作经验,归纳出施工交通组织工作流程与技术路线,并对施工交通组织的主要技术手段进行总结。最后对施工交通组织的管理保障机制进行介绍说明。

3.1 | 施工交通组织与其他建设项目交通组织的对比分析

施工交通组织是指运用交通组织的技术方法,保障建设项目施工期间影响区域内道路交通正常运行的研究工作。它与交通影响评价、交通改善设计、大型活动交通组织等交通研究工作的技术流程相似,但由于服务对象以及研究目的的不同,它们之间还是具有一定的差异。

1. 建设项目交通影响评价

建设项目交通影响评价[1](Traffic Impact Analysis,TIA)是分析建设项目对城市交通影响程度,以及评估建设项目交通设施合理性的工作。大型建设项目建筑体量大、开发强度高、吸引与产生交通出行量大,势必影响项目周围乃至更大范围道路网络的运行状况。为此,定量地分析开发体量与所在地区路网承载能力,研究建设项目开发后区域道路交通配套建设方案,优化建设项目交通设计等工作是交通影响评价的研究重点和主要目的。

建设项目交通影响评价需要研判开发项目建成后对区域交通出行的影响,在预判分析时,需要以现状交通情况为基础,根据新建项目开发规模和性质来预测新增交通出行量及其特征;通过研究交通四阶段,即出行生成、出行分布、交通方式划分以及交通量分配四个阶段,对影响范围内道路流量进行预测,得到各道路的交通量、路段 V/C、交叉口延误等分析指标;最后根据这些指标对比结果,提出建设项目自身交通设计优化,以及相邻道路设施和管理措施的优化方案。交通影响评价工作的主要特征:一是主要针对单个建设项目(或节点工程),关注项目建成后交通运行状况,以及关注项目规划设计层面的研究;二是关注建设项目自身设计方案的优化,如停车场规模、出入口设置以及内部流线组织,研究更微观,有相关规范规定作为评估依据;三是一般不涉及建设项目外部道路设施的改动和调整,即使提出了周边道路改善建议,也多是交通管理措施方面的优化调整,且落实性较低。

2. 交通改善设计

交通改善设计[2]是指基于城市规划及交通规划的理念和成果，利用交通工程学的基本理论和原理，以交通安全、通畅、效率、便利及环境协调为目的，以交通系统的"资源"为约束条件，对现有交通系统及其设施加以优化设计，从而提升既有交通设施潜力，对交通设施进行重塑。交通改善设计目的是挖掘既有交通的通行能力，实现交通出行需求和供给平衡，缓解局部地区和节点交通拥堵。

交通改善设计关注各类交通参与者的通行安全及效率，在具体分析过程中，首先通过交通调查对当前交通需求、道路资源空间以及现存交通问题进行梳理和分析；然后基于既有道路设施条件，从路口渠化、行人过街设施优化、交通信号放行优化、道路横断面优化、沿线进出口流线优化、路内停车设置优化等方面进行设计，减少交通冲突，保障机动车、非机动车与行人的通行安全，提高通行能力与交通运行效率。交通改善设计的主要特征：一是会受到现有道路条件的限制，交通改善设计工作一般不会进行较大规模的工程改造；二是范围通常是单点交叉口及相邻路段，或者是一条道路上的多个相邻交叉口，很少涉及大范围交通的改善；三是核心是在当前交通出行特征的基础上，通过"短平快"的交通改善措施提高交通设施的通行能力和交通安全。上海对交通改善设计工作一般称为"小改小革"项目。

3. 大型活动交通组织

大型活动交通组织[3]是指运用各种交通管理措施手段，保障大型活动期间所在场馆以及更大范围的交通安全和顺畅，尽量降低对城市既有交通出行的影响，并在遇到紧急事件时能够保证活动参与者快速、有序、及时地撤离。大型活动短时间内在局部区域引起交通流量的急增，激化交通供需矛盾，形成交通拥堵，对常态交通会产生较大冲击。大型活动造成的交通影响是相对暂时的（世博会除外）。大型活动交通组织不仅进行场馆或活动地区交通设施配套建设（增强场馆集散能力），还会制定活动举办期间的综合交通运输和管理方案，协调公共交通（含轨道交通）、出租车、社会车辆、大客车、布展货车等运行方案和进出场流线，有效集散抵离场客流，保证大型活动顺利举行。

大型活动交通组织主要解决短时间内城市局部区域交通量急增和集散的问题，在交通组织方案制定过程中，首先需要根据大型活动的举办特点、抵离客流交通特性以及可参考类似活动历史数据进行交通需求预测；交通管理部门和交通研究单位从交通需求管控和交通流线组织两个方面入手，制定出多套交通组织方案；并通过交通仿真和定量评估等方法分析判断，验证和优选候选方案[4]。大型活动交通组织的主要特征如下：一是具有非常规短时积聚出行、时空分布不均、交通方向不均匀、"多源单汇"网络流等特征[3]，除了采取区域路网扩容、交通诱导等常规交通组织措施以外，还需要采取强制管控措施；二是大型活动的影响范围较大，其交通组织的范围涵盖大型活动举办区域以及影响扩散区域；三是更多运用临时性管控措施。大型活动交通组织主要解决短时间内局部区域的交通集散，所以通常采取道路限行管理、公交运行优先、关键路口禁行、关键路段单向交通组织、交警现场指挥等临时性管控措施。

4. 施工交通组织

交通组织[5]是指运用系统工程原理和交通工程技术，从工程设计和运行组织两个层面，对各级道路、交通枢纽、停车场库等交通设施的交通流向、功能布局、管理控制等内容进行优化设计,实现人、车、设施的融合,在保证安全的前提下,最大限度地发挥各类交通设施的承载能力和服务水平。而施工交通组织由于服务的主体对象不同,与常规交通组织管理目的有所差别,即运用各种交通管理措施手段,保障建设项目施工期间内道路交通的安全顺畅,尽量减少施工给周边路网带来的交通影响。

施工交通组织需要解决不同施工阶段的交通问题,在具体设计时,首先需要对现状交通与施工方案进行调查了解,在此基础上确定施工影响范围;其次根据交通影响预判结果对施工方案进行评价与改善,确定具体施工方案;再次基于施工方案与目前交通状况,确定交通组织原则,并从微观、中观、宏观三个层面制定交通组织方案;最后通过评价、审查、实施、调整环节确定相应的施工交通组织方案。其具体特征如下:其一,根据施工项目大小的不同,通常可划分为单点、干道、通道施工三种类型施工项目,其交通组织研究范围也不尽相同;其二,施工占用现有道路空间资源,且施工过程持续时间较长,使得施工交通组织研究的难度更大、更复杂;其三,施工交通组织的核心是保障施工期间(不同施工阶段)交通运行平稳有序,一般会采取区域路网扩容、交通诱导等时效性更长的管理措施,并且交通组织方案也会随着环境和出行特征变化而进行调整。

不同交通组织研究工作特点对比见表3-1。

表 3-1　　　　　　　　不同交通组织研究工作特点对比表

交通研究项目	服务主体对象	研究目的	主要特征
交通影响评价	新建建筑或交通设施	对新建项目交通设施进行最优化设计,满足相关规范,实现预期功能	1. 定性和定量预判开发项目出行特征; 2. 关注出入口、停车、内外部交通流线设计; 3. 一般不涉及建设项目外部的路网调整以及管理措施
交通改善设计	现状交通系统	对现有的交通系统及其设施进行改善优化	1. 受到现有道路资源限制; 2. 范围较小,一般只关注单点路口或一条道路上相邻路口; 3. 提升交通通行能力和安全
大型活动交通组织	大型活动	缓解短时间内城市局部区域的交通供需矛盾	1. 大型活动瞬间大客流集散,交通管控措施强度更大; 2. 影响范围较大,涵盖大型活动举办区域以及周边区域; 3. 解决短时间局部区域交通问题,多采取临时性管控措施
施工交通组织	施工项目和影响区域	保障施工期内交通顺畅,减少施工对交通的影响	1. 施工项目大小不同,交通组织范围也不尽相同; 2. 施工导致道路资源被压缩、施工持续时间长; 3. 采取时效性长的管理措施,交通组织方案阶段性进行调整

3.2 | 施工交通组织的流程图

施工交通组织方案制定过程可以分为工作流程和技术路线两部分。

施工交通组织的目的是降低施工影响,同时也要兼顾建设项目施工质量和安全。从实际情况来看,施工交通组织不能完全解决施工对周边路网交通的影响,因此需要全社会各方面、相关市民和相关单位支持和理解施工建设带来的出行不便。施工交通组织工作流程除了注重方案研制外,还注重协调平衡各方利益诉求,平衡交通出行者、管理部门和建设单位的意见[6]。施工交通组织方案制定的工作流程如图 3-1 所示。

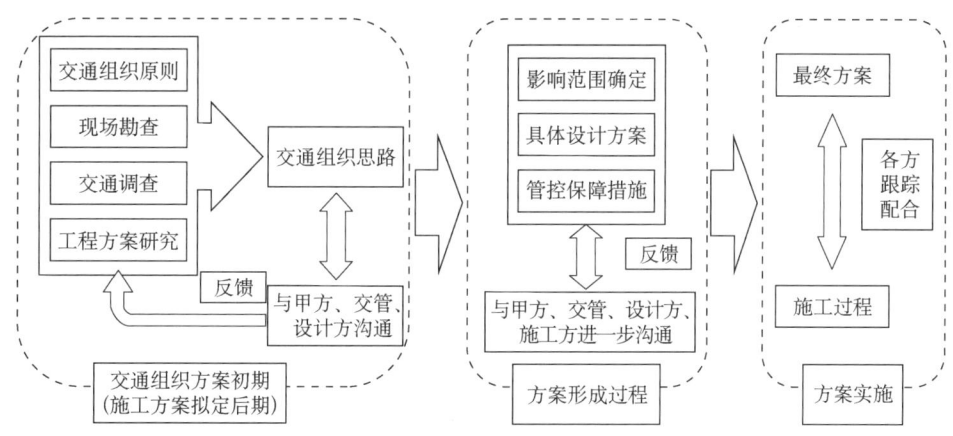

图 3-1 施工交通组织方案制定工作流程

施工交通组织是一项综合性的工作,涉及沿线居民出行方式和习惯、道路交通管理以及城市交通政策等方面的研究内容,既是一项技术工作,也是一项统筹协调工作,施工交通组织方案需要可实施性和合理性。施工交通组织方案研制应以现状交通与施工方案为基础,从交通点、线、面多层次综合考虑,分析施工对交通的影响程度,并提出相应的交通组织方案。施工交通组织方案制定的技术路线如图 3-2 所示。

3.3 | 施工交通组织主要技术手段及流程

3.3.1 资料收集

施工节点周边区域交通现状运行数据调查分析,以及建设项目施工方案等资料的了解掌握是进行交通组织方案编制的基础。通过这些数据和资料的收集,能够了解道路交通现状需求特征,掌握项目各阶段施工对交通影响的状况,使得交通组织方案编制有的放矢,可以精准解决施工引发的出行矛盾。

交通组织方案编制不能仅仅停留在图纸上和设想上,需要结合现场实际情况进行研究,这就要求多次前往现场进行踏勘和调研。在明确现场既有情况的基础上,对建设单位提出的不同阶段施工方案进行评估,并提出相应的交通组织方案。在交通组织方案基础上,进一步对施工方案、管线搬迁和交通管理等方面的方案进行优化调整。施工交通组织前期调研、调查的内容包括:①掌握工程周边道路设施和土地利用情况;②调查交叉口机动车、非机动车及行人的交通出行特征(流量等);③了解周边居民小区和单位的进出流线和需求;④摸清公交站点的设置和公交线路的走向;⑤确认建设项目施工方案;⑥分析施工方案的各阶段组织与计划;⑦收集工程建设的相关 CAD 设计材料。

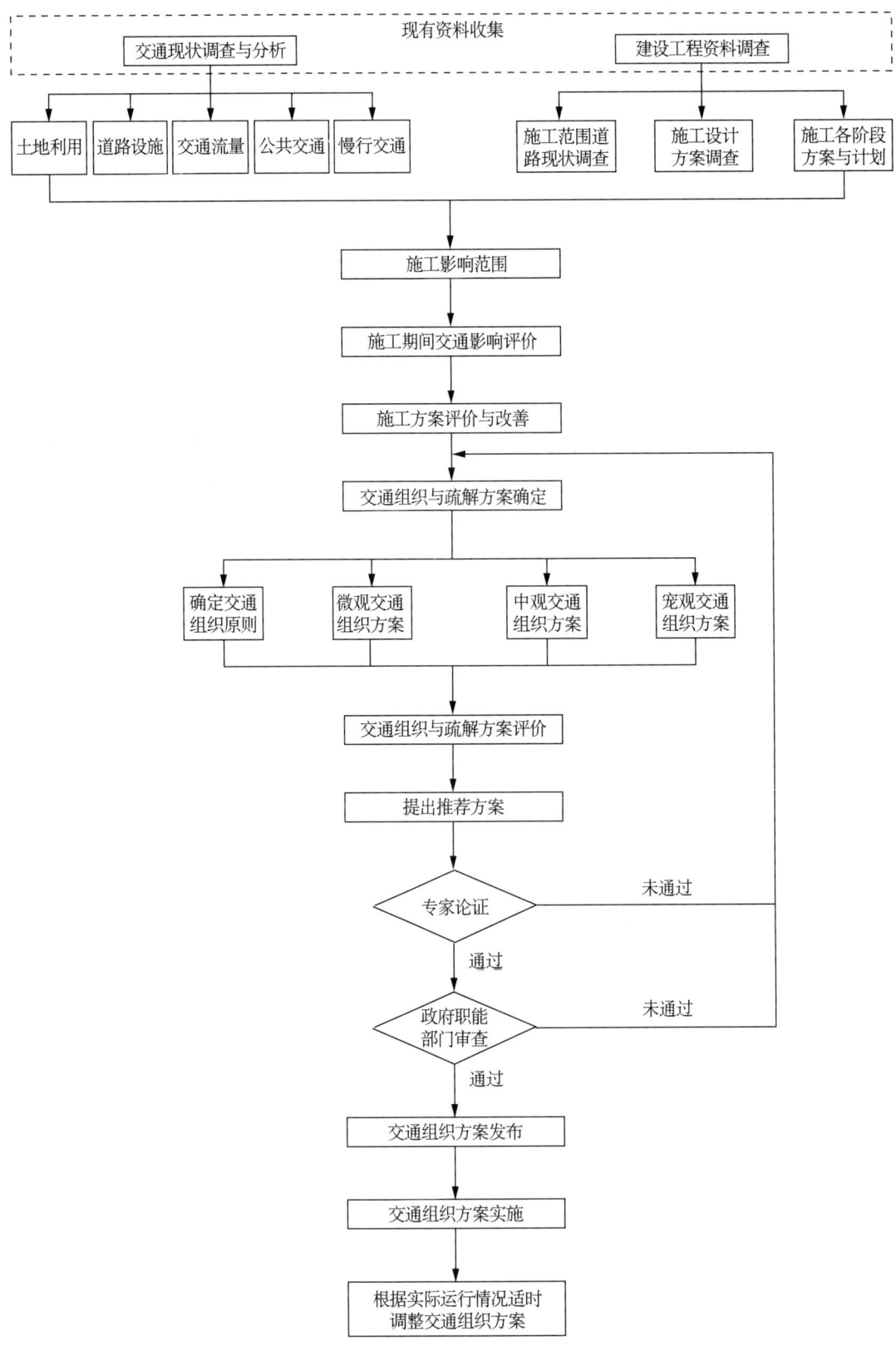

图 3-2 施工交通组织方案制定技术路线

3.3.2 施工交通组织难点问题分析

在完成相关资料调查收集后,基于现状交通状况和施工方案,需要针对施工项目进行交通组织难点问题的分析与总结,这些难点也是交通组织需要解决的关键问题。因此,施工交通组织是一项"问题导向"的工作。根据上海多年施工经验,本书总结了以下施工交通组织难点问题。

1. 缺乏统一的标准或平台,协调难度大

纵观上海施工交通组织工作情况,相关部门多从自身管理要求的角度来制定相关方案,比如:交通管理部门要做到"占一还一",减少施工对交通的影响,执行的是防止交通拥堵的管理标准;而建设部门大多采用常规的安全成熟的施工方法,以保证工程能按时完成,使施工投资最少,使施工安全和质量可靠度更高,其执行的是快、好、省的建设标准。各部门缺乏一个统一的执行标准,使得施工交通组织工作的部门协调难度加大,也一定程度上增加了施工交通组织研究的工作量。

2. 总体性交通影响分析评估工作不足

上海针对轨道交通、市政道路以及地下管网等项目开展了施工交通组织,也尝试开展全市宏观层面的建设项目交通综合影响评估工作,将各类工程项目对于交通的叠加影响进行了评估,但总体性交通形势预判和分析工作的深度仍然不足,往往无法从系统层面提出全市建设项目合理的实施推进计划和统筹方案,使得很多建设项目仍存在一定的交通叠加影响,也使得施工交通组织预警效果和统筹效果不能充分发挥。

3. 施工交通组织系统性设计工作不足

上海在建设项目工程可行性研究阶段就开展了施工交通组织研究,并贯穿项目规划、设计和施工全过程,为项目施工建设提出交通组织的完整方案,确保建设项目能兼顾各方利益。从施工交通组织工作实际情况来看,由于建设项目在规划、设计和施工各阶段研究的深度不同,施工交通组织方案的延续性和精准性不能得到保证。施工阶段交通组织方案与规划设计阶段相比会发生极大的变化。此外,随着项目推进,建设环境、工程要求等都会发生变化,也导致施工交通组织方案会发生很大调整,不能完全遵循"交通组织方案衔接有序,各阶段方案变化有度"的原则,也容易使管理部门产生"误解",导致规划设计阶段提出的交通组织方案合理性受到质疑,一定程度上也会降低交通组织方案的认可度。随着施工交通组织技术不断完善,以及先进的施工方法不断运用,这个问题会得到解决,施工交通组织系统性作用会加强。

4. 区域路网分流施工区交通压力的保障难度大

建设项目施工会占用一定容量的道路设施,导致道路无法满足现状交通需求,因此需要周边路网对施工区原有交通量进行分流。但在实际情况中,往往会出现区域路网功能先天不足、无法满足交通分流条件;或者区域路网交通量已经饱和,无法承担分流功能的情况。这对施工交通组织方案提出了挑战。对于区域路网功能不足的情况,由于区域路网结构先天不合理,缺乏贯通性的道路,交通通达性差,交通组织方案须提出针对的措施,如结合道路规划方案，提前打通断头路，并充分利用区域支小道路分流疏导交通量，或调整交通管理组织模式尽可能就地消化交通出行量，避免交通矛盾扩散。对于区域路网饱和的情况，由于路网分流条件有限，交通组织须提出相关道路扩容改造，同时调整周边道路交通管理措施，通过改善区域道路通行容量来疏导交通出行量和缓解交通压力。

3.3.3 确定施工影响范围

现有资料收集之后，需要根据交通现状以及施工项目资料，对相应方案施工期间的交通影响范围进行确定。施工期间交通影响范围的确定可以分为单点、干道和通道三种施工类型来进行分析。

1. 单点施工交通影响范围分析

单点施工项目一般位于道路某个节点或某一路段，施工占用道路路段或者路口的通行空间，会引起相邻交叉口或局部路段的交通拥堵和恶化，进而影响施工点周边路段和交叉口服务水平、排队长度及饱和度等交通运行参数的变化。

对于单点施工项目，一般主要影响范围为施工围挡区域的上下游100 m的范围，具体包括单点施工交叉口内部以及施工作业围挡区域的上下游部分。根据《城市道路施工作业交通组织规范》(GA/T 900—2010)所规定的内容，施工作业控制区由警示区、上游过渡区、缓冲区、工作区、下游过渡区和终止区六部分组成，单点施工影响范围是指从上游过渡区到下游过渡区之间的范围。

单点施工项目如果位于城市交通关键节点，仍然会引发较大范围的交通影响，交通拥堵会波及多个相邻主要交叉口，交通矛盾也会非常突出。

2. 干道施工交通影响范围分析

干道施工项目的影响范围是指相邻单点交通影响叠加的直接范围。相邻单点同时施工会造成施工沿线各单点的交通影响叠加，直接影响干道沿线两侧的交通小区内路段和交叉口的交通流服务水平、延误、排队长度及饱和度等交通运行参数的变化。

干道施工相比单点施工，影响程度更为严重，影响范围更大，不仅包括干道沿线所有单点交叉口的影响范围，还包括施工路段以及路段沿线出入口、小区、单位等出行需求点的影响范围。

3. 通道施工交通影响范围分析

通道施工项目的影响范围既包括施工区的直接影响区域，也包括城市区域层面的间接影响范围。通道施工对现有的交通系统造成不同程度影响，对城市区域层面的影响主要体现在路网瓶颈点位置及数量、交叉口拥挤数量百分比、路段拥挤长度百分比、路网容量等方面。

通道项目如高速公路和快速路改建、越江桥隧改扩建等主通道施工对交通影响的程度很大。通道施工交通组织若采用单一的分析标准，不利于分析在不同区域采取的交通组织方案及各类管控措施的效果差异。在通道交通影响范围预测过程中，一般采用直接影响区和间接影响区来划分和识别影响范围，通过施工节点周边的道路通行速度变化来确定直接影响区及间接影响区。根据上海多年研究经验,通常将速度变化幅度在15%~20%区间的区域定义为交通直接影响范围,速度变化幅度在10%~15%区间的区域定义为交通间接影响范围。

3.3.4 施工期间交通影响评价

施工影响范围的确定是进行交通影响评价的前提,交通影响评价也是制定交通组织方案的重要基础。单点施工的交通影响评价是对施工点交通流运行的直接影响进行分析。干道施工的交通影响评价是对干道沿线的交通小区的居民出行、道路路段和交叉口的交通影响进行分析。通道施工交通影响既包括对施工区内各路段交通运行状况的影响,也包括对城市区域范围路网层面的整体交通运行状态的影响,其评价主要关注施工对城市区域的交通需求、路网容量、路网服务水平等宏观方面的影响。

施工期间交通影响评价可以采用定性和定量相结合的方法展开分析。定性评价是指按照施工时序,结合每个施工阶段占道情况对交通的影响进行评价,直观描述交通运行状态的变化,对周围道路如何分担施工区原有的交通流量、施工区原有慢行交通设施是否合理、施工区原有静态交通需求能否满足等问题进行简单说明。而定量评价则是运用交通模型,对不同施工阶段造成的交通影响进行定量的统计指标描述(如服务水平、延误、车速等),准确表述不同施工阶段道路条件变化及周边道路调整后交通运行情况。这与常规交通影响评价所采用的方法相似,首先根据交通现状得到需求交通量;其次采用交通规划模型的"四阶段法"中的交通分配模型,在施工围挡基础上进行原需求交通量的分配预测;最后根据交通分配结果,选取合适的统计指标分析施工影响区域内的交通运行状况。

3.3.5 施工方案评价与改善

施工方案是指建设方进行施工所采用施工工艺、施工筹划、施工设备、施工材料的综合。施工方案对交通影响很大。施工方案优化研究是交通组织研究的重要内容之一。

施工方案评价一般可以分为设计和实施两个阶段。设计阶段主要配合设计院对不同施工方案进行交通影响程度分析,为最终确定合理的施工实施方案打下基础,也为制定详细的交通组织方案提供依据。不同施工方案将造成不同程度的施工影响范围,不同程度的施工影响范围又改变了交通影响评价结果,直接影响方案比选论证的结果。通过这样的反馈调整机制,对施工方案进行评价与改善,最终确定最佳施工方案。

施工方案评价具体是指基于交通现状与道路资源空间的调查结果,通过与其他典型类似项目的对比分析,评估施工各阶段的用地占用情况。在施工方案评价比选时,必须要充分考虑施工工艺条件,也尽可能为交通组织预留充足的道路空间。

施工方案评价需要对不同施工阶段占路围场合理性做审核评估,根据工程施工特点、安全和质量要求、施工技术能力和成本,细分整个施工周期里的各个阶段,优化施工围场布置范围,最大限度为交通留出必要的通行空间,避免施工无序占地的问题。在评估过程中,交通组织方案往往也会反馈调整施工方案。

不同建设项目的施工方案和施工阶段会有差异。如地铁车站施工大体可以分为主体结构施工、盾构施工以及附属结构施工三个阶段,每一阶段的施工占地情况不同,其施工方案的具体施工内容与设计工艺也大不相同,其特点如表3-2所示。

表 3-2　　　　　　　　　　　地铁车站施工方案和阶段划分表

阶段	阶段划分	施工内容	设计工艺
主体结构施工阶段		围护结构	地下连续墙或是钻孔灌注桩等
		开挖前准备	降水工程 地基加固 圈梁及首道混凝土支撑
		开挖支撑	土方开挖 支撑体系
		结构回筑	模板支架体系 混凝土浇筑
盾构施工阶段		进出洞	设备安拆 进出洞
		盾构推进	
		旁通道施工	
附属结构施工阶段		围护结构	地下连续墙或是钻孔灌注桩等
		开挖前准备	降水工程 地基加固 圈梁及首道混凝土支撑
		开挖支撑	土方开挖 支撑体系
		结构回筑	模板支架体系 混凝土浇筑

3.3.6　施工交通组织方案制定

施工交通组织方案制定之前首先要确定交通组织原则。交通组织原则是交通组织方案的核心理念和指导思想。交通组织原则需要根据施工特点(施工技术、施工材料、施工周期等)、项目所处区位、道路设施功能、交通出行特征等情况来制定和确立。施工交通组织的原则一般有"占一还一""慢行和公交优先""交通需求控制""路网多级疏解"等多项原则。这些原则可以根据项目特点加以组合。

按照确定的交通组织原则制定具体交通组织方案。交通组织针对施工关键节点可以提出多套方案,并利用交通预测和评估模型对各套方案进行交通影响评估,最终形成一系列施工交通组织方案。施工交通组织方案按照研究范围大小可以分为微观方案、中观方案和宏观方案三个层次。

(1) 微观交通组织方案。是指单点施工项目,在施工占用交通资源前提下,充分利用道路交通的时间和空间的潜力(错时出行、临时道路扩容),优化信号配时与车道渠化改造,尽可能满足各流向的通行需求,通过某些节点具体的道路扩容或管理措施提升施工节点的通行能力和效率。微观交通组织方案偏重交通设计,因此,在研究过程中,需要依据现行的道路设计规范,对单点路口的车道渠化、横断面布置、车道宽度、交通信号控制等内容进行优化设计。微观设计贯穿于所有类型的施工交通组织,是施工交通组织的基础。

(2) 中观交通组织方案。是指当施工影响范围不局限于单点时,为了缓解施工区周围道路的交通压力,通过道路扩容改造、调整周边道路交通管理措施来保障交通运行顺畅。中观交通组织方案研究需要运用微观交通组织技术方法,同时其研究范围扩大,采用的改善措施手段更多样,对单向交通组织、禁限管理、公交线路调整方案等内容进行设计。中观交通组织方案不仅需要依据现行的道路设计规范,也需要按照道路交通标志标线设置规定实施,实现路网整体流量均衡的目标。

(3) 宏观交通组织方案。是指当施工影响范围扩大至多个区域路网时,需要通过区域范围的交通诱导以及交通需求管理措施,基于矛盾分散、时空均分的原则,在时间上削峰填谷,在空间上"控密补稀、流量均衡",使路网交通压力均分。宏观交通组织是在微观和中观交通组织基础上开展研究的,宏观交通组织方案可以按照现行的道路设计规范、交通标志标线规范,采用交通信息化和智能化设施设备新技术,对交通诱导分流和交通需求管理等内容进行设计。

3.3.7 施工交通组织方案评价

施工交通组织方案可以从宏观和微观两个层面进行评价。宏观层面,对交通组织整体方案,通过交通软件进行施工期间的交通流量分配,预测出施工期间各条道路的车流量,计算各道路施工期间的饱和度,从中比较施工前后道路流量变化情况。微观层面,对重要节点进行微观交通仿真、模拟施工期间车辆的运行情况,包括车速、延误、拥堵状况等,从中分析出施工对节点交通造成影响的程度。

1. 单点施工

单点施工一般不涉及大范围的交通分流,交通组织方案评价侧重对交叉口通行安全及效率进行评估。评价通常会采用微观交通仿真的方法,通过软件构建施工区交通组织的路网实际状态,加载各类人流、车流特征数据以及信号配时方案等,通过仿真得到机动车运行效率指标、非机动车及行人运行安全指标,即以单点路口的各进口道流量、行程延误、排队长度、服务水平、机非冲突点等指标,对施工交通组织的不同方案进行评估。

2. 干道施工

干道施工交通组织主要是解决路段及多个单点施工串联所引起的道路通行能力下降问题,方案评价主要是对多个单点及其路段的通行安全及效率进行评估。主要采用微观为主、宏观为辅的仿真方法进行评价,构建施工区交通组织路网实际状态,加载各类交通流数据,配置干道交通组织策略,采用交通效率评价指标、交通安全评价指标以及社会环境影响评价指标,即以干道沿线交叉口的排队长度、行程延误、服务水平以及路段 V/C 比、交通量、停车次数等指标,对施工交通组织不同方案进行评估。

3. 通道施工

通道施工交通组织方案评价既包括施工区的安全和效率评价,也包括对区域交通疏导、公交线路调整等交通管控措施的评价。一般采用宏观为主、微观为辅的方法进行评价,通过构造施工区以及其影响区域的路网实际状态,加载区域的车流特征数据、交通管控方式等资料,以一定范围的关键路段或交叉口的交通量、路段饱和度 V/C、服务水平、车速以及关键交叉口延误、服务水平等指标,对施工交通组织不同方案进行评估。

3.3.8 交通组织方案的审查和确定

交通研究单位完成交通组织方案后,由交通管理部门和专家对交通组织方案进行审核。最后,由交通管理部门对交通组织方案进行确认,为交通组织方案的实施做好准备。上海施工交通组织方案审核已经形成各部门协调保障机制,坚持"各方协调,共同策划"的基本原则,政府、交通管理、建设以及研究单位各司其职,确保交通组织方案满足各部门管理的需求。

3.3.9 交通组织方案的实施和调整

交通组织方案的实施与施工进展同步进行,一般由交通管理部门负责监督落实。在具体实施过程中,需要对交通影响和交通组织方案效果进行跟踪评估。当交通影响超过预判情况,导致既定的交通组织方案达不到预期目标时,应对交通组织方案及时进行调整。

1. 方案实施

交通管理部门负责交通组织方案的实施,并与施工进展同步落实。部分与交通组织方案相配套的工作,例如拆迁、翻交道路建设、诱导标志的制作和安装等,则需要提前进行。

2. 实施后评估

方案后评估是交通组织不可缺少的组成部分,它是对施工前后道路延误状况和交通实际影响范围和程度的研究,是对交通措施的效果和实际作用进行评估,并在此基础上提出交通组织优化方案。具体工作内容包括:①汇总施工期间具体实施的交通措施;②测算施工期间道路、交叉口的车流量及车速;③确定施工造成的实际影响范围;④分析计算影响范围内的区域交通拥堵率、区域平均速度等指标。

3. 后评估分析结论

根据上海多年施工经验,后评估测算施工影响范围内的流量和速度变化在 10%～20% 时,即可认为该交通组织方案的实施是合理的,不需要再进行调整。

4. 方案调整

当交通组织方案的分流措施、路口渠化等手段没有达到期望效果,或者出现其他问题,产生了预计范围外的拥堵点,且造成了较大的社会影响时,就需要通过反馈机制对交通组织方案进行调整,优化完善交通组织方案。

3.4 | 施工交通组织管理保障机制

施工交通组织措施的实施会影响部分交通出行者的出行习惯,也会增加施工区域交通组织管理的难度。因此,保证施工区交通组织管理方案的实施,需要有一个完整的交通保障体系。本节在总结国内外有关施工交通组织管理经验的基础上,结合常规交通组织管理经验,就施工交通组织管理保障体系进行简要总结,并对上海管理方式和策略进行简要介绍。

3.4.1 多渠道交通组织方案宣传提示

施工在一定程度上会给居民的出行带来不便,小至绕行,大到封路、公交改线、站点位置改变等,都会影响居民的正常生活。若相关部门将施工影响的道路范围、时间、施工类型等基本的掘路施工信息用直观的图像及时公开,能够更容易获得公众的理解、支持,这也是行业主管部门政务公开的义务。因此,在政府管理信息系统基础上,通过网络媒体、电视媒体、广播媒体及微信公众号、微博等媒体,采用可视化技术,将施工区交通组织信息对外发布,可以提高政府部门的公共信息服务水平,更能方便市民直观查询施工情况和交通组织调整等信息,便于监督交通管理的落实情况。

上海交通宣传的渠道较为丰富,通过互联网、车载导航仪、微信公众号等方式对外提供施工交通组织信息,初步实现了政府部门信息透明化的要求,满足了交通信息服务市场化的需要。图3-3为"上海长宁"公众号推送施工区域交通调整信息图。

3.4.2 各部门的协调保障机制

施工交通组织管理需要遵循"各方协调,共同策划"的原则。交通组织工作不是一个部门或某一环节能够有效解决的,需要各有关部门和单位协调研究,共同策划。目前施工交通组织的主要相关部门为政府、交通管理部门、建设单位以及交通研究单位。在施工期间,政府部门主要负责规划统筹各项工作、总体协调施工建设的各类问题;交通管理部门作为最终方案的决策者、实施者及管理者,主要参与指导交通组织方案的制定;建设单位需要结合施工围场、建设周期、管线搬迁、交通组织来优化施工方案;交通研究单位是交通组织方案编制者,承担交通调查、影响预判、交通组织方案设计等工作,为相关部门提供决策技术支撑。

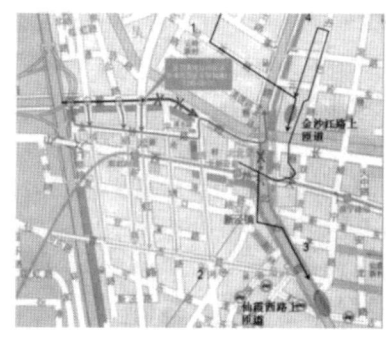

图3-3 "上海长宁"公众号推送施工区域交通调整信息图

为了保障施工建设顺利进行,各部门的协调保障机制应当如下:
(1)制定统一标准,搭建项目平台,形成联动机制。统一标准能够满足施工要求并减少对交通影响,项目平台能够将问题统一协调、统一协商,联动机制能够使各部门各司其职、事先介入、落实交通先行。

(2) 统一筹划,避免重复建设。各建设单位的建设计划需要统一筹划,以减少重复建设、减少对道路交通的影响并节约建设成本。

(3) 建立监督机制。政府与交通管理部门定期对施工现场的质量、进度、安全等进行检查与督促工作。

(4) 加强文明施工监管力度。建设部门需要加强文明施工监管力度,保证施工安全有效地进行,也确保施工按照既定的交通组织预案推进实施,降低对交通的影响。

上海施工交通组织研究从原有的交警部门、交通研究院和建设施工三家单位扩展到规划、交通委、水务等多家单位,从组织机制上确保了交通组织研究过程更具有综合性和可操作性,交通组织方案和部门意见的协调性更为密切。

3.4.3 科技化与信息化手段的应用

我国大多数城市正处于从建设型城市向管理型城市的转型期,随着城市发展转型,基础设施管理也从开发建设为主向服务为主转型,城市基础设施基本建成,存在的问题是基础设施服务管理水平限制了资源的最优化利用。施工交通组织管理同样如此,管理水平会影响施工区域的交通运行状况,影响疏解方案的实施效果。提高施工交通组织管理水平,能够保障交通组织方案的顺利实施、保证方案实施后的改善效果。交通组织管理水平的提高,离不开科技化、信息化手段的应用。

网格管理法是在城市管理中运用网格地图的技术思想,以万米网格为最小基本单位,根据属地管理、地理布局、现状管理、方便管理等原则,将管理空间划分成若干个网格状单元,由城市管理监督员对所分管的万米单元实施全时段监控,同时明确各级地域责任人和辖区城市管理责任人,对管理空间实现分层、分级、全区域管理的方法。将网格化管理技术应用在交通组织管理上,能够发挥网格化管理发现问题的机制,通过开发建立掘路与施工交通组织管理信息系统,使网格管理系统能够及时甄别掘路事件的性质、分类管理、快速处置非法掘路事件,提高政府部门的行业管理水平和科学决策水平。

上海已经初步形成了网格化管理与交通组织管理信息系统整合的技术研究成果,将掘路信息和施工交通组织信息集成在一个基于网格的地理信息系统平台上,实现掘路和施工交通组织信息共享、同步查询和统计分析。

3.5 本章小结

本章对施工交通组织特征以及技术流程进行了概述。对施工交通组织、交通影响评价、交通改善设计以及大型活动交通组织四类交通研究工作的定义、服务主体对象、研究目的等进行对比分析,分析了施工交通组织与其他交通研究的差异。本章总结了上海施工交通组织的工作流程与技术流程;简要介绍了资料收集、施工影响范围识别、施工期间交通影响评价、施工方案优化调整、交通组织方案制定、评价、审查、实施八个关键环节的主要技术手段。最后对施工交通组织管理保障机制进行了说明。

参考文献

[1] 王丽. 大城市交通影响分析体系研究[D]. 北京:北京工业大学,2001.
[2] 杨晓光. 交通设计[M]. 北京:人民交通出版社,2010.
[3] 崔洪军,陆建,刘孔杰. 大型活动交通组织管理[M]. 北京:人民交通出版社,2007.
[4] 杨忠振,陈刚. 大型活动的交通组织方法研究[J]. 城市交通,2007(03):81-85.
[5] 吴兵. 交通管理与控制[M]. 北京:人民交通出版社,2005.
[6] 崔路允. 山地城市交通枢纽站施工期间交通组织研究[J]. 施工技术,2019,48(S1):1101-1105.

第 4 章
重大建设项目单点施工交通组织

重大建设项目单点施工交通组织是在城市道路单个交叉口或路段单个节点位置施工。轨道交通建设过程中,往往在一条道路上会间隔出现多个单点施工区,单点影响叠加后也会对交通产生明显影响。因此,单点项目进行多点施工时,施工交通组织也是保障交通稳定运行的重要环节。单点施工交通组织如果不能精细化处理,也会导致拥堵波及多个路口甚至大范围蔓延扩散。因此,单点项目也需要完善的交通组织流程、交通组织技术方法和合理方案设计。本章详细阐述了单点施工交通组织设计基本原则,结合单点施工交通组织工作经验,总结了单点施工交通组织的设计流程及评价方法,并以轨道交通 10 号线和 11 号线交通大学站、武宁路快速化工程重要节点武宁路/中山北路交叉口、轨道交通 14 号线静安寺站施工交通组织三个典型案例为基础,具体说明单点施工交通组织设计方法。

4.1 | 单点施工交通组织设计原则

施工交通组织设计原则是研究工作的核心,主导交通组织方案的主要方向。单点施工交通组织具有类型多样性和方案复杂性特征。

在相关规范[1]中,对建设项目施工交通组织提出了 4 点基本原则:①从时间上、空间上使交通流均衡分布;②基本保障施工点以及周围路网的通行能力;③依次优先保障行人、非机动车及公交车通行;④管理措施以诱导为主、管制为辅。这些原则也适用于大型干道项目和重大通道项目施工交通组织。

4.1.1 单点施工交通组织设计基本原则

单点施工交通组织设计方案一般需遵循以下基本设计原则。

1. 不影响各类交通出行方式,交通矛盾就地消化

单点施工的范围较小但节点数量多,疏解各类交通出行者绕行至其他道路的成本较大,而且可能与周边其他道路管理措施或交通组织方案产生冲突。故一般单点施工交通组织采用不影响各类交通方式的出行、交通矛盾就地消化的指导思想。施工区域的交通组织首先不影响原有通过此节点的各类交通方式(含行人、非机动车、公交车、机动车等),尽量不设置交通管控措施,如车辆转向限制、公交线路改线等管控措施,尽量保持原来的通行习惯。

2. 充分利用道路空间，进行路口翻交方案设计

一般单点施工区域由于道路空间被占用，需要对施工节点道路进行改造设计。在具体操作过程中，一般可以采用如下手段：

（1）路口翻交需采用"占一还一"的原则，即维持原有路口或者路段的车道数量。由于施工占路后留下的道路空间有限，往往会采取缩减车道宽度来满足车道数量的方法。在施工区限速较低的情况下，车道的宽度可压缩至3~3.25 m，在交叉口的进口道车道宽度还可压缩至2.8 m。

（2）施工节点位于郊区等外围区，施工节点所在道路的车流量较低，施工区仅占用进出口道部分空间，经评估，在保证转向功能基础上缩减进出口道数目不会对单点路口的运行产生较大的影响，可在缩减进口道数量的情况下对道路进行重新渠化设计，组合车道转向功能（如设置直左、直右等车道），保证原有的各交通出行者正常通行即可。郊区货车通行量相对较高，车道宽度设计时，应确保至少1条车道宽度不小于3.5 m。

（3）当施工所在道路车流量高，且施工占路后留下的通行空间有限，可采用压缩非机动车通行宽度，或者局部路段行人和非机动车共板的方法（人行道有效净宽不小于4 m），给机动车留出一定的通行空间以满足最低的车道数量。在极端情况下，也可以采取组合车道转向设置，兼顾机动车车道数量和非机动车、行人的通行便捷。

（4）若施工节点设有公交专用道，在施工占路后由于道路资源受限，施工交通组织可以临时取消公交专用道设置，均衡施工路段通行资源以提高通行效率。

3. 以精细化交通管控设计为主，尽量少涉及区域疏导

单点项目的施工交通组织设计，原则上以精细化的交通组织及交通管控设计为主，避免将影响扩散到周边道路。施工节点所在道路的车流量已经较高时，即使保留了原有的车道数量和转向功能，但施工路段的线型曲折、车道宽度缩窄、路面条件降低、转向视野受限等因素仍会导致道路综合通行能力下降，也会加剧施工区段道路的拥堵，此时就需要采取配套的分流引导措施，但分流和引导的范围相对较小，以分流至相邻周边道路为主。

4.1.2 施工工艺与交通组织密切衔接

施工交通组织是在施工工艺和施工方案基础上设计交通组织方案，施工工艺和施工方案是交通组织研究的依据；同时，交通组织反过来也可以指导施工工艺和施工方案的调整，二者是互为依据、相互反馈的互动关系。在复杂单点施工交通组织研究时，为了最大限度降低施工对交通影响，一般首先对施工工艺施工方案进行优化，建设项目会制定分阶段的施工方案，确定不同阶段施工围挡区域，以此设计不同阶段的施工交通组织方案。施工工艺与交通组织密切衔接，遵循以下指导思想：一是"充分评估施工方案，积极寻找优化或改善空间"，目标是尽量少占用道路空间，保留更多交通通行空间；二是"多阶段施工交通组织合理衔接"，目标是使各阶段的交通组织方案具有连续性和延续性，避免交通组织频繁地大调整，不利于交通出行者熟悉管理措施。

4.1.3 其他交通组织设计原则

在常规单点项目交通组织设计工作中，一般注重行人、非机动车和公共交通优先，也很注重交通组织与交通设施(信号控制)相协调。

1. 行人及非机动车优先通行的原则

单点施工交通组织设计涉及交叉口渠化设计方案时,需要优先保障行人与非机动车通行,不能过度压缩非机动车和行人空间,非机动车和人行道的宽度均不宜小于 2 m。经过调查评估后,在非机动车和行人流量较低的路段,行人和非机动车道的总宽度可不小于 3.5 m。此外,在施工占路留下的道路空间有限时,应优先保障行人和非机动车的通行权,在确保行人和非机动车通行的前提下,再考虑机动车的通行。因此,当建设项目需要施工封路时,一般只禁止机动车通行,最大限度保留行人和非机动车的通道。

2. 公交系统优先保障的原则

公交系统的保障包括公交线路的保障以及公交站点的保障。单点施工交通组织一般不推荐对公交线路进行更改调整。特殊情况下,可临时取消施工区域公交专用道,公交车辆与社会车辆采用局部路段混行的交通组织方式,以增加社会车辆的通行容量。对于公交站点,尽量维持在原地设置,或者利用施工围场内的局部空间,设置港湾车站,最大限度维持市民乘坐公交的便捷性。若由于施工因素确需对公交线路绕改道的,则采取就近绕行、就近设站的方法,尽量降低对市民乘坐公交的影响,也降低公交线路改道造成的运行成本。

3. 交通组织与信号设施配套协调的原则

一般单点施工交通组织管理,如果在交叉口进口道方向的位置偏移不大,只在原有空间位置重新进行翻交,也不影响路口车辆视距安全,则仅进行信号控制方案的重新设计即可。如果施工节点造成交叉口机动车进口道、非机动车和行人的进口方向出现了较大偏移及分隔(如进口道被施工区分隔为较远方向),影响到驾驶者视线观测,则需要调整信号灯设施的位置或者增设信号灯设施。

4. 多级诱导和交通提示设施统筹布置的原则

施工交通组织方案会对驾驶者及行人常规通行习惯带来影响,应按规范设置相关的警示标志和通行指示标志。交通提示标志标牌的设置应与交通组织多级诱导的目标相协调,确定合理的设置范围,避免设施浪费;同时也能够清晰提示和警示交通出行者按照引导指示通行。

4.2 单点施工交通组织研究内容及流程

总结上海的经验,参考其他施工交通组织研究成果,归纳出单点施工交通组织的流程,如图 4-1 所示。

第 4 章 / 重大建设项目单点施工交通组织

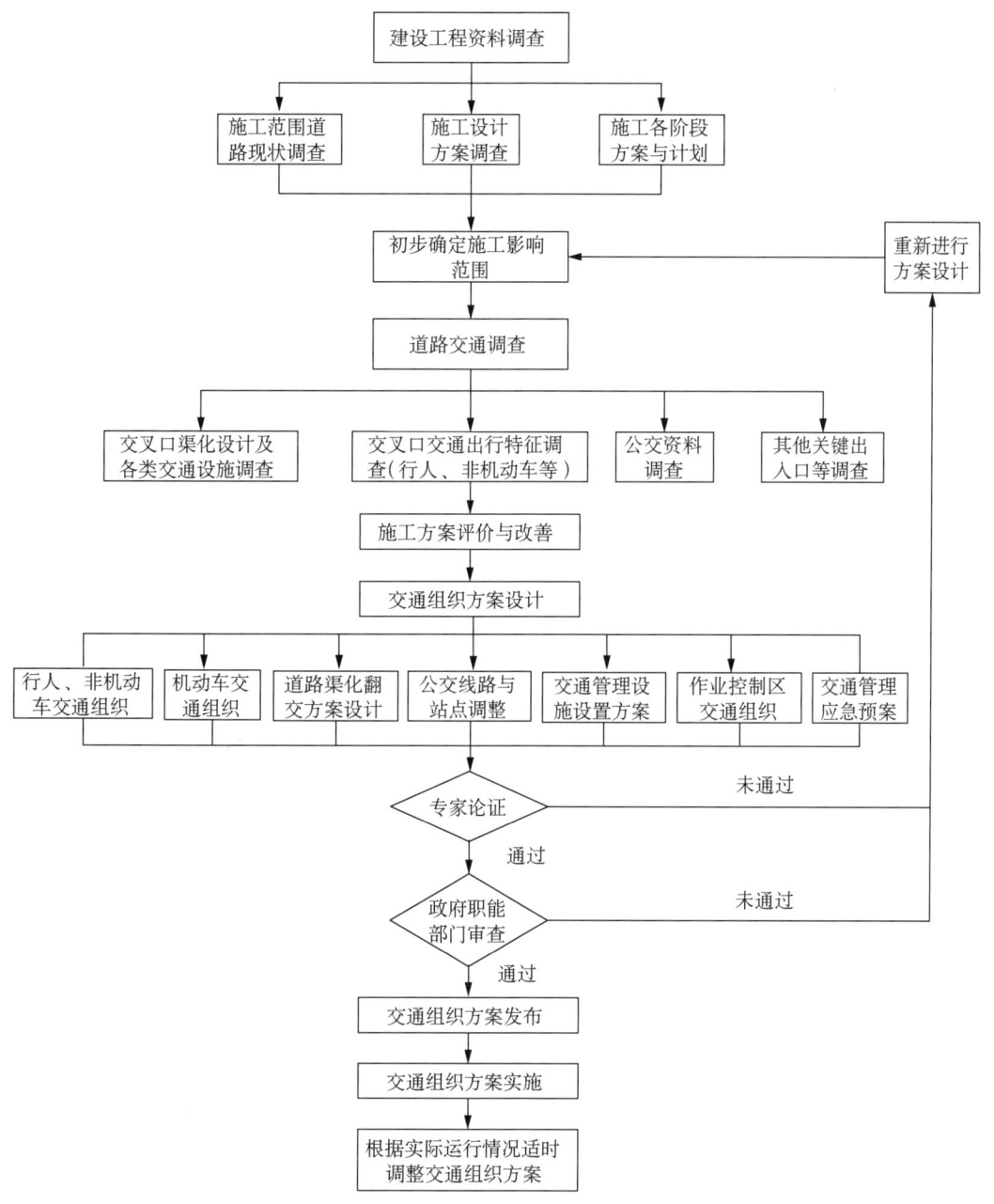

图 4-1 单点施工交通组织流程

4.2.1 施工建设资料调查与分析

和其他建设项目一样,应将单点施工交通组织工程建设资料调查与分析工作贯穿在施工方案编制过程中,以便了解和掌握施工建设的信息,并可以反馈至施工方案进行优化调整。因此,需要调查的内容包括建设工程的设计方案、施工围挡范围、施工车辆出入口等;其次需要了解分阶段的施工方案与进度计划。同时,也需要参阅建设项目相关 CAD 设计材料,以便精确进行道路翻交等内容的设计。

调查分析的目的,即初步分析在施工区域现状道路空间资源基础上,施工建设方案是否可以满足必要的交通通行条件,是否能实现"占一还一"。如果难以满足交通通行的基本要求,则需要与建设方进行沟通,通过调整施工方案尽量缩减施工围挡空间,或者通过分解施工不同阶段工序来分散施工占路的影响。在这里需要强调的是,所有的施工交通组织方案应优先确保施工质量和施工安全,建设项目的工程质量和施工安全是最重要的。如果片面追求交通通行优先而降低施工质量和危害施工安全,那么交通组织方案就是"舍本求末"了。

4.2.2 交通数据调查采集和处理

通过交通数据调查和采集能够掌握区域道路交通第一手资料,以此研判现状道路交通的特征和需求,并可结合施工方案和路网条件合理地重塑道路设施和分配交通资源,确保交通组织方案的落实。单点项目所在节点交通数据调查采集的内容以及需要处理分析的各类指标如表4-1所示。

表4-1　　　　　　　　　　单点施工区的调查内容

序号	调查数据	数据应用
1	流量数据	流量数据是研究基础,是交通组织方案设计和交通组织方案效果预判的基础
2	道路设施数据	交通组织设计的基础数据。根据道路设施条件进行道路空间优化、标志标线等具体交通组织方案设计
3	公交资料数据	公交线路、站点等相关设施数据的调查。是公交线路和车站调整的基础
4	相邻道路流量及服务水平	特殊单点项目交通组织需要分流时,对相邻道路进行调查,以判断交通分流疏导的可行性

道路流量调查采用人工观测和道路设备采集两种方法。高速公路、快速路和越江桥隧等相对封闭的交通设施,一般采用道路流量采集设备来获取流量资料和数据。地面道路为了精确掌握交通情况,多采用人工观测方法。此外,也可以采用车牌识别技术进行流量的统计,在相关道路节点设置视频录像设备,采集调查当天的车辆通行视频,然后运行专门软件识别车辆,统计出车辆的流向和车流量规模。

一般来说,现场人工调查能够直观采集节点交通数据。常规采集方式主要在道路断面和交叉口安排人工调查和数据输入,一般调查工作日白天12小时(7:00—19:00)交通流量,以30分钟为一个时段进行数据输入及汇总。对位于重要商圈的施工节点,还需要增加周末节假日的交通调查,以便更全面掌握区域不同日期的交通流量、车种比例和时段分布情况。道路流量调查样表可参考表4-2。

表 4-2 单点项目道路流量调查样表

淮海西路东进口	淮海西路右转至华山路												
	右转客车						右转货车			右转小计			
时间段	公交单节车	公交小巴	出租车	大客车	小客车	摩托车	大货车	小货车	集装箱	客车小计	货车小计	客货合计	PCU合计
PCU系数	2	1.2	1	2	1	0.4	2	1	4				
7:00—7:30	0	0	11	0	6	0	0	0	0	17	0	17	17
7:30—8:00	0	0	14	0	12	0	1	0	0	26	1	27	28
8:00—8:30	0	0	14	0	16	0	0	0	0	30	0	30	30
8:30—9:00	0	0	13	1	18	0	0	0	0	32	0	32	33
9:00—9:30	0	0	6	0	23	0	0	0	0	29	0	29	29
9:30—10:00	0	0	8	0	14	0	0	0	0	22	0	22	22
10:00—10:30	0	0	13	0	12	0	0	1	0	25	1	26	26
10:30—11:00	0	0	11	0	18	0	0	0	0	29	0	29	29
11:00—11:30	0	0	18	0	23	0	0	0	0	41	0	41	41
11:30—12:00	0	0	10	0	15	1	0	0	0	26	0	26	25
12:00—12:30	0	0	16	0	17	0	0	0	0	33	0	33	33
12:30—13:00	0	0	17	0	19	0	0	0	0	36	0	36	36
13:00—13:30	0	0	15	0	24	0	0	0	0	39	0	39	39
13:30—14:00	0	0	14	0	18	0	0	0	0	32	0	32	32
14:00—14:30	0	0	11	0	15	0	0	0	0	26	0	26	26
14:30—15:00	0	0	9	0	17	0	0	0	0	26	0	26	26
15:00—15:30	0	0	8	0	13	0	0	0	0	21	0	21	21
15:30—16:00	0	0	11	0	18	0	0	2	0	29	2	31	31
16:00—16:30	0	0	3	0	11	0	0	0	0	14	0	14	14
16:30—17:00	0	0	5	0	16	0	1	0	0	21	1	22	23
17:00—17:30	0	0	9	0	18	0	0	0	0	27	0	27	27
17:30—18:00	0	0	7	0	16	0	0	0	0	23	0	23	23
18:00—18:30	0	0	4	0	9	0	0	0	0	13	0	13	13
18:30—19:00	0	0	6	0	12	0	0	0	0	19	0	19	20
上午合计	0	0	151	1	193	1	1	1	0	346	2	348	349
下午合计	0	0	102	1	187	0	1	2	0	290	3	293	295
全天合计	0	0	253	2	380	1	2	3	0	636	5	641	644

为了能给施工交通组织提供更精准的流量数据,流量调查宜对机动车进行分类,区分小客车、公交车、出租车、货车(根据情况可以区分小货车、大货车、集卡等)的流量。流量调查可以是调查路段流量,也可以调查交叉口的转向流量,具体可以根据施工影响情况来确定。

交通组织优先确保行人和非机动车通行,因此一般交通调查不统计行人和非机动车流量。如果施工交通也会影响行人和非机动车通行,则需要专门对行人和非机动车做调查。行人和非机动车的流量调查表与机动车调查表基本相同,一般调查前做实地观测,确定行人和非机动车出行高峰时段,调查时可观测早高峰和晚高峰的流量。

4.2.3 现场调研和施工方案评估

交通组织方案编制前进行现场调研能够有效掌握项目周边道路和建筑环境,明确边界条件,实地踏勘周边居民小区和单位的进出流线和需求,为交通组织方案编制做准备。在明确现场条件的基础上,对施工单位提出的施工方案进行评估分析,确定相应的交通组织原则,在此基础上进行施工、管线、交通多方面的方案编制和优化。现场调研评估关注的要点如下:

(1) 施工影响范围内的交通附属设施状况。调查包括隔离带、隔离栏、道路标牌、公交停靠站、人行天桥、铁路道口等状况,一般而言,道路红线范围内的相关设施均需要考虑。

(2) 施工影响范围内的关键出入口。施工影响范围内,周边居民小区、停车场、医院、学校、重要公共活动场所等出入口和消防通道等均需要进行考虑,并且根据这些重要公共建筑和社区出入交通情况以及特殊出行需求,分析提出满足重要公共场所日常运行所需交通设施条件和管理措施,并作为施工交通组织的主要内容之一。

(3) 路口其他设施产生的视线盲区等。单点施工部分集中在道路关键路口,这类路口本身交通压力较大,并且与重要交通设施如高架匝道相衔接。由于交叉口道路翻交后线形曲折,施工围场后会造成异形交叉口,使得车辆通行时存在视线盲区,会影响交通安全。因此,道路翻交后车辆流线是否存在视线盲区也是施工交通组织重点研究内容之一。

4.2.4 单点施工交通组织难点问题

建设项目位于车流量较低的道路,且周边没有重要出入口,那么该项目施工交通组织研究相对较为容易,不会有大的难点问题,按常规进行交通组织设计即可。实际建设中,不少施工节点位于道路关键路段或交叉口,施工交通组织需要应对的交通问题难度大且复杂。经过梳理,对单点施工交通组织难点问题进行汇总,并提出相关解决方法。

1. 单点施工所处节点既有通行量大,翻交后加剧拥堵

建设项目所在路口是主干路路口,早晚高峰交通量大,已经处于饱和或过饱和状态。施工占路后降低了主干路通行能力,同时受区域路网条件限制,路网的分流能力有限。此时,即使按照"占一还一"交通组织方案设计,由于施工区道路线形曲折、交通识别性降低等因素影响,导致翻交后的车道通行能力难以达到原有的通行能力水平,在原有交通量的基础上,仍会导致施工区域道路的拥堵进一步加剧,运行状况恶化(图4-2)。此时需要采用诱导、分流或转向限制等管理措施来实现交通量和通行能力的平衡。

图 4-2 单点施工位于主干道也会引起较大范围拥堵

2. 施工方占用道路空间大，致使道路空间容量损失

施工方为了施工便捷，常常提出占用更多道路空间来做施工围场，导致道路空间大幅度损失，这也是施工交通组织中最常见的问题。产生这一问题的原因主要与施工方的施工技术、施工设备以及管理理念有关。一般施工方从施工质量、施工安全、施工成本（资金投入和施工周期）等方面考虑，尽量多占用施工场地，并且利用简单成熟且无挑战性的施工方法进行施工建设。如地铁车站尽量能一次性围场明挖，高架道路施工时会按照高架主体结构投影线一次性围场等，可以便捷施工也降低施工成本。但这些做法会很大程度上影响道路交通的正常运行，仅从建设工程的成本及便利角度来制定施工交通组织的做法是不合理的。因此，施工交通组织研究是对施工方案和交通疏导的统筹协调，在工程项目建设成本与社会影响（间接的社会成本）之间寻找到一个较优的平衡点。图 4-3 显示合理施工围场可以兼顾施工便捷和交通保畅。

图 4-3 施工围场与交通便道布置图

3. 项目建设周期长影响交通组织方案实施效果

轨道车站或者高架道路等施工流程较为复杂，从管线临时搬迁—交通便道修筑—临时交通翻交—项目主体结构施工—项目附属结构施工—规划管线恢复—道路恢复一般需要经历 5~6 个阶段施工,每个阶段工期在 3 个月甚至到 12 个月左右。为了降低施工影响,压缩施工周期、简化施工阶段也是施工交通组织研究工作重点之一。在具体工作中,保证主体结构和附属设施一体化实施、减少管线多次搬迁、减少道路交通翻交次数是施工交通组织研究的关键点也是难点之一。

4. 道路翻交导致道路异形降低通行安全性和效率

单点施工占用既有道路空间,临时交通翻交虽然可以保留车道数量,但大多数会产生"异形交叉口"或"曲折路段",会使驾驶者视线受到影响,车辆的行车速度也会受到影响。图 4-4 为武宁路/中山北路交叉口翻交道路异形状况。

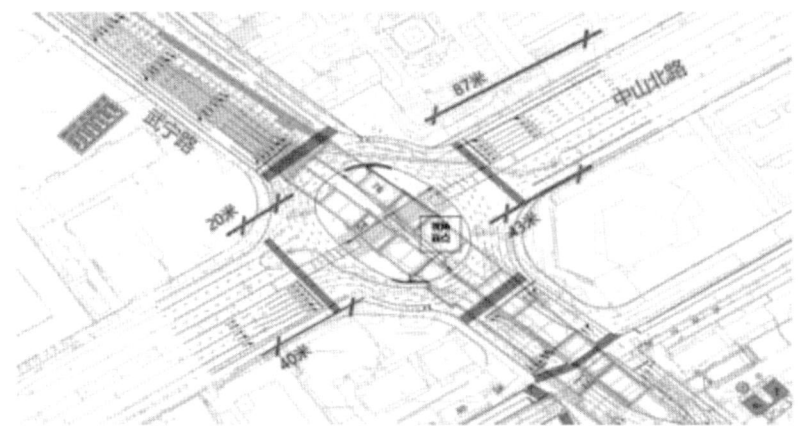

图 4-4 武宁路/中山北路路口翻交道路异形

此外,施工围挡也会导致施工区道路存在视线盲区,导致转向车辆无法清晰观察到路口的行人,行车速度降低,影响交通组织效果(图 4-5)。施工围挡已经有明确的规范:"a)占道施工时,应设置施工围挡。即施工作业控制区周围除留有必要的施工人员、施工车辆进出口通道外,应设置连续封闭的围板、路栏或锥形交通路标等设施。b)施工作业控制区围板高度要求。高度不应低于 1.8 m,距离交叉路口 20 m 范围内,工作区围板 0.8 m 以上的部分应采用通透式围挡。"

图 4-5 施工围挡下的视线盲区

实际操作中，为了减少施工噪音和扬尘，满足文明施工环境要求，大部分位于路口的施工围挡没有完全采取此标准，尤其在路口 20 m 范围内，施工围挡没有采用通透式围挡，会产生视线盲点。因此交通组织设计时，需充分考虑施工围挡视线盲区对交通通行安全的不利影响。

4.2.5 路口翻交方案编制和优化

施工区临时交通便道的设计与常规道路设计相同，设计指标和标准也同样按照上海市道路设计规范执行。具体设计流程和内容如下：

(1) 基于设计规范的交叉口类型(形状)研究；
(2) 翻交道路横断面布置形式以及参数值确定；
(3) 交通控制方案与通行能力；
(4) 基于交通调查数据的管控措施，具体包括机动车各进口道车道数、转向功能及车道宽度、停止线位置、机非分隔带、中央分隔带、公交专用道和车站、待行区设置，非机动车及行人的二次过街等[4]；
(5) 交通控制层面的优化与调整。

施工交通组织方案以施工方案为基础，充分利用现有的道路空间，调整进出口道停车线位置，保证各方向通行和蓄车空间、人行过街空间。在部分交叉口车辆行驶流线与正常流线偏差较大时，需在地面重新设置直行或转向导流线，保证交叉口的正常通行。在路口翻交时，如果出现其他相关特殊问题，也可以按照表4-3所示相关方法进行处理。

表4-3　　　　　　　　　施工期间特殊节点翻交关注点汇总

序号	具体问题	相关对策	案例来源
1	施工区由于占用进口道路面积过大，难以保障"占一还一"的原则	将停车线向交叉口内部偏移，增大进口道车道数及蓄车空间，信号全红时间等根据情况进行对应调整，避免交通冲突	上海轨道交通 14 号线武定路站
2	交叉口出口道数目减少，出口道的直行流量与右转存在冲突，影响直行方向通行	右转进入出口道方向的车流设置信号控制，保证直行车道的通行能力	武宁路快速化工程武宁路/中山北路交叉口交通组织(南进口)
3	车辆正常转向的视距三角形范围内可能受施工围挡遮挡	设置车辆的行车限速以及安全提示标志、行人的安全提示标志	武宁路快速化工程武宁路/中山北路交叉口

4.2.6 不同施工阶段交通组织方案设计衔接

交通组织方案与施工方案衔接是交通组织工作首要任务。上海早期施工交通组织工作是在施工方案确定之后介入的，对施工方案的反馈调整力度很小。施工方一般对交通影响的考虑较少，施工大多采取一次性较大范围围场，对道路交通影响较大。目前，上海在项目规划设计阶段就开展施工交通组织研究，交通组织对设计方案优化和施工方案反馈调整的作用越来越重要。同时，施工方也越来越重视交通保畅。重大建设项目施工交通组织会在保障施工正常进行的前提下，细化施工阶段，并制定各阶段交通组织，把交通矛盾分阶段进行分解，避免交通矛盾的叠加和扩大。施工方案与交通组织密切衔接遵循以下原则。

1. 充分评估施工方案，积极寻找优化和改善空间

在建设项目开工前，充分评估施工方案的合理性。与施工方一起细化不同施工阶段的施工方案，确认不同阶段施工占路的情况，并结合施工所在道路交通特征，与施工方一同优化施工工序和施工方案。通过施工方案的优化，达到施工期间尽量少占用道路空间、尽量压缩影响交通周期的目的，降低施工影响。在这个过程中，还需要和管理部门保持及时沟通，使每个阶段制定的交通组织方案能获得管理部门的指导和认可，结合交通组织编制同步开展相关准备工作。在这个阶段工作中，需要掌握施工区域道路交通运行状况；对各阶段施工方案进行初步的交通影响评估，并反馈给施工方进行施工方案优化，如此循环反复，达到施工方案和交通组织方案的最优。

2. 多阶段施工交通组织合理衔接

重大建设项目大多施工周期长，有些可持续 2~3 年以上，而施工围挡的各阶段设置可能维持在 6 个月以上，单点施工交通组织可分解成多个阶段，每个阶段都需要编制对应的交通组织方案。多阶段交通组织方案要注意衔接得合理有序，各个阶段交通组织方案需要有延续性、连续性和渐进性，以便在施工过程中分阶段逐步实施。同一节点的施工交通组织不宜前后有大的差异和变更，避免交通出行习惯的不断变更，也可避免交通标志设施的浪费。要做到交通组织合理衔接，需要事先掌握施工全过程的占路情况，把握每个阶段交通组织的重点和关键点，厘清整个施工过程交通变更的脉络，使得施工交通组织更有针对性和连续性。

轨道交通 14 号线武定路站施工交通组织时，为了避免武宁南路主干路交通矛盾叠加，结合不同施工内容，把整个车站的施工过程分为 5 个阶段，并制定各阶段的交通组织方案。具体各阶段的交通组织方案如表 4-4 所示。

表 4-4   轨道交通 14 号线武定路站施工方案与交通组织衔接示意

阶段	交通组织特点	施工围挡及交通组织方案
一、围护结构施工	武宁南路向东西两侧翻交，设置机动车双向 4 车道以及人非通行。武定路交叉口向南侧偏移，供机动车双向 3 车道及人非通行。东进口保持原有渠化不变	
二、主体结构开挖及结构回筑	武宁南路向东侧翻交，道路宽度为 20 m，供机动车双向 4 车道以及人非通行；武定路维持不变。武宁南路/武定路交叉口各进口道车道功能不变	

续表

阶段	交通组织特点	施工围挡及交通组织方案
三、主体结构围护开挖及结构回筑	武定路向北侧偏移,路口宽度为15 m,供机动车双向2车道及人非通行;武宁南路/武定路交叉口向东北侧偏移。武定路西出口向北偏移,各进口道车道功能不变。	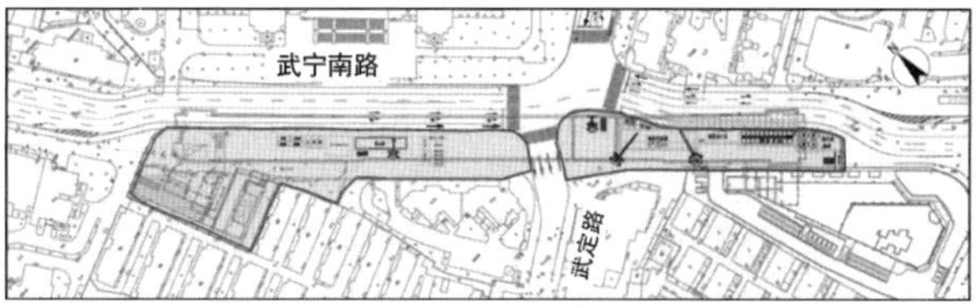
四、附属设施和出入口施工	武宁南路基本翻至车站顶板上,道路宽度为23～26 m,机动车双向5车道及人非通行。武定路东进口向南侧偏移,无渠化设置,东进口右转存在视线盲点,需设置警示标志	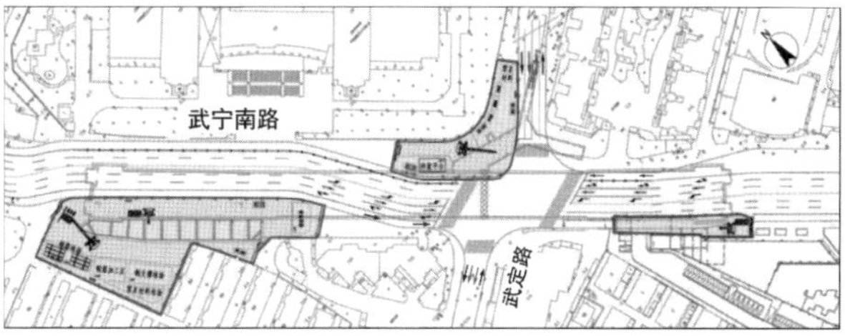
五、1号出入口及附属设施施工	武宁南路及武定路(武宁南路以西)基本维持上阶段状况;武定西路东进口向北翻交,各车道功能与上阶段保持一致。此阶段施工完毕后,就进入最后道路恢复	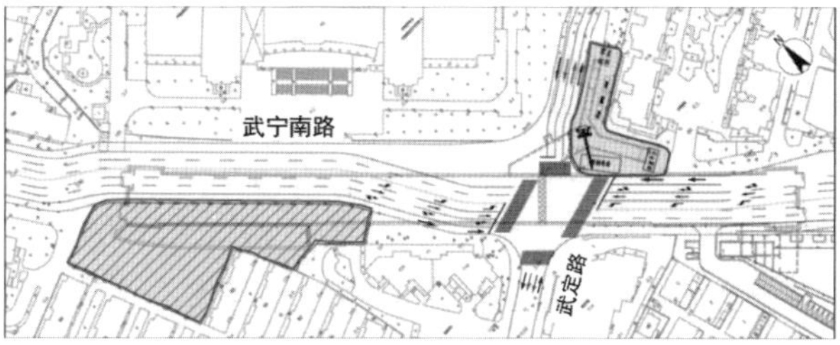

从表4-4中可以看出,在武定路站整个施工过程中,采用了5阶段的施工方案(不含最后道路恢复阶段),最大化提供了路口的翻交空间,有效保证了机动车及非机动车的通行安全及通行效率。这也是交通组织方案与施工方案精细化衔接成果。

4.2.7 单点施工区域相关保障措施

单点施工交通组织保障措施包括配套交通设施保障和相关宣传保障等。

1. 施工区域交通安全警示设施设置

按相关规范说明,施工区构成包括警示区、缓冲区、实际工作区、下游终止区。各区域的相关布设标准及长度可以参考《城市道路施工作业交通组织规范》(GA/T 900—2010)。除施工围挡外,控制区照明、施工警告灯、锥形交通标、导向标、路栏、道路施工标志、限速标志和解除限速标志八类设施也是交通安全基本配套保障。

2. 施工区域信号控制方案

单点施工区域的信号控制方案可根据路口的性质,以及周边路口信号灯线控或区域控制等联动的实际情况,制定相应的信号放行管控方案。具体研究时,结合施工交通组织方案引导车流量转向的预判(测)结果,通过单点信号控制优化算法初步生成施工阶段的信号放行方案,对信号灯各相位时长调整以及信号放行模式调整,提高路口通行效率,或者优先确保主流向通行的效率。

3. 其他保障措施

一般单点施工交通组织不涉及周边区域路网的分流,大多在施工区域做好相关的提示和指示标志。其他的相关宣传措施具体包括[5]:

(1) 实施工程性"小改小革"措施,提高局部路段及交叉口(上、下游交叉口)通行能力。

(2) 利用广播、电视台、报纸、手机等媒介进行预告性发布,让公众充分获取工程信息,提早做好出行路线选择,尽量避开施工区域。

(3) 设置动态屏等标志标牌,及时提示驾驶员选择绕行线路。

(4) 在施工期间加强交通管理力度,相关道路禁止路边停车,提高道路通行能力。

(5) 通过交叉口信号调整、设置待转区及诱导屏等提高相关交叉口通行能力。

(6) 在相关交叉口增设协警维持交通秩序。

4.2.8 施工交通组织方案后评估与调整

施工交通组织方案实施效果可以通过多种手段进行预评估,但在具体的实施阶段,可能会遇到研究阶段没有考虑到的问题,或者实际交通运行状况与预判不一致。这就需要在交通组织方案实际执行后进行评估调整(后评估),后评估具体包含以下几个方面:

(1) 车道的实际通行能力低于预计情况。由于各种原因导致施工翻交后的车道通行能力低于预期。产生这一现象的原因除了施工区域的道路线形设计、转向视线盲区导致车辆行驶速度降低外,还包括同一路段或者同一区域存在多个施工节点,或者部分施工路段存在多个建筑出入口,或者车道功能指示不明晰等原因,都会导致车辆实际通行时无法达到预期通行效率,这些因素需要在后评估分析时加以关注。

(2) 存在潜在冲突点。潜在冲突点包括施工围挡产生的各类慢行交通与机动车转向潜在冲突,以及车道布置不对称或者路口异形,导致车辆转向时存在冲突。此类冲突一般在设计阶段尽量避免,实际运行中也会根据具体的情况进行调整。

(3) 车辆未按预计的分流线路分流。此种情况在后评估时多会遇到。首先是预测预判存在误差,会使预期分流效果有预测偏差。其次是车辆实际的分流效果需要一定时间才可以显现,施工一开始分流的作用还没有完全显现;实际分流的效果在后评估初期时很难精准调查,也会导致后评估分析结论存在一定的偏差。根据经验,后评估对车辆分流预期评估虽然有偏差,施工节点以及周边相关道路在施工前后运行状况变化一定程度上仍可以直观表明施工交通组织的合理性。

4.3 | 单点施工交通组织的方案评价方法

4.3.1 单点施工交通组织评价方法及意义

1. 评价方法

单点施工交通组织由于在一般情况下不涉及大范围交通的分流,对施工节点所在道路或交叉口通行效率评估,一般是采用微观交通仿真的方法,即通过微观交通仿真软件,构建施工区交通组织的路网实际状态(包括道路宽度,限速等),加载各类人流及车流特征数据、交通管控方式等资料,通过比较交通运行状况指标来对不同的交通组织方案进行比选评估。一般评估内容以机动车运行效率指标为主。

2. 评价意义

单点施工交通组织微观仿真评估,可以有效预测在当前流量状态下或交通分流状态下,施工区域交通的运行效果,预测公交、机动车在施工区域运行状况,直观有效地发现施工交通组织方案存在的问题,为交通组织多方案比选提供决策依据。

4.3.2 单点施工交通组织的微观分析方法

单点施工区域的微观交通分析方法与传统的交通流建模方法相同。上海近年来多使用国产交通仿真软件 TSEE NG 软件,具体仿真建模流程及细节可参见仿真建模指南《TESS NG 用户手册 V1.3》。单点项目微观交通分析流程如图 4-6 所示。

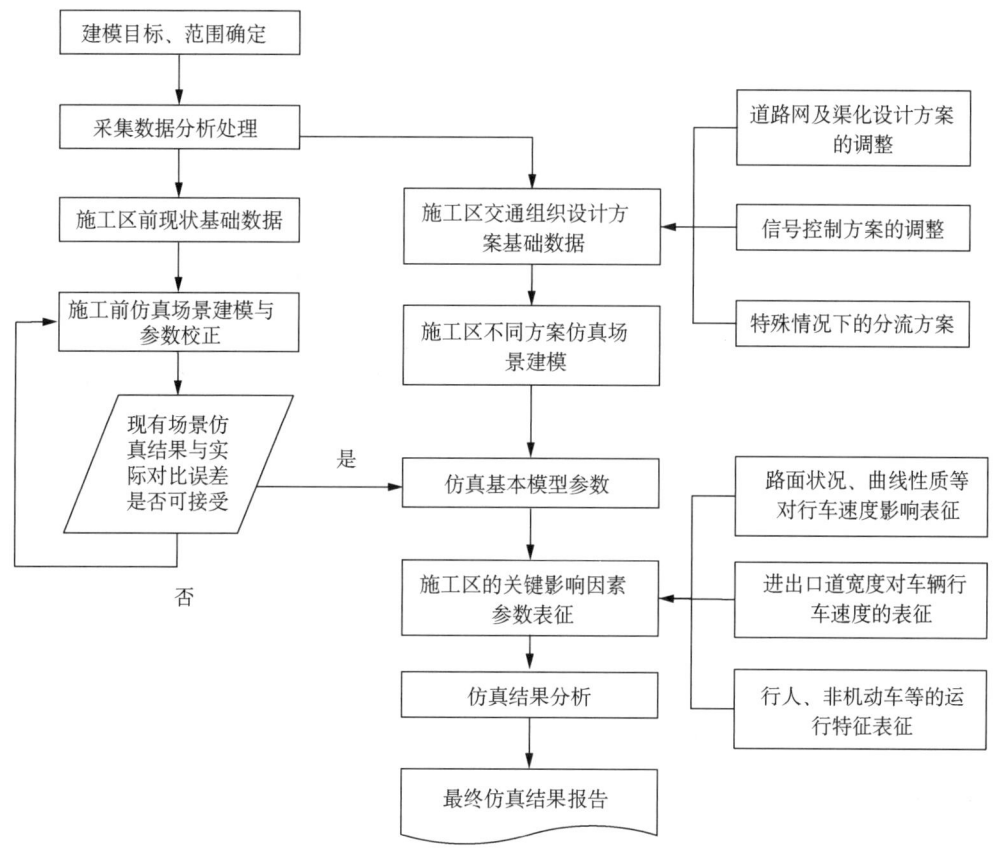

图 4-6　单点施工区微观交通仿真分析流程

微观分析的主要目的有两点。

首先,需要通过对施工前的方案进行准确建模,对基本的跟驰(车头时距等)、变道等行车参数进行表征,输出排队长度、延误等结果,验证初始模型的基本有效性,将其作为施工区仿真建模的基本输入参数。

其次,在评估施工交通组织方案过程中,将路网调整、渠化、分流措施等方案作为基础数据,在仿真模型中进行修正。同时也需要将施工区的关键影响参数进行表征:包括路面状况、道路线形、车道宽度等对行车速度产生影响的参数进行表征,并对行人和非机动车等可能对机动车通行效率产生影响的运动特征表征。此类数据可以通过以往调查数据或经验得出。

4.3.3 评价结果分析

交通组织方案评价指标可以量化,评价指标体系具体包括以下两个方面。

(1) 机动车以及行人的通行安全指标。可以通过车辆通过冲突点的时间差(Time To Collision,TTC)等冲突严重等级相关指标分析。

(2) 机动车通行效率指标。可以用行程延误时间及排队长度进行表征。

4.4 | 案例选择说明

单点项目是建设项目中最常见的类型,本书选择轨道交通 10 号线和轨道交通 11 号线换乘站交通大学站、轨道交通 14 号线静安寺站、武宁路快速化改造中关键节点武宁路/中山北路交叉口三个建设项目施工交通组织为案例,对单点施工交通组织的流程,采用的方法演变特征进行说明。三个案例的差异性及共性特征具体如表 4-5 所示。

表 4-5 单点施工区交通组织选择案例对比说明

特点\案例名称	轨道交通 10 号线和 11 号线华山路站(现称交通大学站)施工交通组织	轨道交通 14 号线静安寺站施工交通组织	武宁路快速化改造:中山北路/武宁路交叉口施工交通组织
施工年份	2007 年	2016 年	2021 年
路口形式	十字交叉口	十字交叉口	十字交叉口
翻交方式	分阶段封闭华山路南北向交通和淮海西路西进口交通。	华山路从双 8 车道缩减为双 6 车道;交叉口信号管控调整;大范围强制分流	形成环岛模式;路口禁左;大范围强制分流
施工阶段	6 阶段施工围场	5 阶段施工围场	3 阶段施工围场
公交线路调整	有	有	有
施工后评估	有	有	有
共性特征	1. 均为主干路重要交叉口,交通功能极其重要,车流量也处于饱和状态; 2. 都采取了强制分流和引导措施; 3. 避免对交通产生较大影响,均采用分阶段施工		

4.5 案例一：轨道交通10号线与11号线换乘站交通大学站施工交通组织

4.5.1 案例背景

轨道交通10号线与11号线交通大学站（10号线施工时称为华山路站）是一个换乘站（图4-7）。轨道交通10号线交通大学站于2007年开工建设，轨道交通11号线交通大学站于2008年开工建设。

图4-7 轨道交通10号线和11号线交通大学站平面图[①]

为了统筹两个车站施工，最大限度降低交通和管线搬迁等前期影响，对这两个车站进行了交通组织的统筹研究。按照先10号线车站再11号线车站的施工顺序，该车站总共分了5个阶段的翻交。

这两个车站施工交通组织难点在于：一是动迁难度大，无法新建翻交道路。车站周边为已建的居民高层建筑和历史保护建筑，车站施工期间无法通过周边拆迁来提供翻交便道。二是施工难度大，占用道路空间多。由于这两个车站为换乘站，相交线路的埋深很深，施工质量和安全要求很高，施工周期紧。当时的施工技术和设备条件还不够完善，因此，施工期间不得不占用一定的道路空间来确保施工作业的按期进展。三是道路交通量大，是上海市主干道关键节点之一，交通组织疏导的难度和复杂性大。

---

① 彩图参见附图1。

轨道交通 10 号线车站施工期间,淮海西路(法华镇路—华山路)实施了禁止机动车双向通行的管理措施,仅允许行人和非机动车通行。

轨道交通 10 号线车站完成后,淮海西路恢复双向交通。然后接着实施轨道交通 11 号线车站的施工。同样受动迁限制,华山路施工区段也无法保留足够的道路空间,华山路南北向机动车交通被阻断。华山路是上海市"三横三纵"主干道系统中的西纵,交通功能非常重要。

4.5.2 案例具体交通组织方案简述

4.5.2.1 轨道交通 10 号线车站施工交通组织

1. 交通调查情况简介[①]

在轨道交通 10 号线车站施工前期,研究团队对该施工节点以及周边道路运行状况进行了调查,包括交叉口形式、信号灯配时、公交线路走向等,具体如表 4-6 至表 4-10 和图 4-8 所示。

表 4-6　　　　　　　淮海西路/华山路道路设施调查结果(节选)

道路名	道路等级	断面车道	路幅
淮海路	主干道	双向 4 车道	单幅路
华山路	主干道	双向 6 车道	双幅路
法华镇路	次干道	双向 2 车道	单幅路

表 4-7　　　　　　　淮海西路/华山路交叉口设施调查

交叉口名称	东进口断面	南进口断面	西进口断面	北进口断面
淮海路—华山路	左、直、直、右	左、直、直、右	左、直、直、右	直、直、直、右

表 4-8　　　　　　　淮海西路/华山路交叉口信号配时调查　　　单位:s

交叉口名称	东西左转	东进口直行左转	东进口直行左转+西进口直行	南进口左转	南北直行
华山路—淮海西路	20	15	60	30	40

表 4-9　　　　　　　施工节点公交线路调查汇总

华山路(南北)/淮海西路(东西)	44 路	南向北直行
		北向南直行
	946 路	南向西转弯
		西向南转弯

---

① 为 2007 年调查情况。

续表

华山路(南北)/淮海西路(东西)	72 路	南向西转弯
		西向南转弯
	26 路	东向西直行
		西向东直行
	923 路	西向北转弯
	920 路	东向南转弯
		南向东转弯
	48 路	北向西转弯
		西向北转弯
	911 路	东向西直行
		西向东直行
	113 路	北向西转弯
		西向北转弯
	945 路	东向西直行
		西向东直行
	138 路	北向西转弯
		西向北转弯
	506 路	北向西转弯
		西向北转弯
	806 路	南向西转弯
		西向南转弯

表 4-10　　淮海路/华山路交叉口流量调查汇总(2007 年)

进口道	流向	高峰流量 /(pcu·h^{-1})	进口道总流量 /(pcu·h^{-1})	饱和度 V/C
北进口	左转	—	1 260	0.68
	直行	936		
	右转	324		
南进口	左转	313	1 332	0.72
	直行	853		
	右转	166		
东进口	左转	277	1 336	0.79
	直行	907		
	右转	151		

续表

进口道	流向	高峰流量 /(pcu·h^{-1})	进口道总流量 /(pcu·h^{-1})	饱和度 V/C
西进口	左转	295	1 199	0.83
	直行	688		
	右转	216		

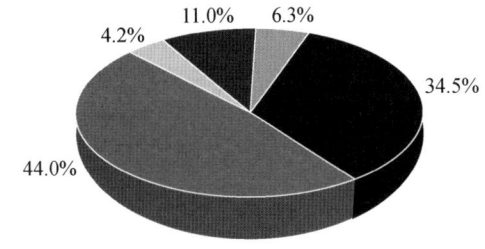

图 4-8 华山路/淮海西路交叉口车种构成调查图

2007年华山路/淮海西路交叉口的总体流量较大,由于进口道都进行了渠化,因此,高峰时段饱和度相对不大。南北方向即华山路方向大致在 0.7,淮海路基本在 0.8 左右。从当时交通运行状况来看,华山路/淮海西路交叉口交通状况处于平稳良好状态。

2. 轨道交通 10 号线车站交通组织方案简介

轨道交通 10 号线交通大学站 2007 年开工,该车站共经历了淮海西路局部封交和华山路翻交的 2 个阶段施工翻交。

1) 第一阶段施工主要是淮海西路局部封交

华山路和淮海西路道路线形变化,华山路南北向交通向东侧翻交,保留 1 条 20 m 的临时便道,保持机动车双向 4 车道,两侧行人、非机动车通道各为 3 m;淮海西路(法华镇路—华山路)仅能留出两侧各 4~6 m 的临时通道,仅维持双向行人和非机动车通行,也仅允许南侧西华大厦车辆进出。淮海西路(华山路东进口)保留 18 m 临时便道,两侧人行道各 2 m,并保留 14 m 双向 4 车道。第一阶段交通组织(图 4-9)的难点在于淮海西路(法华镇路—华山路)禁止机动车通行,淮海西路东西向交通功能中断。

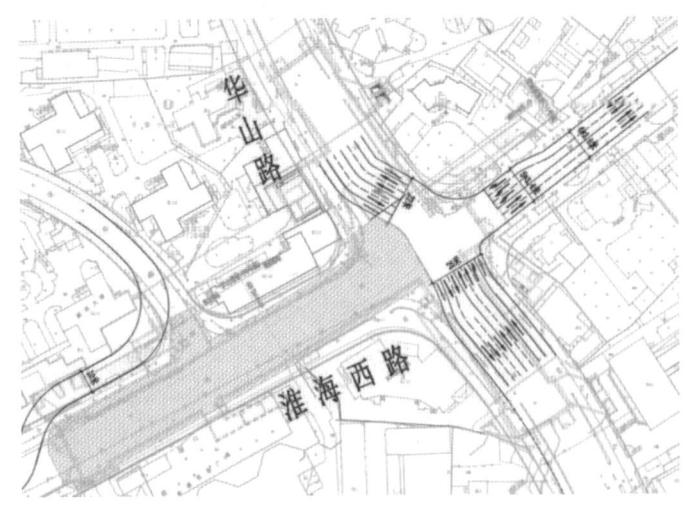

图 4-9 轨道交通 10 号线华山路站第一阶段交通组织

围绕淮海西路封交,交通组织遵循原则是"公交优先少绕行,利用支小道路就近分流"。

配合施工封路,共有 12 条公交线路进行了绕行调整。公交线路绕行方案具有 4 个原则:一是绕行线路距离最近;二是绕行道路设施较好,便于大型客车行驶;三是有公交站点可临时并站停靠,并且便于线路之间换乘;四是对绕行道路流量压力低。按照这 4 个原则,利用周边相邻的 5 条道路组织绕行。其中,广元西路有 4 条公交线路途经绕行,定西路有 3 条公交线路途经绕行,番禺路有 2 条公交线路途经绕行,凯旋路有 2 条公交线路途经绕行,中山西路有 1 条公交线路途经绕行,并结合绕行道路设置了临时停靠站。公交线路绕行后,客观上对乘客出行带来不便。根据调查,上述 12 条公交线路绕行后,线路经过这一地区的延误增加 12~21 min,而且部分公交站点临时迁移后,给公交乘客带来不便。

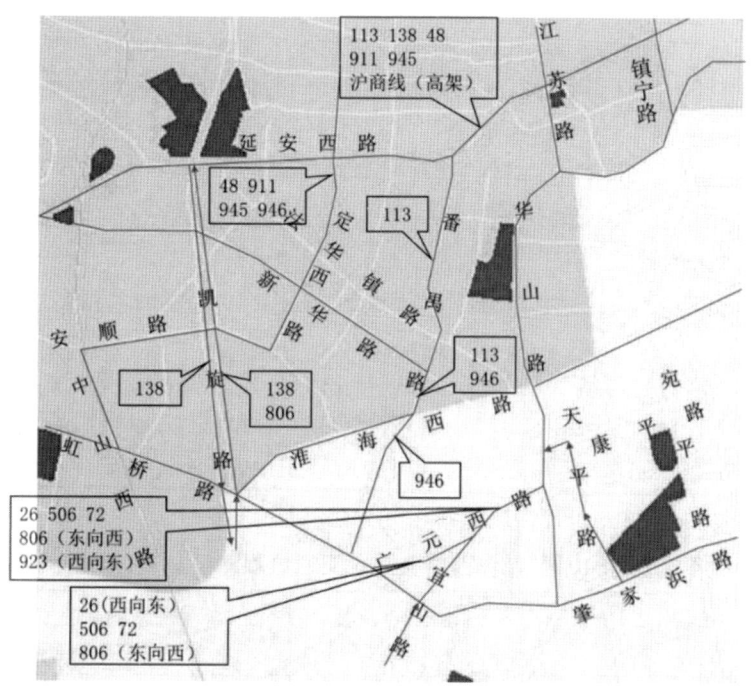

图 4-10 淮海西路(法华镇路—华山路)禁止机动车后公交绕行走向示意图

如图 4-10 所示,原淮海西路通行的车辆主要通过两级引导分流。淮海西路(法华镇路—华山路)2007 年时高峰时段单向流量在 900 pcu/h,其中社会客车(不含公交)车流量约为 780 pcu/h,双向流量达到 1 700 pcu/h。这部分车辆分流绕行会对周边道路带来压力。经预测分析,淮海西路(法华镇路—华山路)禁止机动车通行后,番禺路、广元西路、华山路、虹桥路、延安西路、定西路、幸福路、平武路车流量会明显增加,尤其是番禺路、广元西路、定西路在早晚高峰时段会出现严重拥堵,延误约增加 16 min。为了降低区域交通影响,对社会车辆制定了两级分流的引导方案:一是外围路网绕行;二是就近引导绕行。

(1) 外围绕行路径。

外围绕行路径一:番禺路以西车辆引导提前由虹桥路—广元西路—华山路—淮海西路绕行;

外围绕行路径二:淮海西路—番禺路—延安西路—华山路绕行;
外围绕行路径三:宛平路—肇嘉浜路—虹桥路—淮海西路绕行;
外围绕行路径四:延安西路—定西路—新华路(法华镇路)—淮海西路绕行。
(2) 就近绕行路径。
就近绕行路径一:法华镇路—幸福路—华山路绕行;
就近绕行路径二:番禺路—平武路—华山路绕行;
就近绕行路径三:番禺路—虹桥路—华山路—淮海西路绕行。

在正式开工前期,地铁建设单位事先做了大力宣传,经新闻媒体把施工影响告知市民,并且专门走访了车站周边街道和居委会,让过境和沿线居民提早了解交通调整的方案,及时调整出行习惯。

2007 年 6 月,第一阶段施工正式开始。研究团队开展了车站施工前后路口流量对比。从对比结果看,施工后淮海西路和华山路的流量均有不同程度的减少。其中华山路南北向流量高峰最大值减少 22%~27%;淮海西路东进口的流量减少约 50%。由于淮海路西进口封路施工后,原淮海路东进口东向西的直行流量、华山路北向西右转流量、华山路南向西左转流量均从其他道路绕行,因此该路口总体流量明显减少。

此外,淮海路东进口流量中,东向南左转流量占总进口流量的 54% 左右,流量也很大,并且公交线路流量也较大。

华山路北进口的左转流量占北进口总流量的比例很小,高峰时段最多也不过 80 pcu/h,但以公交车为主。

从当时该路口的总体流量规模来看(表 4-11),因施工封路影响,该路口总体流量明显减少,但南北向流量仍维持在高峰小时单向最高 1 000 pcu/h 左右,南北向主干道的功能仍然十分重要。因此,该路口在第二阶段交通组织中,应该优先确保南北向直行交通的通行。

表 4-11   2007 年 11 月华山路/淮海西路交叉口交通量观测汇总表(施工后评估)

路名	转向	12 h 流量 /[pcu·(12 h)$^{-1}$]	早高峰流量 /(pcu·h^{-1})	晚高峰流量 /(pcu·h^{-1})
东进口	右转	1 909	150	189
	直行	0	0	0
	左转	3 982	289	407
	掉头	0	0	0
	小计	5 891	439	596
南进口	右转	2 851	370	189
	直行	10 838	1 118	914
	左转	0	0	0
	掉头	0	0	0
	小计	13 689	1 488	1 103

续表

路名	转向	12 h流量/[pcu·(12 h)⁻¹]	早高峰流量/(pcu·h⁻¹)	晚高峰流量/(pcu·h⁻¹)
西进口	右转	0	0	0
	直行	0	0	0
	左转	0	0	0
	掉头	0	0	0
	小计	0	0	0
北进口	右转	0	0	0
	直行	11 237	852	1 013
	左转	695	64	65
	掉头	0	0	0
	小计	11 932	916	1 078
合计		31 512	2 844	2 777

由于事先制定了周边交通疏导的诸项措施,多条公交线路调整了走向,周边道路虽然拥堵有所增加,但区域交通仍处于稳定状态。经观测,主要分流道路如番禺路、广元西路、虹桥路、定西路、延安西路高峰时段车流量有不同程度增加,增加幅度在14%~32%,高峰拥堵延误时间增加11~18 min,延误时间比预判略有好转。从观测结果来看,约有13%的车辆由更外围道路绕行。另外,根据调查,有约7%的车辆采取了提前出行策略,避开了高峰,因此,施工期间地区出行的早高峰略有提前。这些现象都一定程度上助力淮海西路封路后的车辆分流减压。

2) 第二阶段施工主要围绕华山路翻交展开

在经历第一阶段施工后淮海西路封路影响趋于稳定。根据建设计划将实施第二阶段翻交,华山路从东侧通道往西侧翻交(图4-11)。由于动迁限制以及施工周期加快的综合影响,第二阶段施工时无法按照原交通组织方案实施华山路20 m临时便道设置,第二阶段华山路(淮海西路以南路段)交通便道只能保持15.7~17.5 m宽度。在保持人行道和非机动车有效宽度的基础上,华山路局部路段机动车只能实施3条车道,无法做到双向4车道。

由于华山路为南北向主干道,车流量很大,为了避免第二阶段施工和淮海西路封路影响产生叠加影响,经专题研究,在机动车3车道的前提下,采用信号灯单放模式进行南北向通行管控,实现南北向功能不减弱的效果。当时淮海西路/华山路西进口路段封闭,华山路/淮海西路十字路口变为"丁字"路口,有利于该交叉口信号灯采用三相位单放模式。通过信号灯管理措施调整,基本解决了华山路南进口车道减少的问题,起到了"四两拨千斤"的效果。

鉴于华山路/淮海西路南进口通道宽度不能维持机动车双向4车道的情况,为确保交通安全,通过调整路口信号灯周期来保证南北向交通功能,同时采取适当分流措施,降低华山路南进口的总流量。具体措施如下:

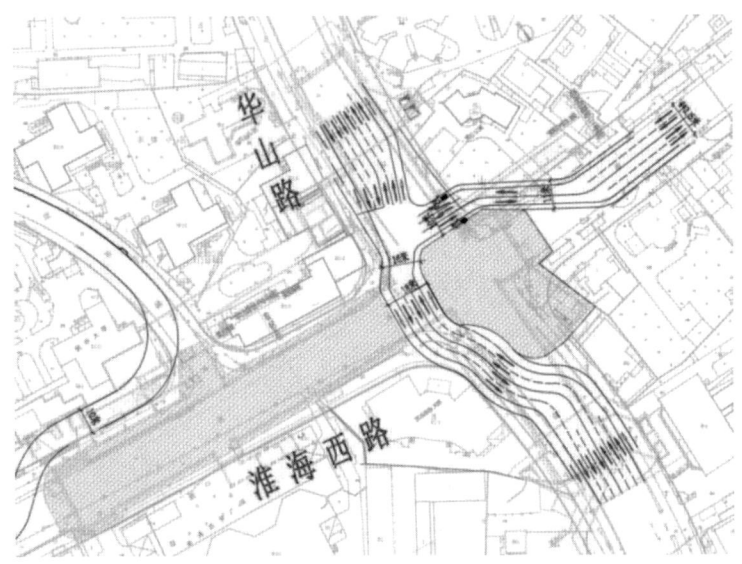

图 4-11 轨道交通 10 号线交通大学站第二阶段交通组织

(1) 在华山路/广远西路路口、华山路/康平路等路口设置前方施工拥堵的提示标牌,采用两级分流诱导措施,分流华山路/淮海西路南进口南向东右转车辆从广远西路和康平路至天平路绕行,减轻路口交通压力。

(2) 康平路(华山路—天平路)恢复机动车双向通行,提前让部分车辆绕行。

(3) 华山路/淮海西路路口南北向交通和东进口交通实行单向放行,信号灯调整为三相位。即第一相位放行北向南的机动车和非机动车交通,其他方向交通均停止;第二相位放行东向南和东向北的机动车和非机动车交通以及西向北的非机动车,其他方向交通均停止;第三相位放行南向北的机动车和非机动车交通,其他方向交通均停止。该路口总体相位周期为 130 s,比现状 120 s 增加约 10 s 的等候时间。

(4) 华山路/淮海西路南进口机动车停车线向南移,给华山路路口留出足够的行车空间,确保行车安全。

以上措施实施后,华山路南北向的通行等候周期略有增加,再加上路口停车距离后移也影响路口的通行能力,因此路口通行能力有一定程度的降低,降低约 20%。根据 2007 年施工后流量测算,考虑到华山路/淮海西路南向东右转车辆从康平路和广元西路提前绕行因素,直行流量高峰时段最大在 900 pcu/h 左右,路口通行能力损失后造成该路口南北向饱和度恶化至 1.1,即排队长度增加约 400 m。

2007 年华山路交通运行状况分析,施工后的交通拥堵情况会进一步加剧,会对相邻路口的交通产生一定的影响,但不会引发更大范围的拥堵。基于这个判断,管理部门和建设单位最终确定了施工方案,交通组织各项方案也被采纳。施工建设如期推进。

2008 年 11 月正式启动第二阶段施工。研究团队随后开展了周边道路状况调查和评估。从流量对比来看,第二阶段开工后,华山路南北向高峰时段车流量仅下降 4%,车流量基本没有明显分流。高峰时段,华山路南北两个方向拥堵排队现象略有增加,车辆拥堵排队长度范围与预判基本相同,没有波及徐家汇商圈和华山路/延安路路口,施工影响得到有效控制。这说明交通组织方案是合理的,也达到了预期效果。

4.5.2.2 轨道交通11号线交通大学站施工交通组织

轨道交通10号线通车后,2010年上海举办世博会,主要干道和重要地区的工程项目均暂停。世博会举办期间,相关部门对轨道交通11号线交通大学站交通组织开展了专题研究。整个研究过程历经6个多月,最后经市政府批准后实施。

轨道交通11号线交通大学站沿华山路南北向布设。同样受到周边建筑保护限制,施工区域只能保留两侧3.5~6 m的通道,仅能维持行人和非机动车双向通行,并保留沿线居民和办公楼少量到发交通的通行,华山路南北向主干路交通功能不得不阻断。图4-12所示为轨道交通11号线交通大学站施工期间交通组织设计图。

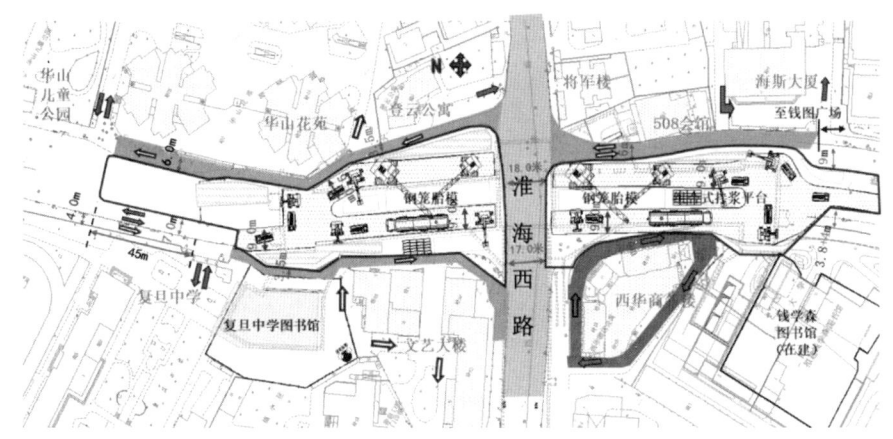

图4-12 轨道交通11号线交通大学站施工期间交通组织设计图①

在前期研究中,交通组织开展了两方面的重点研究:一是优化施工方法,尽量减少占路空间和缩短施工工期;研究重点二是结合施工阶段,编制交通组织方案。两方面的研究互为反馈和联动。

经过多轮次研究和专家决策咨询,在当时施工工艺、设备条件以及施工周期限制的前提下,华山路(淮海西路南北两段)只能维持行人和非机动车双向通行,机动车不得不禁止通行,需要通过周边道路绕行。

研制交通组织时遵循以下原则:①确保市委机关日常办公出行交通正常;②保障施工区域内居民正常进出通道;③过境交通外围分流;④公交绕道原则上"西侧西绕、东侧东绕"。图4-13为施工前车站周边公交站点分布图。

按照以上原则制定了交通组织方案,包括道路网增能扩容、交通流引导、单行道提效等具体措施。

首先,对华山路/淮海西路交叉口流量做了调查。从2007年至2010年,该交叉口的车流量规模有了明显增加。调查显示,华山路南北向车流量很大,高峰单向流量达到1 200 pcu/h至1 500 pcu/h,早晚高峰拥堵较为明显。华山路流量中,又以直行量为主,占总流量的70%左右。华山路机动车道封闭后,机动车绕行给周边道路带来非常大的压力。图4-14为华山路/淮海西路早晚高峰车辆转向流量分布。

---

① 彩图参见附图2。

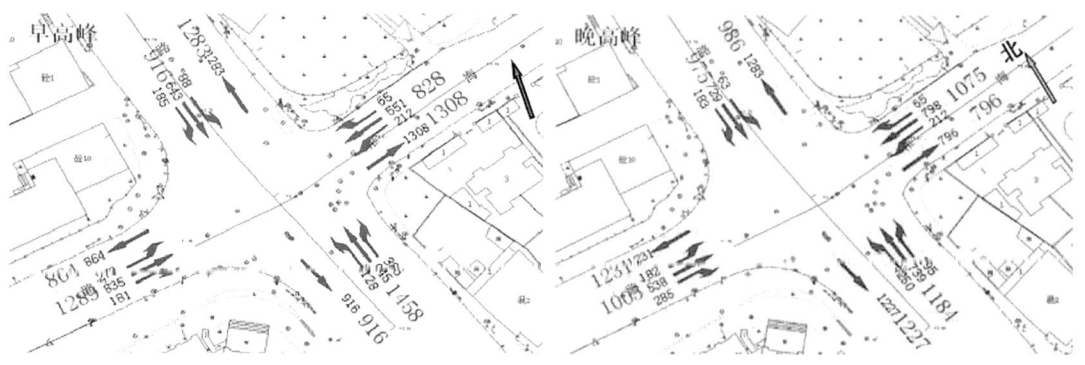

图 4-13 华山路/淮海西路周边公交站点分布图(2010 年)

图 4-14 华山路/淮海西路交叉口交通量和流向调查示意图(2010 年)

通过交通预测软件定量分析,对车站封路施工后交通影响范围做了预测,预测结果是:施工期间,延安路—内环线—肇嘉浜路—衡山路—常熟路—华山路的主要道路会出现长时间区域性拥堵,市民出行平均延误增加约 20 min,给市民出行带来的影响较大。图 4-15 为车站施工期间道路运行状况(拥堵等级)预判示意图。

基于交通影响预判结果,市政府和管理部门认识到交通组织工作的难度和必要性,非常重视该车站施工期间的交通组织工作。交警部门、建设单位和交通研究单位对公交线路和社会车辆开展了专题研究。

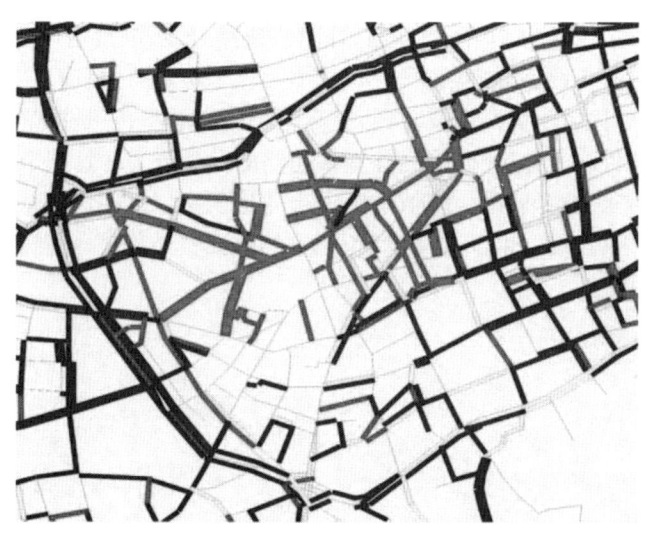

图 4-15　轨道交通 11 号线交通大学站施工期间区域路网运行状况预测图①

1) 公交线路一线一策，采用"西侧西绕、东侧东绕"组织方法

华山路封交涉及 13 条公交线路改道绕行。为了配合公交绕行，公交 26 路电容电车临时改用汽车来运营，避免绕行距离过长影响车辆充电和续航。华山路公交绕行的范围大，还涉及临时车站的选点设置。

在公交线路改道研究时，对公交绕行的路线进行了前期试通车，检验绕行道路能否满足公交车的行驶要求，检验公交车行驶是否会对沿线其他交通设施设备产生影响，以便做好前期调整工作。在公交车行驶路线试验时，还发现部分绕行道路因行道树树枝茂密，公交车行驶时容易发生碰擦，公交车也无法靠边停车上下客的现象。为此，绿化部门专门对上述道路的树枝进行了修剪，保证了公交车安全通行。

在公交线路绕道研究中，还充分听取公交企业的意见，合理评估线路绕行给公交企业带来的成本增加，包括线路长度增加后每天有效服务车次的影响，线路绕行长度增加后驾驶员疲劳程度影响，线路长度增加后油耗等影响。通过这些评估研究，进一步优化公交线路绕行的方案，使公交乘客、公交企业和道路运行三方达到平衡。表 4-12 为公交线路路别和主要绕行道路汇总表。图 4-16 为部分公交绕行路径示意图。

表 4-12　2010 年轨道交通 11 号线交通大学站施工期间公交绕行线路汇总表

所属公司	线路名称	主要绕行道路
巴士新新	26，138，920，926	延安路、虹桥路、淮海西路、番禺路等
巴士三汽	923	虹桥路、番禺路、延安路等
巴士四汽	44，48，72，113，946，320，328	定西路、湖南路、武康路等
空港巴士	806	天平路

① 彩图参见附图 3。

2) 社会车辆采用"简化路口、区内环通、外围快速路分流"的策略

为了能合理疏导华山路南北向的车流量,采用了三个策略:一是简化路口转向,提高通行效率;二是施工区相邻区域内道路形成环通,提高车辆周转效率;三是调整(增强)外围快速路主要分流点的设施条件和管控措施,提高外围快速路的分流能力。这三个策略目的就是尽可能消化大流量绕行带来的路网压力,降低市民出行的延误率。贯彻这三个策略,制定了12项具体措施,包括车种限行、设置单行道、局部路段恢复双向、禁左、信号灯控制调整等。

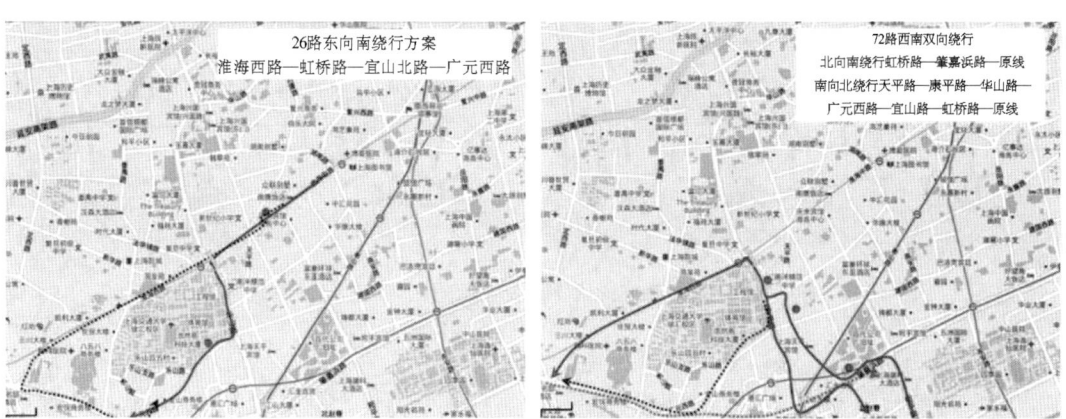

图 4-16 轨道交通 11 号线车站施工期间公交线路绕行示意图(节选 26 路和 72 路)

(1) 泰安路(华山路—武康路)车辆东向西单行,湖南路(华山路—武康路)车辆西向东单行。

(2) 定西路—安顺路与淮海路打通,通行双向交通。

(3) 淮海西路/番禺路东进口禁止机动车东向北右转,由新华路、安顺路分流。

(4) 淮海西路/番禺路北进口禁止机动车北向东左转,由法华镇路、定西路—安顺路分流。

(5) 淮海中路/余庆路禁止车辆东向南左转(沿线单位除外),由高安路—乌鲁木齐路—宛平路绕。

(6) 淮海路/武康路/余庆路/天平路/兴国路六岔路口、高安路/衡山路/永嘉路五岔路口进行信号相位优化。

(7) 以凯旋路—延安西路—宛平路—虹桥路(肇嘉浜路)作为控制区域,延安西路/江苏路、虹桥路/漕溪北路均禁止大型车辆进入华山路,同时提示小型车提前分流。

(8) 番禺路(虹桥路—延安西路)禁止大型过境车辆通行,由凯旋路、中山西路等绕行。

(9) 华山路的湖南路和广元路路口强制分流过境交通,由湖南路—淮海路和广元路—虹桥路绕行。

(10) 华山路/康平路以北、华山路/泰安路以南设置车辆掉头点,确保误入车辆能够掉头驶离。

(11) 华山路1520弄—幸福路—法华镇路也可作为小型车绕行路径选择之一。

(12) 延安路/江苏路交叉口只允许公交车西向北左转(信号灯不增加相位)。

图 4-17 和图 4-18 为车站周边车辆绕行引导示意图,图 4-19 为车辆外围绕行引导示意图。

3) 路网增能扩容改造

在制定交通疏导管理措施同时,也对区域路网进行了扩容升级的研究。除了常规的路

口渠化改造外,还针对路网局部断头道路打通提出了建设要求。在研究中,为了提供更多分流路径,提出了安顺路(定西路—淮海西路)打通并临时改造成双向2车道的设计方案。安顺路规划红线宽度为24 m,可以实施双向4车道。由于动迁等原因,安顺路辟通无法一次性实施到位。结合实际情况,在动迁等条件允许的基础上,提出了安顺路(定西路—淮海西路)临时辟通,通道宽度为13 m,可临时设置2条机动车道(3.25 m宽/车道),可以发挥一定的分流作用(图4-20)。这一措施也得到了落实,为区域内车辆就近绕行提供了方便。

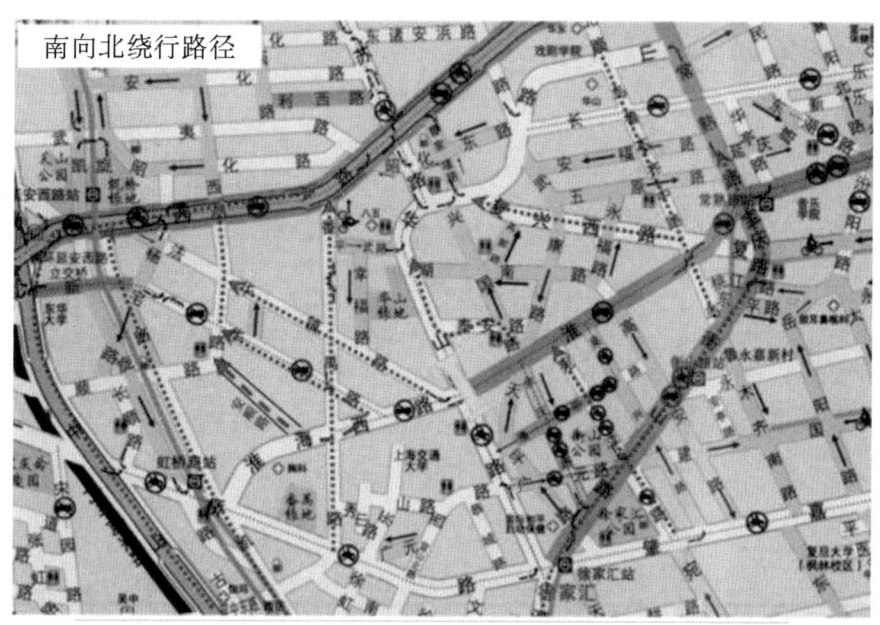

图4-17 华山路南向北车辆绕行路径示意图

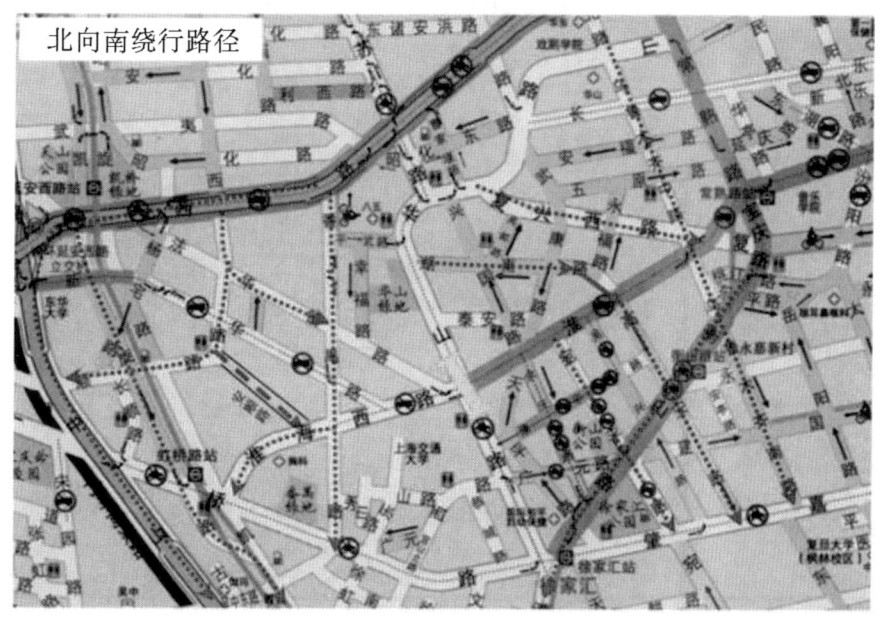

图4-18 华山路北向南车辆绕行路径示意图

图 4-19 华山路南北向车辆从外围快速路绕行路径示意图

图 4-20 安顺路(定西路—淮海西路)提前打通并拓宽示意图

4.5.2.3 轨道交通 11 号线交通大学站施工后交通运行后评估

2010年12月底(元旦前夕),轨道交通11号线交通大学站正式启动施工,华山路(泰安路—康平路)双向禁止机动车通行。安排这个时间启动施工,也是利用元旦节假日出行流量低,沿线市民可以利用节日低流量的时间熟悉周边道路管理措施,为2011年元旦后正常交通通行提供预演和适应期。

为了及时掌握施工后周边道路交通运行状况,并为交通组织管理的适时优化调整提供判断依据,研究团队专题开展了8天的交通运行调查,并形成简报上报市政府和相关管理部门。

调查结果显示,早晚高峰施工区域内支小道路和周边主要干道交通运行状况仍较为平稳,流量规模也趋于稳定,交通未出现严重拥堵情况。主要表现为:

(1) 区域内支小道路承担了主要分流功能。区域内支小道路如兴国路、天平路、余庆路、番禺路、湖南路和武康路等车流量明显增加,尤其是天平路、兴国路、湖南路、武康路的高峰车流量增幅达到100%。这说明华山路南北向车流量中约74%的流量就近从华山路两侧道路进行绕行,与华山路平行的支小道路承担了主要分流功能。从调查资料来看,施工后支小道路车流量保持稳定规模,这也表明,驾车者经过一段时间的路况熟悉,出行路径和习惯的调整已经趋于稳定。

(2) 外围道路分流压力不明显,实际影响范围得到有效控制。从封路后外围主要分流道路的情况分析,内环线、凯旋路、衡山路、淮海路、虹桥路和延安路的车流量变化在4%~10%,流量变化不明显。封路后实际波及影响范围小于预想的范围,且交通影响程度也较为缓和。

(3) 施工区域周边道路运行情况仍保持较为平稳状态。除了封路第一天周边道路出现交通明显拥堵外,其余时间的道路交通基本保持稳定状态,交通运行水平下降幅度不明显。这说明,华山路封路后的交通运行情况好于预计情况,封路前期的方案准备和封路后的管理力度都取得了明显的效果,较为平稳地渡过了封路的考验。

(4) 施工节点相邻支小道路早高峰出现时段性拥堵,但总体可控。2011年1月7日,新年第5个工作日的早高峰,施工外围道路交通秩序和运行情况基本保持稳定状态。但施工节点相邻支小道路如番禺路、天平路、广元路出现短时间的拥堵,但拥堵时间和拥堵范围可控。

从后评估数据来看,由于事前交通组织预案落实到位,交警部门现场加大人力指挥和疏导,施工期间区域交通运行基本正常,没有出现大范围长时间拥堵。交通波及影响范围明显好于预期。经过事后分析,外围道路流量增加不明显的原因有四点:一是大部分车辆采用就近绕行华山路平行的支小道路(天平路、兴国路等),交通压力没有过度扩散;二是受到华山路封路影响,原前往徐家汇商圈的消费和商务出行量有所下降,出行总量有所减少;三是部分车辆从更外围的道路进行了绕行分流,间接减轻了影响范围内道路的压力;四是部分车辆避开高峰出行,起到了削峰填谷的效应。这些出行特征也为后期交通组织研究提供了决策参考。

表4-13   华山路封路施工道路交通流量变化汇总表

路名	方向	早高峰流量/(pcu·h^{-1})					晚高峰流量/(pcu·h^{-1})					12 h流量/[pcu·(12 h)$^{-1}$]				
		施工前	第一天	第二天	第六天	第八天	幅度	施工前	第一天	第二天	第六天	第八天	幅度	施工前	第一天	第二天	第六天	第八天	幅度

路名	方向	施工前	第一天	第二天	第六天	第八天	幅度	施工前	第一天	第二天	第六天	第八天	幅度	施工前	第一天	第二天	第六天	第八天	幅度
华山路（湖南路—江苏路）	北向南	916	1 309	935	1 088	997	+9%	975	1 191	736	1 021	1 068	+4%	11 421	13 725	10 282	13 144	11 294	+11%
	南向北	1 283	481	317	405	354	−63%	986	372	257	366	263	−62%	12 580	4 396	3 138	3 978	3 128	−65%
华山路（广元路—虹桥路）	北向南	916	450	350	344	336	−51%	1 227	429	395	402	427	−65%	13 604	4 708	4 759	4 733	4 585	−65%
	南向北	1 458	1 436	774	804	748	−25%	1 184	730	662	698	577	−38%	13 958	10 610	8 346	9 537	8 076	−24%
番禺路（淮海路—新华路）	北向南	560	673	642	639	612	+20%	553	698	678	701	592	+26%	6 129	7 326	7 906	8 016	7 589	+20%
	南向北	530	675	647	656	539	±27%	495	607	584	603	477	+23%	5 544	6 912	7 262	7 332	6 514	+25%
泰安路（华山路—兴国路）	东向西	35	154	167	153	161	+340%	64	173	151	166	160	+170%	403	1 643	1 567	1 638	1 598	+308%
湖南路（华山路—兴国路）	西向东	424	818	700	711	717	+93%	353	732	605	711	635	+107%	3 641	8 225	6 712	7 854	6 993	+126%
淮海路（华山路两侧）	东向西	864	887	766	843	801	+3%	1 231	1 118	1 098	1 105	1 108	−9%	11 067	11 046	10 484	10 882	10 165	0%
	西向东	1 289	1 163	1 066	1 268	1 161	−10%	1 003	897	776	883	887	−11%	11 559	10 640	9 861	10 381	10 137	−8%
兴国路（湖南路—泰安路）	南向北	578	1 006	908	888	891	+74%	483	826	736	792	826	+71%	4 893	9 921	8 810	9 706	9 196	+103%
天平路（康平路—广元路）	南向北	333	1 086	964	913	916	+226%	295	608	594	614	715	+106%	2 675	7 358	7 311	7 406	7 572	+175%
余庆路（康平路—淮海路）	北向南	376	589	568	558	549	+57%	385	500	512	497	506	+30%	3 490	6 415	6 361	6 411	6 488	+84%

备注：表中"幅度"是指施工后流量与施工前流量的变化幅度。

第4章 / 重大建设项目单点施工交通组织

4.6 | 案例二：轨道交通 14 号线静安寺站施工交通组织

4.6.1 案例背景

上海轨道交通 14 号线是一条由城市西北地区至东北方向的径线，于 2015 年 12 月开工建设。静安寺站(图 4-21)位于华山路/延安西路交叉口，与现有 2 号线及 7 号线相交换乘。静安寺站位于城市两条主干道的交叉口，又是快速路延安路高架静安寺上、下匝道车辆集散的关键路口，交通功能非常重要。同时，该车站位于上海重要 CBD 地区，是上海展现城市形象的主要窗口之一。因此，该车站施工备受各方关注。2016 年 11 月，静安寺站正式开工建设。

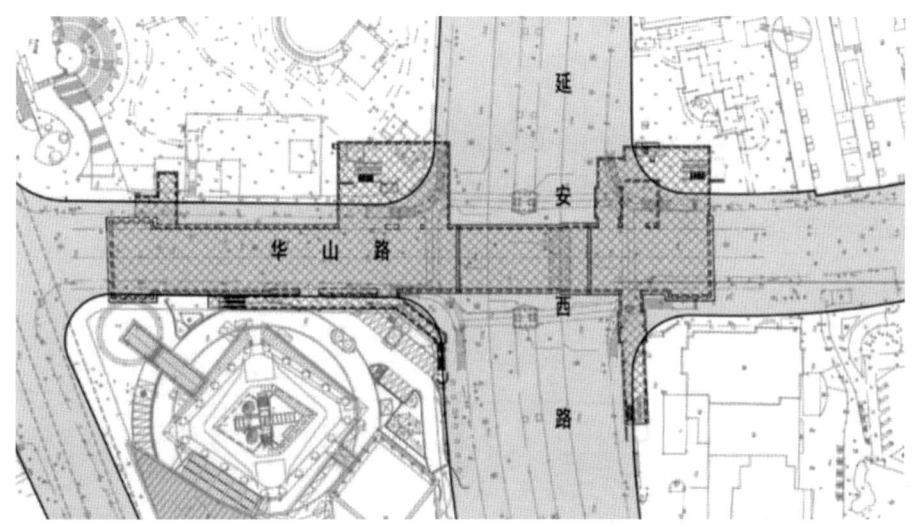

图 4-21 轨道交通 14 号线静安寺站平面图
(备注：该车站位于延安西路与延安中路交界处，原部分设计图中标注为延安西路)

4.6.2 施工交通组织工作概述

静安寺站位于上海著名的静安寺商圈，是重要的商办聚集 CBD 地区。此次交通组织研究中吸取以往施工交通组织经验，首先确立了施工交通组织的原则：一是确保地区经济商务活力不降低，二是地区交通出行便捷性基本保持，三是地区道路交通和环境面貌优美。围绕这些原则，开展了较长时间多轮次的研究。

轨道交通 14 号线车站施工交通组织重点研究了四大内容，都是静安寺站交通组织方案最终决策的关键点。重点研究的四大内容为：一是施工技术的研究，确保延安西路交通不受影响；二是延安中路/华山路人行天桥拆留分析，确保了施工期间行人过街功能不降低；三是交通管控措施研究，确保两条主干道和区域交通基本正常运行；四是公交线路研究，兼顾公交乘客便捷和交通保畅。从整个交通组织的工作来看，静安寺站是集施工技术改进、交通组织方案精细化于一体的案例。在静安寺站开工后,2017 年 2 月,71 路中运量正式运行,延安路社会车辆通行的车道减少。

4.6.3 施工交通组织工作过程和具体方案

4.6.3.1 现状调查和分析

静安寺站施工涉及华山路和延安中路"西纵和中横"两条重要干道,且影响延安高架上下匝道集散交通,在考虑交通分流研究前,确定了大范围分流影响道路的现状调查和调研。调查项目和常规调查相同,主要是调查范围和调查时段有很大扩展。调查范围西至镇宁路,北至武定路,东至陕西路,南至淮海路。对这个范围内的主要道路都开展了流量调查和交通设施调查。

考虑到静安寺商圈周末和节假日出行量也很高的特点,针对施工直接影响区的南京西路等道路做了双休日的交通出行调查,更细致地研判施工影响。

针对施工节点可能需要临时拆除延安路/华山路人行天桥的情况,开展了人行天桥人流量调查,为施工期间可能采取行人地面过街产生的影响研判做准备。

1. 道路及周边建筑情况调查(2016 年)

施工前静安寺站所在延安中路/华山路交叉口车道布置以及周边重要建筑情况如图 4-22、图 4-23 所示。

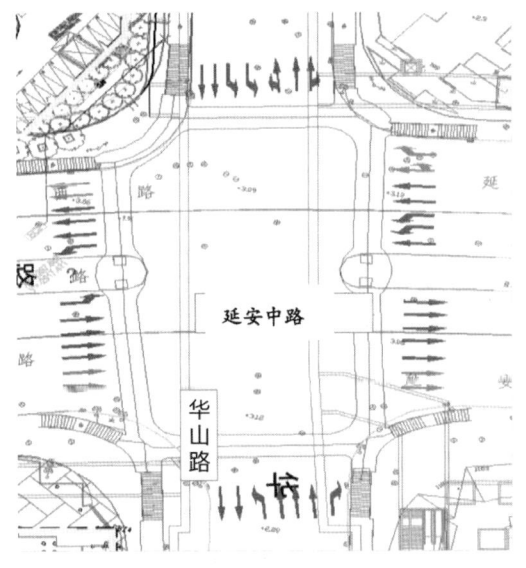
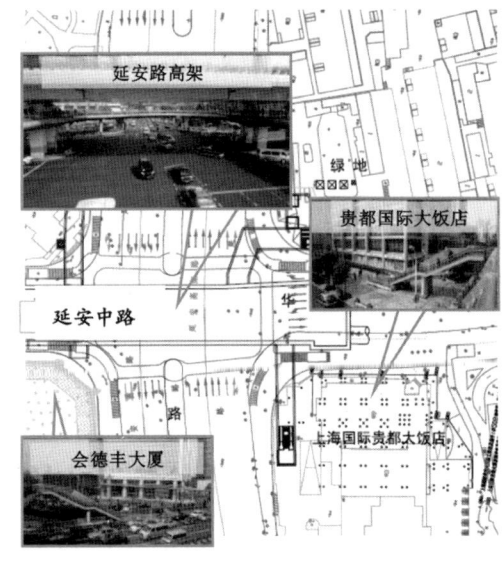

图 4-22 静安寺站延安中路/华山路车道布置　　图 4-23 静安寺站施工路口周边重要建筑

华山路(南京西路—延安中路)施工前机动车双向 7 车道,华山路(延安中路—华山路)施工前机动车双向 4 车道,路口渠化为 5 车道;延安中路为双向 12～14 车道。2016 年施工期间,延安中路还没有开通 71 路中运量,延安路在最外侧车道设置了公交专用道。华山路/延安中路交叉口属于典型的城市干道大型交叉口,车流量大,同时路口的人行天桥、上方的延安路高架以及周边的重要商业设施等,都给施工建设和施工交通组织等带来了挑战。

2. 区域交通流量调查

2016年,华山路南北向车流量很大,没有明显的潮汐特征,南北向高峰时段机动车流量在 1 800~2 200 pcu/h(单向),已处于超饱和状态,高峰期间常态性出现排队拥堵现象。延安中路西向东流量要高于东向西流量,西向东高峰小时流量接近 4 000 pcu/h,接近饱和状态,如表 4-14 所示。

表 4-14　　延安中路/华山路交叉口流量调查汇总

进口道	转向	12 h 流量 /[pcu·(12 h)$^{-1}$]	早高峰流量 /(pcu·h^{-1})	晚高峰流量 /(pcu·h^{-1})
东进口	右转	11 783	1 019	888
	直行	14 760	1 402	1 401
东进口	左转	8 287	720	707
	掉头	3 237	332	215
	小计	38 067	3 473	3 211
南进口	右转	9 410	825	851
	直行	8 436	690	864
	左转	1 878	142	161
	小计	19 724	1 657	1 876
西进口	右转	2 469	235	205
	直行	17 908	1 814	1 644
	左转	4 204	358	400
	掉头	264	31	11
	小计	24 845	2 438	2 260
北进口	右转	1 229	86	112
	直行	8 333	715	781
	左转	11 018	967	899
	小计	20 580	1 768	1 792
合计		103 216	9 338	9 139

从华山路/延安中路交叉口转向流量来看,延安中路东进口和东出口有一对高架上下匝道,故东进口和东出口的各转向流量均较大,其他各进口转向相对较小。项目也调查了周边道路的交通量及饱和度,具体如表 4-15 所示。

表 4-15　　静安寺站周边主要干道路口的饱和度汇总表

道路名称	方向	12 h 流量/[pcu·(12 h)⁻¹]	早高峰 流量/(pcu·h⁻¹)	早高峰 饱和度 V/C	晚高峰 流量/(pcu·h⁻¹)	晚高峰 饱和度 V/C
华山路（南京西路—延安中路）	南向北	24 367	2 158	1.02	2 226	1.06
	北向南	20 580	1 768	0.74	1 792	0.75
华山路（延安中路—常熟路）	南向北	19 724	1 657	0.79	1 876	0.89
	北向南	19 089	1 670	1.11	1 693	1.13
常德路（南京西路—延安中路）	南向北	13 498	1 179	0.79	1 219	0.81
	北向南	12 866	1 153	0.77	1 126	0.75
乌鲁木齐北路（延安中路—华山路）	南向北	6 773	588	0.74	614	0.80
	北向南	7 715	715	0.89	644	0.81
南京西路（常德路—华山路）	东向西	12 109	936	0.78	1 041	0.87
	西向东	10 551	902	0.75	921	0.77
南京西路（华山路—延安中路）	东向西	7 826	647	0.54	643	0.54
	西向东	8 288	802	0.67	696	0.58
延安中路（乌鲁木齐北路—华山路）	东向西	18 130	1 661	0.55	1 685	0.56
	西向东	24 845	2 438	0.7	2 260	0.64
延安中路（华山路—上下匝道）	东向西	38 067	3 474	0.85	3 211	0.79
	西向东	41 574	3 939	0.96	3 610	0.88
延安高架匝道	下匝道	21 992	2 117	1.07	1 832	0.93
	上匝道	26 180	2 439	1.08	2 362	1.05
华山路（乌鲁木齐北路—常熟路）	东向西	5 830	524	0.87	408	0.68
	西向东	5 448	473	0.79	494	0.82

静安寺周边如华东医院、华山医院、大型商办综合体以及大型宾馆较为集中，从周边路网的高峰期运行状态可以看出，周边道路的高峰运行也处于饱和状态，没有可以承担分流功能的潜力，如果施工区交通组织方案设置不合理，极易导致区域范围内的大面积拥堵。

3. 行人流量调查

前期与施工方沟通了解到，项目施工过程中，因为车站出入口施工，可能会拆除现有人行天桥，行人过街需要从地面道路通行，故就人行天桥的人流量和流向也做了调查。调查结果具体如表 4-16 所示。

表 4-16　　延安中路与华山路交叉口行人过街流量（上天桥人流量）　　单位：人次/h

时间段	华山路（延安中路以北）	华山路（延安中路以南）	延安中路（华山路以东）	延安中路（华山路以西）
7:00—8:00	428	134	449	113
8:00—9:00	750	404	824	330
9:00—10:00	575	421	639	357
10:00—11:00	348	371	390	329
11:00—12:00	313	447	356	404
12:00—13:00	360	340	386	314
13:00—14:00	451	327	462	315
14:00—15:00	337	408	385	360
15:00—16:00	250	436	310	375
16:00—17:00	213	420	261	372
17:00—18:00	292	626	383	535
18:00—19:00	301	407	343	365
合计	4 614	4 739	5 185	4 168

由表中可以看出，早高峰 8:00—9:00 的行人流量较多，主要是上班过街需求量大。早高峰上天桥的人数约为 2 300 人次/h。这部分行人如果改走地面过街，会一定程度上降低华山路/延安中路机动车的通行效率。

4. 周边公交调查

经调查统计，项目周边有 29 条公交线路途经施工节点，其中沿万航渡路—华山路—常熟路（北京西路—长乐路）区段南北向直行线路有 94 路、45 路、93 路、927 路、830 路、824 路、327 路；沿延安中路东西向直行线路有 01 路、71 路、127 路、925 路、936 路、311 路、沪青专线；南京西路上公交线路有 37 路、62 路、20 路、838 路、76 路、57 路、323 路、330 路、921 路；与华山路、乌鲁木齐北路相关公交线路有 48 路、548 路、113 路、40 路、328 路、321 路。

4.6.3.2　施工期间交通组织方案简述
1. 施工技术和施工方案的优化

静安寺站施工交通组织首先对施工方案和施工技术进行了多轮次研究，体现了施工技术和施工方案对交通组织的重要性，也是从源头上为交通组织提供更多保障条件。静安寺站交通组织的成功关键保障之一就是施工技术和方案的优化改进。

项目在初始研究阶段，按照常规施工方法，整个车站分为 A、B、C 三个施工区段如图 4-24 所示，计划分区段错开施工，避免同时影响华山路和延安中路的交通。原计划将实施 6 阶段施工翻交步骤，整个施工周期为 60 个月左右。

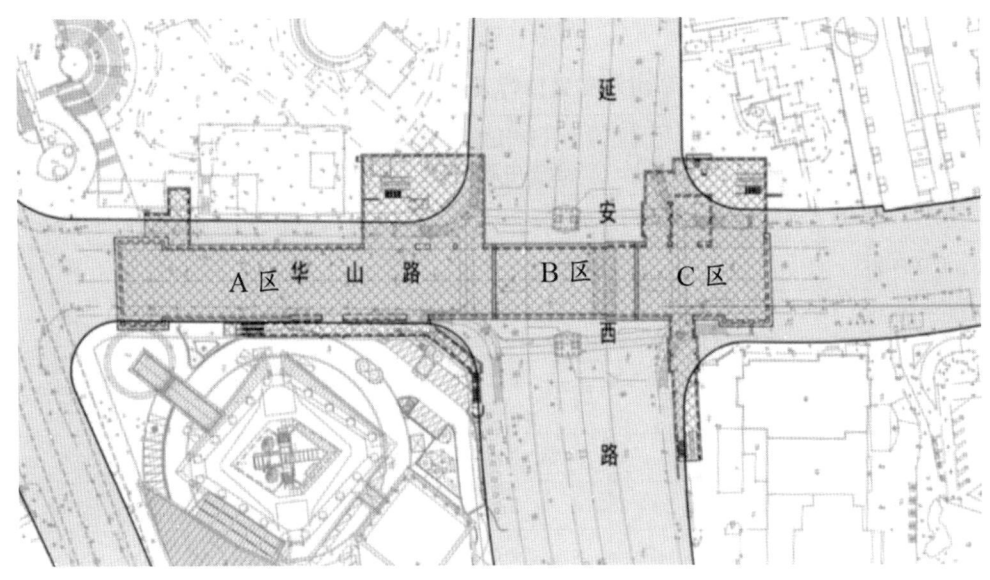

图 4-24 静安寺站施工方案示意图(原方案)

第一阶段:施工西侧围护及盖板(图 4-25)。华山路向东侧翻交,供机动车双向 6 车道通行;双向行人均需通过西侧会德丰及贵都门前通道通行。该阶段华山路车道缩减为 6 车道,通行能力损失 30%。延安中路地面道路基本维持现状车道数,道路线形也保持不变。

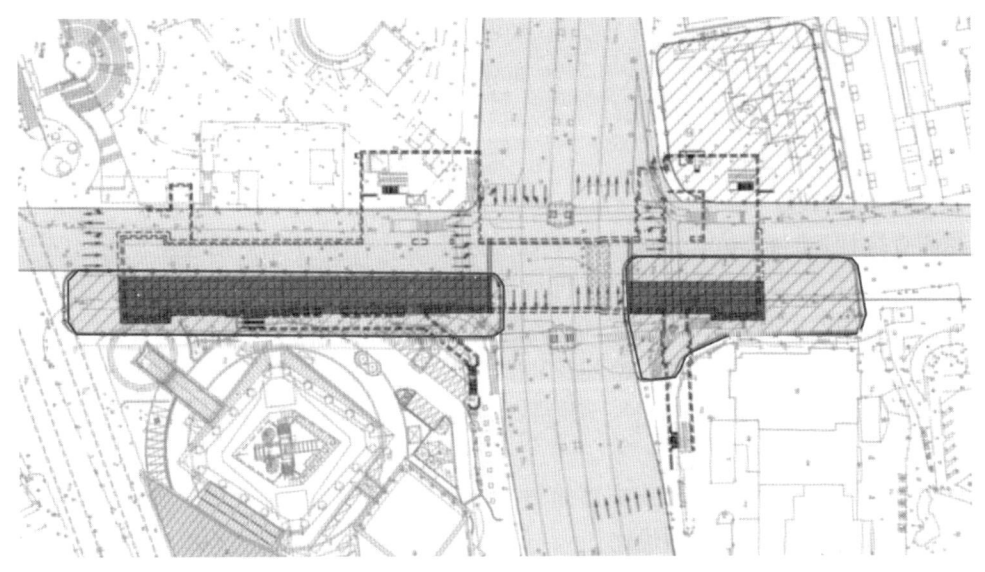

图 4-25 静安寺站第一阶段交通组织图(原方案)

第二阶段:施工 A 区、C 区主体结构(图 4-26)。华山路大部分交通翻至西侧盖板上,供机动车双向 5 车道通行;围场东侧保留 1 条通道,供上下高架车辆通行使用;双向行人仍需通过西侧会德丰及贵都门前通道通行。华山路保持双向 6 车道通行,延安中路也维持不变。

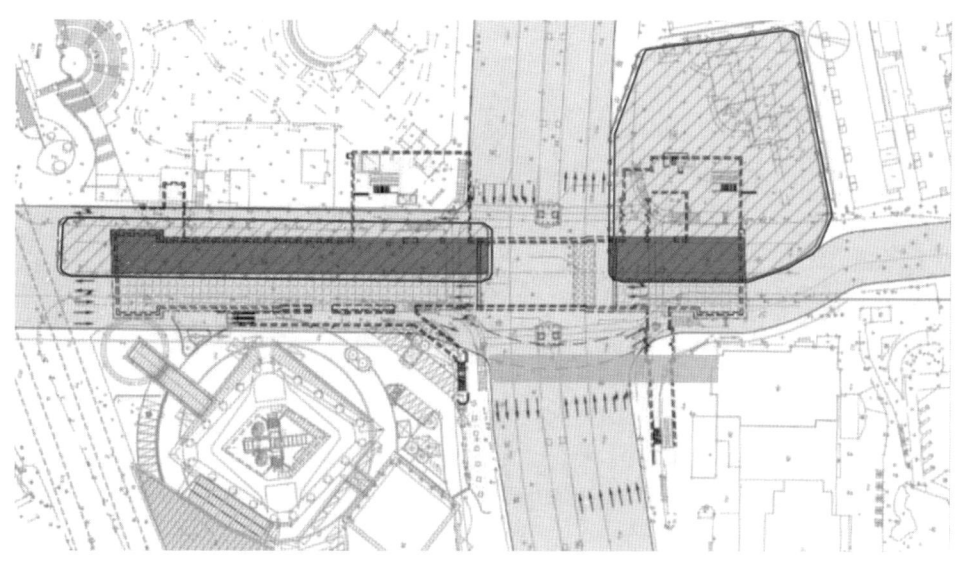

图 4-26　静安寺站第二阶段交通组织图(原方案)

第三阶段:施工 B 区西侧围护及盖板(图 4-27)。延安中路向南北两侧翻交,单侧各保留 17.5 m 宽度,供单向 5 车道通行;华山路围场向南北路两侧缩进,以保证车辆转弯通行。这个阶段延安中路车道数量减少 4 车道,且路口异形,西向北左转无法顺畅通行,需要临时禁左。华山路线形也有曲折,且仍维持 6 车道。这个阶段,华山路和延安中路两条主干道的通行能力都明显下降,交通功能有明显的削弱,不仅会影响地面道路,还会影响延安路高架主线车辆的通行。

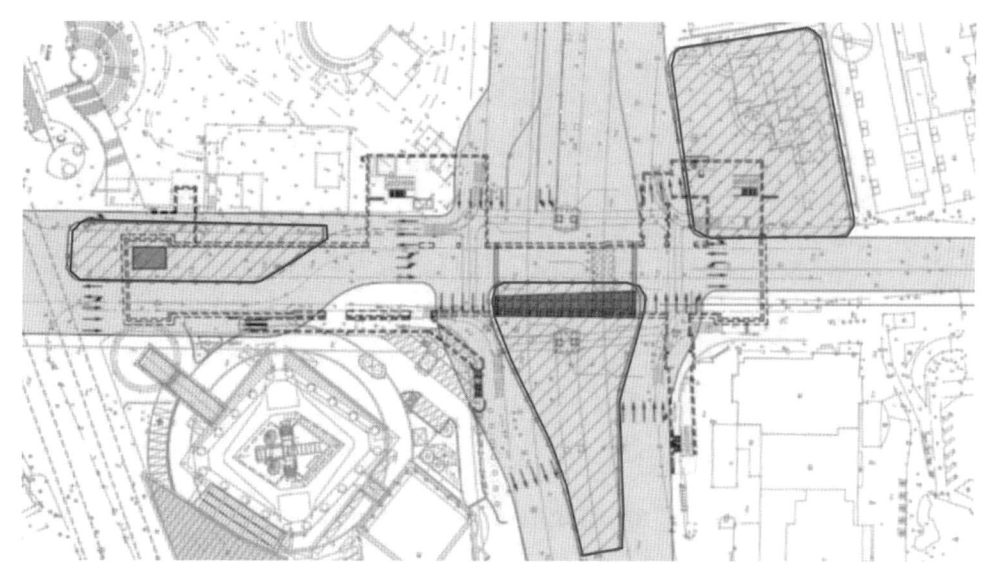

图 4-27　静安寺站第三阶段交通组织图(原方案)

第四阶段:施工 B 区基坑(图 4-28)。延安中路向南北两侧翻交,单侧各保留 17.5 m 宽度,供单向 5 车道通行。该阶段是第三阶段延安中路的翻交。同样,延安中路车道数减少,路口异形,通行能力明显降低,运行状况基本与第三阶段相同。

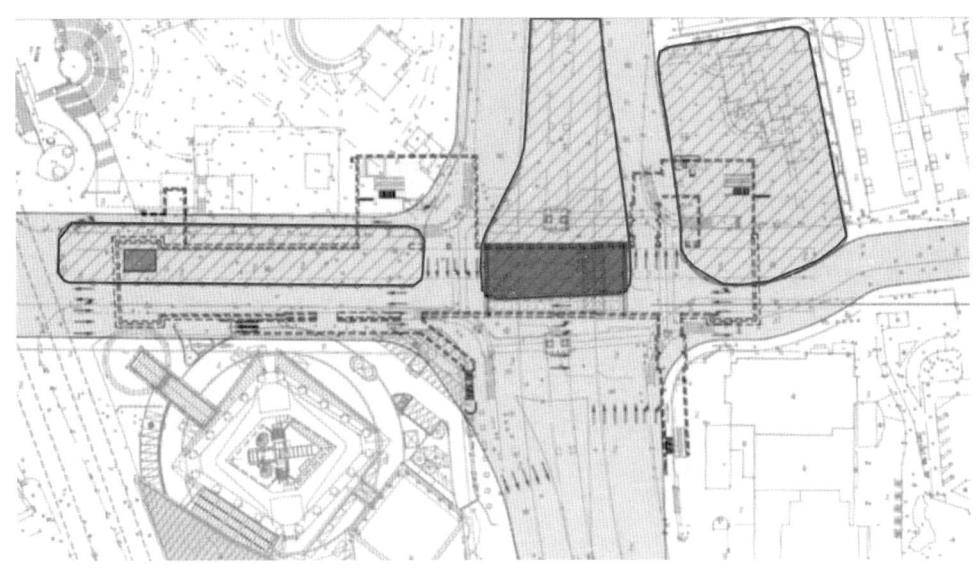

图 4-28　静安寺站第四阶段交通组织图(原方案)

第五阶段:施工车站东侧附属结构(图 4-29)。华山路向西侧翻交,西侧便道宽度为 21 m,供机动车双向 6 车道。这个阶段延安中路交通恢复正常,华山路仍保持 6 车道,道路线形有所改善。运行状况同第一阶段。

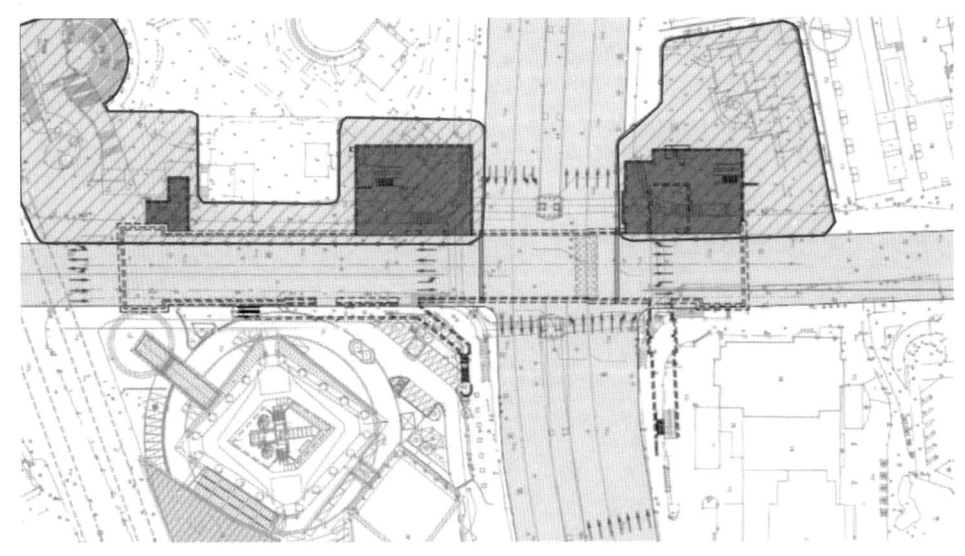

图 4-29　静安寺站第五阶段交通组织图(原方案)

第六阶段:施工车站西侧附属结构(图 4-30)。华山路向东侧翻交,东侧便道宽度为 21 m,供机动车双向 6 车道。华山路和延安中路运行状况同第五阶段。

原施工方案施工阶段多、施工周期长,而且还有近 1 年的时间要影响延安中路地面道路的正常运行,致使延安中路通行能力损失近 25%。经过预判分析,这个施工方案影响很大,

第4章 / 重大建设项目单点施工交通组织

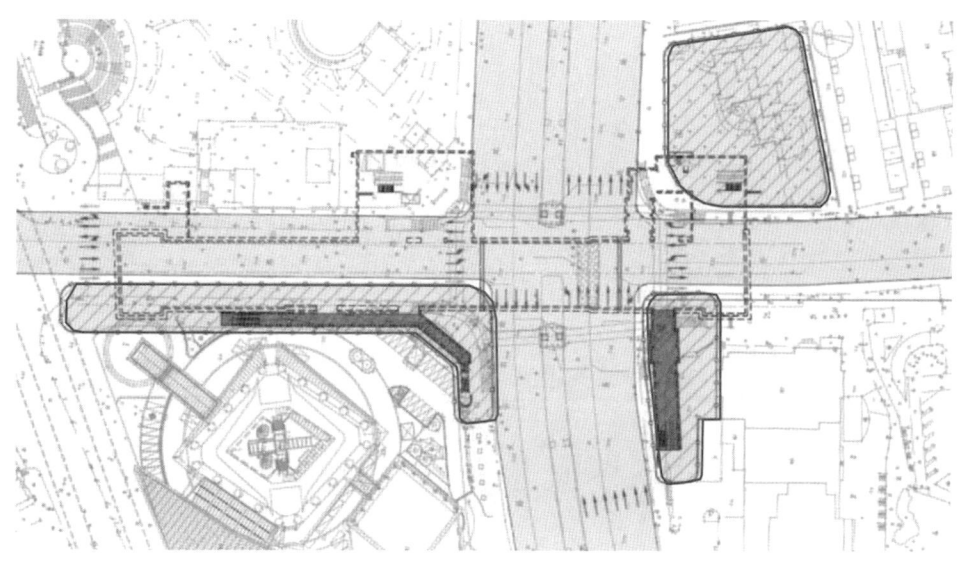

图 4-30　静安寺站第六阶段交通组织图(原方案)

会引起大范围长时间拥堵,更会影响静安核心商务区的整体形象。

经过施工建设单位充分研究,为了避免影响延安中路交通,施工方法在技术和工艺上做了提升,延安中路下方的车站主体结构采用了顶管非开挖技术,最终两端采用明挖(A区与C区)、中段(B区)采用厅台分离的暗挖车站的总体布置,并采用分离岛式站台的设计。施工工艺的优化不仅简化了施工阶段(从6个阶段减少为4个阶段)。最重要的是延安中路交通始终不受影响,仅仅影响华山路,华山路施工期间始终保持双向6车道,虽然减少2车道,但仍最大限度降低了施工影响。图4-31是顶管非开挖施工的示意图。

 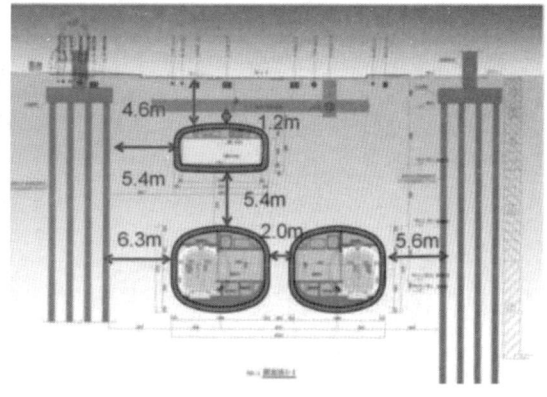

图 4-31　静安寺站主体结构采用顶管非开挖技术方案示意图

优化施工工艺后的四阶段施工交通围场状况如下:

第一阶段:施工A区、C区西侧围护及盖板施工(图4-32)。华山路向主体东侧翻交,便道宽度为19.2 m,供机动车双向6车道通行,两侧交叉口可渠化;围场西侧保留一根3.5～4 m通道,供人非通行。华山路减少2条车道,影响程度不变。

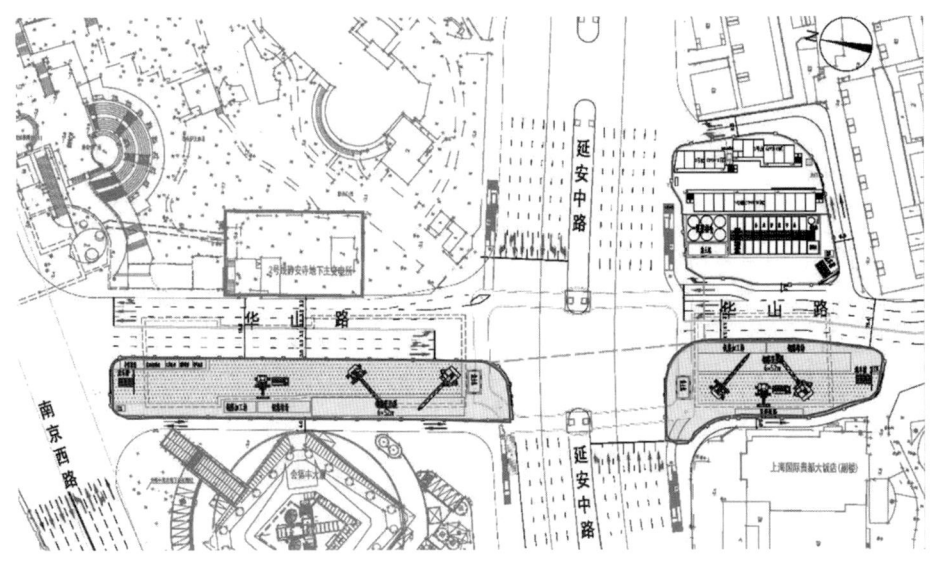

图 4-32　静安寺站第一阶段交通组织图(施工方案优化后)[①]

第二阶段:施工 A 区、C 区东侧围护和开挖;东线站台层大顶管顶进施工(图 4-33)。华山路向西侧翻交,便道宽度为 19.2 m,供机动车双向 6 车道通行,两侧交叉口可渠化;围场东侧保留一根 4~4.5 m 通道,供行人和非机动车通行。

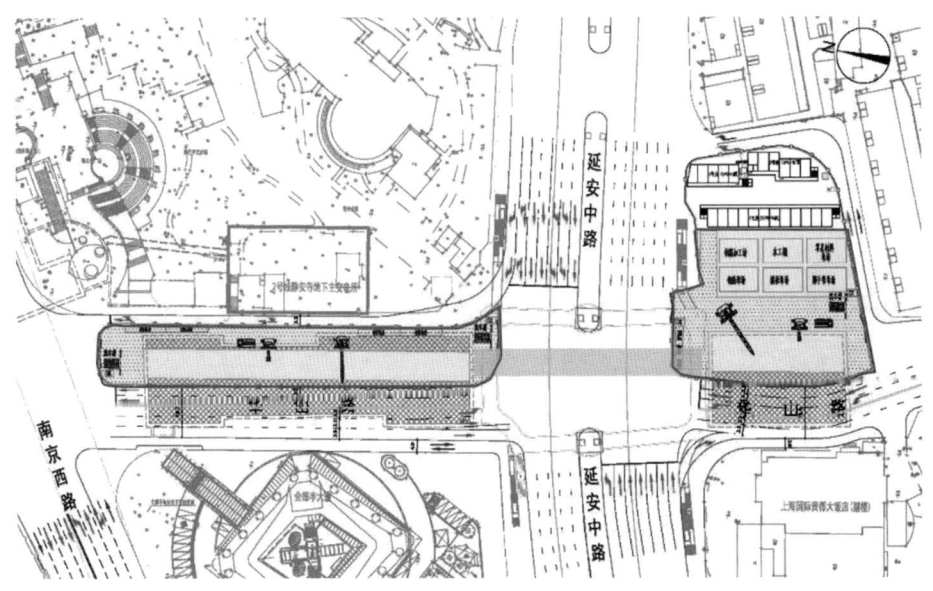

图 4-33　静安寺站第二阶段交通组织图(施工方案优化后)

第三阶段:施工西线站台层大顶管、站厅层小顶管盾构进洞(图 4-34)。华山路向主体东侧翻交,便道宽度为 19.2 m,供机动车双向 6 车道通行,两侧交叉口可渠化;围场西侧保留一根 3.5~4 m 通道,供行人和非机动车通行。

---

① 彩图参见附图 4。

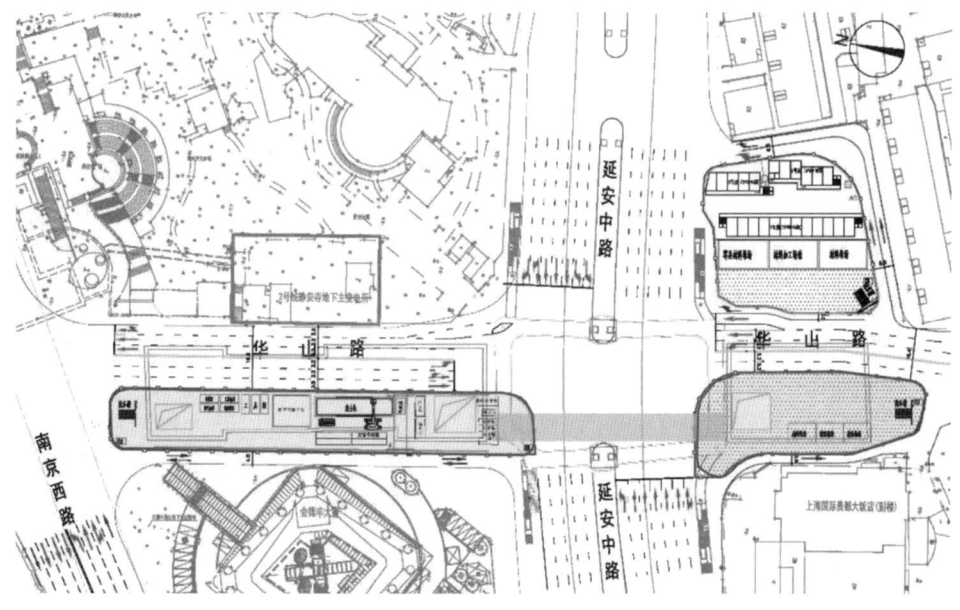

图 4-34 静安寺站第三阶段交通组织图(施工方案优化后)

第四阶段:施工两侧附属结构(图 4-35)。华山路交通翻交至车站主体范围,仍保持机动车双向 6 车道通行。

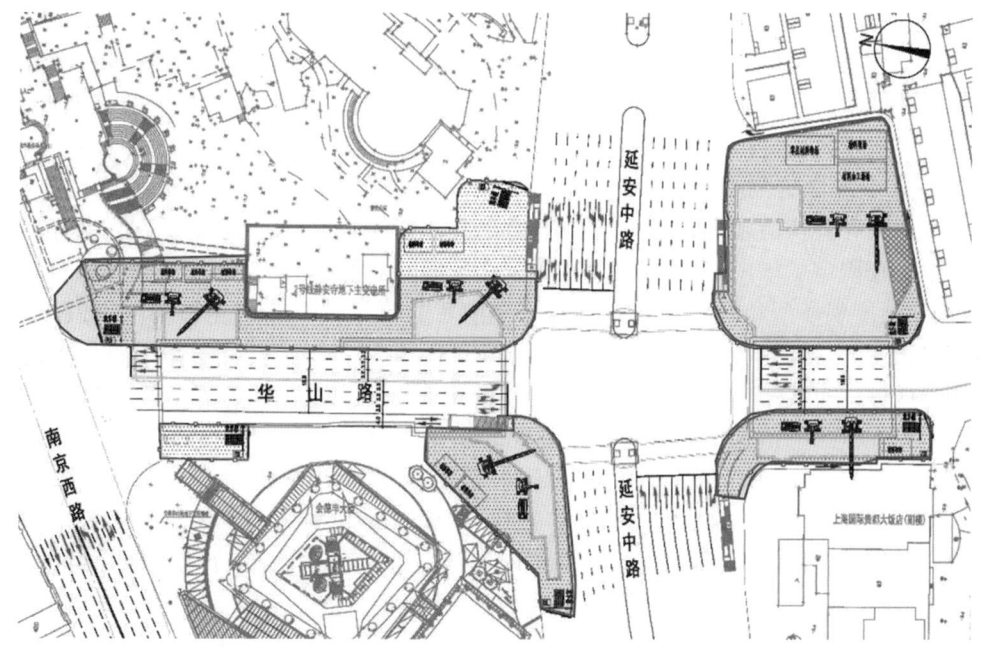

图 4-35 静安寺站第四阶段交通组织图(施工方案优化后)

静安寺站于 2016 年 11 月下旬正式开工,于 2021 年 12 月 28 日开通运行。静安寺站也顺利同期开通运营,该车站整个施工历经 5 年多。

2. 华山路/延安中路人行天桥拆留论证分析

根据原设计和施工方案,在主体结构施工期间,因既有人行天桥立柱与地铁车站结构冲突,需要拆除华山路/延安中路人行天桥。经调查,该天桥白天人流通行量较高,7:00—19:00上天桥的人数接近2万人次,早高峰上天桥的人数达到2 300人次/小时左右。

如果行人采用地面过街,根据华山路和延安中路道路宽度测算,穿越华山路的行人绿信时间至少需要20 s;穿越延安中路的行人绿信时间需要30 s。经过研究,为了兼顾行人通行便捷和机动车通行效率,建议行人过街利用机动车南北向直行和东西向直行的绿信一并通行。同时,为了保证延安路西向南和东向北右转通行效率,尤其是要保证延安中路东向北车右转通行效率(延安高架下匝道右转车流量大),行人绿信时间拟分别采用过华山路25 s和过延安中路35 s。

通过预测分析,采用这一信号灯管控措施后,行人平均过路口的等候时间约为2 min,行人地面过街便捷性较人行天桥仍有较大的降低,行人过马路等候时间较长。而华山路/延安中路交叉口机动车通行效率也明显下降,尤其是右转车辆的通行时间被压缩,右转车辆会出现严重排队现象,会波及蔓延至延安路高架并影响主线通行。经测算,由此造成延安高架主线拥堵范围将增加1 km,对快速路运行造成较大影响。

考虑到延安/华山人行天桥拆除后对交通影响较大,经充分研究,对地铁车站设计方案和施工方法进行了优化调整,保留了人行天桥,通过局部改建(立柱和人行梯道改造),行人不再从地面通行,避免了对华山路/延安中路交叉口通行能力的影响。

3. 静安寺站社会车辆和公交车疏导组织方案

在施工方案优化确定后,针对华山路南北向车道从双向7车道减少为双向6车道后的交通组织开展了研究。研究主要从确保华山路主流向通行效率不降低,公交线路就近绕行、信号灯管控三个方面进行相关措施制定。

1) 施工交通影响范围的识别

在交通疏导管理措施研究时,首先分析确认施工影响范围,使交通组织方案更有针对性和有效性。在确定了华山路(南京西路—延安中路)车道数从双向7车道缩减为双向6车道后,运用交通宏观模型和微观仿真软件对施工前后的流量及车速变化影响范围做了研判。通过定量预测,直接影响范围为北京西路—常德路—富民路—巨鹿路—华山路—乌鲁木齐北路围合区域。直接影响区域内道路车流量变化在10%以上,且车辆车速下降幅度达到15%以上。间接影响范围预测为北至武定路与14号线武定路站相重叠,南至淮海西路—复兴西路,西至镇宁路,东至陕西路。间接影响范围内的道路车流量变化幅度低于5%~10%,车速下降幅度在10%左右。静安寺站施工期间影响区域范围具体如图4-36所示。

确定了影响范围,即可重点对影响范围内道路交通的管理措施进行相应调整和优化。

2) 施工便道优化设计

华山路(南京西路—延安中路)确定了双向6车道,华山路(延安中路南进口)为了满足南向东右转上延安高架匝道车辆的通行效率,通过压缩施工场地,利用施工场地用地另外辟建了1条华山路南进口南向东的右转车道(一直保留至施工结束)。该车道通行可以不受华山路/延安中路交叉口信号灯的控制,可以基本满足南进口高峰上高架的车辆流量需求,也可以大大减轻华山路/延安中路南进口的通行压力,如图4-37所示阴影部分道路。

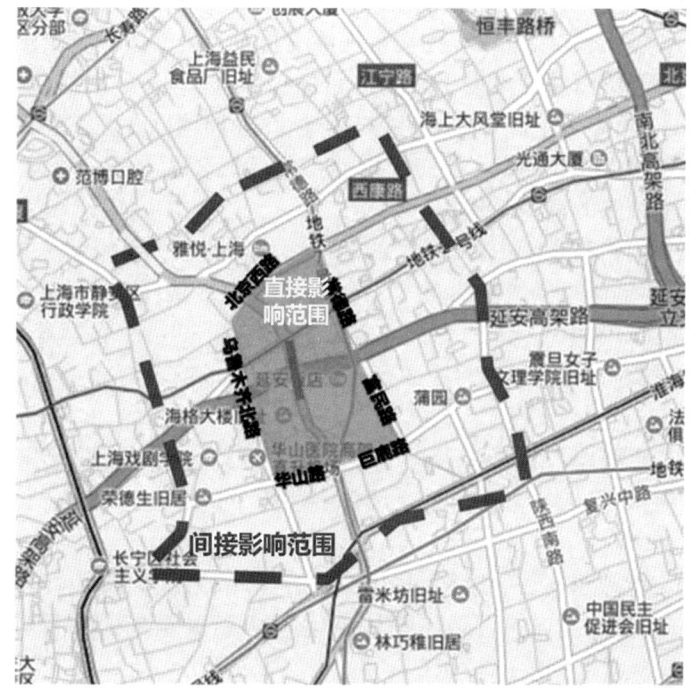

图 4-36　静安寺站施工期间区域直接影响范围及间接影响范围

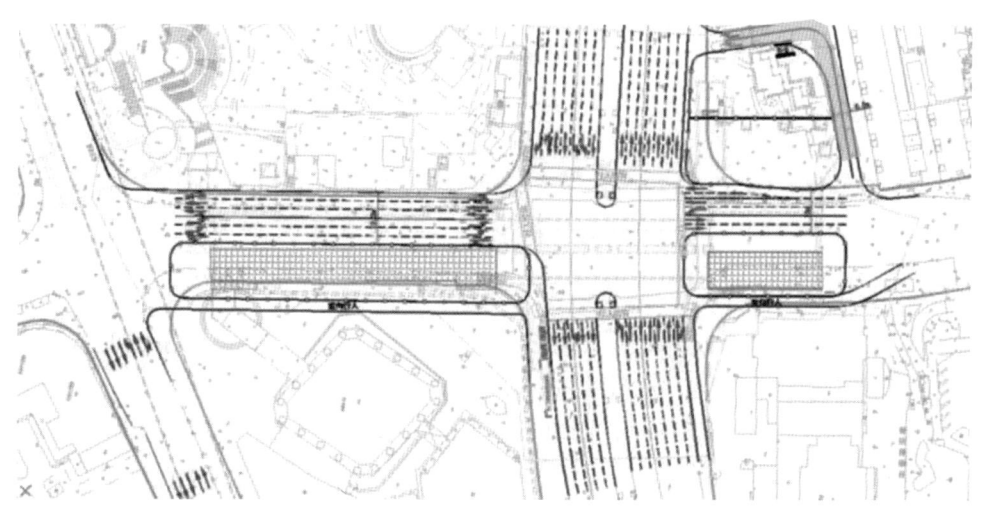

图 4-37　华山路/延安中路南进口设置南向东右转专用车道(图中阴影部分)

3) 公交线路改道组织方案

根据调查,沿华山路南北向通行的公交线路达到 10 条(含 2 条夜宵线)。根据预测,施工期间,华山路/延安中路交叉口通行能力下降约 30%,拥堵严重,会影响公交车辆的运行效率。同时,华山路/延安中路南进口线形曲折,渠化长度较短,且车道宽度仅为 3.2 m,公交大客车通行时速度较慢。综合以上原因,在研究初期,交通组织方案提出华山路公交车辆适当减量绕行。

在研究阶段提出方案后,考虑到华山路没有封交,并为了贯彻公交优先原则,有关部门确定施工初期先不实施公交改道。等翻交后视情况再决定公交线路绕行措施。

静安寺站施工后,华山路就出现了较为严重的拥堵,尤其是华山路/延安中路南进口由于有 6 条线路在同一站点上下客,站点离路口较近,车辆拥堵以及公交停车导致公交车和社会车相互影响,出现了严重的拥堵,公交车拥堵受阻情况较为严重。客运部门根据实际情况,及时启动了公交线路的调整工作。

常熟路东侧(华山路与延安中路之间)的公交车站做进一步优化,减少公交车停站以及并行对常熟路其他车辆通行的影响。该车站目前有 8 条常规线和 2 条夜宵线停靠(45 路、48 路、93 路、94 路、113 路、824 路、830 路、927 路、327 路、328 路)。高峰时段,往往有 3 辆公交车同时靠站,对常熟路其他车辆的通行产生一定的影响。为减少影响,建议公交调整如下:

(1) 93 路南向北线路改线:乌鲁木齐路至延安中路,南向东右转沿延安中路行驶至延安中路/华山路后,西向北左转后循原线路行驶。同时,在上海宾馆北侧设临时上下客站。

(2) 113 路南向北改道行驶:线路沿华山路向西至乌鲁木齐路后西向北左转,沿乌鲁木齐向北行驶至延安中路后南向东右转,沿延安中路向西行驶至华山路后西向北左转循原线路行驶。

(3) 48 路缩线并南向北改道行驶:线路沿华山路向西至乌鲁木齐路后西向北左转,沿乌鲁木齐向北行驶至延安中路后南向东右转,沿延安中路向西行驶至华山路后至终点站。48 路终点站调整至延安西路贵都国际酒店前。

(4) 94 路南向北改道:长乐路向东至富民路后东向北右转,沿富民路和常德路行驶至南京西路后南向西左转,沿南京西路至华山路后东向北右转,再循原线路行驶。

(5) 剩下的 4 条线路车站往南侧迁移 20 m,避让其他车辆通行。

公交线路调整后,实际行驶长度没有增加,公交车经过静安寺地区的用时与原线基本相同,没有增加延误时间。公交车站也设置在静安寺商圈范围内(久光百货附近和上海宾馆附近),与原车站功能相同。公交改线很大程度上为华山路/延安中路南进口减轻压力。

4) 社会车辆疏导交通组织方案

社会车辆交通组织采用了"截流减量、流向简化、信控提能"的策略。

(1) "截流减量"主要是减少华山路流量压力。考虑到华山路(南京西路—延安中路)车道减少,制定了为华山路减轻流量压力的措施。从华山路北向南的车辆流向来看,来自武宁南路、北京西路、万航渡路和南京西路的车流量较大。考虑到周边路网条件不完善的因素,武宁南路、北京西路和万航渡路远端分流效果很差。而静安寺南京西路商圈虽然车流量大,但路网条件相对较好,小区域范围内南北向道路如乌鲁木齐路、常德路等具备车辆绕行的条件。经过分析,提出了如下措施(图 4-38):①南京西路/华山路东进口禁止机动车东向南左转;②南京西路/华山路西进口禁止机动车西向南右转。这两项措施可以减少华山路北向南高峰时段 300 多车次/小时的流量压力。禁行的车辆可以通过乌鲁木齐路绕行至延安中路通行,虽然这部分绕行车辆通行时间增加约 6 min,做出了牺牲,但保证了华山路运行的系统效应。

图 4-38　华山路/南京西路路口南京西路方向禁左措施

（2）"流向简化"主要是提高华山路沿线主要路口的通行速度和效率，弥补华山路车道减少的通行能力缺失。在充分调查华山路沿线各交叉口的转向交通量情况基础上，提出了两个交叉口禁止左转的措施（图 4-39）：①华山路/南京西路禁止机动车南向西和北向东左转；②华山路/愚园路禁止机动车南向西和北向东左转。这两个禁左措施可以简化路口信号灯相位，可以留出更多绿信通行时间给华山路南北向直行。

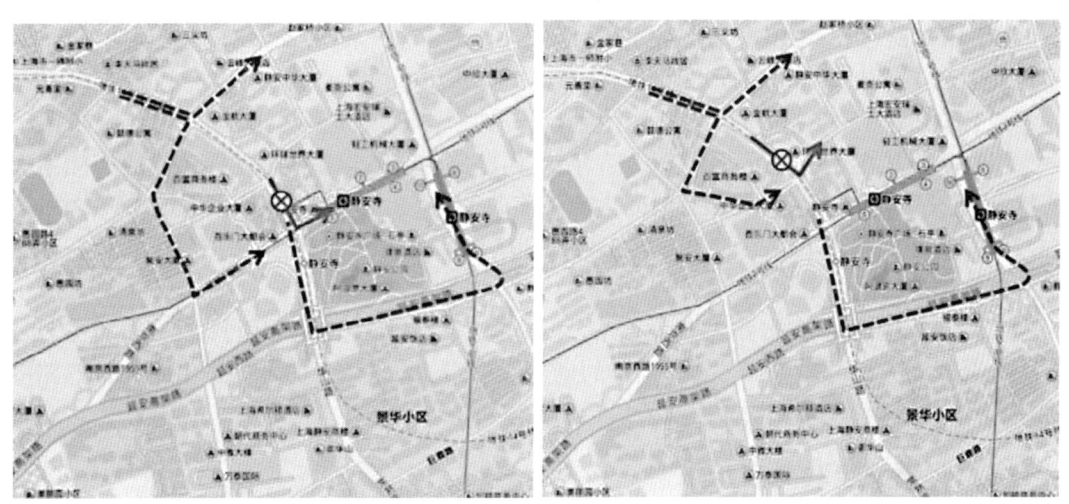

图 4-39　华山路/南京西路、华山路/愚园路北向东禁止左转及绕行路径示意图

（3）"信控提能"主要是通过信号灯放行模式调整，增加华山路通行能力，弥补华山路车道减少的损失。华山路/延安中路北段只有双向 6 车道，其中北向南 3 车道。考虑到北向东

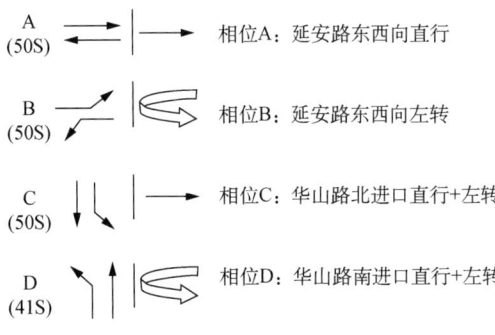

图 4-40 华山路/延安中路交叉口信号灯放行模式示意图

左转上延安高架的车流量很大,高峰小时达到近 1 000 车次/小时,单单左转车流量就至少需要设置 2 车道才能满足。华山路/延安中路北进口车道设置为直行 + 直左 + 左转,如果采用原先直行和左转分别放行模式,左转车辆会严重排队,也会阻碍直行车辆的通行,也极易发生左转车道频繁变道的车辆事故。经过分析,华山路/延安中路在原先四相位放行模式的基础上,调整华山路方向车辆为单向放行,延安中路方向放行模式不变(图 4-40)。华山路方向车辆信号灯单放有两个好处:一是提高了北进口整体通行能力,直行和左转车辆同时放行,避免了不同方向车辆互相占道影响,秩序和通行效率更高;二是有利于利用早晚流向不同的特征,调节单放的绿信时间,缓解拥堵的灵活性更强。

4. 静安寺站施工后评估结果

2016 年 11 月 19 日(周六)凌晨,静安寺站正式实施施工翻交。静安寺站整个施工期内,交警部门始终在华山路沿线以及静安寺商圈周边道路增设了大量警力现场指挥交通,保障了交通组织措施得到强力地贯彻和执行。

研究团队开展了周边道路的流量调查。从观测数据来看,因车站施工影响,华山路北向南和常熟路南向北交通运行状况有明显的恶化,拥堵明显加剧,但恶化程度好于预期,区域交通仍处于可控状态。具体观测情况如下:

(1)万航渡路、华山路沿线(武宁南路—延安中路)北向南车辆延误平均增加 8 min,虽然车辆通行延误增加,但好于延误增加 16 min 的预测结果。

(2)常熟路(延安中路—华山路)南向北车辆延误平均增加 12 min,车辆延误明显增加,但仍好于延误增加 17 min 的预测结果。

虽然华山路和常熟路通行状况有所恶化,但延安中路局部通行也有明显改善,具体情况如下:

(1)由于万航渡路/愚园路和华山路/南京西路路口禁左,南北向直行车辆通行能力有所提升,其中万航渡路南向北通行时间由施工前的平均 6 min 减少为 5 min,延误减少。

(2)延安中路/华山路东向北右转车辆的拥堵现象明显改善,高架华山路下匝道右转车辆的拥堵排队状况明显减少。

(3)周边道路如乌鲁木齐北路、常德路等车流量有一定程度增加,但运行状况无明显恶化。

综合观测分析可知,该车站施工后,的确给交通带来了影响,加剧了华山路和常熟路的拥堵状况,但恶化程度好于预期,交通运行仍处于可控状态。

4.6.4 案例的经验与启示

本案例介绍了在中心区轨道交通重大换乘站施工交通组织过程和方案,通过分析得到如下启示:

(1)城市中心区建设项目所处的道路节点车流量大,交通功能重要,受可做便道空间小、周边重要公共建筑较多等不利因素限制,为了降低施工影响,应首先对施工工艺和方案进行优化,施工应优先考虑采用非开挖技术,简化施工阶段,从施工自身挖潜,为交通提供更多的通行空间。

(2)本案例中,更多采用管理措施,通过流向限制、信号灯调整等"软措施"来提高施工区域道路的整体通行效率,弥补车道减少造成的容量损失,较好地化解了交通问题,显示了交通管理"软措施"的综合效能。

4.7 案例三:武宁路快速化工程中山北路/武宁路节点施工交通组织

4.7.1 案例背景

武宁路快速化改建工程位于普陀区,沿武宁路新建地下通道形成连续流交通。工程西起中环路东侧,与G2沪宁高速公路出入口连接,向东穿越内环高架后至东新路出地面,全长3.5 km。武宁路是本市放射性主干道,不仅承担了G2高速公路对外交通的通道功能,也是上海市外围区与中心城联系的主通道之一,交通功能十分重要。武宁路施工前机动车双向8车道,交叉口渠化为10车道,交通流量很大,是上海常态性拥堵路段之一。

快速化改造工程施工期间占用武宁路道路空间,武宁路车道数减少且线形曲折。在整个施工交通组织的研究中,经历了施工方案优化、施工便道设计、交通管理措施调整的研究工作。由于积累了主干道施工交通组织的经验,在项目设计阶段就开展了施工交通组织研究。

整个研究过程中,提出了武宁路施工期间应确保机动车双向6车道的底线要求;提出了周边规划道路提前实施的方案并落实(规划真华南路辟通);论证分析了施工期间武宁路高峰时段限制外牌车辆通行的需求控制方案等措施和对策。

武宁路快速化改造建设过程中,中山北路/武宁路交叉口施工交通组织是最受关注的节点。武宁路快速化主体结构下穿中山北路/武宁路交叉口。该交叉口是两条主干道的交汇处,又是内环高架武宁路上下匝道的集散节点。施工交通组织首先对施工方案进行研究,希望通过非开挖技术下穿中山北路。经过充分研究,由于建设条件限制,快速路主体结构下穿中山北路时,不得不采用常规的"明挖施工"方法。这就不得不占用中山北路/武宁路交叉口的道路空间。由于施工节点位置特殊,施工围场后中山北路/武宁路交叉口从"十字路口"变为"环岛路口",通行状况发生了很大变化。

武宁路/中山北路是上海市常态拥堵节点之一,施工前中山北路已经采取禁左措施提高通行效率。施工造成交叉口异形,环岛形式路口会造成车辆交织冲突,再加上环岛存在视线盲区,会增加车辆事故概率,进而加剧中山北路/武宁路的拥堵,并会波及内环高架的车辆通行。为此,开展了专题交通组织研究。项目的具体区位如图4-41所示。

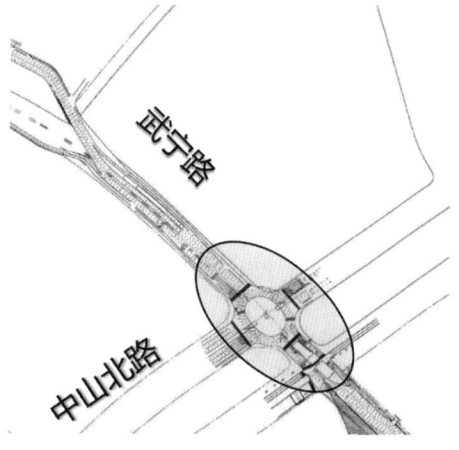

图 4-41 武宁路/中山北路施工项目区位图

中山北路/武宁路交叉口施工交通组织在研究阶段充分利用仿真技术辅助决策,交通组织采用路网分级分流等方法是确保施工推进和交通正常运行的主要手段。

4.7.2 施工交通组织方案

4.7.2.1 施工影响范围预测识别

在施工交通组织前期,利用交通流量预测方法预判中山北路/武宁路施工后的影响范围,以便确定交通组织重点关注的区域。通过预测分析,基本确认了施工直接影响范围为曹杨路—武宁路—普雄路围合的区域;间接影响范围是金沙江路—宁夏路—曹杨路—长寿路—武宁路—大渡河路围合区域。

经过预测,金沙江路、曹杨路、普雄路、长寿路将是主要分流道路和影响道路,承担主要通行压力。后续交通组织也是重点对这些道路进行流线组织和设施扩容改造。

4.7.2.2 现状交通调查

根据施工影响的范围,研究团队开展了大范围的交通调查。通过调查,掌握了中山北路/武宁路交叉口的交通特点和周边道路运行基本状况。武宁路/中山北路交叉口流量转向调查资料和内环高架相邻上下匝道流量状况见表4-17和表4-18。

表4-17　中山北路/武宁路交叉口车辆转向流量调查汇总表(2021年)

交叉口	转向	12 h流量/[pcu·(12 h)$^{-1}$]	早高峰流量/(pcu·h^{-1})	晚高峰流量/(pcu·h^{-1})
武宁路/中山北路北进口	北向西右转上内环外圈	2 155	190	262
	北向西右转进入中山北路地面	1 402	128	182
	小计	3 557	318	444
	北向南直行	8 886	1 103	694
	北向东左转上内环内圈	4 583	420	474
	北向东左转进入中山北路地面	2 578	217	279
	小计	7 161	637	753
	合计	19 604	2 058	1 891
武宁路/中山北路西进口	内圈下匝道:西向东直行—进中山北地面	4 769	402	322
	内圈下匝道:西向南右转	3 476	360	267
	小计	8 245	762	589
	中山北地面:西向东直行—进内圈上匝道	5 021	593	671
	中山北地面:西向东直行—进中山北地面	3 974	464	471
	中山北路地面道路:西向南右转	4 231	451	258
	小计	13 226	1 508	1 400
	合计	21 471	2 270	1 989

续表

交叉口	转向	12 h 流量/[pcu·(12 h)$^{-1}$]	早高峰流量/(pcu·h^{-1})	晚高峰流量/(pcu·h^{-1})
武宁路/中山北路东进口	外圈下匝道:东向西直行—中山北地面	4 419	477	365
	外圈下匝道:东向北右转	6 024	612	558
	小计	10 443	1 089	923
	中山北地面:东向西直行—外圈上匝道	5 833	555	491
	中山北地面:东向西直行—中山北地面	4 963	439	448
	中山北地面东向南左转(876 路、40 路)	276	22	26
	小计	11 072	1 016	965
	合计	21 515	2 105	1 888
武宁路/中山北路南进口	南向东右转—上内环内圈	2 613	252	261
	南向东右转—进中山北地面	1 752	157	139
	小计	4 365	409	400
	南向北直行	7 946	668	872
	南向西左转—上内环外圈	2 796	281	247
	南向西左转—进入中山北路地面	1 705	239	244
	小计	4 501	520	491
	合计	16 813	1 597	1 763

表 4-18　内环高架相关上下匝道车流量调查汇总表(2021 年)

匝道	外圈流量			内圈流量		
	24 h/[pcu·(24 h)$^{-1}$]	早高峰/(pcu·h^{-1})	晚高峰/(pcu·h^{-1})	24 h/[pcu·(24 h)$^{-1}$]	早高峰/(pcu·h^{-1})	晚高峰/(pcu·h^{-1})
沪太路上匝道	19 249	1 311	1 235	24 640	1 542	1 186
武宁路上匝道	13 892	1 026	1 000	19 255	1 265	1 406
金沙江路上匝道	14 237	1 327	848	12 213	1 023	864
沪太路下匝道	15 808	854	1 050	11 872	732	617
武宁路下匝道	14 831	1 089	923	10 333	762	589
金沙江路下匝道	11 880	633	740	13 805	944	918
镇坪路下匝道	—	—	—	10 465	446	692
光新路下匝道	15 494	993	1 071	—	—	—

通过调查发现,武宁路转向中山北路的交通量较大,直行车流量和转向车流量基本相同,施工形成环岛路口后,转向流量极容易造成环岛的拥堵和瘫痪。基于流量特点,基本确认了环岛路口应避免车辆在环岛内交织的交通组织指导思想。

4.7.2.3 施工交通组织方案简介

1. 环岛施工交通组织基本方案的确定

施工交通组织首先对中山北路/武宁路交叉口通行模式进行了多方案论证分析。多方案差异在于对施工路口限制交通转向和减少交叉口交通总量的力度上。经过研究,最后交叉口通行模式集中在两个方案;方案一是"路口实施禁左措施",亦称为柔和措施;方案二是"路口禁左＋内环下匝道禁止直行",亦称为强控措施。表4-19为两个方案的对比分析。

表4-19　　　　　中山北路/武宁路节点交通组织两个方案对比分析

方案名	全面"禁左"	全面"禁左"＋中山北路下匝道"禁直"
不同点	1. 交叉口交通量有所降低。 2. 内环武宁路下匝道直行进入环岛流线曲折,通行能力较低。 3. 内环武宁路下匝道车辆通行习惯不改变,对内环高架影响小。 4. 交通矛盾扩大范围相对较小	1. 武宁路下匝道直行车辆不进入环岛,环岛流量大幅度减少。 2. 内环相邻下匝道承担分流作用,高架主线拥堵会增加。 3. 周边居民和企业出行习惯和路径变化较大。 4. 交通影响范围大,交通矛盾扩大
相同点	均避免了环岛车辆转向交织,不会引发环岛拥堵瘫痪	

通过定量预测分析,得出方案二(强控措施)会引起大量车辆通行路径改变,交通分流的范围更广,甚至影响到沪太路、中环线更外围的道路。而这些道路也已经处于饱和状态,大范围影响不仅不利于交通改善措施的聚焦,也不利于施工期间警力的布置安排,更不利于对施工交通组织稳定性的把控。

经过研究,最后采用方案一(柔和措施),仅实施路口"禁左"措施,并把方案二作为备用方案预留。后续围绕交叉口"禁左"原则进一步制定了其他交通组织措施。

2. 其他交通组织配套方案

基于中山北路/武宁路交叉口采取"禁止机动车左转"措施,需要分流武宁路北向东左转(高峰近800 pcu/h)和南向西左转交通(高峰近600 pcu/h)。

经过对相邻道路运行状况预判分析,交通组织制定了分级分流的方案。第一层级分流是外围分流,主要采取引导告知方法,引导原武宁路左转车辆从长寿路、长宁路内环线、金沙江路和沪太路等绕行。第二层级分流是就近道路分流,引导车辆从普雄路、曹杨路、真华南路等绕行。

配合周边道路的分流方案,相关道路交通设施也做了调整,如普雄路车道调整,把西向东2车道改为东向西2车道,为武宁路左转车辆绕行提供容量。曹杨路和中山北路也做了车道配置的调整。

此外,中山北路/武宁路交叉口信号灯管控也做了调整,改为两相位信号模式,以"时间换空间"来缓解交叉口环岛通行能力下降的问题。武宁路/中山北路交叉口信号灯放行模式调整见图4-42。

第4章 / 重大建设项目单点施工交通组织

相位	时长/s
中山北路东西向直行	70
全红	6
武宁南南北向直行	68
武宁路南进口单放（直行+左转）	20
武宁路南北向左转	70
全红	6
合计（周期）	240

(a) 施工前信号放行模式

相位顺序	路口位置	放行方向	时长/s
第一相位	中山北路西进口	下匝道直行+地面直行（含下匝道右转70 s+地面右转60 s）	130
	中山北路东进口	下匝道直行+下匝道右转+地面直行	
	全红		10
第二相位	武宁路南北向直行		90
	全红		10
合计（周期）			240

(b) 交通组织建议信号放行模式

图 4-42　武宁路/中山北路交叉口信号灯管控措施调整示意图

为了应对武宁路/中山北路环岛异形交叉口的影响，经研究，制定了9个主要管理措施。具体内容汇总如下：

(1) 武宁路/中山北路交叉口禁止南向西左转以及北向东左转。
(2) 武宁路/中山北路交叉口环岛设置4车道，保持必要通行能力。
(3) 武宁路/中山北路信号灯调整为两相位。
(4) 武宁路/中山北路非机动车采取二次过街方式完成左转。
(5) 普雄路调整为东向西2车道；西向东为1车道。
(6) 武宁路/普雄路南进口车道调整为南向西2车道+南向北2车道。
(7) 曹杨路/中山北路北进口车道调整，增设1条左转车道。
(8) 武宁路/东新路北进口禁止北向北掉头。
(9) 金山江路—宁夏路—普雄路—武宁路—东新路—沪太路—大渡河路区域内道路路口增设辅警警力。

3. 公交线路调整方案

为配合武宁路/中山北路交叉口禁左措施，有8条公交线路改线（图4-43）。公交线路系统运行调整情况如下：

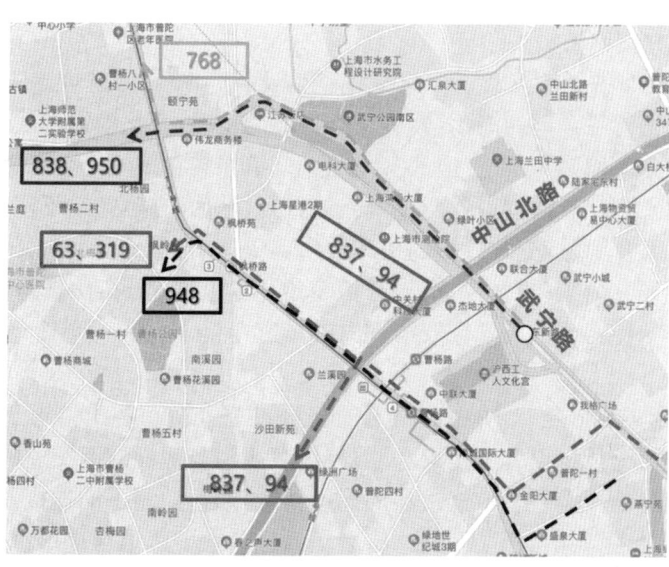

图 4-43　武宁路/中山北路施工期间公交线路调整示意图

(1) 838路和950路调整走向:武宁路/中山北路路口改为南向北直行,并沿武宁路行驶(原曹杨路停靠站调整至武宁路)。

(2) 768路调整走向,武宁路/中山北路路口改为南向北直行至曹杨路行驶(原曹杨路停靠站调整至武宁路)。

(3) 948路从谈家渡路/武宁支路发车后走向调整,谈家渡路—曹杨路—枫桥路行驶(原武宁路停靠站调整至曹杨路)。

(4) 837路、94路改走武宁路桥—普雄—曹杨—中山北(原武宁路停靠站调整至曹杨路)。

(5) 63路、319路改走武宁路桥—普雄—曹杨—枫桥(原武宁路停靠站调整至曹杨路)。

4.7.3 交通组织方案微观评价流程

在中山北路/武宁路交通组织方案研究过程中,采用了微观仿真技术来辅助决策,交通仿真技术在研究中发挥了很大的作用。在此,有必要把微观仿真的技术和做法做简要介绍,为交通组织精细化研究提供参考。

1. 微观仿真评价软件选择

环岛是一般城市道路中最为复杂的交通场景,其路网具有短距离、高密度交织、强交互博弈、微观路径复杂等特征,即使在实际情况中,没有经验的驾驶员在通过环岛时,极容易产生"打圈"或让行拥堵的情况,而我国由于交通流密度大、建设用地限制导致环岛转弯半径小等各类原因,使环岛通行所面临的情况更加复杂。

国外的微观交通仿真软件,其基本交通特征场景采集来源为国外,其环岛范围大,并且车流量小,在仿真我国高密度流量环境时,会存在各种不足。通过比较国内外软件的差异性,采用了国产微观交通仿真软件TESS NG进行微观方案的仿真评估,该软件在环岛的仿真中能够准确描述环岛的交织及冲突现象,有效指导施工交通组织的方案设计。

2. 交通组织方案编辑输入

根据已有CAD地图在TESS NG软件中绘制路网。为了突出对比两方案在该环岛的实施效果,对路网进行了合理的简化:着重仿真环岛的情况,简化附近的武宁路/凯旋北路交叉口;简化中山北路西段调头车道,但武宁路北进口道左转在该段产生的绕行会体现在中山北路西进口道直行流量上;分别设置西进口道的直行、地面道路右转、下匝道右转路段,以达到两个右转车道通过信号灯交替放行的仿真效果。

同时,考虑到环岛内某些右转车道与其他车道用实线分隔,在仿真路网编辑中,将它们设置成单独的车道,使用单独的连接器与进出口车道连接,也暂不考虑行人及非机动车对路口运行的影响。

为了更加贴合实际情况,对中山北路上的各进口道上游和各出口道下游按地面道路和匝道进行划分,并区分流量设置发车点和路径,仿真匝道与地面道路交通的交织情况。

最后,根据实际情况设置各个连接器的连接情况,通过控制不同连接器的连接情况来仿真不同方案。在"禁左"+"禁直"方案中,将禁止西进口道下匝道与进口直行道的连接,空出的进口直行道与地面道路连接,将禁止东进口道下匝道与进口直行道的连接,进口直行道全与地面道路连接。

3. 信号配时方案设置

根据已有信息，在 TESS NG 中设置信号灯组，设置每个相位的名称及灯色变化情况，并将信号灯放置到对应停车线前。武宁路/中山北路“禁左”的方案信控设置，以及武宁路/中山北路“禁左” + 中山北路下匝道“禁直”的信号控制方案设置分别如图 4-44 及图 4-45 所示。

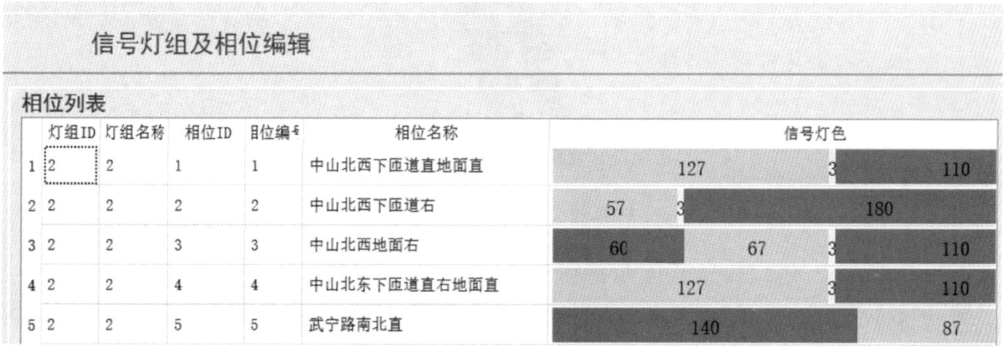

信号灯组及相位编辑

相位列表

	灯组ID	灯组名称	相位ID	目位编号	相位名称	信号灯色
1	2	2	1	1	中山北西下匝道直地面直	127 3 110
2	2	2	2	2	中山北西下匝道右	57 3 180
3	2	2	3	3	中山北西地面右	60 67 3 110
4	2	2	4	4	中山北东下匝道直右地面直	127 3 110
5	2	2	5	5	武宁路南北直	140 87

图 4-44　武宁路/中山北路“禁左”的信号控制方案

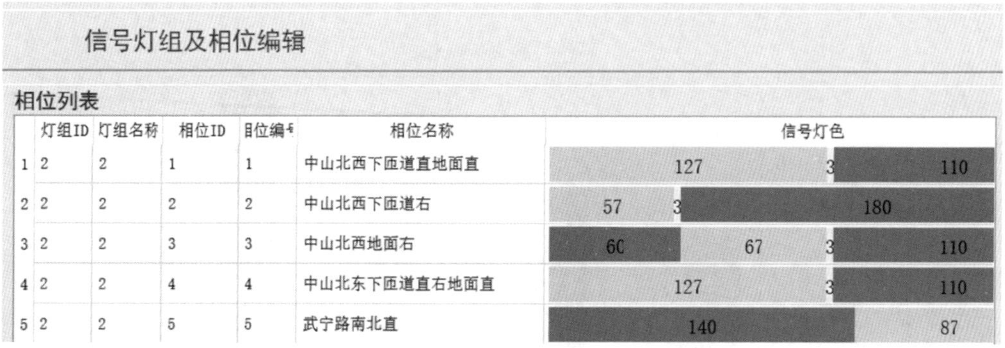

信号灯组及相位编辑

相位列表

	灯组ID	灯组名称	相位ID	目位编号	相位名称	信号灯色
1	2	2	1	1	中山北西下匝道直地面直	127 3 110
2	2	2	2	2	中山北西下匝道右	57 3 180
3	2	2	3	3	中山北西地面右	60 67 3 110
4	2	2	4	4	中山北东下匝道直右地面直	127 3 110
5	2	2	5	5	武宁路南北直	140 87

图 4-45　武宁路/中山北路“禁左”＋中山北路下匝道“禁直”的信号控制方案

注：右转未全周期轮流放行，主要由于出口车道数不足，放行会影响直行车辆正常驶入出口道。这也是施工区交通组织遇到的常见问题。

4.7.4 仿真运行效果评估

设置完流量、路径、信号控制、采集点后，在 TESS NG 中运行 2 个方案的仿真效果，具体如图 4-46 所示。

由图 4-46 中可以看出，TESS NG 有效表征环岛情况，如进口道的排队、车流在环岛内部的交织、进口道的车流排队等情况；中山北路东进口在禁直的情况下，地面直行排队长度会略有降低，但由于上游只有 2 个车道，下匝道直行进口道让给地面道路后，展宽段蓄车区也只有 3 辆车，无法达到 3 车道的最佳饱和放行效果，故东进口禁直对实际的直行排队长度

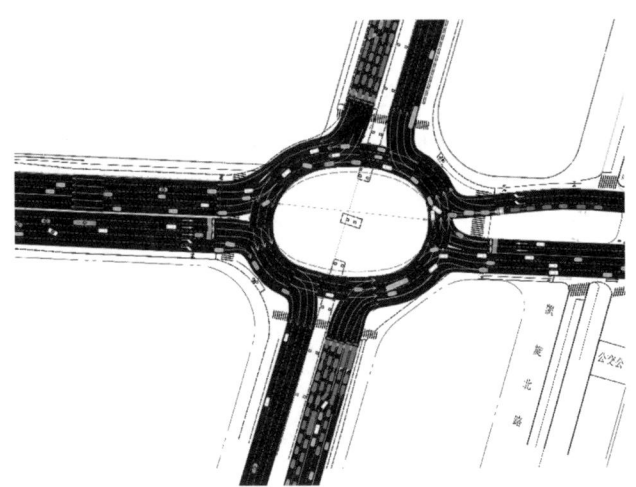

图 4-46 TESS NG 软件环岛仿真的基本运行效果

改善作用不大,对东进口排队长度改善约为 20%。

仿真软件输出的行程时间集计结果包括仿真时段、平均行程时间和距离、车均延误等指标,便于系统地对各类延误指标等进行评估。

1) 最大排队长度对比

两个方案在高峰期的平均最大排队长度对比如图 4-47 所示。

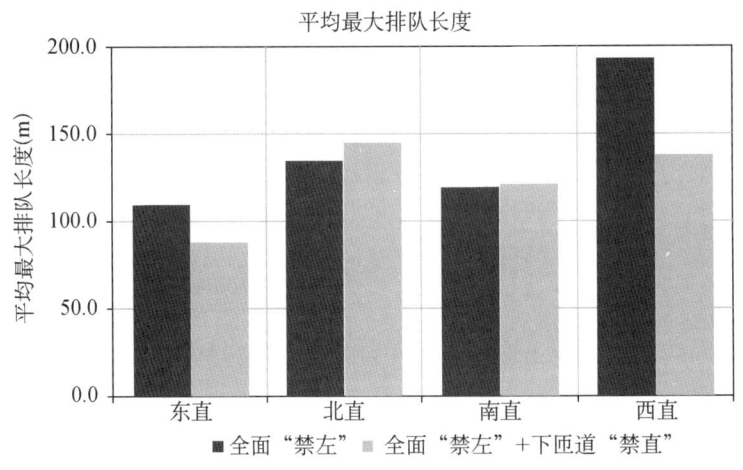

图 4-47 两方案周期最大排队长度对比图

通过两个方案对比可以看出,路口全面"禁左"与全面"禁左"+下匝道"禁直"对南北向的车辆排队基本没有影响,基本在 120～150 m 之间随机浮动。

而对于东西进口的直行,影响在 20%～30% 之间,其中东进口直行的平均最大排队长度降低 20.12%,从 110.42 m 降至 88.12 m 左右;而西进口从 194.1 m 降低到 138.13 m,降低幅度为 28.84%。

2) 平均行车延误对比

两个方案在高峰期的行车延误对比如图 4-48 所示。

第 4 章 / 重大建设项目单点施工交通组织

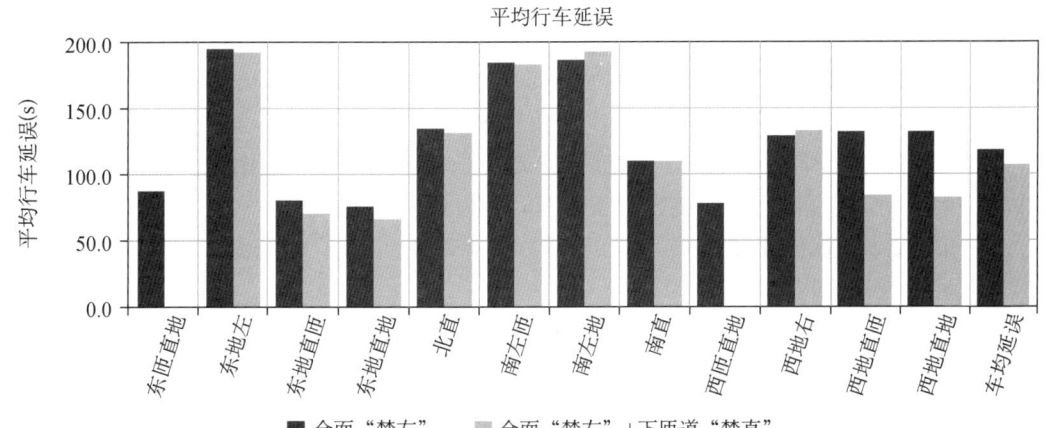

说明：① 全面"禁左"：车均控制延误为119.15 s，单交叉口服务水平为四级。
② 全面"禁左"+下匝道"禁直"：车均控制延误为107.74 s，单交叉口服务水平为四级。

图 4-48 两方案平均行车信控延误对比

从对比结果可以看出，在所有方向中，武宁路南进口左转方向的行车延误最大，包括东进口地面车流的左转流量，均接近 200 s。通过禁止下匝道直行，仅对东西方向的行车延误产生了影响。其中西进口道地面道路直行（沿地面或上匝道）延误下降最为明显。从 132.48 s 降低到 84.42 s，降低幅度为 36.28%，东进口地面道路直行的延误从 77.13 s 降低至 66.94 s，仅降低了 13.21%。

从整个交叉口来看，路口全面"禁左"+下匝道"禁直"，相比于路口全面"禁左"方案，车均信控延误从 119.15 s 降低至 107.74 s，降低了 11.41 s，约为 9.57%。但路口依然处于四级服务水平，仿真结果优先推荐全面"禁左"的柔性措施方案，为交通组织方案比选决策提供了判断依据。在实际操作中，交通管理部门采用了方案一全面"禁左"的措施。

4.7.5 施工交通组织后评估情况

中山北路/武宁路节点施工后，研究团队开展了后评估。

4.7.5.1 施工后道路交通总体运行状况

中山北路/武宁路节点于 2021 年 2 月 10 日（小年夜）夜里 22:00 实施翻交，武宁路/中山北路交叉口交通组织采取了路中围场施工的环岛形式。为配合施工，采取武宁路/中山北路交叉口四个方向均禁止左转的管理措施（中山北路方向原先就禁左），周边相关道路也采取了配套调整措施：

（1）中山北路/武宁路口中央实施椭圆形围场（4 车道布置），由信号灯进行控制，信号灯调整为两相位（其中，中山北路方向绿信延长），路口采取禁止所有车辆北向东、南向西、东向南、西向北左转（即路口四面禁左）的交通管理措施。路口原左转的非机动车，需通过二次过街，实现左转功能。

（2）中山北路/武宁路口西进口设置交替放行信号灯，交替放行中山北路地面右转车辆及内环高架内圈武宁路下匝道右转车辆。中山北路/武宁路路口北进口 118 m 处设置两条南向南掉头车道,采用信号灯控制。

(3) 普雄路通过调整车道宽度,由原先双向 2 车道增加至双向 3 车道通行。其中,东向西 2 车道、西向东 1 车道。

(4) 武宁路/普雄路路口南进口通过拆除武宁路桥中央隔离,借用北向南车道,将南进口由"左转,直行,直行,直行"调整为"左转,左转,直行,直行"。

(5) 中山北路/曹杨路东进口车道由原"1 左+2 直+1 右"变更为"2 左+1 直+1 直右",同时路口设置直行待行区。

(6) 关闭中山北路(武宁路—曹杨路)路段中调头车道,并同步取消行人过街功能,提升中山北路(武宁路—曹杨路)道路通行效率。

(7) 加大了交警人力指挥。环岛路口布置 9 个警力指挥。其他相关路口也增设警力指挥疏导交通。

通过春节长假七天的适应调整,节后第一个工作周(2 月 18 日—2 月 20 日)区域交通总体运行较为平稳、可控,未出现区域性、长时间交通拥堵,高峰时段局部路段排队拥堵现象偶发。

然而从 2 月 22 日起,随着全市中小学开学以及全市交通出行全面恢复,高峰期间武宁路中山北路交叉口高峰期间出现了较为明显的排队拥堵现象,具体范围为中山北路(兰田路—曹杨路)以及武宁路(武宁公园—东新路)。高峰时段车辆延误增加 12 min,与预判基本一致。

区域相关道路主要受开学开工等背景交通量增加而产生变化,曹杨路、金沙江路、普雄路等主要分流道路流量不同程度增加,拥堵程度也有所加剧。但拥堵程度在预期范围内,内环高架(金沙江路—武宁路)运行状况基本没有变化,交通疏导措施对保障内环高架运行正常达到了预期效果。武宁路周边道路拥堵状况总体可控。

元宵节(2 月 26 日)过后,外来务工人员返沪,跨省市商务活动进一步活跃,城市交通出行量又有一定幅度增加。3 月上旬,再次对武宁路/中山北路施工区域道路交通做跟踪调查,对施工影响做评估。从调查结果看,3 月上旬,武宁路/中山北路区域全天的机动车流量略有增加,但早晚高峰时段的车流量基本稳定,没有明显增加,施工区域机动车流量基本稳定。3 月上旬施工区域相关道路拥堵程度略有增加,总体下降幅度不明显。从百度地图拥堵图状态来看,施工区域相关道路拥堵程度没有明显恶化,施工影响趋于稳定。总体评估可知,施工后交通运行平稳,前期交通组织措施是有效的。

4.7.5.2 施工后道路节点详细评估

1. 中山北路/武宁路交叉口后评估

2021 年 2 月 18 日至 2 月 20 日,施工后由于采取了四面禁左的措施,交叉口全天总流量下降 16%。中山北路方向车流量变化不明显,武宁路方向车流量有较大变化。图 4-49 为武宁路/中山北路交叉口环岛管理模式设计图,图 4-50 为武宁路/中山北路交叉口调整为环岛模式的实际状况。

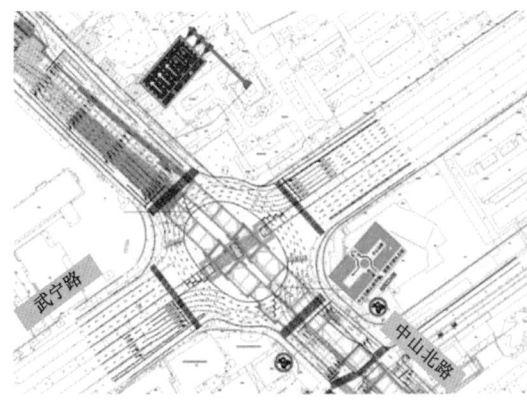

图 4-49 武宁路/中山北路交叉口交通组织方案　　图 4-50 武宁路/中山北路交叉口现场实施情况

东进口（中山北路）总体流量较施工前下降 10% 左右，一方面由交叉口通行能力下降所致，另一方面部分直行车辆以及部分右转车辆（高架下匝道车辆）调整行驶路径，通过其他道路或匝道进行绕行。

西进口（中山北路）总体流量较施工前略有下降，主要为部分右转车辆调整行驶路径，通过其他道路或匝道进行绕行。

南进口（武宁路）总体流量较施工前下降 30%，主要是由于采取了禁左措施。另据统计原左转流量中的 35% 通过直行后掉头进行局部绕行（全天 1 500 pcu/12 h，高峰 200 pcu/h）。

北进口（武宁路）总体流量较施工前下降 16% 左右，主要是由于采取了禁左措施。但由于绕行，北进口的直行流量（原北向东左转叠加）以及右转流量（原南向西左转叠加）有一定增长。

2021 年 2 月 22 日至 2 月 24 日。随着新学期开学以及节后完全复工，交叉口全天总流量基本恢复到施工前水平（表 4-20）。通过近 2 周适应，原武宁路南北向左转大部分流量还是在本交叉口加以疏解（通过直行后掉头以及进一步直行后再左转进行绕行）。由于大部分流量仍旧通过本交叉口通行，加上交叉口通行能力下降，导致了高峰期间四个进口道排队拥堵现象的发生。

2. 周边相关道路运行状况后评估

根据施工后各相关道路流量来看，除部分断面（如普雄路双向、金沙江路双向、曹杨路北向南等）接近或达到饱和状态外，其余相关断面流量尚处于合理增幅范围之内，区域交通并未受到过度冲击，交通状况总体可控。

2021 年 3 月 8 日以后，务工人员返沪和跨省市商务活动增加，武宁路和中山北路的车流量又有增加（表 4-21）。早高峰进入武宁路/中山北路交叉口的车流量比施工前增加了约 14%，晚高峰进入武宁路/中山北路交叉口的车流量比施工前增加了约 4%。高峰时段路口的车流量反而增加，表明了采取禁左、路口布置大量协警管理等措施后，异形路口的通行效率得到有效维持。

武宁路/中山北路整个路口白天 12 小时的总进入车流量仅比施工前减少约 2%，流量规模基本没有变化。这表明，区域车流量没有大范围扩散，武宁路/中山北路禁左后的车流量基本上在就近道路分流，分流主要集中在曹杨路、金沙江路。

表 4-20 施工后周边相关道路施工前后流量汇总表

断面	方向	施工前							施工后(2月18—20日)							施工后(2月22—24日)					
		车道数	12 h流量/[pcu·(12 h)⁻¹]	早高峰流量/(pcu·h⁻¹)	早高峰饱和度	晚高峰流量/(pcu·h⁻¹)	晚高峰饱和度		车道数	12 h流量/[pcu·(12 h)⁻¹]	早高峰流量/(pcu·h⁻¹)	早高峰饱和度	晚高峰流量/(pcu·h⁻¹)	晚高峰饱和度		车道数	12 h流量/[pcu·(12 h)⁻¹]	早高峰流量/(pcu·h⁻¹)	早高峰饱和度	晚高峰流量/(pcu·h⁻¹)	晚高峰饱和度
普雄路(武宁路以西)	东—西	1	5 990	576	0.96	573	0.96		2	4 295	524	0.52	452	0.45		2	6 706	604	0.60	619	0.62
	西—东	1	8 614	824	1.18	665	0.95		1	5 809	759	1.08	507	0.72		1	9 784	1 002	1.43	912	1.30
长寿路(武宁路以西)	东—西	4	16 942	1 451	0.60	1 625	0.68		4	11 379	1 039	0.43	1 339	0.56		4	13 129	1 144	0.48	1 335	0.56
	西—东	4	14 852	1 362	0.57	1 293	0.54		4	9 555	817	0.34	1 146	0.48		4	12 099	1 374	0.57	1 216	0.51
岚皋路(中山北路以北)	南—北	2	11 385	902	0.64	1 574	1.12		2	5 629	461	0.33	626	0.45		2	7 285	551	0.39	913	0.65
	北—南	2	12 523	1 382	0.99	1 110	0.79		2	7 012	825	0.59	620	0.44		2	7 806	1 048	0.75	742	0.53
金沙江路(中山北路以西)	东—西	2	18 592	1 490	0.99	1 477	0.98		2	14 881	1 280	0.85	1 591	1.06		2	17 428	1 638	1.09	1 547	1.03
	西—东	3	23 280	2 145	1.02	2 187	1.04		3	15 268	1 696	0.81	1 498	0.71		3	17 882	2 171	1.03	1 457	0.69
曹杨路(中山北路以北)	南—北	2	11 897	874	0.62	1 482	1.06		2	8 908	683	0.49	1 055	0.75		2	9 322	818	0.58	1 048	0.75
	北—南	5	15 214	1 954	0.98	1 290	0.65		5	14 823	1 991	1.00	1 352	0.68		5	14 264	1 771	0.89	1 309	0.65
宁夏路(中山北路以东)	东—西	3	13 334	1 262	0.70	1 404	0.78		3	12 327	1 167	0.65	1 471	0.82		3	13 440	1 493	0.83	1 170	0.65
	西—东	3	16 296	1 393	0.77	1 694	0.94		3	9 247	959	0.53	1 016	0.56		3	12 445	1 244	0.69	1 190	0.66

表 4-21　中山北路/武宁路交叉口转向流量对比表（中山北路为东西向，武宁路为南北向）

进口道	转向	12 h 流量/[pcu·(12 h)⁻¹]				早高峰流量/(pcu·h⁻¹)				晚高峰流量/(pcu·h⁻¹)			
		施工前	施工后			施工前	施工后			施工前	施工后		
			2月18—20日 流量	2月22—24日 流量	3月8日 流量		2月18—20日 流量	2月22—24日 流量	3月8日 流量		2月18—20日 流量	2月22—24日 流量	3月8日 流量
东进口	右转	4 221	2 739 (−35%)	3 850 (−9%)	4 187 (−1%)	397	247 (−38%)	639 (+61%)	752 (+89%)	505	300 (−41%)	345 (−32%)	532 (+5%)
	直行	18 591	17 917 (−4%)	14 915 (−20%)	16 212 (−13%)	1 808	1 777 (−2%)	1 284 (−29%)	1 452 (−20%)	1 767	1 712 (−3%)	1 374 (−22%)	1 587 (−10%)
	左转	334	0	0	0	32	0	0	0	33	0	0	0
	小计	23 146	20 656 (−11%)	18 765 (−19%)	20 399 (−11%)	2 237	2 023 (−10%)	1 923 (−14%)	2 204 (−1%)	2 305	2 012 (−13%)	1 719 (−25%)	2 119 (−9%)
南进口	右转	4 638	4 545 (−2%)	4 666 (+1%)	4 791 (+3%)	378	376 (0%)	452 (+20%)	537 (+42%)	535	573 (+7%)	474 (−11%)	566 (+6%)
	直行	8 284	8 308 (0%)	11 455 (+38%)	12 466 (+50%)	542	631 (+16%)	1 065 (+96%)	1 152 (+113%)	862	1 027 (+19%)	1 392 (+61%)	1 482 (+72%)
	左转	5 547	0	0	0	519	0	0	0	556	0	0	0
	小计	18 470	12 853 (−30%)	16 121 (−13%)	17 257 (−7%)	1 439	1 007 (−30%)	1 517 (+5%)	1 689 (+17%)	1 953	1 600 (−18%)	1 866 (−4%)	2 048 (+5%)
西进口	右转	6 262	4 781 (−24%)	5 813 (−7%)	6 041 (−4%)	615	568 (−8%)	617 (0%)	731 (+19%)	564	478 (−15%)	484 (−14%)	537 (−5%)
	直行	14 613	14 575 (0%)	15 905 (+9%)	15 844 (+9%)	1 423	1 202 (−16%)	1 551 (+9%)	1 668 (+17%)	1 211	1 343 (+11%)	1 418 (+17%)	1 529 (+26%)
	左转	0	0	0	0	0	0	0	0	0	0	0	0
	小计	20 875	19 356 (−7%)	21 717 (+4%)	21 885 (+5%)	2 038	1 770 (−13%)	2 168 (+6%)	2 399 (+17%)	1 775	1 821 (+3%)	1 902 (+7%)	2 066 (+16%)

续表

进口道	转向	12 h流量/[pcu·(12 h)⁻¹]				早高峰流量/(pcu·h⁻¹)				晚高峰流量/(pcu·h⁻¹)			
		施工前	施工后			施工前	施工后			施工前	施工后		
			2月18—20日 流量	2月22—24日 流量	3月8日 流量		2月18—20日 流量	2月22—24日 流量	3月8日 流量		2月18—20日 流量	2月22—24日 流量	3月8日 流量
北进口	右转	2 871	4 388 (+53%)	5 866 (+104%)	6 084 (+112%)	286	472 (+65%)	656 (+129%)	753 (+163%)	247	528 (+114%)	520 (+111%)	578 (+134%)
	直行	9 257	11 417 (+23%)	13 016 (+41%)	14 481 (+56%)	873	1 126 (+29%)	1 587 (+82%)	1 607 (+84%)	830	1 105 (+33%)	1 159 (+40%)	1 207 (+45%)
	左转	6 884	0	0	0	733	0	0	0	584	0	0	0
	小计	19 013	15 806 (−17%)	18 882 (−1%)	20 565 (+8%)	1 893	1 598 (−16%)	2 244 (+19%)	2 360 (+25%)	1 661	1 633 (−2%)	1 679 (+1%)	1 785 (+7%)
合计		81 504	68 670 (−16%)	75 485 (−7%)	80 106 (−2%)	7 607	6 399 (−16%)	7 851 (+3%)	8 652 (+14%)	7 694	7 065 (−8%)	7 166 (−7%)	8 018 (+4%)

部分武宁路左转车辆通过调头完成左转,因此,武宁路直行流量比施工前有较大幅度增加。由于武宁路/中山北路信号灯和交通指挥协调有力,武宁路直行状况较为稳定,拥堵情况和施工前基本相同,早晚高峰道路运行状况与施工前基本相同。武宁路高峰拥堵范围基本为曹杨路至东新路路段,拥堵蔓延范围得到控制。

曹杨路和真华南路承担了公交线路和社会车辆绕行,高峰拥堵状况有所加剧,拥堵时间略有延长,但拥堵范围与施工前基本相同。金沙江路也主要为早晚高峰时段拥堵,拥堵时间略有延长。

经观测,武宁路区域交通平稳过渡,施工影响得到有效控制,说明交通组织方案是合理有效的。

4.7.6 案例的经验与启示

本案例是上海武宁路快速化改造项目中涉及的一个特殊环岛路口,项目经验与启示如下:

(1) 单点项目位于主干道时,会出现非常复杂且有难度的交通矛盾问题,对交通分流、交叉口渠化设计、信号控制方案等研究均提出了更高的要求;交通组织方案的综合性要求更高。

(2) 环岛一般在城市中较少出现,但在施工区中,是会较多出现的交通组织类型。如果不选择合理的仿真工具,采用标准规范的建模流程,就很难得到准确的多方案仿真结果,难以支撑交通组织设计方案的比选。国产的微观仿真系统 TESS NG 可以有效表征车辆在环岛内部交织的运行状态,是进行环岛交通组织研究很好的辅助工具。

4.8 本 章 小 结

本章从单点施工交通组织入手,介绍了单点项目交通组织原则、交通组织遇到的典型问题、解决方法和管理经验,以及从微观角度进行交通组织评价的方法。总结单点施工交通组织各个阶段的关键问题;结合上海三个典型案例,对单点施工交通组织具体应用进行了说明以及经验介绍。

参考文献

[1] 中华人民共和国公安部. 城市道路施工作业交通组织规范:GA/T 900—2010[S]. 北京:中国标准出版社,2010.
[2] 杨晓光,白玉. 交通设计[M]. 北京:人民交通出版社,2010.
[3] 中华人民共和国住房和城乡建设部. 城市道路交叉口设计规程:CJJ 152—2010[S]. 北京:中国建筑工业出版社,2010.
[3] 郑日栋. 福州地铁紫阳站施工期间交通组织方案优化研究[D]. 福州:福建农林大学,2016.
[4] 朱浩. 金山大桥周边集中施工期间交通研判及组织[J]. 上海公路,2018(01):87-89+6.
[5] 蔡蔚. 世博期间轨道交通工程建设影响及对策研究[R]. 上海:上海申通地铁集团有限公司技术中心,2011.

第 5 章
干道项目施工交通组织

干道类型的建设项目呈现多点线状分布于一条主干道或者次干道上,通常连续关联多路口或节点进行施工,施工周期较长。干道施工影响范围通常为施工道路与周边相邻道路。此类建设项目所处的主干道或者次干道在路网中具有骨架地位,承担复合型的交通功能,交通量大,占道施工所引起的影响不局限于施工节点所在道路本身,更会波及蔓延至更大范围。本章针对干道的翻交、区域分流、信号控制优化、区域公交调整以及交通组织与施工方案衔接等方面内容做阐述,介绍施工交通组织方案编制技术和方法,并以北翟路快速化改建工程、轨道交通 13 号线南京西路地铁站与大中里地块同步建设和武宁路快速化改造工程为案例,介绍编制干道项目施工交通组织设计要点。

5.1 干道项目施工交通组织编制技术原则

干道项目施工交通组织是依据国家及省市各级标准,采取相应的交通措施,对占路施工区域的交通进行组织疏导,保证施工范围内交通安全畅通的一种手段。结合施工区域道路特性和环境特性,充分发挥现有道路的效能,提高通行效率,减小道路安全隐患,实现施工区域交通安全畅通。[1-3] 干道项目施工交通组织方案虽然各不相同,但方案在编制过程中都需要遵循一定的原则。通过对上海交通组织多年研究经验总结,干道项目施工交通组织方案编制应遵循如下原则。

1. 交通设施"占一还一",最大限度保留道路原有通行能力

占路施工会改变原有道路设施的容量和几何特征,会不同程度降低原有路段通行能力。在交通需求不断增长、道路设施"稳定性"较弱的背景下,缩减车道供给将严重影响干道通行能力,也极易引发交通拥堵和交通事故。尽可能多地保留道路设施,提供足够的道路容量,维持道路原有通行能力是解决干道项目施工交通影响最有效的方法。"占一还一"是指施工占用多少交通空间,需要通过其他措施"恢复弥补"损失的交通空间,做到交通通行能力维持原状。"占一还一"还可引申为在施工影响区域内,通过增加其他相邻道路的容量来分解(分流)交通压力的做法。

2. 优先保障行人、非机动车及公交车通行

城市主干道具有密度低、容量大、贯通性好的特点,因此,主干道通常是客运量和车流量最为集中的通道,行人、非机动车、公交和小客车等出行量都很高。施工交通组织应确保城市交通主体出行人群的需求。行人、公交、自行车甚至出租车等慢行和公共交通特征的出行应得到优先满足。这一原则在所有类型的施工交通组织中都应得到贯彻,在干道施工交通组织中,尤其应得到落实和执行。上海市民交通出行方式中,步行、自行车、公共交通和出租车方式出行量占总出行量的80%以上,是城市交通出行的主体。施工期间,解决好这部分大众出行需求,对市民日常出行的影响就会有所减轻。同时,应充分贯彻公交优先通行的理念,坚持以人为本,在尽可能小地影响居民正常公交出行的前提下,制定合理有效的公交疏解方案,尽力配合施工。

3. 采用出行需求控制,削减出行总量

建设项目对干道多个节点产生连续影响,干道施工期间无法完全做到通行能力的"占一还一",并且路网分流交通压力潜力不足,应考虑干道交通出行需求控制的措施,通过限制部分车种通行来削减该干道的总流量,实现路网的供需平衡。

4. 交通分流与路网负荷均衡

(1) 交通分离原则:不同流向、不同种类的交通流应在交通空间、时间上分离,避免发生交通冲突,也可分散交通压力。从形式上有时间分离和空间分离两种。空间分离可以是某一天道路上路权的分离,也可以是路网系统中路径的分离。时间分离可以是政策和管理层面的时段限行,也可以是通过信号相位来完成的某个节点通行秩序的分离。

(2) 路网负荷均分原则:对交通流进行合理疏导,充分利用路网内各条道路的设施容量,达到路网各点交通量与通行能力的平衡,并使路网达到新的稳定状态,避免交通矛盾过度集中于某一节点而造成交通拥堵。

5. 建设项目统筹协调

和其他类型施工交通组织相同,干道项目施工交通组织尤其需要多部门和专业技术研究机构联合研究,共同协调完成。干道项目施工交通组织在工程设计方案、施工工艺、项目进度、道路配套扩容、管理措施调整等多个方面进行研究,才能制定出合理的交通组织方案,才能平衡管理部门和建设单位的工作要求。

5.2 | 干道项目施工交通组织编制流程与技术路线

干道项目施工交通组织编制流程包括现状调查与分析、施工方案优化改进、交通影响评价、交通组织原则确定、交通组织方案编制、交通组织方案审查与确认、施工交通组织措施宣传、施工交通组织方案实施与跟踪评估八个步骤,八个步骤之间是不断循环迭代的过程。

干道项目施工交通组织方案编制过程中,首先要确定施工交通组织原则,其次根据交通组织原则制定交通组织的综合管理措施和方案,最后对交通组织方案进行效果评估。干道项目施工交通组织方案编制的流程如图5-1所示。

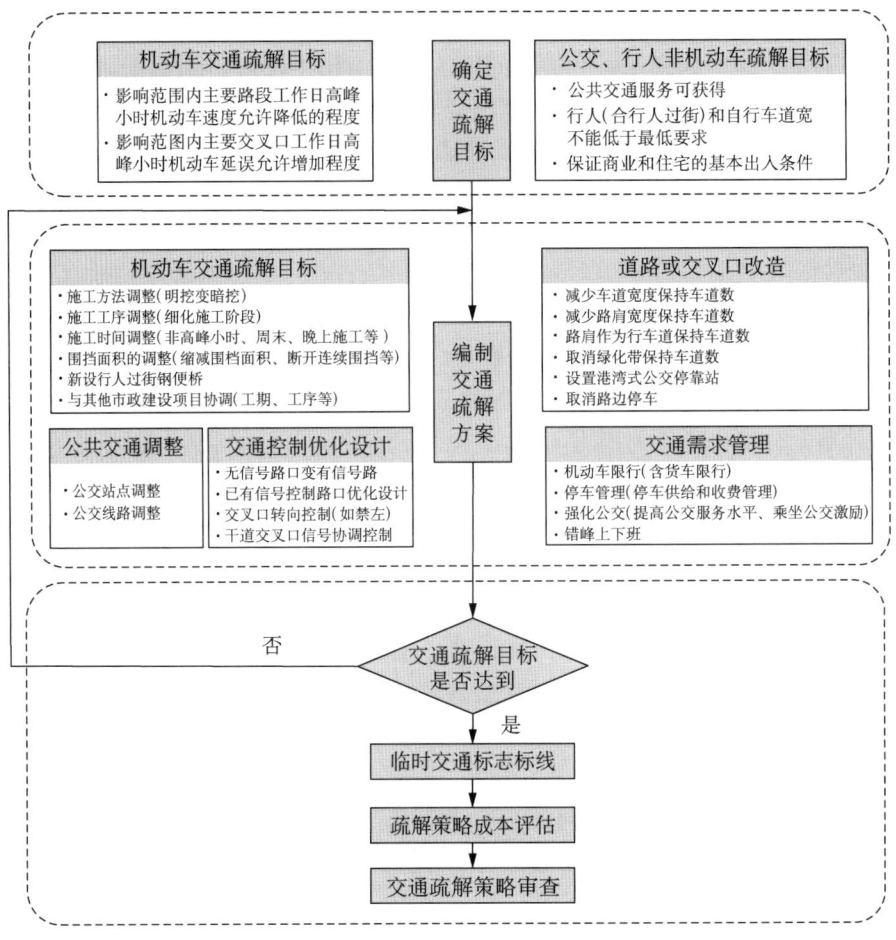

图 5-1 干道项目施工交通组织技术路线

5.3 | 干道施工交通组织研究内容

干道项目施工交通组织的研究内容与其他类型施工交通组织基本相同,但因其施工影响涉及面广、影响程度大,所以研究的深度会进一步提高。施工交通组织需要对建设项目所处道路沿线的行人、非机动车、公交、小客车、沿线企事业单位和住宅小区、重要公共建筑等做详细的调查,并制定相应的交通组织方案。主干道承担更多的过境交通功能,在施工交通组织研究时,往往需要开展过境交通和就地交通优先权重的评估,并以评估结果为基础制定交通组织各项措施。这也是干道项目施工交通组织的主要特点。

5.3.1 施工建设资料调研与分析

施工建设基础资料主要指与建设项目相关的规划资料、工程设计资料、施工方案资料以及项目所在地区交通基础设施等资料。

前期资料调研主要包含工程建设施工总体方案和各阶段施工方案、施工计划安排等资料,需要了解施工各阶段占路情况、施工周期等主要信息。这样可以掌握工程建设的特点和要求,同时和施工建设单位一起细化项目全过程各阶段的施工特点。

除了项目建设情况资料收集调研外,也需要了解项目所在地区道路规划资料、管线资料,以及其他在建和计划新建项目建设情况等资料。这些资料可以作为交通组织的基础材料,在路网扩容、建设项目统筹推进等方案研究时使用。

5.3.2 交通现状数据调查采集和处理

1. 周边路网现状资料收集

(1) 宏观路网资料:收集调查施工影响区域的现状土地利用情况、路网结构和交通结构情况,以及所在区域的交通管理措施等信息,旨在分析施工道路周边重点交通生成和吸引点的影响,为分析施工方案对周边交通影响评价和制定诱导疏解方案提供支撑。

(2) 道路现状资料:现状道路设施资料主要包含现状道路等级、道路设计车速、交叉口、横断面、车道划分情况、车道功能、行人过街设施、公交线路及公交停靠站位置、路内停车设施、沿线出入口、市政管线位置等信息,以上信息原则上要求需要道路设计图和现状地形图,明确基本道路条件。

2. 道路设施状况调查

道路几何调查是对收集到的道路条件资料进行现场核实,道路几何条件调查包括路段几何条件和交叉口几何条件(与第4章同)。路段几何条件调查包括道路等级、红线宽度、断面形式、车道数、中央分隔带宽度、机非分隔带宽度、非机动车道宽度、人行道宽度等方面的信息[4],具体如表 5-1 所示。结合现状调查,可将道路设施状况、交通管制措施、交通标志设施等情况统一绘制在平面图上,便于后续优化设计方案的制定。

表 5-1　　　　　　　　　　　　道路设施状况调查样表

项目	道路名
道路等级	
红线宽度/m	
断面形式	
路面铺装情况	
设计车速/(km·h^{-1})	
机动车车道数/条	
机动车车道宽度/m	
中央分隔带宽度/m	
机非分隔带宽度/m	
非机动车道宽度/m	
人行道宽度/m,是否有绿化带	

3. 交通运行状况调查

1）流量调查

干道施工交通组织的交通流量调查与分析基本要求与第 4 章的内容基本相同。交通流量调查包括路段流量、交叉口流量、高架匝道流量、人行过街流量、非机动车流量、特殊建筑出入口交通出入量等。需要特别说明的是，对于干道交通组织前期的交通调查，机动车出行量需要细分车种、细分流向，详细的交通运行特征可以支撑交通组织方案的精细化和合理性。

2）公交调查

干道施工交通组织应详细调查本干道以及相邻道路的公交设施状况。

（1）公交设施调查。调查内容主要包括施工所在道路及周边道路公交站点和线路调查、公交专用道布设、相关站点停靠车辆数、线路高峰发车频率、站点高峰时段最大进站车辆数等运行情况。

（2）公交客流调查。收集线路客运量资料，对公交车站开展工作日或者双休日上下客量的观测。公交客流量资料主要用来评价施工对站点公交服务的影响水平。公交车站上下客量的观测可根据必要性开展。

3）道路交通管控措施调查

交通管制措施对干道施工交通组织设计极为重要，不仅影响施工道路，还会影响相邻上下游路段交通组织管制方案的制定，对其进行调查不能局限于施工路段，还应该调查相邻道路的管理情况。根据实际经验，影响路段及交叉口通行的交通管控措施主要有以下几条：

（1）信号控制：路段开口、人行横道及交叉路口是否实行信号控制、采取何种信号控制方案和信号配时方案。

（2）禁行管制：路口禁止左转、路段是否禁止掉头等。

（3）限行管制：是否存在禁货车、限牌号、限时段、限速、限方向等通行管制方案。

通过对现状信号灯、标志标线、隔离等交通管理设施的设置情况调查，掌握现状交通设施设置情况，为交通组织方案设计提供依据，也可以对既有设施进行重复利用或调整。

5.3.3　交通组织方案影响分析与评价

干道项目施工影响的分析技术方法和手段与第 4 章的基本相同，需要将宏观预测方法和微观仿真结合，定量分析影响范围。

干道项目施工具有多个施工节点连续对干道产生叠加影响的特点，因此，在进行施工影响预测预判时，不仅需要对交通分流扩散范围进行精准判断，也需要对施工所在的干道沿线居民社区、企事业单位、医院学校等重要场所的出行影响进行定点分析，定点分析包括车辆进出流线、临时停车安排、消防救护特殊车辆通行等内容。

干道项目施工影响范围都较大，需要从路网系统角度评估其影响，并对影响范围内主要分流道路也做详细的节点评估。干道项目施工交通影响分析指标包括以下几项：

（1）评价指标一：原有道路通行能力保持率。主要反映施工期间相关道路交通损失程度以及施工期间道路空间完好率，一般以车道数、行车道宽度和道路线形等指标来反映。施工期间翻交道路车道数、车道宽度和道路线形直接影响道路通行能力。

（2）评价指标二：公交使用便捷性。主要反映公交线路和车站调整后，公交乘客使用公交的便捷程度。一般评估公交车站改移后乘客抵达车站的距离，评估公交线路改道后乘客耗时等指标。同时也评估公交线路调整后，对原道路压力减轻和分流道路压力增加的分析。

（3）评价指标三：慢行交通影响。主要反映施工区域步行、非机动车通行便捷性和安全性。一般评估人行道设置宽度是否满足规范要求的最小宽度以及特殊人群通行需要，评估非机动车车道设置和最小通行宽度等指标。

（4）评价指标四：施工车辆影响。主要反映施工节点货车进出的状况，主要评估施工货车对所在道路的影响程度，以便合理安排施工货车的进出组织。评估时主要估算不同阶段货车高峰日出行量，以及货车抵离施工场地的路径，分析施工车辆对道路运行的影响。

（5）评价指标五：路网运行水平影响。主要反映施工期间，影响范围内各条道路的运行状况。主要评估指标有道路服务水平（饱和度）、路网延误（车速）等。通过施工前后道路运行状况的指标比较，分析交通影响的程度，为制定交通组织方案提供决策依据。

5.3.4 干道项目施工交通组织研究重点

相比单点施工，干道施工影响范围更大。在进行施工交通组织时不仅需要考虑施工项目所在区域的影响，更需要考虑对周边道路交通产生的影响。交通组织旨在通过调节交通设施在时空的分配容量，在有限道路资源条件下提供系统更优运行策略。通常情况下，交通组织难以做到面面俱到，难以满足所有方式、路径的最佳运行。因此，为了达到系统优化目标，势必需要通过绕行、禁左转、单行等措施来实现系统整体优化的目标[5-7]。在此，对干道项目施工交通组织重点关注的环节进行汇总，并对相关的解决方法进行总结。

1. 项目工程设计交通组织适应性优化

这项工作主要在项目规划设计阶段开展，由规划、建设、设计和交通研究单位共同研究，首先对项目设计方案在施工阶段可能面临的交通问题进行预判，提出交通组织初步方案。这阶段交通组织根据设计方案提出交通翻交道路需要占用空间，或者对工程选址提出优化建议，在不影响项目交通服务功能的基础上，尽量减少对交通影响，预留出交通翻交道路的空间。

2. 施工工艺优化

这一措施是通过改进施工方法、施工流程和施工设备，压缩施工作业面以及缩短施工周期，减少对道路的占用，从而降低对交通影响程度。根据最新施工工艺，如地铁可考虑采用"三圆盾构"工艺，地下大管径管线施工可采用"顶管"工艺，尽量减少施工占用道路空间。

3. 项目计划安排优化调整

有关建设部门在安排项目实施计划时，相互沟通协调，统筹进度，合理统筹工程建设安排，使轨道、管线、道路三大项目实施计划能够协调开展，或实施项目相互错开，或实施计划相互结合共同实施，以期降低交通影响程度和建设投资，减少重复建设的浪费。如在实施地铁建设时，周边主要道路地下管线或道路工程也可以同步安排实施，一个节点多个项目顺序实施。

4. 施工期间的道路配套

在施工期间,占用一定容量的道路设施后,能够通过适当扩大拆迁范围,增加施工便道分流交通;或者根据规划,在项目施工实施前,提前实施周边部分相关道路的拓宽或辟通工程,为施工期间的交通分流提供必要的通道。如轨道交通 8 号线(原称 M8 线)西藏路沿线车站施工与西藏路拓宽改造项目结合进行,通过先期的道路改造,改善西藏路的交通条件,降低轨道交通 8 号线车站施工期间的交通矛盾。

5. 协调施工影响区域相关方利益

干道施工难免会干扰周边居民、企事业单位、商业顾客正常出行,影响周边区域正常生活秩序。主要表现在:一是影响干道周边居住小区出行,受施工影响,部分小区出入口迁移或关闭,会给周边居民的进出带来不便;二是施工过程中道路改线影响沿线商业消费出行便捷度,引发客流流失,导致商业的经济损失;三是沿线医院、学校等临时停车上下客功能会受到影响,给出行者带来不便。基于以上三方面的情况,施工交通组织不能局限于保障施工和交通运行,更需要精准分析施工所带来的其他影响和矛盾。要解决这些矛盾问题,需要统筹协调各方利益关系,细化交通组织方案。

5.3.5 干道项目施工交通组织方案编制与优化

基于前期交通现状调研分析、施工期间交通影响的系统分析,以及施工交通组织的难点问题分析等成果,结合施工方案编制交通组织疏解方案。交通组织方案编制内容归纳为如下:

(1) 道路纵断面基本形态;
(2) 道路横断面车道数、车道功能、车道宽;
(3) 干道沿线交叉口流线组织;
(4) 区域交通管理措施方案;
(5) 干道交通信号控制方案;
(6) 干道关键节点详细设计方案(详见单点施工交通组织设计);
(7) 行人与非机动车通行保障方案;
(8) 公交运行路径、公交站点选址方案;
(9) 周边建筑进出交通组织流线方案;
(10) 施工车辆进出路径及时段方案;
(11) 交通指引标志、标牌及信号灯布局配置方案。

5.3.6 周边道路扩容及管理措施调整

干道施工期间通常会出现翻交道路无法满足现状交通需求的现象,需要通过道路扩容改造[8-9][11-12]、周边道路交通管理措施调整,以及引导车辆从外围其他快速路绕行等措施来疏导交通。常见的措施有以下几点。

1. 单向交通组织

单向交通组织具有提高路段通行能力、提高车速、降低延误、减少路口冲突点、减少交通事故、利于信号配时优化等优势。在干道施工道路资源紧缺情况下具有较好的应用效果。这项措施适用于路网密度相对较高的区域。

2. 禁限管制

干道禁限管制主要包括路口流向禁限和车种禁限。路口禁限主要指路口禁止左转、禁止直行、禁止右转,路口禁限需要配套其他道路绕行方案。车种禁限是为了平衡主要道路的交通压力或通行安全,按照车辆类型或车牌类型进行限行管理,让有限的道路资源能够合理分配给不同车种错峰出行。

3. 新辟规划道路增加路网总容量

施工所在道路无法拓宽时,在用地条件允许的情况下,可修建临时道路增加交通通行路径,为干道流量提供更多分流通道。如北翟路地道施工期间,由于金钟路及北翟路(淞虹路—剑河路)在施工期间形成了一对单向道路,并且各交叉口均禁止左转,为了减少到发交通的绕行距离,将规划福泉路(北翟路—金钟路)临时辟通并开放,增加了联系南北方向的通道,便于车辆通行。

5.3.7 公共交通线路组织调整

保障公交出行是干道项目施工交通组织方案设计中重要的一项内容。施工占道不可避免对现有公交线路、站点、运行准点率等造成影响,交通疏解时需要对公交线路和公交站点进行重新优化和调整,公交线路和站点进行调整时应考虑以下几点:

(1) 公交调整应尽量保持现有乘客出行习惯,减少乘客绕行距离;
(2) 线路绕行距离最短,依托路网邻近适合道路进行疏解;
(3) 居民出行影响最小,就近迁移站点或就近新增临时停靠站;
(4) 充分考虑周边道路站点停靠压力,线路绕行在路段上尽量均衡分布;
(5) 线路调整中应尽量选择与施工路段平行的最近道路;
(6) 对重复线路进行优化,以实现公交车流量的下降,并保证基本公交出行需求和施工安全;
(7) 大面积施工导致交通运行环境恶化,应适当提高公交服务品质,如开设组团间公交快线;
(8) 公交线路的调整依赖区域交通组织方案,线路调整时需依据交通组织方案实施。

5.3.8 其他交通组织管理方式

1. 行人交通组织

行人交通组织对施工区域交通秩序有较大的影响,是施工期间交通组织的重要内容。行人交通疏解需要根据行人流量情况,结合人行道、行人过街设施条件做好行人过街交通组织,对过街形式如过街天桥、地下通道和人行横道等设施设置位置及数量等重新进行设计,保障行人的交通安全、规范和便捷。

施工区行人具有离散性强、违章率高的特点,占道施工经常会占用行人走行路线,因此行人组织强调的原则有:保证具有合理的行人替代路线,绕行距离不宜超过 200 m。条件受限节点可设置二次过街，或搭设临时行人天桥（便桥）以方便行人过街；设置合理的连续指示标志以清晰引导行人安全过街。

2. 货运交通组织

在交通组织方案中，还涉及施工所需的物资和渣土运输，此类车辆车型较大，对周边客运交通、非机动车和行人具有较大的影响，必须结合城市现有管理方法，对施工期间的货运交通进行组织优化，确保施工进展，也保障道路交通运行效率和交通安全。

5.4 干道项目施工交通组织方案实施效果评估

干道项目施工交通组织方案评估旨在达成两个目标，一是验证方案效果，二是为交通组织方案比选提供决策依据[10]。主要评估内容包括交通组织方案疏解效果和交通组织方案对施工的影响[11]。

5.4.1 干道项目施工交通组织评价意义及方法

1. 评价意义

评价是交通组织方案设计工作中不可或缺的一部分[13]，干道项目施工交通组织方案评价是对设计方案进行社会经济效益、环境效益分析和交通运行效益评价，以提高设计方案的科学性和可实施性，给有关部门决策提供参考。评价过程也是发现问题的重要方法，从不同角度对研究目标进行新的调整，增加决策的科学性。方案评价不能等同于方案决策，而是辅助决策的必要手段。

2. 评价体系

施工交通组织设计方案的合理性评估是一个难点，一方面需要具体的定量评估值；另一方面还要考量安全风险等不定量因素[4]。干道项目施工交通组织旨在通过整合交通设施的时间和空间资源，梳理与优化干道功能，达到缓解阻塞、保障安全的根本目标。基于此，评价的主要目标为交通效率评价、交通安全评价和社会效益评价。具体的评价指标梳理如表5-2所示。

表5-2　　　　　　　　　　施工区交通组织评价指标

评价类别	具体指标
交通效率评价	道路通行能力、饱和度、延误、服务水平、行程时间、排队长度等
交通安全评价	驾驶特征、交通冲突特征、交通运行环境
社会效益评价	施工成本、区域经济、施工噪声等

3. 评价方法

项目中使用的主要评价方法有基本打分法、专家调查法、层次分析法、单纯性法、主成分分析法、模糊综合评价法等。这些方法能够全面系统地反映交通组织设计方案的总体性能，但由于评价指标的确定涉及多专业、多部门,且打分带有较强的倾向性,执行较为困难。随着仿真技术的发展,仿真技术在交通组织方案评价阶段已被广泛使用,它通过构建施工区交通组织路网实际状态,加载各类交通流数据,配置干道交通组织策略,模拟测算不同方案下的交通运行状态,对交通组织不同方案进行评估。

5.4.2 交通组织方案影响分析方法

施工影响分析包括宏观分析和微观分析。宏观分析评价是运用交通预测软件,对交通组织方案实施后路网的交通流量变化进行预测,并测算路网延误和服务水平等指标,从中比较施工前后道路运行变化情况。宏观分析一般不涉及具体交叉口或者交通节点的详细研判,只对区域路网整体运行状况做预判。

微观分析是运用微观交通仿真技术,对具体某个交通节点开展运行状况的测试。通过微观模拟,测算交通组织方案实施后交通节点车速、延误、拥堵状况等指标,从中分析施工对干道重要节点交通的影响程度,并对不同方案进行比选。

5.5 案例选择说明

干道节点施工是城市道路交通组织中最重要的施工类型,本研究选择了北翟路(外环至中环)快速化改建工程、轨道交通13号线南京西路站与大中里地块同步建设工程、武宁路快速化改造工程三个实践案例,对干道项目施工交通组织的流程和技术进行说明。三个案例的差异性及共性特征具体如表5-3所示。

如表5-3所示,三个典型的干道施工项目特征较为明显,案例可涵盖干道项目施工交通组织的基本类型,对指导施工交通组织方案设计具有借鉴意义。

表5-3　　　　　　　　　干道施工交通组织选择案例对比说明

案例名称 特点	北翟路快速化改建 工程施工交通组织	轨道交通13号线南京 西路站与大中里地块 同步施工交通组织	武宁路快速化改建 工程施工交通组织
项目时间	2014年	2013年	2017年
工程类别	快速化改造 (地下通道)	轨道+地块开发	快速化改造 (地下通道)
施工类型	主干道缩减车道	占一还一	主干道缩减车道
施工阶段	四阶段	两阶段	四阶段
涉及道路迁移	否	是	否
施工后评估	有	无	有
共性特征	1. 施工对周边道路产生较大影响,都需借助路网进行分流; 2. 施工交通组织采取综合疏解措施,交通疏导力度大。		

5.6 案例一：北翟路（中环—外环）快速化改建工程施工交通组织

5.6.1 北翟路（中环—外环）快速化改建工程概况

北翟路快速化改建工程位于上海市长宁区，西起外环线地面交叉口西侧，东至中环线立交主线落地段接顺处，道路全长约 2.3 km（图 5-2）。其中，北翟路地道全长约 1.8 km。

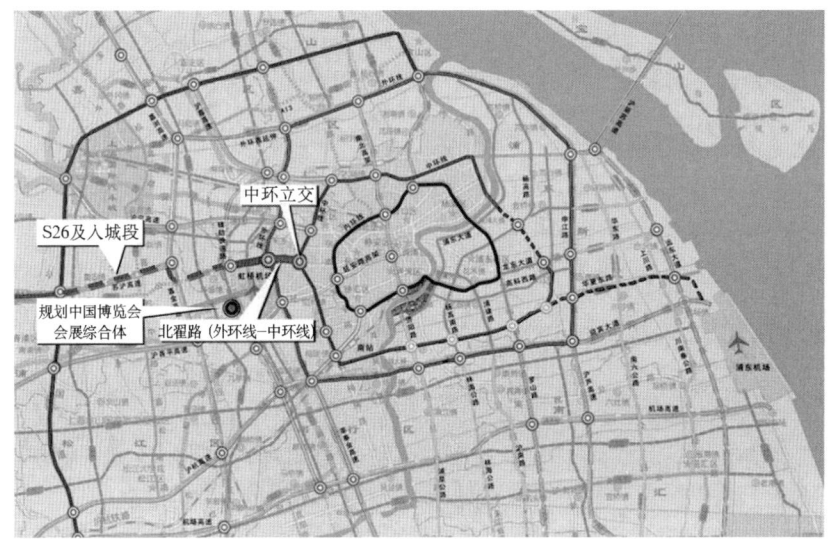

图 5-2　北翟路快速化改建工程区位图

2014 年时，随着虹桥枢纽开发建设，配套的快速路如嘉闵高架、崧泽高架、北翟路外环线以西段建成并投入使用。当时北翟路高架只连接到外环线，北翟路（外环线—中环路段）仍为地面道路，影响到了北翟路作为快速通道对虹桥地区交通的疏解作用。为实现北翟路快速化，并与北横通道形成新的东西向快速通道分担延安高架压力，2014 年启动了北翟路（中环—外环）快速化改建，图 5-3 为改造工程图。

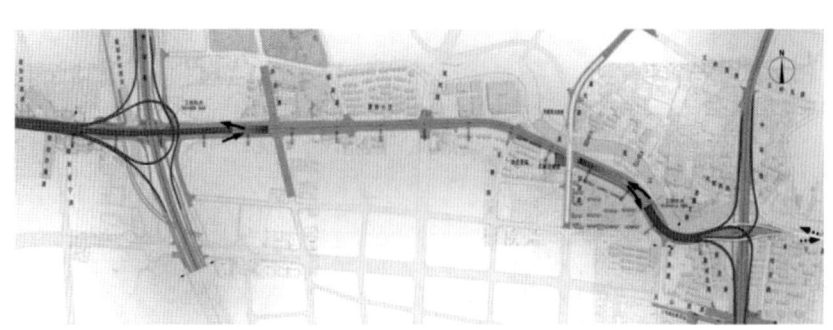

图 5-3　北翟路快速化改建工程图

北翟路案例属于市政道路改建类项目,施工位于主干道。经过前期充分论证,受建设条件限制,北翟路地道只能采用明挖施工方法,在主干道上产生连续的较大范围的占路施工,施工特点与单点施工有很大区别。

5.6.2 北翟路交通组织关键问题分析

北翟路快速化施工在交通组织方案制定上遇到了诸多限制条件,北翟路所处地理位置特殊,功能重要;施工工艺复杂,阶段繁多,施工对交通造成的影响很大,如何平衡施工与交通影响之间的关系成为了交通组织的主要目标。

1. 北翟路道路交通功能分析

北翟路地道工程位于既有市区主干道路下,北翟路的大开挖施工对整个上海市西部交通都存在一定的影响。2014年时,北翟路主要承担着三项交通功能:

(1) 北翟路是虹桥枢纽"一纵三横"快速路中北面一横通道,承担着虹桥枢纽到市中心的交通联系作用。

(2) 北翟路背靠吴淞江,是进出上海西部苏州河以南临空产业园区的主要通道,进出园区的所有车辆都必须经过北翟路,早晚高峰通勤交通的需求很大。

(3) 北翟路与淞虹路相交,淞虹路(桥)是普陀至长宁跨苏州河的一座重要桥梁,北翟路承担着联系普陀和长宁车辆出行的重要功能。

北翟路项目的启动将直接影响上述三大交通功能,地理位置特殊性和区域道路的局限性决定了北翟路存在着部分刚性的交通需求,这增加了施工期间交通组织的难度,交通组织研究需要考虑到更多的影响因素。

2014年北翟路(中环—外环)地面道路为双向6～14车道,路口均有渠化(图5-4)。北翟路车道数多,也是体现了其交通功能的重要性。

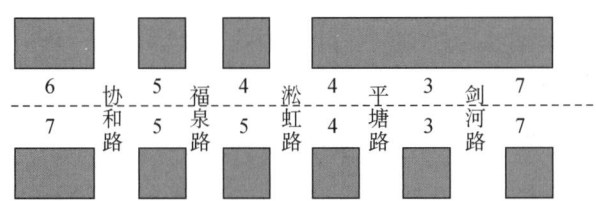

图5-4 北翟路(中环—外环)施工前车道布局图(2014年)

2. 北翟路交通流量分析(2014年)

北翟路现状交通流量集中,早晚高峰潮汐现象明显。北翟路作为一条连接虹桥枢纽的主干路,交通压力比较大,主要承担了从中环进出虹桥枢纽的过境交通以及虹桥临空园区上下班的通勤交通。从现状流量分析,淞虹路以东路段饱和度已接近或达到1.0,高峰小时双向流量为5 000 pcu/h。施工前,北翟路(淞虹路以东)局部路段仅为双向6车道,使得淞虹路/北翟路交叉口形成拥堵节点。北翟路现状过境交通量的比例达到42%,就地交通量为58%,周边与北翟路平行的道路金钟路、天山西路、仙霞西路高峰小时也均处于拥堵状态,分流条件能力较弱。表5-4为北翟路以及周边道路车流量调查汇总。

表 5-4　　2014 年北翟路以及周边道路车流量调查汇总

路段名称	方向	12 h 流量 /[pcu·(12 h)$^{-1}$]	早高峰 流量/(pcu·h^{-1})	早高峰 饱和度 V/C	晚高峰 流量/(pcu·h^{-1})	晚高峰 饱和度 V/C
北翟路 协和路以西	东—西	27 009	2 983	0.86	2 462	0.71
北翟路 协和路以西	西—东	28 638	3 201	0.81	2 635	0.67
北翟路 协和路—福泉路	东—西	23 571	2 399	0.80	1 862	0.62
北翟路 协和路—福泉路	西—东	31 561	3 318	1.11	3 432	1.14
北翟路 福泉路—淞虹路	东—西	23 064	2 291	0.91	1 754	0.70
北翟路 福泉路—淞虹路	西—东	23 971	1 823	0.61	2 192	0.73
北翟路 淞虹路—平塘路	东—西	23 493	2 180	0.86	1 949	0.77
北翟路 淞虹路—平塘路	西—东	25 065	2 302	0.91	2 647	1.05
北翟路 平塘路—剑河路	东—西	23 415	2 289	1.12	1 931	0.95
北翟路 平塘路—剑河路	西—东	25 773	2 391	1.17	2 659	1.30
金钟路 协和路—剑河路	东—西	5 011	840	1.40	385	0.64
金钟路 协和路—剑河路	西—东	7 084	807	1.01	1 053	1.32
协和路 金钟路—北翟路	南—北	6 783	869	1.45	686	1.14
协和路 金钟路—北翟路	北—南	5 441	572	0.95	710	1.18
福泉路 金钟路—北翟路	南—北	244	17	0.03	11	0.02
福泉路 金钟路—北翟路	北—南	2 907	452	0.75	449	0.75
淞虹路 金钟路—北翟路	南—北	10 830	1 282	0.64	1 317	0.66
淞虹路 金钟路—北翟路	北—南	9 220	1 199	0.60	875	0.44
平塘路 金钟路—北翟路	南—北	1 631	243	0.41	216	0.36
平塘路 金钟路—北翟路	北—南	1 858	266	0.44	197	0.33
剑河路 金钟路—北翟路	南—北	5 758	782	0.72	779	0.72
剑河路 金钟路—北翟路	北—南	4 299	552	0.51	478	0.44

北翟路施工区段公交线路也较多,有 4 条线路双向通行,沿线双向设有 2 组车站。图 5-5 为北翟路以及相邻道路施工前公交线路和站点调查图。

3. 北翟路联系快速路特殊性分析

本工程西侧起点为北翟高架路落地段,东侧工程终点为中环线北翟路上下匝道,两侧分别与两条城市快速高架路相连。这就决定了北翟路地面道路的施工若没有合理的交通组织,其影响不仅仅是对于周边地区地面路网造成的拥堵和混乱,更会向两侧辐射至城市高架快速路,将引起城市西南部交通的恶化,影响虹桥枢纽至市中心的交通集散。

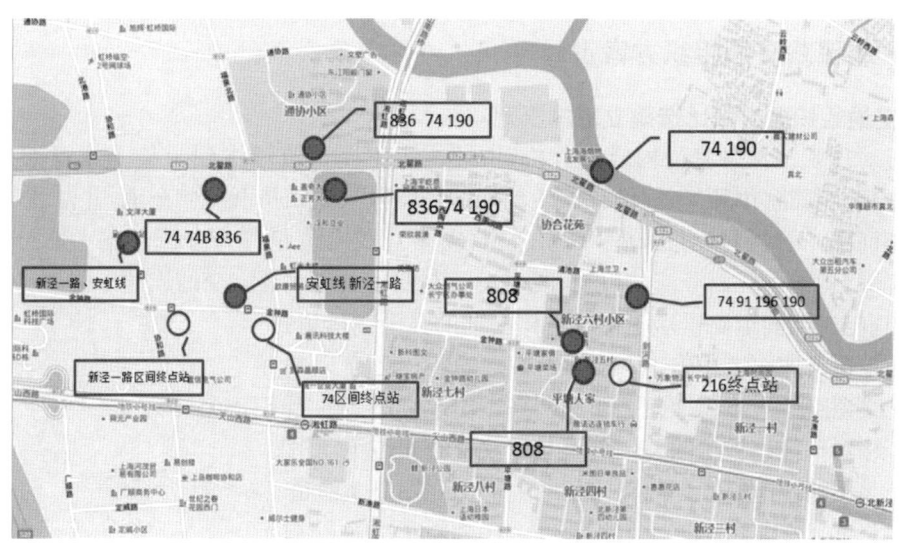

图 5-5 北翟路以及相邻道路施工前公交线路和站点调查图(2014 年)

4. 北翟路工程周边建（构）筑物可用空间分析

北翟路地道自西向东依次下穿协和路、福泉路、淞虹路、平塘路、剑河路，施工采取大开挖形式，其中淞虹路—剑河路段由于周边小区居民尚未动迁以及剑河路泵房的影响，道路最窄处仅为 24 m。若进行路面开挖施工，该路段将没有足够的空间设置交通便道，施工时该路段将不得不封闭。部分施工区域紧贴吴淞江护岸。两侧可用空地紧张提高了管线搬迁的难度以及限制了施工围场的宽度，在维持施工必须的作业面之后，留给交通便道的空间很窄。

总体来看，北翟路地道主体结构施工阶段车道数严重减少，北翟路（广顺路—淞虹路）仅能维持双向 4 车道通行，北翟路（平塘路—剑河路）需要封闭施工。通往虹桥枢纽的北通道中断，就地交通需要通过中环其他匝道及周边道路进行分流，过境交通则需要更大范围的绕行，包括延安路高架、外环线、沪宁高速等。

5. 北翟路工程与其他施工项目叠加影响

北翟路地道施工过程中将同步实施四街坊地下人行通道、北新泾泵站新建工程、真光路桥新建工程三个大型建设项目。另外北横通道—北虹立交段施工也与本项目工期重叠，如何预先统筹安排多个项目各自的管线、交通翻交、施工场地及施工进度，如何确保各项目间穿插施工、合理衔接，做到如双手十指相交般的自然流畅也是对交通组织工作的极大考验。

6. 区域路网对北翟路交通保障需求

北翟路北靠吴淞江，南侧有金钟路、天山西路、仙霞西路三条主要的东西向平行道路，与之连接的横向道路有剑河路、平塘路、淞虹路、福泉路、协和路等。根据 2014 年流量显示，天山西路和仙霞西路的车流量已经基本饱和，分流条件有限，连接上述道路的横向支小路又承担着大量到发交通，北翟路周边路网分流能力极其有限，交通组织必须考虑对支小路的交通管理方式进行调整，开辟一条能够保证大部分过境交通绕行的新路径。

5.6.3 北翟路交通组织方案设计

1. 交通组织多方案比选确立基本原则

通过对现状北翟路流量构成的分析,中环线上下匝道流量占到了整个流量的60%左右。考虑到北翟路(中环—外环)在施工期间部分路段只能维持双向4车道,并且北翟路(平塘路—剑河路)不得不封闭机动车双向通行,需要对既有流量进行分流。在考虑分流措施时,有关部门提出了强制分流的设想,既通过限制北翟路与中环立交的连通来强制分流车流量,以达到施工期间道路供需平衡。具体提出的强限制措施有:

(1) 北翟路地面道路施工期间维持双向通行;
(2) 北翟路地道施工期间关闭北翟路进出北虹立交的上下匝道;
(3) 北翟路地道施工期间仅关闭北虹立交北翟路下匝道;
(4) 北翟路地道施工期间仅关闭北虹立交北翟路上匝道;
(5) 北虹立交北翟路下匝道仅允许中环外圈车辆通行。

针对上述各套方案,交通组织编制单位利用交通预测模型分别模拟了各套方案实施后对地区交通的影响,得出的结论是,中环线无论是全封闭还是一个方向的匝道封闭均会对区域性交通产生严重影响,排队车辆直接积压在中环线主线上,中环就近的几个上下匝道口的地面道路也会严重拥堵。此外,通过预测分析和模拟研判可知,北翟路施工期间交通量从较大范围绕行的可行性较低,由于到发交通比例较高,且连接外环和中环的转换交通需求较大,强制分流效果不明显,也极易造成西部地区路网的大面积拥堵。

得出上述结论后与交管部门多次沟通,大家取得一致认识,明确了北翟路地道施工期间交通组织原则:一是拓宽提升相邻道路的通行能力,就近分流原北翟路交通量,尽量减小交通矛盾的扩散;二是错开建设项目安排,真光路桥新建工程推迟实施,避免造成施工区交通叠加影响;三是北虹立交上下匝道限制措施力度最小化,避免转向车辆影响快速路其他匝道和地面道路的服务水平;四是实施区域道路单行道,提高通行效率;五是加大施工期间道路警力安排,有效指挥交通和维持交通秩序;六是加大宣传力度,扩大交通引导范围,引导过境车辆自然分流。在确定了施工组织基本原则后,随即开展了交通组织具体方案的设计。

2. 数据调查采集和处理

北翟路施工前期开展了交通调查,调查范围扩大,调查内容与第4章基本相同。交通数据调查和采集除了调查施工所在道路资料以外,还需要对周边有可能成为分流绕行的道路一并进行了调查,这是判定分流和绕行措施能否实施的主要依据。

另外,北翟路交通流量数据的收集贯穿于每个施工阶段实施,在每个施工阶段前适时开展流量观测统计,为编制交通组织方案提供一手的资料。因此,北翟路交通调查的工作量较大。多次交通调查的好处在于:一是可以作为交通组织方案实施效果评估的依据,以便及时调整交通组织方案;二是可以为下阶段交通组织提供了流量依据,交通组织方案更合理。

北翟路项目对影响区域内21个交叉口和12个路段开展了交通流量调查,基本摸清了施工影响范围内道路的运行特点。此外,利用上海市路网中心数据采集点收集了北虹立交各匝道的流量数据,为上下匝道管理措施提供了依据。

3. 现场踏勘和施工方案评估

交通组织方案编制不能仅仅停留在图纸上和设想上,每一个方案制定都需要根据现场的实际情况进行设计研究,这就要求多次前往现场进行踏勘和调研。调研内容包括掌握工程周边道路和建筑环境,了解周边居民小区和单位的进出流线和需求,摸清公交站点的设置和公交线路的走向。

北翟路沿线大型企业主要有海烟物流公司,主要居民小区包括协合花苑和通协小区,在剑河路口有一老污水泵站侵占地道结构,北翟路南侧也有居民小区侵占北翟路地道结构边线,上述周边建筑因素在方案制定中需要提前考虑。

在明确现场条件的基础上,施工方案及交通组织方案需要同沿线单位、居民社区沟通协调,公交线路调整需要同公交运营企业协商讨论,这也是现场踏勘的一个重要目的。

4. 明确动拆迁区域和工作关键难点

动拆迁工作对于施工项目来说无疑是最为繁琐的环节之一,动拆迁能否顺利进行影响着整个项目的工期和交通组织方案。

北翟路施工区段内,协合花苑第一排房屋直接侵入地道结构边线,故其拆迁进展情况制约区段范围内管线搬迁及主体工程的开工时间。此外,长宁区看守所有两栋建筑需要拆迁,动迁范围内用地将用于新建泵站建设。图5-6显示了北翟路快速化工程与南侧协合花苑等建筑物(阴影部分)拆迁关系。

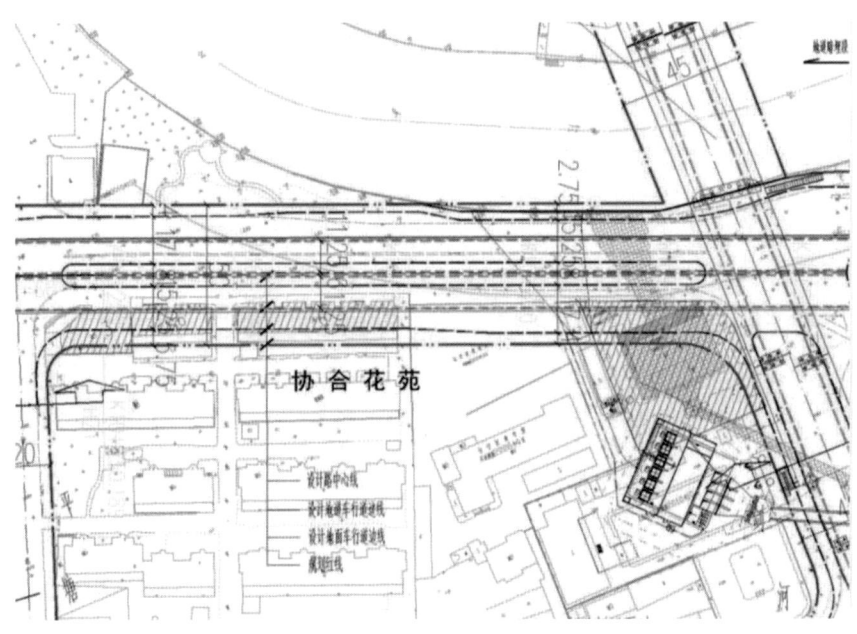

图5-6 协合花苑建筑红线与北翟路规划红线关系图

根据2014年实际建设情况,受到动拆迁工作的影响,北翟路施工区域的施工空间十分有限,尤其在剑河路/北翟路西南角泵站节点,由于地道主体结构施工和泵站施工不得不同时进行,再加上动拆迁未同步实施到位,导致北翟路(平塘路—剑河路)只能留出6 m的通道,仅能满足行人和非机动车通行。双向机动车需绕行。这是北翟路施工影响最为敏感的节点,对地区交通影响极大。

针对施工和交通组织条件最为苛刻的关键节点,交通组织和施工筹划上采取了"从易至难""由简至繁"的方法,将难点分解,尽量不要由一个"点"的制约影响到整个"面"的施工。

5. 路网扩容及管理措施调整

施工期间,由于施工所在道路无法满足现状交通需求,在确定了交通组织原则后,主要通过道路扩容改造、调整周边道路交通管理措施,以及外围其他快速路引导绕行的方法和手段来疏解交通矛盾,这是施工交通组织研究的主要方向。

北翟路施工前,对分流道路做了扩容改造。金钟路、协和路、广顺路、剑河路、淞虹路等都增加了车道。淞虹路通过拆除中央绿化带,调整车道宽度,增加了2条车道;金钟路、协和路、广顺路、剑河路通过改造人行道,适当增加车行道宽度,并调整车道宽度增加车道。这些路网扩容措施,为车辆绕行分流提供了设施条件。

6. 区域道路实施单向道

北翟路主干道车流量高,常规的支小道路很难承担大流量的分流重任。为了充分利用北翟路剩余的通道功能,北虹路立交中环下匝道车辆能够及时疏散,第一阶段施工期间,在北翟路(淞虹路—剑河路)仅能提供3车道的基础上,优先作为中环北虹立交下匝道疏散通道,实施机动车东向西单向通行。同时,为了保证原北翟路西向东方向车辆的正常通行,保证车辆能够顺利上中环北虹立交线,将金钟路(协和路—剑河路)改为机动车西向东单向通行(单向3车道)。通过北翟路和金钟路形成一组单向道路,提高这两条道路的通行效率(图5-7)。

图5-7 北翟路快速化工程施工期间单行道实施方案

为了最大限度保留中环北虹立交上下匝道的功能,将剑河路(金钟路—北翟路)改造成双向5车道,其中南向北方向车道数设置为3车道,北向南方向车道数设置为2车道。上述举措既保证了中环下匝道车辆的正常行驶,也基本满足了西向东车辆上中环线的出行需求。

北翟路北侧是虹桥临空产业园区,主要通过福泉路、协和路、广顺路三条与北翟路相接道路进入园区内部,北翟路施工期间沿线各交叉口受施工围场影响通行能力严重下降,高峰小时进出园区会有严重拥堵。为缓解该问题,将协和路、广顺北路和福泉路形成单向交通组合,协和路(通协路—北翟路)变为由北向南单向 5 车道作为离园主通道,分别将福泉路(通协路—北翟路)和广顺路(通协路—北翟路)改为由南向北单行道,作为进园主要通道,在园区内形成微循环,提高了交通周转集散能力(图 5-8)。

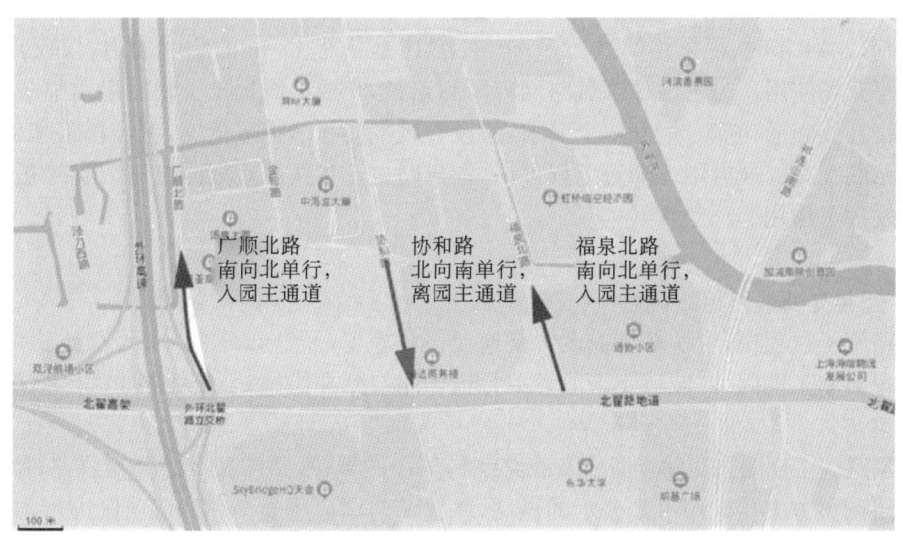

图 5-8　北翟路施工期间虹桥临空园区道路管理措施调整方案

7. 采取转向限制措施

根据流量调查,北翟路以东西向直行交通为主,因此交通组织优先解决直行交通需求。为此,北翟路和金钟路两条主要的东西向道路采取了多路口禁左的措施,简化路口通行模式,减少转向延误。具体交通组织时,北翟路沿线交叉口中,除了淞虹路保留左转外,其他路口均禁止左转(图 5-9)。

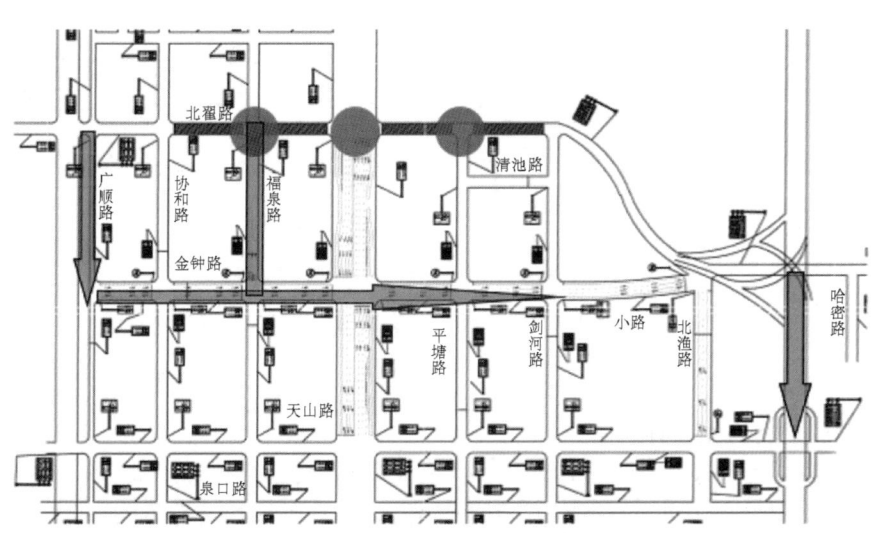

图 5-9　北翟路快速化工程施工期间主要交叉口禁左管控措施

8. 临时新辟道路增加绕行通道

由于金钟路及北翟路(淞虹路—剑河路)在施工期间形成了一对单向道路,并且各交叉口均禁止左转,为了减少到发交通的绕行距离,在研究中通过踏勘现场,提出了将福泉路(北翟路—金钟路)作为临时道路辟通并开放交通,增加南北方向的通道,便于车辆通行。由于动迁限制,2014年时,福泉路(北翟路—金钟路)还是只有11 m的临时通道,仅仅作为机动车临时停车场使用。为了增加区域路网容量和路径,交通组织提出了临时启用福泉路,作为市政道路开放交通功能。根据这个要求,建设管理部门积极推进落实,在北翟路施工前完成了福泉路的临时辟通启用。随着工程进展,福泉路也逐步按照规划道路红线实施拓宽,后续进一步发挥了作用。

9. 公共交通线路组织调整

道路施工过程中,管线翻排或设置交通便道等施工,经常会影响到原设在路边的公交站点。北翟路施工期间,区域道路采取了单行道和路口禁左措施,公交线路也配套做线路和车站的调整。

北翟路施工期间公交站点搬迁及线路绕行均一次到位,共涉及5条公交线路(图5-10)。公交线路调整方案均采用事先公示的做法,并提前与周边居委会和社区居民进行沟通协调,遵循居民意愿,同时积极采纳合理化建议。

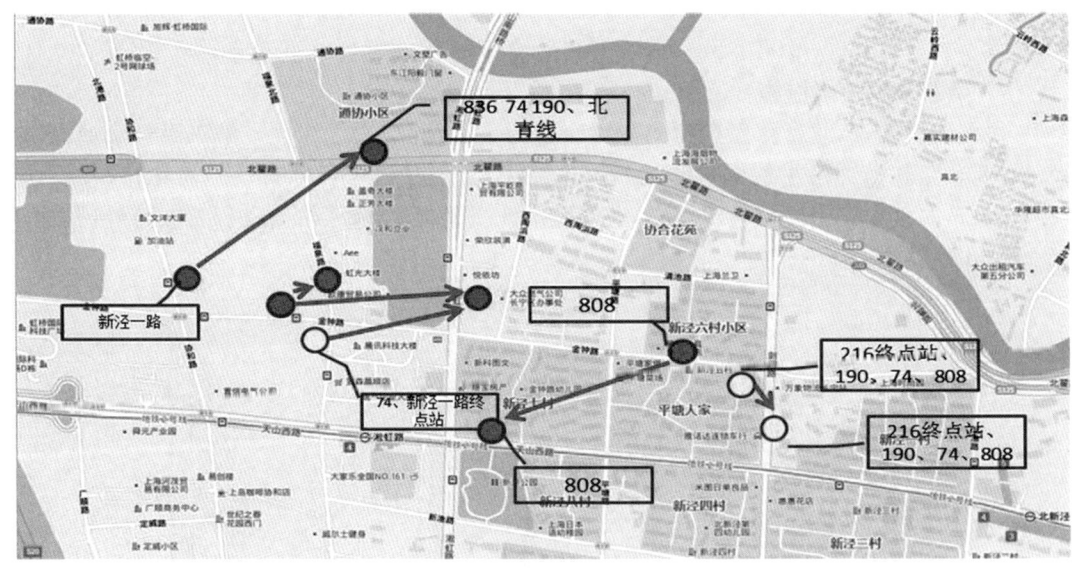

图 5-10 北翟路快速化施工期间公交线路绕行和站点调整示意图

10. 外围绕行方案设计

道路施工往往会对周边地区的交通产生很大影响,交通组织除了关注周边路网的挖潜和管理优化外,也需要从更大范围实施交通分流,关注从外围快速路网实施远端分流措施。远端绕行除了大范围增设提示指示牌之外,快速路上的提前引导尤为重要。

北翟路作为虹桥枢纽连接市区"三横三纵"北通道,外围主要绕行目的是引导车辆适当从南侧大通道前往市区(图5-11)。

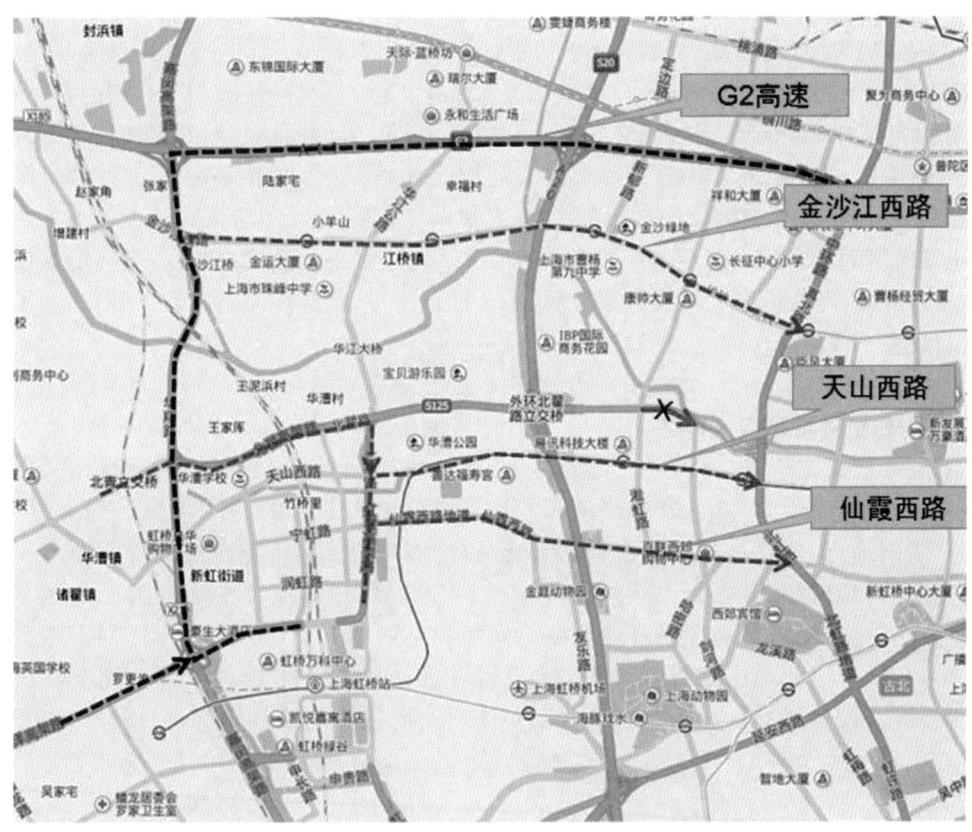

图5-11 北翟路快速化工程施工期间外围快速路绕行方案

(1)虹翟高架路通过仙霞西路下匝道进入地面,并通过仙霞西路地道向东驶向中环方向。

(2)虹翟高架路通过仙霞西路下匝道进入地面,并向北驶向天山西路,通过天山西路向东行驶至中环方向。

(3)北青公路流量通过华江路下匝道分流至仙霞西路和天山西路。

(4)嘉闵北高架金沙江西路下匝道,通过金沙江西路分流至中环方向。

(5)虹桥枢纽及会展中心的车辆通过嘉闵高架路(北段)驶向G2高速公路,并通过G2进入中环方向,实现快速路连接快速路的分流路径。

11. 媒体事先告知

由于北翟路交通功能的重要性,施工期间车辆行驶路线改变大,因此在具体措施实施前需要通过各种手段进行宣传。宣传媒体除了常规的电视媒体、广播媒体、网络媒体等,还需要召开新闻发布会提前宣传项目施工及交通组织的进展情况,并在微博、微信等新兴媒体上进行多频次的宣传。

5.6.4 方案实施效果评估

1. 管线阶段实施评估

管线实施阶段,北翟路(协和路—淞虹路)车道数由双向 10 车道减少至双向 6 车道,北翟路(淞虹路—剑河路)由双向 6 车道缩减至双向 4 车道。金钟路(协和路—剑河路)调整为机动车西向东单向通行,福泉路(北翟路—金钟路)辟通、天山西路和淞虹路增加车道提高通行能力等措施一并实施。根据第一阶段交通影响评估结果,北翟路由东向西方向保证了 3 车道,基本维持施工前的交通通行能力,饱和度 V/C 维持在 1.0 左右。西向东方向由于淞虹路以东仅有 1 条车道,在实施初期该路段形成了比较严重的拥堵,但随着媒体的宣传和增设标志标线牌,驾驶员在了解绕行路径后,从金钟路绕行,金钟路流量明显上升,达到了预期分流的效果。该阶段交通总体运行平稳。

2. 主体结构阶段实施评估

主体结构实施阶段,北翟路(广顺路—淞虹路)双向 4 车道,维持双向通行;北翟路(淞虹路—平塘路)保留 3 车道,实施机动车东向西单向通行;北翟路(平塘路—剑河路)禁止机动车双向通行,仅允许非机动车和行人通行(图 5-12)。金钟路全线维持西向东 3 车道单向交通。该阶段北虹立交中环内圈南向西下匝道关闭,仅保留中环外圈北向西下匝道车辆通行。这一措施是为了减轻北翟路东向西的交通压力。中环内圈南向西下匝道关闭后,通行车辆可以从威宁路下匝道和金沙江路下匝道绕行。由于中环南向西下匝道车流量相对较低,最高峰流量约为 400 pcu/h,关闭后对周边路网绕行压力相对较小,交通风险相对较小。

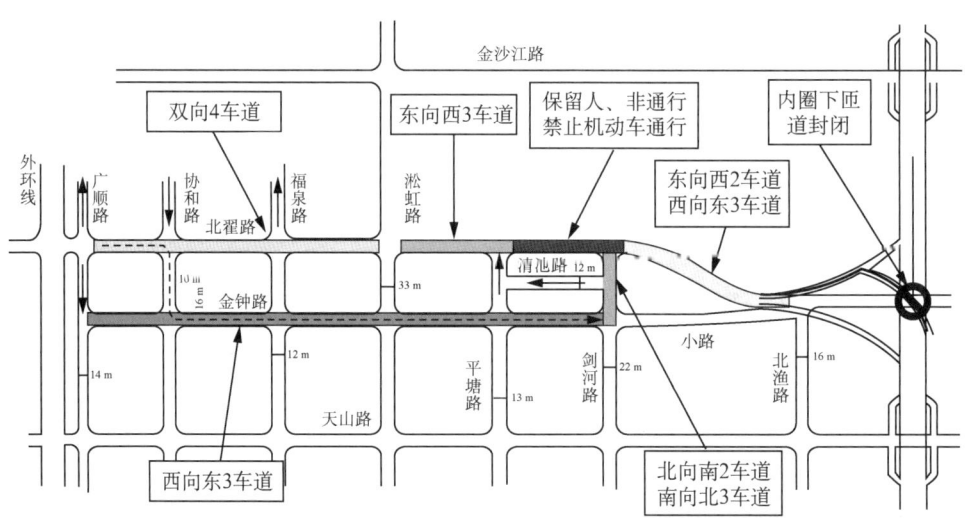

图 5-12 主体结构施工阶段交通组织示意图

经过第一阶段管线施工期间交通组织的适应期后,第二阶段实施后交通运行相对比较平稳,除了淞虹路/北翟路交叉口在封闭初期有些拥堵之外,其余时间交通运行平稳有序。

5.6.5 案例的经验与启示

经验一:北翟路地道施工期间交通组织工作涉及路段多,影响范围广,交通保障实施困难。在前期研究中,当北翟路面临是优先满足地面交通还是优先满足快速路交通的方案比选时,通常采用优先满足快速路通行的原则,因为快速路是城市交通的主动脉,快速路的通畅与否关系到城市整个交通网的运行效率。在优先满足快速路通行原则的基础上,充分挖掘北翟路自身以及周边道路的潜力,满足快速路过境交通的通行需求,同时兼顾到发交通的合理组织。

经验二:利用南侧金钟路构建一条满足中环上匝道交通需求的路径,将原来北翟路自身承担的双向交通功能拆开,利用两条路取代其功能。这种交通组织方法适合在路网中承担重要功能和作用,在任何时间不能中断该交通功能的施工项目中加以运用。

5.7 案例二:轨道交通 13 号线南京西路站施工期间交通组织

5.7.1 南京西路站与大中里地块同步施工项目概况

轨道交通 13 号线是上海市城市轨道交通路网规划中一条纵贯中心城区"西北—东南"轴向的直径线(图 5-13)。2010 年实施一期工程(华江路—南京西路)建设,其中南京西路站将实现与 2 号线、12 号线的三线换乘。一期工程西段(华江路—金沙江路)2012 年底建成通车,一期工程东段(金沙江路—南京西路)2014 年建成。

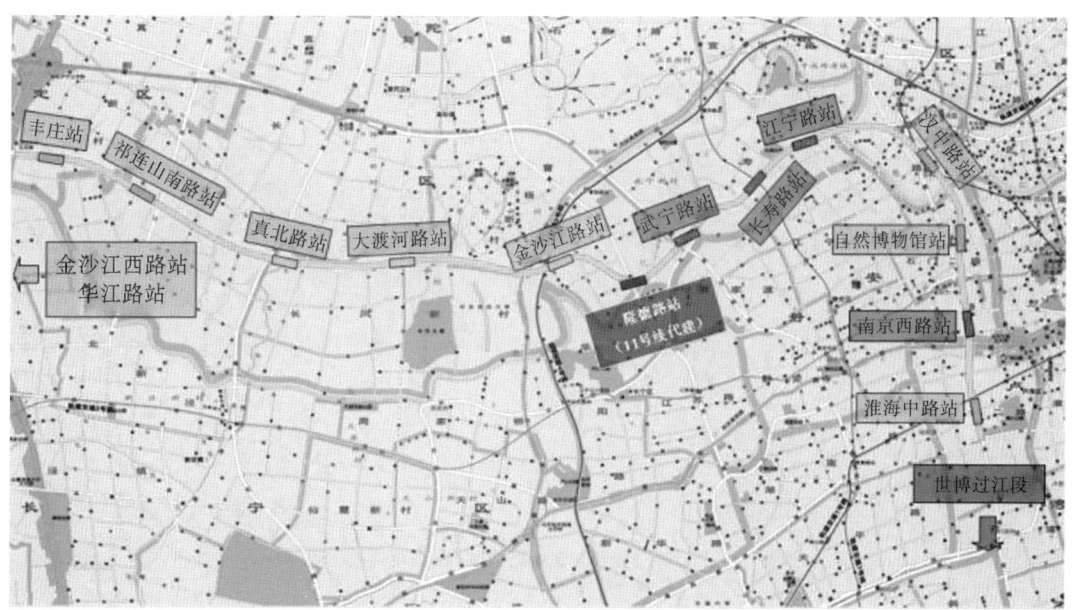

图 5-13 轨道交通 13 号线站点分布图

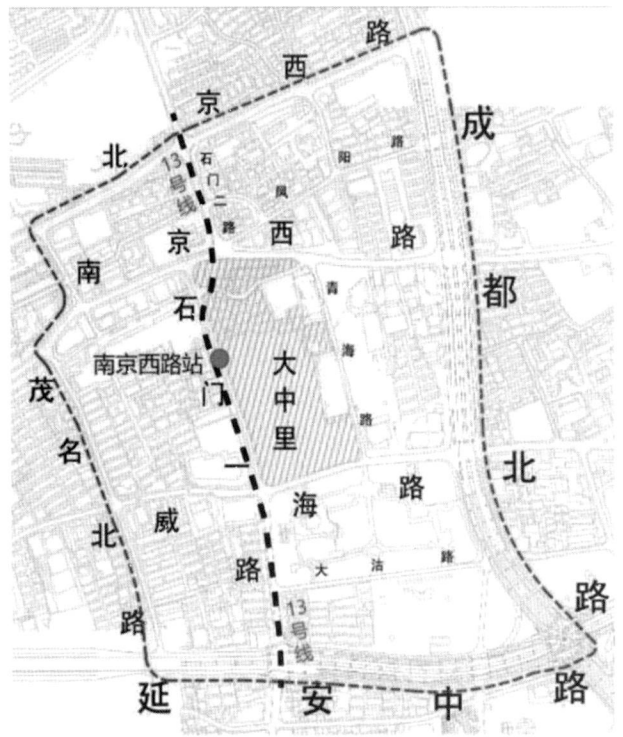

图 5-14 南京西路站与大中里地块周边路网概况

轨道交通 13 号线南京西路站位于石门一路(吴江路—威海路)下方,呈南北向布设,该车站东侧为大中里开发地块(图 5-14)。经前期研究,该车站需要采用明挖施工方法,施工期间将占用石门一路全部的道路空间(图 5-15)。考虑到石门一路通道的重要性,经过研究并与相邻开发地块的多次协调,确定了施工期间借用东侧大中里(现为兴业太古汇地块)的用地辟建临时交通便道。经上海市重大办协调决定,地铁建设方和大中里开发商于 2011 年 5 月 24 日签订了协议,轨道交通 13 号线车站施工期间,临时借用大中里用地建翻交道路;大中里与地铁两个项目同步施工、同步推进、同步完成("三同步")。这是上海在施工交通组织工作中,成功将地铁建设、施工组织和地块开发协同推进的范例。

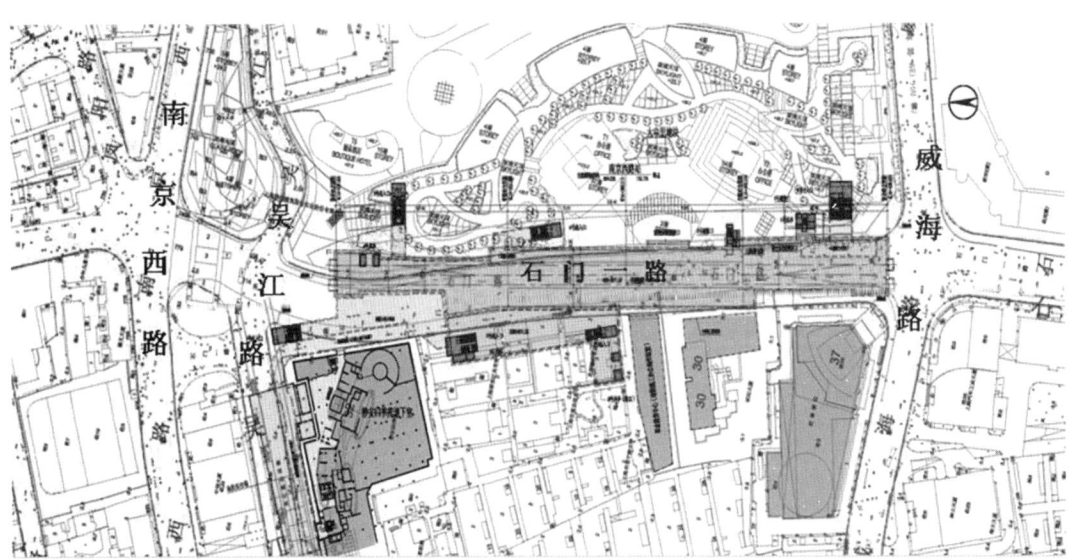

图 5-15 轨道交通 13 号线南京西路站平面图①

---

① 彩图参见附图 5。

1. 项目主要推进过程

在轨道交通 13 号线建设前期,地铁建设单位已经委托上海市城乡建设和交通发展研究院开展施工期间的交通组织研究,对于石门一路站,也制定了详细的交通组织方案。鉴于项目的复杂性和多元性,大中里业主委托同济大学交通运输工程学院进行相关交通咨询,参与方案的沟通、协调。

2009 年 5—7 月,针对前期方案,上海市城乡建设和交通发展研究院与同济大学进行多次沟通,协调解决地铁和大中里交通便道设置事宜,并向市交警进行了方案汇报,基本确定了轨道交通 13 号线南京西路站施工交通组织方案。

2009 年 7 月 29 日,地铁建设单位主持,召开方案协调会,市、区交警以及各相关单位、公司参会。两家交通研究团队汇报了交通组织方案,得到与会单位的一致认可,并形成了轨道交通 13 号线南京西路站施工交通组织最终方案。

2. 项目主要施工阶段

第一阶段(2010 年 10 月—2013 年 12 月):为确保轨道站点和大中里楼宇基坑同步开挖建设。在保障沿线学校、医院、居民小区、酒店等单位安全出行和避让古树等前提下,对石门一路封闭开挖。依据"占一还一"原则,借用大中里地块设置临时道路。保证石门一路南向北机动车 3 车道,在石门一路吴江路设置公交停靠站。2010 年 10 月,随着石门一路北侧邻近南京西路一段按照红线拆迁到位,对第一阶段施工期间交通组织方案进行了调整。

第二阶段(2014 年 1 月之后):轨道施工进入铺设轨孔、南端头井吊装孔保护阶段。这一阶段对地面影响减小,石门一路恢复基本交通,石门一路—南京西路交叉口按照规划实施建设。

5.7.2 南京西路站与大中里地块同步施工项目难点

为最大化减少施工项目多次影响和影响累加效应的发生,首先,对项目影响区域内基础设施供给、交通管控、交通运行、公交运行和慢行交通等现状进行调查和梳理分析,进一步明确施工项目对区域交通的影响作用。其次,结合施工方案阶段划分,制定施工交通组织方案。

1. 现状基础设施供给

施工项目影响范围内路网结构为网格形,其路网呈现以下特征:
(1) 支路比例较低,次干路既承担了过境功能,又承担了支路集散功能;
(2) 次干道交叉口间距短,交通流频受阻断,使得车辆运行延误增加;
(3) 次干道商办密集,楼宇开口和车辆临停对主线车辆通行造成一定延阻;
(4) 路网密度低,道路封闭会对路网产生严重影响,易造成大范围拥堵。

2. 现状交通管控措施

依据 2008 年 12 月对基地周边交通管控情况调查的结果,结合 2008 年上海道路交通管理信息图,可知基地周边现状交通管控措施如表 5-5 所示。区域周边道路设施的交通管理措施,如北京西路和南京西路禁止非机动车双向通行;石门一路、茂名北路为机动车单行道,部分交叉口采取了禁止转向措施。这些管理措施提高了道路通行能力,一定程度上弥补了区域路网容量的不足。

表 5-5　　　　　　　　　基地周边道路管控措施调查汇总(2008 年)

道路名称	等级	车道数目	行车方向	交通管理措施
南北高架	快速路	6 车道,局部路段 8 车道	双向行车	机动车道、禁止货车、摩托车通行,(7:30—9:30)(16:30—18:30)禁止外地车、出租空车、实习车通行
延安高架	快速路	6 车道,局部路段 8 车道	双向行车	机动车道,禁止货车、摩托车通行,(7:30—9:30)(16:30—18:30)禁止外地车、出租空车、实习车通行
成都北路	主干道	8~10 车道	双向行车	机动车道、非机动车道
延安中路	主干道	8~10 车道	双向行车	机动车道、公交车专用道
石门一路	次干道	3 车道	南向北单向	机行车道、非机动车单向南行
石门二路	次干道	3 车道	南向北单向	机行车道、非机动车单向南行
南京西路	次干道	4 车道	双向行车	机动车道、禁止货车通行、禁止非机动车通行
北京西路	次干道	4 车道	双向行车	机动车道、禁止货车通行、禁止非机动车通行
泰兴路	支路	1 车道	南向北单向	混行车道
威海路	支路	2 车道	双向行车	混行车道
凤阳路	支路	1 车道	西向东单向	混行车道、机动车单向东行
茂名北路	支路	1 车道	北向南单向	混行车道、禁止货车通行
青海路	支路	1 车道	双向行车	过境机动车禁止通行
吴江路	步行街	—	—	机动车和非机动车禁止通行

3. 现状交通运行特征

1) 道路运行特征

根据基地周边土地利用特征及市管处交通信息的连续观测,确定基地高峰时段为上午 7:30—8:30。研究团队对相关道路开展了流量调查,掌握了区域道路高峰时段运行状况的资料。典型路段早高峰拥挤情况如图 5-16 所示。

(a) 石门一路（南向北）

(b) 威海路（西向东从成都北路至青海路）

(c) 南京西路（东向西从石门一路至青海路）

(d) 延安中路（西向东从石门一路至茂名北路）

图 5-16　主要路段早高峰拥挤状况图

基地影响范围内主要路段饱和度如表 5-6 和图 5-17 所示。从早高峰小时现状道路路段流量及饱和度分析可以看出，基地周边道路交通流量较大，特别是威海路、南京西路、石门一路、成都北路部分路段道路交通压力较大。

表 5-6　　　　　　　2008 年南京西路站周边区域道路路段饱和度

路段名	方向	车道数	路段流量/(pcu·h^{-1})	通行能力/(pcu·h^{-1})	饱和度 V/C
威海路 （茂名北路—石门一路段）	东向西	1	580	600	0.97
	西向东	1	436	600	0.73
	合计	2	1 016	1 200	0.85
威海路 （石门一路—成都北路段）	东向西	1	602	600	1.00
	西向东	1~2	992	800	1.24
	合计	2	1 594	2 100	0.76

续表

路段名	方向	车道数	路段流量/$(pcu \cdot h^{-1})$	通行能力/$(pcu \cdot h^{-1})$	饱和度 V/C
石门一路 （南京西路—威海路段）	南向北	3	1 342	1 500	0.89
	北向南	—	—	—	—
	合计	3	1 342	1 500	0.89
石门一路 （威海路—延安中路段）	南向北	4	1 956	2 000	0.98
	北向南	—	—	—	—
	合计	4	1 956	2 000	0.98
南京西路 （茂名北路—石门一路段）	东向西	2	998	1 000	1.00
	西向东	2	688	1 000	0.69
	合计	4	1 686	2 000	0.84
南京西路 （石门一路—成都北路段）	东向西	2	922	1 000	0.92
	西向东	2	834	1 000	0.83
	合计	4	1 756	2 000	0.88
延安中路 （茂名北路—石门一路段）	东向西	5	2 456	3 000	0.82
	西向东	5	2 683	3 000	0.89
	合计	12	5 139	6 000	0.86
延安中路 （石门一路—成都北路段）	东向西	5	2 010	3 000	0.67
	西向东	5	1 940	3 000	0.65
	合计	12	3 950	6 000	0.66
成都北路 （北京西路—南京西路段）	南向北	5	2 340	2 500	0.94
	北向南	5	2 584	2 500	1.03
	合计	10	4 924	5 000	0.98
成都北路 （南京西路—威海路段）	南向北	5	2 756	2 500	1.10
	北向南	5	2 476	2 500	0.99
	合计	12	5 232	5 000	1.05
茂名北路 （南京西路—威海路段）	南向北	—	—	—	—
	北向南	1	322	500	0.64
	合计	1	322	500	0.64

续表

路段名	方向	车道数	路段流量/(pcu·h^{-1})	通行能力/(pcu·h^{-1})	饱和度 V/C
茂名北路 （威海路—延安中路段）	南向北	—	—	—	—
	北向南	1	461	500	0.92
	合计	1	461	500	0.92
北京西路 （石门二路—成都北路段）	东向西	3	986	1 500	0.66
	西向东	3	1 025	1 500	0.68
	合计	1	2 011	3 000	0.67

基地影响范围内主要路段饱和度如图 5-17 所示，其中成都北路、威海路、南京西路西段处于严重拥堵状态，因此在进行方案设计时应重点考虑分流处理。

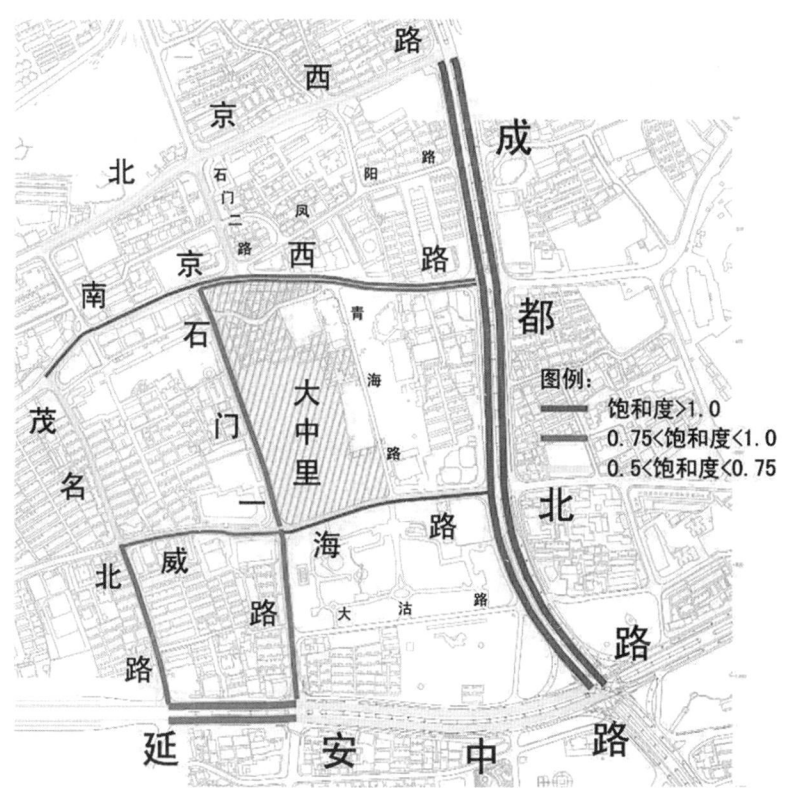

图 5-17 南京西路站周边主要路段饱和度示意图（2008 年）

2）交叉口运行特征

项目影响范围内关键交叉口共有 11 个，研究团队分别对上述路口进行了资料收集和调查分析，各路口信号配时和流量数据，典型交叉口交通运行情况如图 5-18 所示。

(a) 南京西路—石门一路东进口排队

(b) 南京西路—石门一路南进口排队

(c) 威海路—石门一路南进口排队

(d) 威海路—成都北路北进口排队

(e) 延安中路—茂名北路北进口排队

(f) 威海路—成都北路西进口排队

图 5-18 南京西路站周边主要交叉口的高峰运行情况(2008 年)

根据现状调查的流量数据、交叉口渠化方案以及信号配时等资料,对各交叉口的饱和度及车均延误进行分析,对现状交叉口的服务水平进行评价,结果如图 5-19 所示。

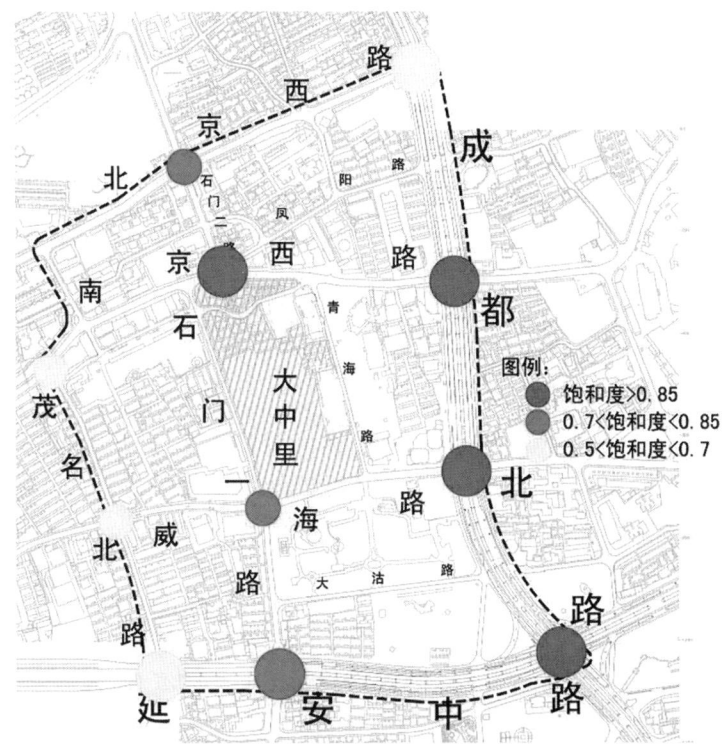

图 5-19　影响范围内主要交叉口饱和度示意图(2008 年)

研究区域内多个交叉口饱和度在 0.8 以上,威海路、南京西路、延安路与成都北路相交路口饱和度超过 0.85,已经处于较为拥堵状态,具体服务水平如表 5-7 所示。

表 5-7　　　　　　　　　影响范围内主要交叉口延误及服务水平评价

序号	交叉口名称	交叉口总流量/(pcu·h^{-1})	交叉口饱和度 V/C	交叉口延误/s	交叉口服务水平
1	威海路—成都北路	6 470	0.85	49	D
2	威海路—石门一路	2 978	0.75	40	D
3	茂名北路—威海路	1 308	0.62	24	C
4	茂名北路—南京西路	1 600	0.69	18	B
5	南京西路—成都北路	3 649	0.89	61	E
6	延安中路—石门一路	6 090	0.72	47	D
7	延安中路—茂名北路	5 759	0.61	32	D
8	北京西路—石门二路	4 113	0.79	53	D
9	北京西路—成都北路	6 444	0.68	38	D
10	南京西路—石门一路	2 998	0.86	47	D
11	延安中路—成都北路	6 984	0.87	52	D

从交叉口现状流量调查数据及服务水平分析可以看出：

（1）基地周边交叉口交通压力较大，压力点主要集中在威海路—成都北路（服务水平处于 D 级）、延安中路—石门一路（服务水平处于 D 级）、南京西路—成都北路（服务水平处于 E 级）、石门一路—南京西路交叉口（服务水平处于 D 级）。

（2）由于整个路网饱和度较高，路网运行可靠性较低。单个交叉口的拥堵即引起较大范围的拥堵。

4. 现状公共交通

1）地面公共交通

现状基地周边范围内的公交站点大多为路边停车式，并且无电子站牌，公交设施比较简陋，高峰时期，由于线路集中且上下客流量较大，运行秩序混乱，对道路交通产生较大影响。南京西路站周边公交站及每个站点的停靠线路如图 5-20 和表 5-8 所示。

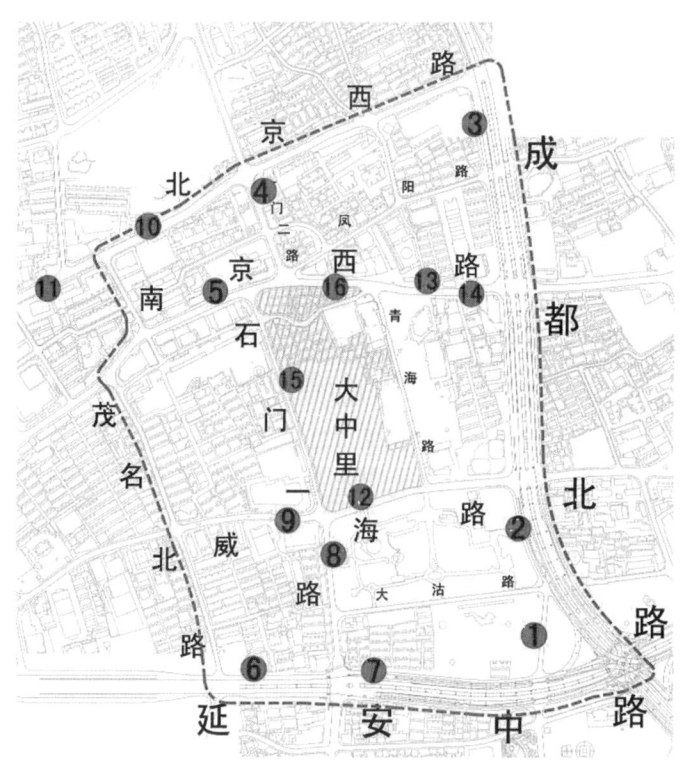

图 5-20　南京西路站周边公交站点分布情况

表 5-8　**南京西路站周边公交站点及线路分布表（2008 年）**

序号	公交站点	停靠线路
1	老成都北路大沽路	沪朱专线、沪莲专线、沪青高速专线
2	成都北路威海路	36 路、869 路、933 路、南新专线、53 路、974 路
3	成都北路北京西路	36 路、109 路、933 路、952B、974 路、869 路

续表

序号	公交站点	停靠线路
4	石门二路北京西路	128路、104路
5	石门一路南京西路	330路、37路、20路
6	延安中路石门一路	925路、925B、48路、机场六线、311路
7	延安东路石门一路	01路、71路、127路
8	石门一路延安中路	41路、128路、301路、104路
9	威海路石门一路	23路、49路、935路
10	北京西路泰兴路	15路、21路、41路、927路、955路、301路、315路、112路
11	北京西路泰兴路	15路、21路、927路、315路
12	石门一路	49路、23路、935路
13	南京西路青海路	109路、37路、330路、921路、20路、112路、324路
14	南京西路成都北路	20路、330路、112路、921路
15	石门一路南京西路	23路、24路、304路、935路、41路、301路、955路
16	石门一路南京西路	20路、148路、37路、921路、330路

2) 轨道交通

按照上海市轨道交通网络规划，基地周边共有轨道交通2号线、12号线以及13号线经过，并形成三线换乘的枢纽站。轨道交通13号线施工期间，该地区仅有轨道交通2号线南京西路站运营。南京西路站周边规划轨道交通线路情况如图5-21所示。

图5-21 南京西路站周边规划轨道交通线路示意图

该地区轨道交通将会为基地到发人流提供高品质的公共交通服务,因此基地规划建设的重点之一是如何使得基地与南京西路站枢纽高效衔接。

3) 出租车交通

出租车是居民出行的一种重要方式,特别是在南京西路特色区域,商务活动活跃,外来游客对观光出租车需求量大。但区域内出租车停靠站及上下客站较少。除部分基地内停车位,路边临时停靠较多,一定程度上影响了道路通行效率。图 5-22 为 2008 年南京西路出租车停靠站设置状况。

图 5-22 南京西路路边出租车停靠站(2008 年)

5. 现状非机动车交通

基地周边区域范围内非机动车交通组织情况为:成都北路全线道路两侧允许非机动车通行;延安中路全线道路禁止非机动车通行;南京西路全线禁止非机动车通行;北京西路全线禁止非机动车通行;石门一路、石门二路允许非机动车由北向南单向通行;青海路允许非机动车通行;吴江路为步行街道,禁止非机动车通行;泰兴路及奉贤路为非机动车专用道路。区域非机动车交通组织见图 5-23。

图 5-23 南京西路站影响区域内非机动车通道示意图(2008 年)

由于实行了机非分离及单行等交通措施,基地周边主次干道社会车辆运行受非机动车干扰较小。但在部分支路自行车流量仍很大,说明周边仍有较大非机动车出行需求

— 128 —

(图 5-24)。在基地的开发过程中,应做好非机动车的衔接规划,核心是非机动车通行通道及停车保障(表 5-9)。

(a) 成都北路/凤阳路交叉口机非混行

(b) 凤阳路进口机动车排队

图 5-24　南京西路站周边道路非机动车现状(2008 年)

表 5-9　　　　　　　　研究区域内非机动车交通管控措施汇总表

路名	非机动车管控形式		
	禁行	单侧行驶	非机动车专用道
南京西路、北京西路、吴江路、延安中路	√		
石门一路、石门二路、成都南路		√	
泰兴路、奉贤路			√

6. 道路交通现状总结

通过对基地周边的区位特征、土地利用以及交通运行特征的资料收集分析和现场调查,项目组对本地块周边交通现状问题总结如下:

(1) 区域开发强度高,导致区域道路车流量和人流量都很高,区域路网处于饱和状态。威海路、南京西路、石门一路、成都北路饱和度较高,拥堵较为明显。

(2) 通过机非分离、单行、信号控制优化的交通管理措施使得区域主次干道通行能力提升,但交叉口受周边用地的影响,渠化拓宽空间较小,因此压力主要集中在交叉口。

(3) 影响区域内公共交通较发达,但停靠站及候车设施较落后,出租车路边临时停靠较多,影响道路通行效率。

(4) 影响区内仍有部分非机动车出行需求。在基地的开发过程中,应做好非机动车的衔接规划,核心是非机动车的通道和停车设施的保障。

(5) 南京西路站和大中里地块同步施工期间,封闭石门一路将对沿线道路产生严重的影响,石门一路相邻的威海路、南北高架地面道路等也将受到严重影响。

5.7.3　交通组织方案

南京西路站与大中里地块同时施工,施工工艺复杂,阶段繁多,同时该区域地处中心地带,周边有学校、医院和居民社区,施工对交通和周围区域居民的生活造成影响很大,如何平衡施工与交通影响之间的关系成为交通组织的主要目标。基于对周边环境的分析和项目施工阶段的掌握,为降低施工对沿线商铺、医院、学校的出行影响,为避让古树和地下管廊,确保地铁正常开工以及大中里地块同步建设,结合施工阶段的划分制定以下交通组织方案。

1. 第一阶段交通组织方案

(1) 机动车通行方面:施工期间石门一路向东侧偏移,道路宽度为 16~19 m,保证机动车南向北 3 车道。施工期间,石门一路与石门二路交叉口对齐,交叉口南进口宽度为 21 m,可供机动车 4 车道、北向南非机动车以及双向行人通行,西进口同步进行渠化。南京西路站第一阶段交通组织见图 5-25。

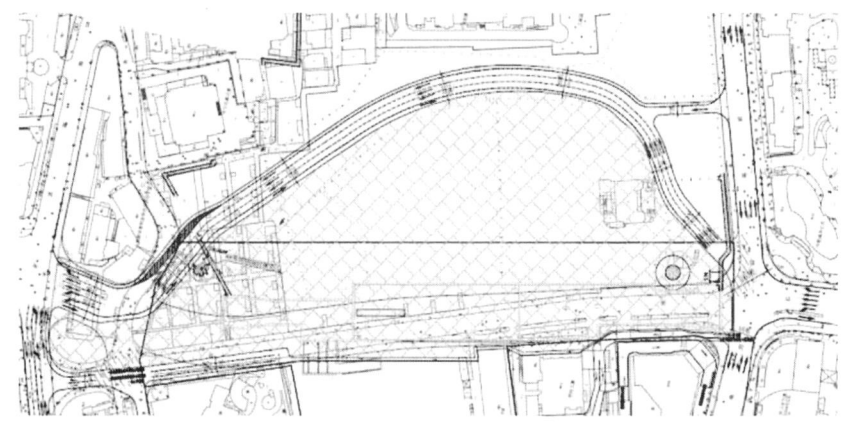

图 5-25 南京西路站第一阶段交通组织图

(2) 公交出行方面:在石门一路/吴江路交叉口设置公交港湾式停靠站。

(3) 慢行交通方面:石门一路向东迁移设置临时道路,保留北向南非机动车以及双向行人通行,在地铁围场西侧保留一根 2 m 的人行道,供沿线居民进出通行(图 5-26)。

图 5-26 南京西路站与大中里地块同步施工第一阶段临时道路[①]

---

① 彩图参见附图 6。

(4) 周边单位出行保障。四季苑与公惠医院交通保障：原石门一路（公惠医院与南京西路）仅保留宽度为 9~9.5 m 的通道，供四季苑、公惠医院车辆及行人使用，原石门一路/南京西路交叉口南进口实施右进右出措施。旺旺大厦和四季酒店保障：原石门一路（旺旺大厦与威海路）保留通道，供旺旺大厦以及四季酒店的车辆进出使用。

临时道路开通前期，由于驾驶员及出行者不熟悉迁移后的道路，给司机和出行者识别带来不便。为降低影响，在周边道路增加了交通标线和指引指示标牌（图 5-27）。

图 5-27　南京西路站施工第一阶段临时道路指引标牌

2. 临时道路交通组织调整阶段方案

随着临时道路的开通，南京西路轨道站和大中里项目开工建设，基坑开挖阶段，旁边居民小区担心基坑开挖影响小区地基安全，为力保地铁车站中间段与大中里两栋高层共同开挖的基坑安全，及时调整施工方案，交通组织方案也随之调整。

按照原定"占一还一"原则，临时道路调整方案不能影响石门一路通行能力，不对临时道路进行大的调整，维持道路的连续性、连贯性。根据与业主以及设计方沟通，确定对局部道路适当向西偏移，需要偏移的临时道路长约 160 m，最大偏移距离约 20 m，以满足施工空间要求，具体调整方案：

(1) 在上阶段所形成的临时便道弧形区段向西侧缩进，给东侧连续墙施工腾出场地。

(2) 施工期间，石门一路（翻交区段）仍旧能够保证 17 m 的道路宽度，供机动车南向北 3 车道、南向北行人通道以及非机动车北向南 1 车道通行。

(3) 其余区段维持上阶段状况，基本不影响公交车停靠站。调整方案仅便道线形有所改变，通行功能没有变化。调整后的交通组织方案如图 5-28 所示。

由于调整方案与原方案在断面及宽度上保持一致，因此相较于现状临时道路，同样可以满足交通通行需求。流线线形上，由于是向内侧偏移，转弯半径也均满足通行需求，形成图 5-29 所示的调整方案。

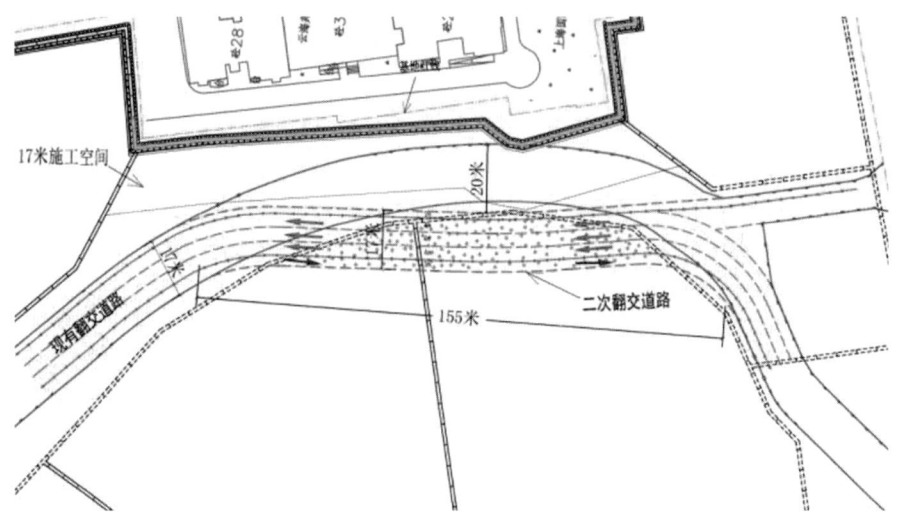

图 5-28　南京西路站临时道路调整方案与原方案比较

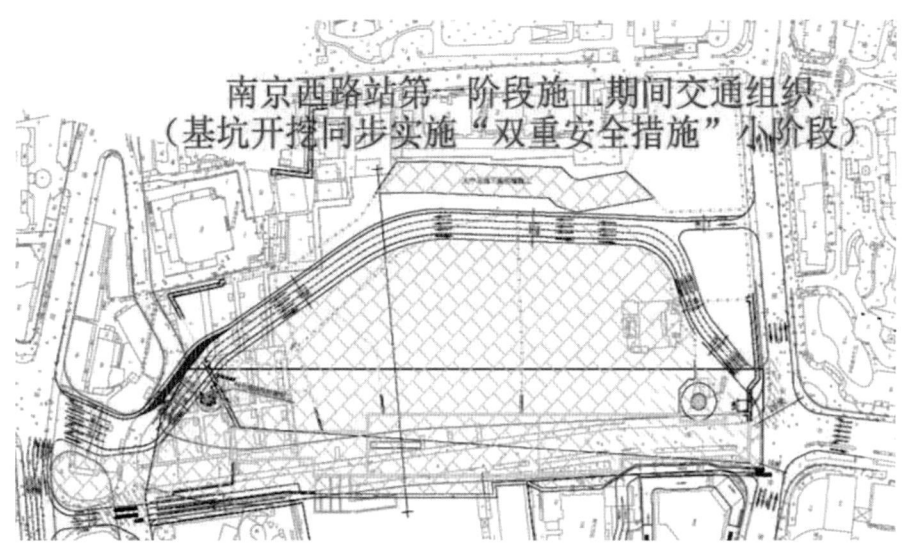

图 5-29　南京西路站第一阶段二次翻交调整后交通组织

3. 第二阶段交通组织方案

本阶段施工轨道铺轨孔以及南端头井吊装孔保护。施工期间,石门一路基本恢复交通,最窄处有 19 m 道路空间,可供机动车南向北 3 车道、北向南非机动车以及双向行人通行。这一阶段施工期间,石门一路/南京西路交叉口可按照规划实施,提高道路通行能力,具体组织方案如图 5-30 所示。

交通组织实施期间,为了充分发挥交通组织方案的效率,提出了如下配套建议:

(1) 临时翻交路段应尽早完成道路的路面施工,能够满足车辆通行,并同步做好内侧道路隔离围墙的布设;

(2) 条件准备齐全后,利用一个夜间的时间,完成隔离围墙的偏移以及道路标线的重

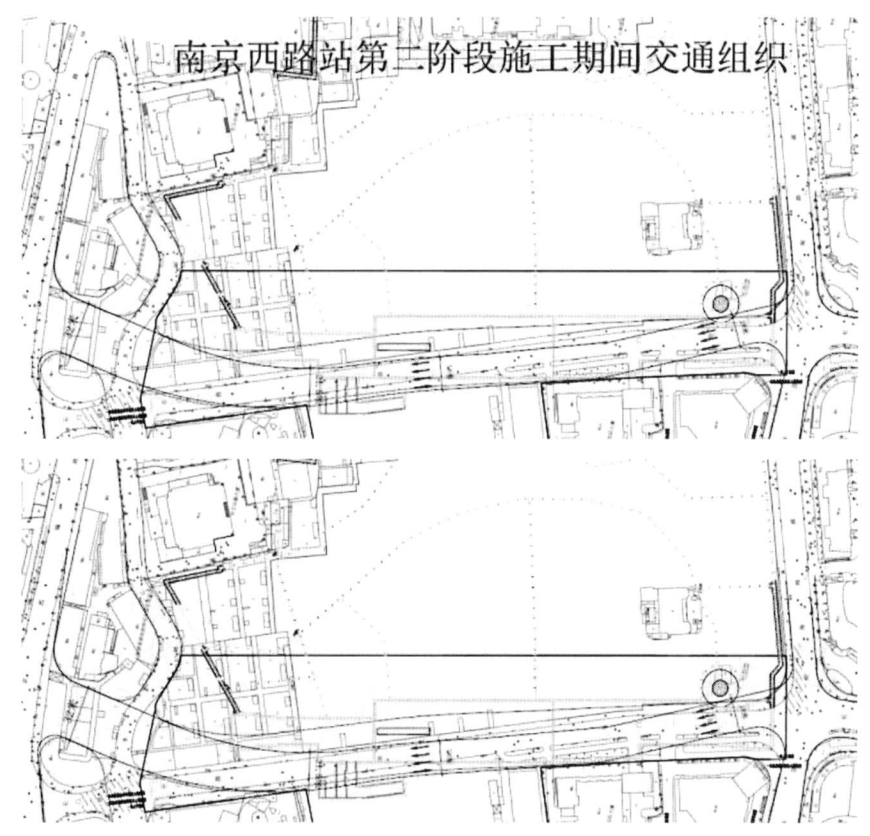

图 5-30 南京西路站第二阶段交通组织图

画,保证第二天道路通行。

4. 其他措施

(1) 施工期间需在石门一路与南京西路、石门一路与威海路等相关交叉口增加交通协管员维持交通;

(2) 施工期间需要在相关交叉口各进口设置醒目的减速标志,保证在高峰时段能够基本维持施工区域内的交通通行;

(3) 施工期间需要在施工区域外围设置醒目的提示标志,提示机动车进行绕行。

5.7.4 施工交通组织实时效果评估

道路交通运行分析:第一阶段施工期间,石门一路在车道布置上基本做到了"占一还一"。然而,由于考虑了大中里地块的同步开发,施工期间整条道路的线形较差,道路通行能力将损失8%左右。根据高峰期间交通流量测算,施工期间石门一路道路饱和度将从现状0.88增加至0.95,道路将从接近饱和状态变为饱和状态,高峰期间可能会出现排队拥堵状况。在第一阶段施工期间,石门一路与石门二路路口拉直对齐,优化了原南京西路/石门一路/石门二路错位路口的不足,反而提高了南京西路/石门一路/石门二路交叉口整体通行能力,有效地弥补了由于道路线形差所损失的通行能力。第二阶段施工期间,石门一路可基本恢复交通,交通影响相对较小。

对沿线单位的影响:经过地铁、交警、大中里、沿线医院、学校、居民小区等多方单位共同协调,车站施工期间仍旧保证沿线居民以及单位的进出。

从总体上来看,南京西路站施工期间的交通影响在可控范围之内。

5.7.5 案例经验与启示

轨道交通 13 号线南京西路站与大中里地块同步施工属于典型 TOD 模式,将地铁站点与周边商业楼宇开发紧密结合起来。地铁车站和地块开发周期相近,又处在同一节点,由市级部门牵头协调进行同步施工,有效缩短施工影响周期,避免反复开挖对周边居民、学校、医院等单位的干扰。施工期间交通组织由地铁、地块开发商、交警、沿线社区、企业单位共同研究商讨,协调各方利益,有效解除居民担心,保障施工方案的顺利推进。从方案实施效果来看,高峰时段临时道路饱和度虽接近饱和,道路负荷较大,但尚未出现拥挤蔓延状态,南京西路站施工交通影响在可控范围之内。对该项目经验与启示总结如下:

(1) 统筹施工项目与周边地块同步建设,有效避免重复开挖所产生的负面影响。封闭石门一路对南京西路轨道站点进行基坑开挖,有效保障了轨道施工安全作业空间,也满足了大中里地块基坑同步开挖施工条件,这种通过统筹工期的策略,有效避免了施工扰民,最大化降低了施工影响。施工期间借用大中里地块设置临时道路有效消解了交通压力,保障了基本通行。

(2) 施工交通组织并非简单的交通组织设计,涉及多方利益协调,需统筹协商利益相关方。南京西路轨道站与大中里地块开发施工直接相关方为地铁施工方和大中里开发商,间接相关方有周边的居民、学校、医院、酒店等。施工封闭道路导致周边居民出行不便,施工噪声影响学校、医院居民生活,同时也影响酒店、医院的客流,带来严重的经济损失。对此,本项目方案设计期间多次组织多方座谈和协调,有效避免了重大冲突的发生。

5.8 案例三:武宁路快速化改建工程施工交通组织

5.8.1 武宁路快速化改建工程概况

武宁路快速化改建工程(图 5-31)西起中环路东侧,向东穿越内环高架路后至东新路,

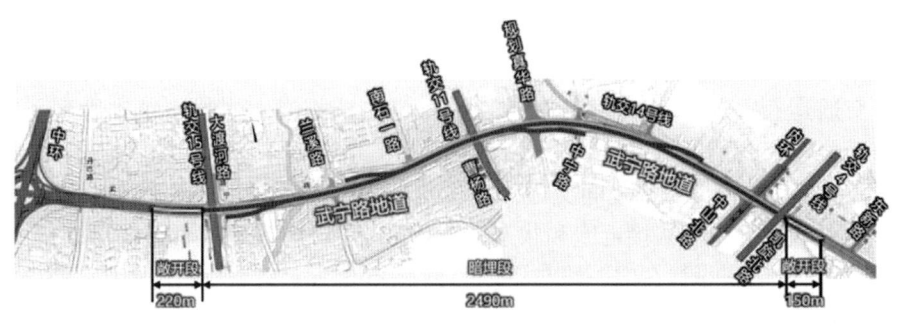

图 5-31 武宁路快速化改建工程概况

全长约 3.5 km，其中明挖地道主线长 2.86 km，在真北路立交东侧 G2 主路高架落地段前，线路走向基本沿现状武宁路布置，下穿大渡河路、兰溪路、曹杨路、中山北路等交叉口，终止于东新路交叉口北进口。沿线在大渡河路西，利用接地位置布置一对出入口，大渡河路东和中山北路西各设置一对错位匝道。

武宁路快速化工程范围大，涉及多个重要交叉口，为降低施工影响，整个建设项目分为四个阶段施工。第一阶段施工：前期准备工程，分为两个区段分别推进：

武宁路西段（大渡河路—曹杨路）于 2017—2018 年，陆续启动管线、临时便道等施工，具体包括武宁（大渡河路—G2 接地点）南侧管线施工、曹杨二村北杨园过街天桥拆除、武宁路北侧雨污水管及其他公用管线改排，以及地道北侧围护结构和栈桥板施工、大渡河路路口小基坑挖掘。至 2019 年初，武宁路南侧管线、围护、盖板施工等前期准备工程完成，项目开始进入主体结构施工。

武宁路东段（曹杨路—凯旋路）也于 2017 年启动管线、便道等前期准备建设，进行武宁路北侧雨污水管、两侧其他公用管线改排以及地道北侧围护结构、栈桥板施工，并于 2018 年 10 月前后完成，项目开始进入主体结构施工。

第二阶段：2019 年 8 月—2020 年 3 月，武宁路全线进入南侧主体结构施工。受到各施工区段动迁用地条件限制，武宁路交通分路段分别向北侧和南侧翻交，基本维持双向 6 车道，主要路口实施渠化。该阶段曹杨路/武宁路路口北进口（曹杨路）封闭机动车通行，仅保留人非通行。

第三阶段：2020—2021 年，武宁路全线进入北侧主体结构施工，交通向南侧和北侧分别翻交，也保持双向 6 车道，主要路口渠化。该阶段曹杨路/武宁路路口南进口（曹杨路）封闭机动车通行，仅保留人非通行。

第四阶段：2021 年 2 月 10 日—2022 年 1 月，武宁路/中山北路节点围场施工，形成环岛通行模式。武宁路其他路段维持双向 6 车道施工状态。该节点施工分析在第 4 章有专题介绍。

武宁路快速化工程于 2016 年 12 月底开工，预计 2022 年年底全部建成通车。

5.8.2　武宁路改建交通组织难点及问题分析

武宁路快速化改建工程是典型的干道施工类型，在长达 3.5 km 的主干道上连续开挖，多个施工项目穿插进行。整个施工涉及地下通道与地面道路同时施工，施工工艺复杂，阶段繁多，同时武宁路作为连接中环与内环，以及连接出省干道 G2 京沪高速的重要通道，施工对交通造成的影响很大，如何平衡施工与交通影响之间的关系成为交通组织的主要目标。

1. 武宁路现状交通流量分析（2016 年）

武宁路施工前流量整体呈现西高东低的态势。高峰时段，武宁路沿线各路段交通已基本达到饱和状态；沿线节点基本都已处于 E 级服务水平以上，拥堵严重。武宁路车流量中，到发交通量约占 40%，过境交通量约占 60%。此外，武宁路车流量中，约 25% 为外省市号牌小客车。武宁路现状车辆构成以客车为主，货运车比重约为 5%。武宁路施工前道路车流量调查资料和运行状况见表 5-10、图 5-32 和图 5-33。

表 5-10　　大渡河路/武宁路西进口交通流量表（节选 2016 年调查数据）

大渡河路/武宁路西进口	12 h 流量/[pcu·(12 h)⁻¹]			早高峰流量/(pcu·h⁻¹)			晚高峰流量/(pcu·h⁻¹)		
	辅道	G2 主线	小计	辅道	G2 主线	小计	辅道	G2 主线	小计
右转	2 151	1 787	3 938	221	332	553	209	228	467
直行	8 513	13 248	21 761	1 034	1 501	2 535	623	1 066	1 659
小计	10 664	15 035	25 699	1 255	1 833	3 088	832	1 294	2 126

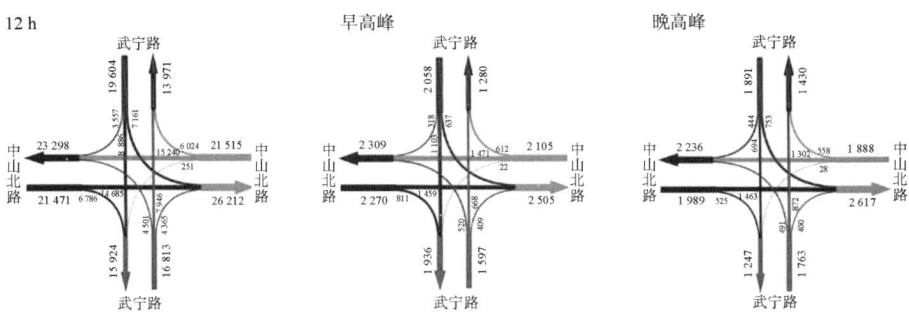

图 5-32　武宁路—中山北路现状转向流量统计图

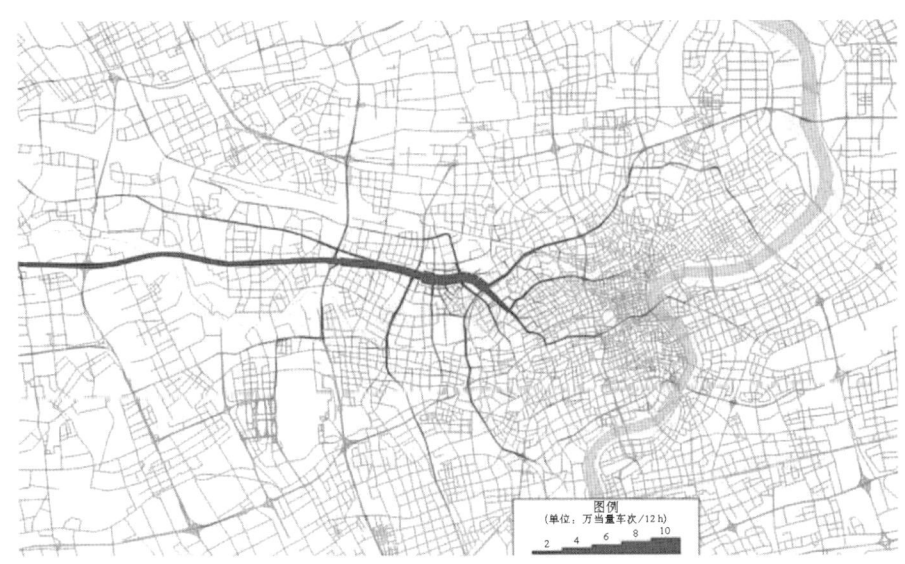

图 5-33　武宁路快速化改建工程施工前路网运行状况（模型模拟）

2. 武宁路周边道路状况

武宁路以北区域没有贯通性平行道路，以南区域只有金沙江路，但相距在 1.5 km 以上，且拥堵状况比武宁路更为严重，过境性交通分流可能性较小。总体来看，武宁路地区路网不完善，尤其是曹杨路到内环高架的区域内，支路网络不完善，支小道路狭窄，通行条件差，难以发挥分流过境和集散到发交通的作用。施工期间武宁路周边路网格局见图 5-34。

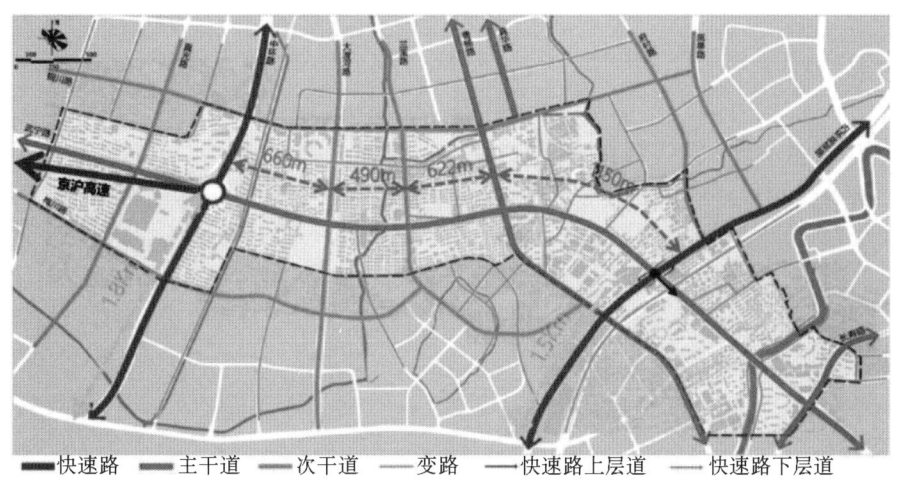

图 5-34　武宁路快速化改建工程周边路网概况（2016 年）

3. 武宁路沿线公交运营现状

武宁路沿线分布有 8 个公交站点，每个站点公交线路数量如图 5-35 所示。武宁路公交线路最集中的路段单向有 18 条线路通行。施工期间若采取封闭作业将对公交运行产生极大影响。同时，每个阶段施工围挡区域发生变化，公交站点需随着施工围挡动态调整。

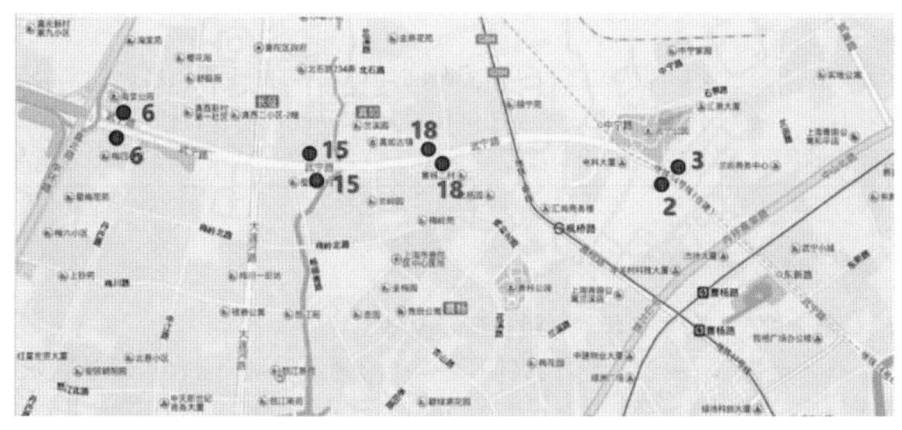

图 5-35　武宁路快速化改建工程施工前公交站点分布图（2016 年）

4. 周边建（构）筑物可用空间分析

武宁路施工区域沿线自曹杨路以西段分布诸多居民小区，曹杨路以东沿线分布大型科研办公企业及政府单位，沿线建筑物密布。两侧可用空地紧张提高了管线搬迁的难度，也限制了施工场地的使用。在维持施工必要的作业面之后，须最大限度利用既有道路空间设置双向 6 车道至 7 车道便道，维持武宁路必要的通行功能。

5. 周边行人过街设施影响

由于武宁路道路等级相对较高，沿线控制开口，行人穿越马路须通过交叉口人行道或通过天桥通行。对过街人流量进行统计分析，武宁路沿线各交叉口行人过街量较高，单个交叉口高峰过街人流量在 2 000 人次/小时以上,表明武宁路两侧居民区、大型企业生活和工作通行的需求量大。

6. 周边有多个重大建设项目同步施工

武宁路沿线同时有多个重大工程项目同步建设,交通矛盾有所叠加。如轨道交通 15 号线大渡河路站,轨道交通 14 号线中宁路站、东新路站、长寿路站等施工,也占用了武宁路和相交道路的道路空间,对武宁路产生新的压力;而轨道交通 14 号线真如站施工封闭铜川路交通,也降低了武宁路施工期间路网分流的潜力。这些建设项目存在叠加影响,故需要对各项目的施工进展做统筹协调。

7. 交通影响分析与研判

根据武宁路交通组织,武宁路车道数量从双向 8 车道至 9 车道缩减到双向 6 车道,路口渠化长度也大幅度减少,且车道宽度缩窄,道路线形曲折。经分析评估,武宁路整体通行能力下降约 30%。经预测,施工期间武宁路会出现严重拥堵,并会波及至较大范围,如将导致中环线、外环和 G2 入城段的车辆排队拥堵,高峰时段,武宁路拥堵会引发中环线内外圈 1～1.6 km 的排队拥堵;会引发 G2 入城段(江桥—中环线)长时间处于车辆缓行状态,并影响到江桥收费口往市区方向的车辆通行;会引发外环线内圈和外圈均 1 km 左右的排队;会引发内环线武宁路上下匝道处约 2 km 的排队拥堵。由此可见,武宁路施工期间带来的交通连锁影响较为严重。

武宁路施工不仅引发相邻快速路和高速公路的拥堵,也对沿线居民出行带来影响。经预测,施工期间,武宁路上行驶的公交线路平均延误增加 23 min,公交出行时耗明显增加。社会车辆平均延误时间增加约 17 min,出行感受会明显下降。行人和非机动车通行环境品质也明显下降,部分路段人行道宽度仅为 1.5 m,非机动车道宽度仅为 2 m,通行舒适性下降。

5.8.3 武宁路交通组织方案设计

1. 细化每个施工阶段交通组织,做到预案完备

在武宁路快速化工程的设计阶段就启动了施工交通组织研究。结合设计和施工设想,提出了武宁路交通恶化的预警。同时提出了道路扩容、流量管控、施工工艺改进等方面的方案。有关部门分项研究加以落实,确保在施工前对交通问题进行梳理,并制定应对措施。

通过前期研判,有关部门都认识到武宁路施工影响程度大,需要采取综合疏导策略。在交通组织研究中,提出了路网改善建议,如提出了真华南路(曹杨路—武宁路)提前辟通建成的方案;提出了武宁路施工期间采取高峰时段限制外牌车辆通行的建议。其中真华南路辟通建议得到落实,在施工前就启动了建设,并在施工阶段发挥了分流作用。

在前期研究中,提出了武宁路施工期间实施早晚高峰时段禁止外省市号牌车辆通行的管理措施。根据调查,武宁路高峰时段外牌车辆占比达到 25%。限制外牌车辆通行后,可以明显减少武宁路高峰时段的车流量,减轻武宁路的交通压力和缓解拥堵。武宁路外牌限行措施提出后,有关部门进行了讨论,当时认为还不具备实施条件,没有被采纳。2021 年 5 月 6 日,上海实施了外牌车辆高峰时段不能进入内环以内所有道路的管控措施。这条措施的实施也考虑了上海大面积施工的因素。这条措施实施后的初期,武宁路早晚高峰时段的车流量明显降低。

2. 最大限度压缩施工围场，为交通留出更多空间

在前期和施工阶段交通组织研究中，结合武宁路交通特点和施工工艺，提出了武宁路施工区段始终保持双向 6 车道的最低通行要求。同时，考虑到施工质量和安全，局部道路空间受限节点，车道宽度压缩为 3 m，其他路段车道采用 3.25 m。两侧人行道和非机动车道宽度不小于 4 m(可实施并板)，局部受限路段，人行道和非机动车道宽度不小于 3.5 m。此外，施工工艺优化，使得翻交道路线形顺直，保证行车安全。在主要交叉口，如真华南路交叉口等，尽量设置渠化车道，提高转向车辆的通行效率。武宁路各阶段施工翻交道路的交通组织图如图 5-36—图 5-38 所示。

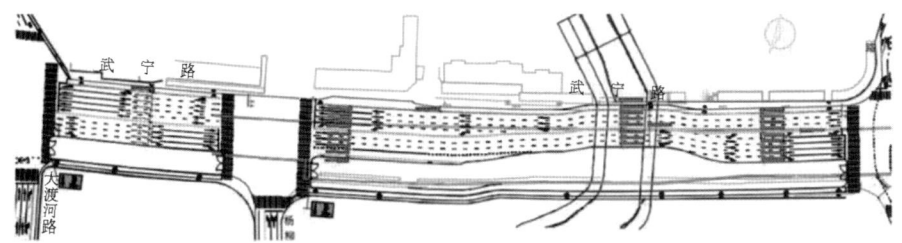

图 5-36　武宁路(大渡河路—杨柳青路)翻交交通组织图

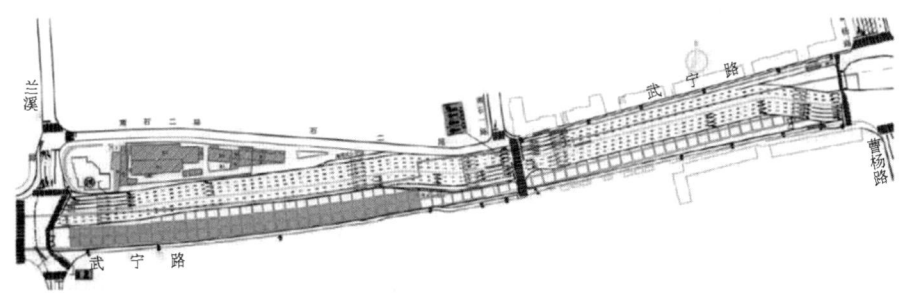

图 5-37　武宁路(兰溪路—曹杨路)翻交交通组织图

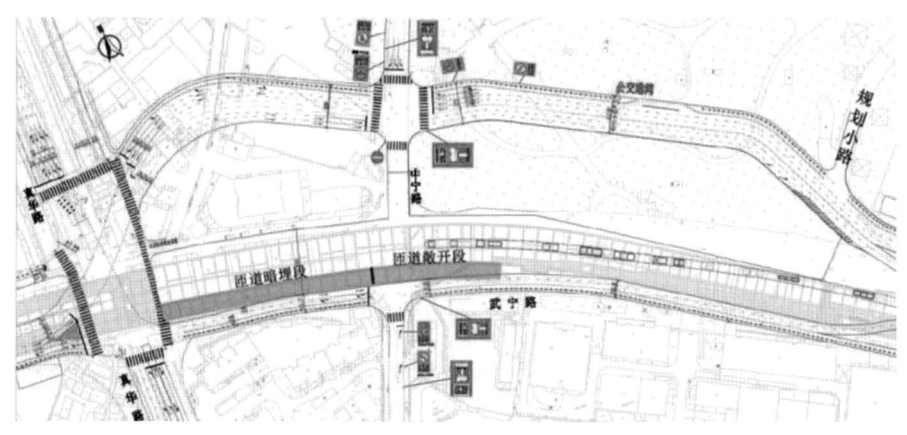

图 5-38　武宁路(真华南路—中山北路)翻交交通组织图

3. 与其他建设项目协调统筹推进

武宁路快速化沿线有轨道交通 14 号线车站和轨道交通 15 号线车站施工，三个项目在施工用地上有重叠，为了避免对交通产生叠加影响，在施工交通组织研究中，首先根据各工程进度要求和具体施工步骤，细化各阶段快速化和地铁车站的施工搭接，并以此为基础确定施工围场形态。经过充分研究协调，在优先保证轨道交通 14 号线和 15 号线车站施工进度和质量安全的基础上，武宁路快速化与地铁车站重叠部分采取同步施工或者延迟施工的方法，使得各项工程有序推进。

4. 多种交通疏导措施集中使用，最大力度疏导交通

在武宁路施工交通组织中，为了提高通行效率，几乎把所有交通管控的手段和方法都运用了。如可变车道的实施，在局部施工区段，武宁路可实施 7 车道，根据武宁路潮汐特征，阶段性地采用了可变车道管理措施。其他如支路交叉口禁止左转、主要交叉口设置待行区、信号灯绿波放行等手段和方法都得到运用。

5. 公交线路仅做微调，居民公交出行影响可控

武宁路施工期间原则上不调整公交线路的走向，仅对部分站点进行小范围迁移。在具体实施中，仅在曹杨路封闭交通时，以及武宁路/中山北路环岛施工期间，部分公交线路不得不绕行。经统计，武宁路快速化施工期间，共有 8 条公交线路受武宁路/中山北路环岛转向限制进行绕行，绕行距离较短，对乘客出行影响较小（在第 4 章有专题介绍）。

5.8.4 方案实施效果评估

根据施工期间便道设置情况，第一阶段施工期间，武宁路将由现状双向 8 车道缩减为 6~7 车道（交叉口由双向 9 车道缩减为 7~8 车道），加上道路线形曲折等因素，武宁路施工期间总体通行能力将降低 30%。为此，对武宁路施工后道路运行状况做了预测分析（图 5-39）。

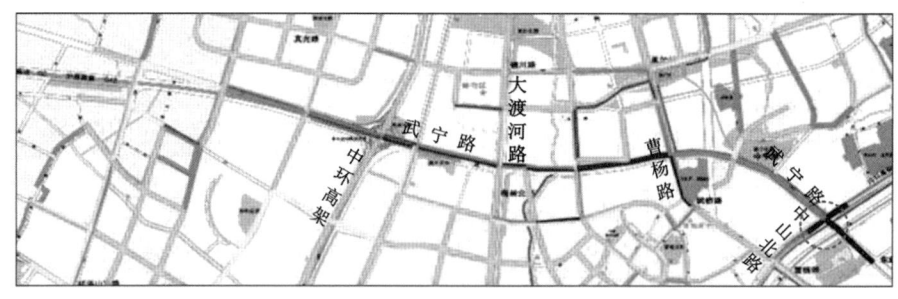

图 5-39 武宁路施工期间交通组织方案影响分析评估（预测）

根据现状流量进行测算，武宁路高峰期间道路饱和度将超过 1.1，平均延误将达到 20 min。另外，轨交各车站以及北横通道工程也在同步进行施工，预计整个中心城中部条状带都将处于交通严重拥堵状态，包括北横一线、延安路、延安路高架、武宁路、大渡河路等干道。武宁路快速化改造开工后对武宁路以及周边区域将造成重大交通影响。

通过流量预测分析,由于武宁路通行能力降低,导致大量交通绕行周边道路,武宁路自身流量下降幅度约为25%,周边道路压力随之明显增加。较大范围的路网会受到影响。图5-40为武宁路快速化施工后区域路网流量变化的预测图。红色代表流量增加的道路。从预测结果来看,武宁路影响范围很大。

图5-40 武宁路施工期间外围道路流量变化预测图①

武宁路快速化改建工程开工后,研究团队开展了跟踪调查。从2017年、2018年、2019年、2021年(5月前)的调查结果来看,施工期间,武宁路全天车流量减少了14%左右,高峰时段车流量仅减少8%左右。施工期间,武宁路原有交通没有大量绕行,近86%的出行量仍选择武宁路通行,武宁路施工对周边道路的影响范围实际是较小的、可控的。

从车辆延误来看,武宁路施工后,工作日常态早晚高峰,小客车延误时间比施工前增加了约14 min,公交车增加了约18 min,道路拥堵还是加剧的,但略好于预期。

受2020年初新冠肺炎疫情影响,以及2021年5月上海实施外牌车辆高峰时段禁止进入内环线以内道路的措施等影响,2021年武宁路全天车流量较施工前下降约18%,高峰时段车流量下降约7%。这也表明,武宁路对外交通的出行量有一定下降,但市内交通的出行需求变化不大。

5.8.5 案例经验与启示

武宁路施工现已实施前两个阶段,目前正处于第三阶段。根据前两个阶段的运行效果进行总结,可看出施工期交通组织能够有效减少施工对沿线住宅、单位出行交通的影响。同时该项目采取阶段细分,最大限度争取道路空间资源的利用。整体来看,武宁路施工虽对相邻道路造成一定程度的拥堵,但对全域交通尚未造成严重影响。对该项目经验与启示进行总结如下:

---

① 彩图参见附图7。

（1）全过程开展施工交通组织研究,使得交通组织措施"组合拳"更有力有效。由于在设计、施工阶段全过程开展交通组织研究,可以有时间对路网容量提前实施增能,也可以对整个建设项目进度和各阶段施工要求做统筹安排,有利于施工推进和交通组织的合理落实。

（2）施工交通组织精细化研究和设计,确保设计方案满足交通出行特征和需求。交通管控措施的综合使用,力保施工区交通运行基本正常。

（3）信息化手段的应用可以提高分析精度,准确研判交通影响。在施工管控措施方案比选时可使用宏观路网模型和微观仿真技术,合理评估施工影响程度,为制定合理交通组织方案提供依据。

5.9 | 本 章 小 结

本章围绕干道施工类型,对干道施工交通组织原则、干道交通组织编制内容和流程、技术手段及方案实施保障措施等内容进行总结。以北翟路快速化改造工程、轨道交通 13 号线南京西路站与大中里地块同步建设、武宁路快速化改建工程施工交通组织方案为例,对干道项目交通组织方案编制流程、技术方法及实践过程进行说明。

参考文献

[1] 陈剑华.城市道路施工的交通安全分析与对策研究[D].济南:山东大学,2009.
[2] 安文娟,谯志.城市干道占道施工交通组织方法研究——以重庆鹅公岩大桥钢桥面翻修施工交通组织为例[J].公路交通技术,2014(04):153-157+163.
[3] 毛慧,谢志明.大城市地铁施工期间道路交通组织的方法探讨[J].重庆交通学院学报,2001(02):54-57.
[4] 张水潮,季彦婕,施斌峰,等.交通组织设计[M].北京:人民交通出版社,2016.
[5] 褚杰华.分析路面大修设计方案与施工交通组织[J].居舍,2019(02):83.
[6] 杨友仉.主辅路共板城市干道设计分析[J].城市道桥与防洪,2019(05):9-13+6-7.
[7] 任璐.城市轨道施工对道路交通影响及交通组织方法[D].西安:长安大学,2017.
[8] 马静.城市轨道交通建设期间地面交通组织管理技术方法研究[D].西安:长安大学,2014.
[9] 朱光远,肖慎.城市道路改造工程施工期交通组织设计研究[J].现代交通技术,2012,9(02):75-79.
[10] 吴晓峰.城市道路精细化设计案例分析[J].公路与汽运,2016(06):55-57+95.
[11] 王洋.北京市部分拥堵点段交通疏堵改造工程案例研究[D].北京:北京工业大学,2015.

第 6 章
重大通道施工交通组织

重大通道建设项目是对在城市既有高速公路、快速路、主干道进行改扩建，或是重要立交改造建设，是影响范围较大的施工类型。这类建设项目所在通道承担着城市对外联系或市内各区域间重要的快速化通行功能。重大通道施工交通组织过程中存在交通诱导复杂、仿真建模难度大、项目周期长、分段施工、子项目繁多等难点。如果缺乏完善的交通组织设计方案，会大大降低城市对外联系的便捷性，也会极易产生市内区域路网大范围系统性的拥堵。本章详细阐述了重大通道施工交通组织设计基本原则，结合重大通道施工项目多年的交通组织经验，建立了相关的设计流程以及评价方法。重大通道施工交通组织研究过程中，重点对交通影响范围的分析和影响范围内交通流量的仿真预测，制定完善的交通诱导或者外围绕行组织方案，以及施工实施后后评估等工作作了介绍。最后以外滩综合改造工程（外滩隧道）、G15嘉浏段拓宽改造工程、济阳路快速化改造工程和S20外环隧道大修工程为典型案例，分析说明重大通道施工交通组织设计方法。

6.1 重大通道施工交通组织原则

重大通道建设项目具有影响范围大、施工类型多样、交通组织复杂等特征，交通组织一般遵循的原则如下。

（1）最大限度维持自身既有交通功能的原则。重大通道一般是城市快速路、高速公路或者是主干道，承担复合型功能。重大通道交通运行状况直接影响相关区域的经济活动和市民出行。在施工交通组织研究中，一般首先遵循施工期间"占一还一"的原则，最大限度维持重大通道的通行能力，避免交通矛盾扩散。

（2）重大通道施工路网疏导原则。重大通道施工交通组织在贯彻"占一还一"的基础上，在一定范围内实施路网分流的措施，为重大通道施工减负，也同时为重大通道施工期间应急处置和交通疏导提供备用路径。路网分流原则在一定程度上发挥了减负和应急的功能。

（3）重大通道施工交通安全优先原则。重大通道施工通常是快速路、高速公路或者是主干道的关键节点。这类施工项目道路等级高，运行车速快，道路设施安全设计标准也较高，交通安全是首要关注的。和一般干道交通组织不同，一般干道因设计车速较慢，道路线形曲折对交通安全的标准要求相对也较低，而重大通道施工交通组织更关注行车安全，需要确保施工期间车辆事故量不上升。因此，重大通道施工交通组织重要内容之一是施工期间车辆事故应急处置和救援研究，并需要检验临时翻交道路行车安全方面的设计指标。

6.2 | 重大通道施工交通组织研究内容

6.2.1 现状交通调查及分析

重大通道施工类型项目交通调查的内容和方法与第4章内容相同。重大通道施工类型项目交通调查的不同之处在于四方面：一是需要确定施工影响的范围，以便交通调查时可以覆盖到研究区域的所有道路。施工影响范围的确定需要定性分析和定量分析相结合。先根据施工最不利情况，利用预测软件预判施工占路后路网运行变化情况和范围，判断可能影响范围后再对涉及道路开展详细调查。二是需要对沿线和影响范围内重要节点开展调查，如：高速公路的服务区、匝道出入口、应急保障设施等调查；分流地面道路（郊区公路）沿线村庄禁货措施等调查。这些调查资料都是为交通组织提供依据。三是对通道车辆出行OD的分析调查，为之后的仿真建模预测流量提供基础数据，尤其是高速公路、快速路等重要通道交通组织，更需要精准的流向数据作为基础。四是调查范围明显扩大。以对机动车流量的调查为例，单点施工区只需调查路口相关的流量，干道施工区则需对连续3～5个关联路口进行调查，而通道施工区则需对周边影响区域范围，有时甚至整个关联区域内道路进行调查。

6.2.2 重大通道施工交通组织难点问题

施工交通组织研究时，一般存在如下几个难点问题：

（1）交通预测和仿真难度大。重大通道中的高速路和快速路是市域的快速干道，高速公路（快速路）车辆进出匝道的汇入合流和交织等行为是影响运行效率的关键。施工交通组织研究时需要对高速公路（快速路）出入口和立交车辆通行的影响做预测分析，并预判车辆通行的安全性。高快速路仿真精准性主要参数一是道路设施参数，二是驾驶员行为模型参数。道路设施参数准确性相对较高，通过设计方案可以进行细化。驾驶员个人行为参数获取较难，需要分别对客车和货车司机的个人行为进行参数标定，尤其在高速公路（快速路）瓶颈点、合流区、分流区和交织区，影响仿真精度的参数更加多样，仿真难度较大，仿真结果的精度误差也会较大。

（2）项目施工周期长。重大通道的施工周期往往比较长，例如外滩综合改造工程从2006年前期研究一直到世博会前开通运营，总共经历了长达5年的跟踪研究分析工作。类似地，延安东路隧道大修从2011年立项起，到2015年3月启动大修，直至2015年年底完成大修，研究分析工作长达5年。这类施工项目通常子项目特别多，每个子项目都对交通带来不同程度的影响，因此在整个过程中，从各个子项目施工之前的方案设计到施工期间的方案调整都需要全程参与。

（3）施工阶段不同交通组织研究侧重点不同。重大通道施工项目往往需要分子项目、分阶段研究。在设计阶段和实施阶段都要充分考虑到各个子项目的需求。项目设计阶段主要配合设计院进行不同方案的对比论证及交通影响分析，为最终的实施方案打下基础，其中包括全封方案、半封方案、夜间施工方案等的可行性论证。实施阶段主要配合施工单位、交警部门以及公交管理部门对各项落地方案进行细化设计、跟踪研究以及适时调整。

（4）施工组织方案比选复杂性高。设计阶段研究交通组织方案时，要综合考虑工程筹划、交通影响、建设成本、社会影响等多种因素。重大通道建设项目一般具有建设周期长、建设投资大、施工难度大、质量要求高、交通影响大等特点。因此,不同部门的目标和要求存在差异。建设单位需要优先确保工程能安全按质按时完成,希望可以适当牺牲社会交通的运行服务水平。而交通管理部门需要保障交通正常运行,不影响社会经济的运行。施工交通组织往往会对施工建设方提出更多的限制,从而使施工投入和进展受到一定影响。这就需要对施工交通组织进行综合评估,权衡各因素利弊,得到各方可接受的方案。上海市高速公路G15嘉浏段拓宽改建、延安东路隧道大修等项目在前期交通组织研究中就开展了综合评估工作。建设成本、施工质量和安全等方面评估的工作由其他相关单位完成。

(5) 交通组织后评估工作量大。重大通道施工交通组织的后评估工作尤其重要,它不仅是掌握施工交通组织实施后交通运行状况的需要,也是及时调整优化交通组织方案的依据。由于重大通道影响范围广、调查工作量大,所以后评估工作往往需要一定的周期。此外,后评估调查也需要持续一段时间,不能仅调查某一天的运行状况。这也就造成了后评估工作量大、出成果相对较慢的客观情况。结合经验,重大通道施工交通组织后评估工作一般可以分为两部分:一是通过观察道路实际运行情况(现象)来进行交通组织方案的调整,这项工作一般需要和交警部门合作,听取一线交警在管理中的情况,做出方案调整;二是开展影响范围内道路运行调查观测,掌握具体运行的状况数据,如车流量、延误等,作为后评估的评判指标。后评估工作在施工交通组织前期就应该事先做好筹划和安排。

6.2.3 重大通道施工交通组织影响评估

施工交通组织影响评估是评估施工方案对交通产生的影响,也是制定施工方案的重要依据。高速公路、快速路等重要通道施工通常会侵占既有道路空间,会采用全封闭或半封闭的方式施工,这给施工区域周边的道路交通带来极大的压力,对道路交通安全也会带来影响。同时,重大通道施工往往需要分阶段、分子项目进行,在不同阶段的交通组织方案不同,会存在交通组织方案的不连续性,造成出行者出行习惯的多次调整。因此,采用精准的模型来分析描述重大通道施工区域在不同阶段对周边交通的影响,对于改善施工期间区域道路交通状况、保证施工的顺利开展是非常必要的。

施工交通组织影响评估的基本方法和技术手段与其他施工类型评估基本相同,也需要宏观模型预测分析和微观仿真测试的结合。重大通道施工交通组织影响评估的不同点在于:一是评估的阶段多,不同阶段运行状况需要进行对比,找出最不利的阶段并依此配套最完备的组织方案;二是评估的目标会有差异。不同阶段交通组织的目标会有一定差异,评估的参数权重也应调整,如前一阶段可能以保畅为重点进行评估,后一阶段可能以交通安全为优先进行评估等等。不同阶段评估重点的差异需要关注评估指标的前后连贯性和连续性。

6.2.4 交通疏导管理

重大通道施工的影响区域往往较大,对道路交通运行会造成不同程度的压力。重大通道施工交通组织必须从系统的角度出发,提出科学合理、完整连贯的交通疏解方案。

1. 市域范围交通分流诱导措施

基于对市域路网功能结构、交通主要的吸发点、交通流构成特征的分析,结合重大通道施工期间对市域交通的影响分析,通过设置更大范围市域级诱导标志标牌引导车辆大范围分流,从市域主要对外道口层面对交通总量进行控制和疏导。

2. 区域层面交通分流措施

在重大通道施工项目周围区域,需依托主次干道进行逐级诱导分流,结合施工区域道路等交通设施情况,对施工区域内的道路路权重新分配,并根据施工期间实际情况对车道宽度进行优化设置;依据施工期间交通流量大小和转向的变化,优化调整既有道路的交通组织模式。通过优先设置单行道、可变车道、专用线路等方式来改善交通运行状况,减少交通延误,进一步挖掘交通系统供给的能力,优化区域的交通控制系统。加强交通信号组织、优化信号配时,提高交叉口通行能力,均衡路网交通压力,减少路网上交通瓶颈数量。

3. 交通需求管理措施

在交通组织方案中,无论采用何种疏解方案均无法从根本上改善交通运行环境,在交通组织方案中应加强交通需求管理。需求管理主要是通过车种管控、尾号限行、高速公路收费优惠、错峰出行以及重点路段限行等措施,在时间和空间上对交通流进行分离,引导车辆合理使用,降低路网压力。

交通总量控制就是在满足市民刚性出行的基础上,最大限度地减少交通参与者的数量,缩短交通参与者的出行时间,减少交通参与者占用道路资源的面积。通过城市范围交通诱导分流来限制过境交通和入境交通、对车辆进行车牌号限行、允许多人共乘和合乘制、限制停车范围、利用停车收费等措施来对城市范围内交通总量进行控制,在满足刚性需求的同时最大限度地降低总交通需求。

4. 公共交通调整方法

公共交通调整主要是线路绕改道以及车站位置临时改迁。公交调整方法和关注重点与第4章的表述一致。在重大通道施工交通组织中,受制于重大通道周边路网稀疏等状况,公交改道产生的绕行距离很长,对乘客出行十分不便,因此,重大通道施工期间,公交线路一般优先保持原来的运行模式,不做调整,不降低公交出行者的服务水平。

5. 货运交通组织

货运交通组织涉及两方面的内容:一是重大通道施工本身产生的货车进出流线组织;二是重大通道过境的货车交通组织。货车交通组织会影响通道车辆行驶安全以及交通畅通,也是交通组织关于交通运行效率与安全的研究组成部分。

6.3 | 重大通道施工交通组织方案仿真分析与后评估

6.3.1 重大通道施工交通组织宏微观交通影响分析方法

重大通道施工交通组织影响分析评价以宏观为主、微观为辅。宏观分析工作包括区域交通影响模型构建,不同交通组织设计、诱导及绕行方案下的交通影响分析评估。

微观分析研究工作包括:掌握现状交通状态,构建仿真路网模型,输入施工交通组织方案,定义仿真参数与仿真收敛条件,仿真输出评价结果和优化建议(图 6-1)。

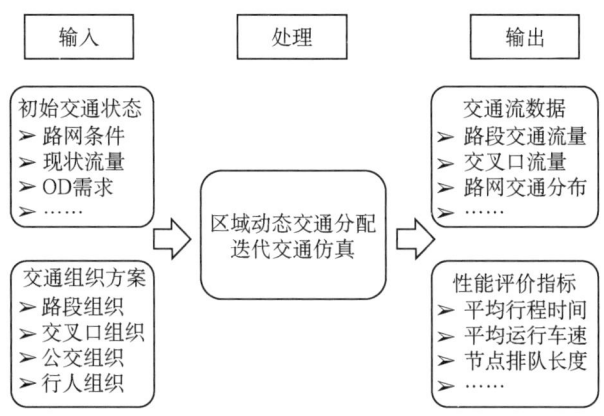

图 6-1　仿真技术过程

在具体的仿真过程中,要注意如下三方面:第一,要全面掌握施工影响区域范围内的现状交通状态和交通特征,为下一阶段构建仿真交通模型提供基本交通参数。在建立模型时要对路网进行抽象处理,同时根据现状交通调查获得的路网属性和交通参数等设置模型。第二,输入的交通组织方案主要包括分流绕行道路情况、节点优化策略、公交和人行设施调整方案等。第三,交通组织方案的评价主要包括路网流量、路网平均运行速度、路段服务水平等指标。根据这些输出结果,为方案决策提供数据支撑。交通组织决策过程如图 6-2 所示。

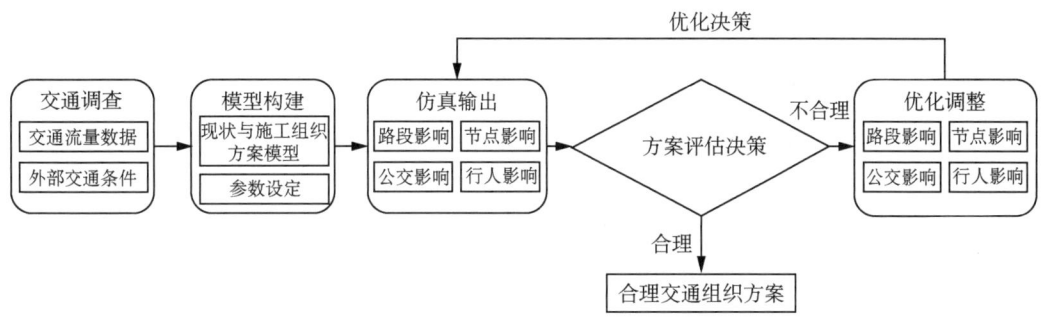

图 6-2　交通组织决策过程

6.3.2　重大通道施工交通影响区域划分

重大通道施工交通组织影响分析时,需要路网流量和车速等基础数据。高架道路主线和节点流量及车速数据来自上海市城市交通信息中心所提供的线圈数据;地面道路车速数据为上海强生控股股份有限公司提供的浮动车数据,地面道路流量主要是实测数据和现状模型数据。采用施工前后对比分析法,可以确定施工的交通影响范围,根据如下公式确定交通直接影响范围和交通间接影响范围。

$$\Delta v = \frac{v_f - v}{v}$$

式中，v_f 为开始施工后速度；v 为施工前速度；Δv 超过 20% 的区域为交通直接影响区域，Δv 在 10%~20% 之间的区域为交通间接影响区域(图 6-3)。

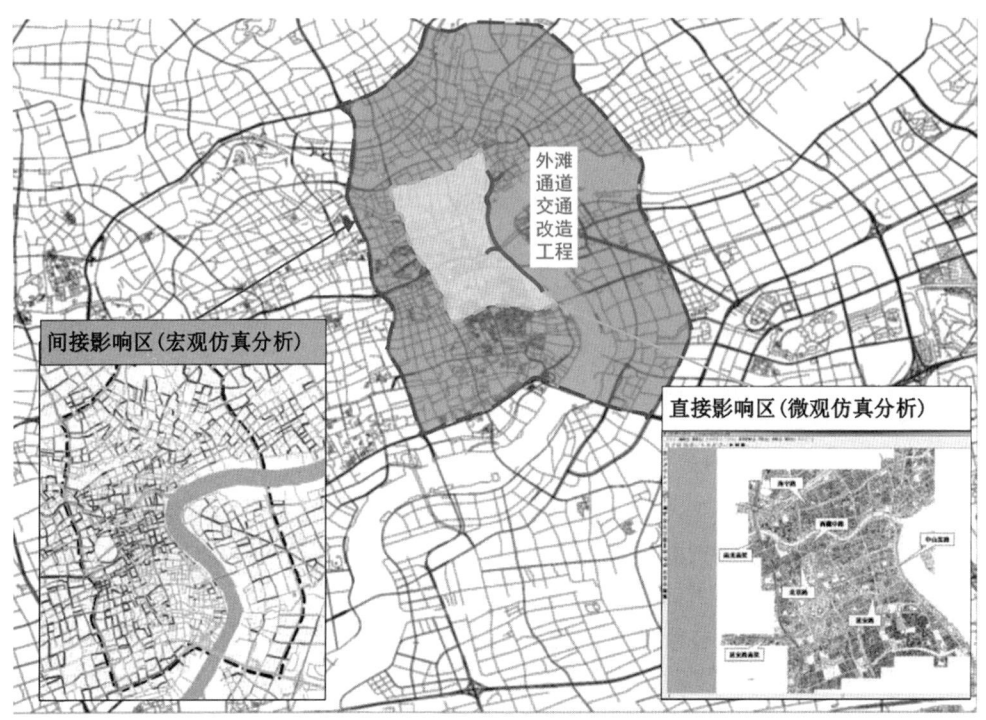

图 6-3　上海外滩通道交通改造工程的直接影响区及间接影响区预测图(2007 年)

6.3.3　重大通道施工交通组织后评估方法

方案后评估是对施工前后道路延误和交通拥堵影响实际状况研究，是对交通组织方案实施后效果和实际作用进行评估，是交通组织方案中不可缺少的组成部分，具体的工作内容有：①汇总施工期间具体实施的交通措施；②测算施工期间道路、交叉口的车流量及车速；③确定由于施工造成的具体影响范围；④调查分析影响范围内的区域交通拥堵率、区域平均速度等指标。

1. 影响范围内施工前后总体流量变化情况

交通流量调查是施工方案评价的基础。首先计算道路饱和度，对拥挤状况进行评价，可以绘制出总体的流量分布图(图 6-4)。

2. 施工前后工作日、双休日交通运行状况及比较

交通运行状况主要从平均行程车速和交通拥堵两方面进行评价。基于调查的数据，可以绘制出施工前后的早晚高峰时段车速示意图来反映施工前后的变化(图 6-5)。

图 6-4　施工前工作日延安东路下匝道及外白渡桥的流量分布图（2007 年）

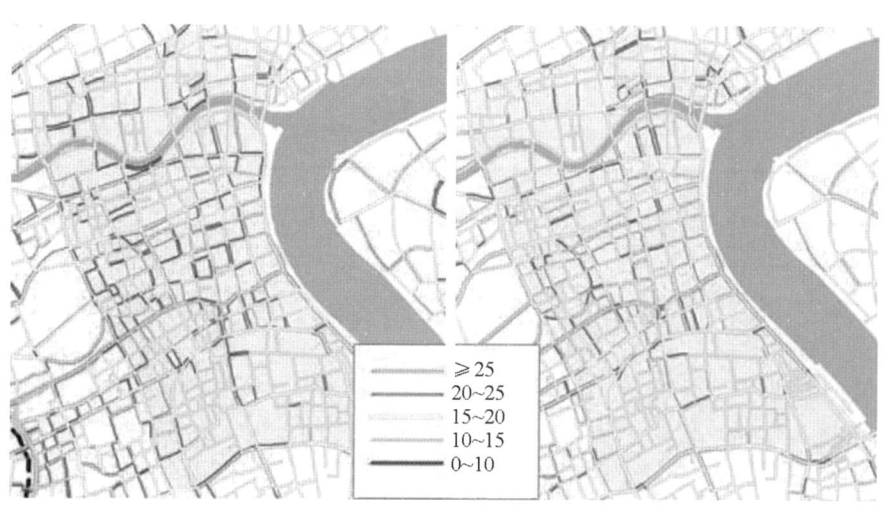

图 6-5　外滩通道施工前后早晚高峰时段车速图

3. 施工前后工作日典型路段拥挤状况对比

通道施工项目会直接影响到的节点大多包括高架、隧道、地面道路等，应逐一分析各个路段早晚高峰的交通运行情况，包括流量下降情况和拥堵情况，考察交通管理措施的有效性。

4. 施工前后工作日典型节点拥挤状况对比

节点的通行能力会限制路网的通行能力，因此施工后也应对节点的通行能力进行评价，包括对高架道路上下匝道节点、越江隧道节点、周围地面道路节点进行评价。通过流量分析和速度降幅判断施工对关键节点通行能力的影响。

6.3.4 重大通道施工交通影响评价指标

1. 长时间、大面积拥堵评价指标

为了对上海道路交通的拥堵状况进行科学地分析与评价,避免长时间、大面积交通拥堵异常情况的发生,并能在发生异常交通拥堵状况时及时预警、快速反应、控制发散,最大限度地减少对道路交通系统性的负面影响,上海市交警总队会同上海市城乡建设和交通发展研究院共同研究了一套具有上海特色的、操作性强的交通拥堵评判方法和长时间、大面积交通拥堵评判指标,为交通组织管理工作的有效评估提供了依据(表6-1)。评价方法采用的指标如下:①行程车速——评判交通拥堵;②拥堵持续时间——评判长时间交通拥堵;③拥堵长度、关联影响率、区域拥堵率——评判大面积交通拥堵。

表 6-1　　　　　　　　　　　　长时间、大面积交通拥堵指标值

道路类别		时间分类	拥堵指标 平均行程车速 /(km·h^{-1})	时间指标 拥堵持续时间/min	大面积指标 拥堵率	大面积指标 连续拥堵长度/km	大面积指标 关联影响率
高架道路		高峰	<20	>T_{110}+30		>8	
		平峰		>50			
外环线		高峰	<20	>T_{210}+30	—	>10	>50%
		平峰		>50			
越江桥隧		高峰	<20	>T_{310}+30		>6	
		平峰		>50			
地面道路	内环内	高峰	<10	>T_{410}+30	>20%	—	>50%
		平峰		>50			
	内外环间	高峰	<10	>T_{510}+30	>10%		
		平峰		>50			

注：T_{ij0}为道路路段常发性交通拥堵一般持续时间。
　　i代表不同等级道路,1高架,2中、外环线,3越江桥隧,4中心区主要道路,5外围区地面主要道路。
　　j代表高峰时段与平峰时段,1高峰时段,2平峰时段。

2. 道路通行能力保持率

主要反映施工期间相关道路交通损失程度以及施工期间道路空间完好率,一般以车道数或者车道宽度来反映。施工期间,交通影响节点的道路车道数越多或车道宽度保持正常,相应的交通通行能力损失就越少,施工对交通负面影响就越小。

3. 行人交通、公交、自行车保证通行程度

主要反映交通影响节点地区，市民大众主要交通出行工具受影响程度。上海居民交通方式中，步行、自行车、公交和出租车方式出行量占总出行量的85%左右，是城市交通出行的主体。施工期间道路交通应优先保障交通主体的正常通行。

4. 地区平均车速

主要反映施工期间交通影响地区道路车流通畅程度、车辆因施工而产生的延误程度。一般以道路平均车速和平均车辆延误耗时来反映。

5. 地区道路饱和度

主要反映施工期间影响区域道路能够供应的设施容量，以及设施容量与车流量之间的供需矛盾。道路饱和度越大，表示道路车流量越接近道路设施的设计承担能力，同时也反映了道路交通车流量密集，交通繁忙。饱和度数值越大，道路设施的容量潜力越小，道路运行水平越差。

6. 对周边道路影响幅度

主要反映施工期间，某个节点交通问题"波及"周边道路交通的范围广度。一般通过车流量在路网中的模拟分析来判定。如果因某个交通节点问题引发更大区域的交通矛盾，那么，这一节点的交通改善措施实施的必要性和紧迫性十分强烈；如果某一节点的交通问题不会引发大范围的区域交通矛盾，那么，这一节点的交通改善措施力度可以相对小些。

6.3.5 评价结果分析

可以从宏观和微观两方面进行方案评价。

宏观方面：需要通过交通软件对整个交通组织方案进行施工期间的交通流量分配，统计出施工期间各条道路的具体流量，计算各道路施工期间的道路饱和度，从中比较施工前后道路流量变化情况。

微观方面：对重要节点进行微观的交通仿真，模拟施工期间车辆的运行情况，包括车速、延误、拥堵状况等，从中分析出施工对节点交通造成的影响程度。

6.4　案例选择说明

重大通道施工交通组织以外滩综合改造工程"心脏搭桥手术"式施工、上海对外高速公路主通道G15嘉浏段拓宽改造、中心区越江快速通道济阳路快速化改造和S20外环隧道大修四个重大建设项目为案例，介绍施工交通组织的技术方法和经验。这四个施工交通组织案例都各有特点（表6-2）。

表 6-2　　　　　　　　　四个重大建设项目施工交通组织案例对比

案例	外滩综合改造	G15 嘉浏段拓宽改造	济阳路快速化改造	S20 外环隧道大修
不同点	该项目包含多个子项目，交通组织复杂且难度大。施工阶段多、影响范围大，涉及黄浦区、浦东新区、虹口区等道路分流疏解。该项目侧重于区域交通影响分析，实施较大范围路网分流。外滩隧道竣工通车后，进行了综合后评估	该项目前期进行了"施工和交通"多目标平衡研究论证。后期交通组织侧重于详细工程设计、运行安全保障等研究。采用微观仿真预判施工期间运行状况。分阶段开展后评估	该项目侧重于对交通需求进行调查研判。交通组织分阶段制定相应方案。采取路网改造来提升路网承载力，实施多级交通分流。对每个阶段交通影响进行后评估	该项目是对货车越江主通道进行半封闭施工，路网分流潜力极其有限。利用"节假日低流量时段"施工是主要方式。项目更侧重于前期研判和施工组织的优化
相同点	都是市域、区域主动脉重大通道型建设项目，周期长，子项目和阶段都较多；通行能力都有明显下降，交通影响范围大，采取交通组织力度强			

6.5 ｜ 案例一：外滩综合改造工程

6.5.1　外滩综合改造工程概况

外滩综合改造分为两期：一期主要是外滩防汛桥改造，于 1989 年开工至 1993 年完成；二期主要分为外滩防汛墙提升外移改造、外滩中山东路拓宽改建、外滩绿化景观改造三部分。

图 6-6　2006 年外滩交通状况（"亚洲第一弯"延安东路）

进入 21 世纪，为了迎接世博会，上海再次对外滩地区进行改造，旨在恢复和提升外滩整体风貌，将地面留出更多空间给行人和观光设施，同时新建外滩地下通道，形成连续流，代替中山东一路地面道路，实现人在地面行、车从地下走的格局（图 6-6 为 2006 年外滩交通状况）。

整个工程包含四大项目：一是延安东路"亚洲第一弯"拆除；二是外滩通道新建以及周边路网拓宽改造；三是外白渡桥整体迁移养护和复原；四是吴淞路闸桥拆除。2007 年 8 月 18 日，外滩综合改造工程启动建设。

2008 年 2 月 23 日零点，外滩"亚洲第一弯"的延安东路高架拆除，成为上海迎世博进行外滩综合改造的启动标志。同时，外滩地下通道施工建设启动。外滩地下通道于 2010 年 3 月 28 日通车。外滩地面道路由 11 车道缩减道 6 车道，城市整体风貌更好，游客欣赏外滩景观的体验更好。

2008 年 3 月 1 日开始，外白渡桥封闭交通，同年 4 月 6 日外白渡桥拆移进入上海船厂维修。2009 年 2 月 26 日外白渡桥原址恢复。

2009年10月,外滩综合改造最后一个项目启动,吴淞路闸桥封闭交通并拆除。当时利用修复后的外白渡桥和周边跨苏州河桥梁(乍浦路桥等)分流,也利用延安路隧道—新建路隧道两次越江绕行。

2010年3月28日,外滩通道通车,标志着外滩综合改造工程全面建成,以崭新面貌迎接世博会各方来宾。

外滩综合改造工程项目多,各项目交错叠加,施工筹划难度高,交通影响大,堪称中心区"心脏搭桥手术"式施工。施工交通组织于2006年下半年启动,配合外滩综合改造工程各子项目和各阶段施工要求,编制了交通组织方案。交通组织研究贯穿于施工全过程,历经5年多。外滩综合改造工程区位见图6-7。

图6-7 外滩综合改造工程区位图

该项目施工周期长,施工阶段多,对于周边区域交通影响大,在施工期间,中山东路的道路空间和容量损失近50%,"东纵"南北向交通功能削弱,西藏路以东地区的南北向贯通行道路缺损,并且上海市苏州河交通通道"蜂腰"矛盾进一步加剧。此外,延安高架东段外滩匝道和区段拆除后,大量过境交通需要大范围绕行,给当时世博会前期集中建设大工地的交通格局带来进一步压力。交通组织的难度在于如何处理好施工叠加影响和确保南北向交通基本正常运行。

在外滩综合改造建设同时,周边南北向主干道河南路上也有重大建设项目开工,轨道交通10号线施工以及河南路拓宽工程。河南路桥配合轨道交通10线施工进行改建以及轨道交通10号线天潼路站施工,使得河南北路(七浦路—天潼路)交通中断,造成跨苏州河两岸交通通道的重大缺损。受这两个工程项目的影响,2007—2010期间,上海市CBD地区南北向贯通性干道只有西藏路和南北高架两条道路的空间容量不受损失,东纵四平路—吴淞路—中山东路和河南路整条道路的容量和通行能力都受较大的损失。

另外,作为井字形通道组成部分之一的人民路隧道和新建路隧道也在外滩通道施工期间同步施工,整个外滩核心区多个重大项目在建(图6-8)。

图6-8 外滩综合改造工程周边重大建设项目分布图[①]

---

① 彩图参见附图8。

综上所述，在 2007—2010 年世博会之前的三年内，黄浦区、虹口区北外滩区域、静安区局部以及高架道路的交通将受到极大挑战，浦东新区小陆家嘴地区的交通也受到不同程度的影响。

6.5.2 外滩综合改造工程交通组织研究内容

施工交通组织研究时，采取了"项目统筹、调查详细、组织细化、管理挖潜、设施增能、人力投入"的"组合拳"。外滩综合改造工程交通组织也受到市领导和各部门的重视。为了保障施工顺利推进，各部门协同工作，提供了有力支撑。

1. 交通现状调查

外滩综合改造工程中进行了详细的交通调查。调查范围大，西至南北高架，北至内环线，东至浦东南路和浦东大道，南至中山南路，几乎包含了整个黄浦区以及小陆家嘴和虹口北外滩地区。

当时交通调查还依靠人力来调查，包括主要交叉口车流量调查、道路设施调查、公交线路和车站调查、现状道路早晚高峰运行特征（车速、延误等）调查（图 6-9）、沿线重要企事业单位和社区出入口的出行调查等。

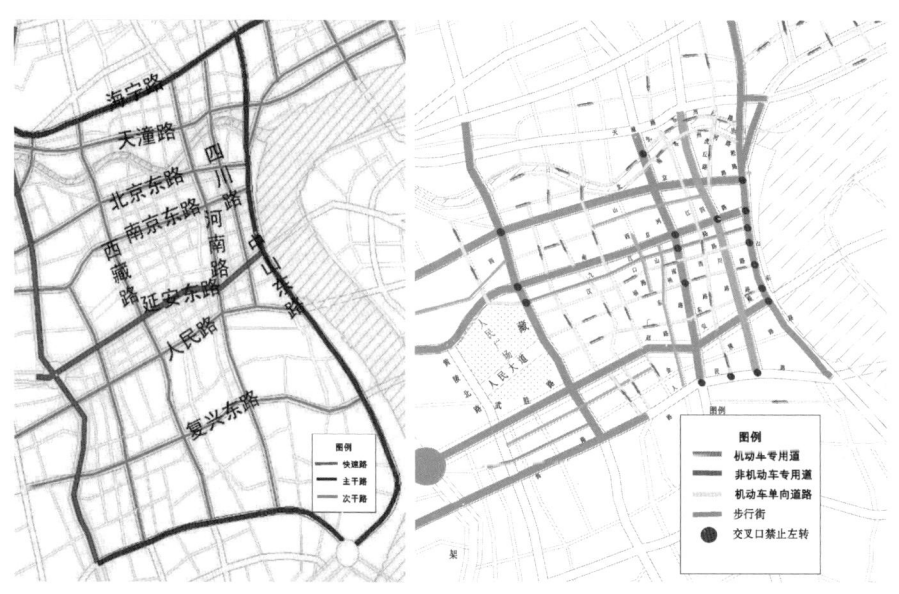

图 6-9 现状道路调查结果（2007 年）

1) 现状道路流量分析

现状流量分析是评判现状道路的拥挤程度以及现状交叉口的服务水平依据，也是施工交通方案研究的基础之一。外滩综合改造工程周期长、子项目多，交通流量调查配合每个施工阶段开展了翻交前后的流量调查和对比分析。外滩地区 2006 年流量调查资料见表 6-3；外滩中山东一路沿线交叉口转向流量调查资料见图 6-10。上海在 2007—2010 年处于大建设状态，很多道路检测设施设备无法正常采集数据，外滩综合改造工程的流量调查范围广，因此不得不投入大量人力。

表 6-3　　　　　外滩周边主要道路 2006 年 12 月断面流量（节选）

道路断面	双向 12 小时		双向高峰小时		饱和度 V/C
	混合流量/ [车次·(12 h)$^{-1}$]	标准小客车/ [pcu·(12 h)$^{-1}$]	混合流量/ [车次·(12 h)$^{-1}$]	标准小客车/ [pcu·(12 h)$^{-1}$]	
北京路（河南路以东）	18 552	20 424	1 874	2 038	0.85
成都路（南京路以北）	25 187	27 352	3 074	3 257	0.81
复兴东路（河南路以西）	40 284	41 791	6 126	6 258	0.96
西藏路（福州路以南）	37 139	41 772	3 730	4 066	1.02
西藏路（曲阜路以北）	27 389	30 832	3 095	3 420	0.86
滇池路（江西路以东）	2 372	2 173	452	343	0.69
广东路（河南路以西）	4 261	4 396	472	482	0.69
河南路（九江路—福州路）	23 186	22 409	2 578	2 338	0.78
金陵东路（河南路以西）	10 083	11 216	1 009	1 106	0.92
九江路（山东路以西）	14 857	15 334	1 548	1 570	0.79
南京东路（河南路以东）	8 104	8 129	884	887	0.63
曲阜路（甘肃路以西）	9 703	8 748	1 011	911	0.96
天潼路（四川路以东）	12 388	13 041	1 247	1 304	0.93
延安东路（河南路以西）	31 874	33 729	3 335	3 531	0.78
浙江路桥	2 499	2 451	316	289	0.96
四川路桥	11 634	12 549	1 407	1 499	0.91

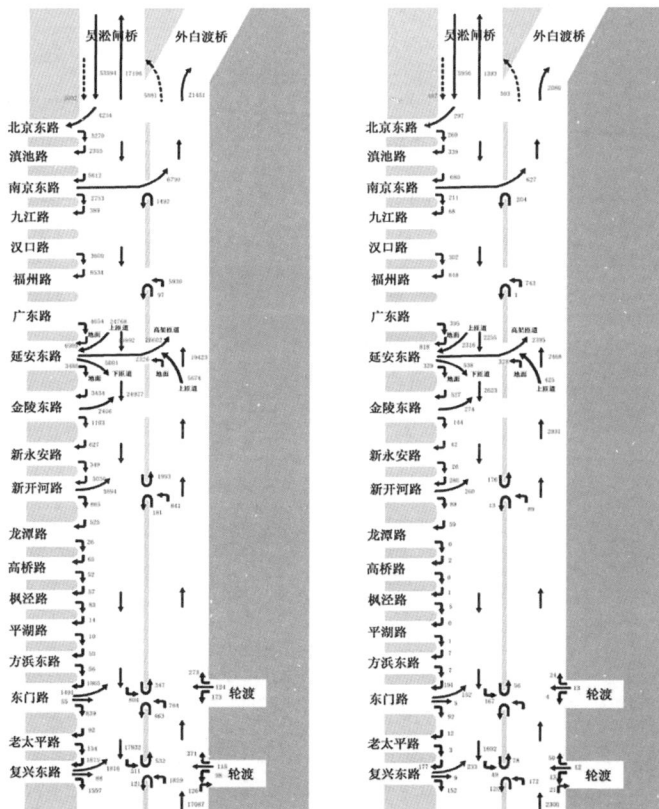

图 6-10　2007 年中山东一路施工前道路流量汇总（左为 12 小时流量，右为高峰流量）

2) 现状公共交通状况分析

根据 2007 年初调查显示,外滩沿线公交线路共有 32 条,其中在调查区域始发线路有 7 条。从 2007 年公交线路设施量来看,中山东路沿线公交线路集中。中山东路相邻的其他干道,如河南中路布设有 13 条公交线,西藏中路布设有 36 条公交线。由此可见,河南路、西藏中路、中山东路是三条公交线路的骨干通道,客运功能很重要。2007 年外滩区域公交线路起终点及线路名称如表 6-4 所示。中山东一路沿线公交设施调查汇总如图 6-11 所示。

表 6-4　　　　　　　　　　　　2007 年外滩地区公交线路构成表

序号	线路名称	起点	所在区域	终点	所在区域	线路类别
1	20	九江路外滩	黄浦区	中山公园	长宁区	始发
2	22	军工路	杨浦区	十六铺	黄浦区	
3	37	齐齐哈尔路	虹口区	美丽园	静安区	
4	42	上海体育馆	徐汇区	广东路外滩	黄浦区	始发
5	55	五角场	杨浦区	十六铺	黄浦区	
6	65	南浦大桥	黄浦区	北区汽车站	闸北	
7	123	运光新村	虹口区	人民广场武胜路	黄浦区	
8	135	黎平路	杨浦区	老西门	黄浦区	
9	503	岳阳医院	虹口区	人民广场	黄浦区	
10	251	威宁路	长宁区	塘沽路	虹口区	
11	305	南浦大桥	黄浦区	火车站北广场	闸北区	
12	307	五角场	杨浦区	十六铺	黄浦区	
13	317	十六铺	黄浦区	平凉路军工路	杨浦区	
14	330	中山公园	长宁区	齐齐哈尔路	虹口区	
15	576	陵兆新村	浦东	曲阳新村	虹口区	
16	868	南浦大桥	黄浦区	松花江路	虹口区	
17	910	五角场	杨浦区	南浦大桥	黄浦区	
18	921	提篮桥	虹口区	中山公园地铁站	长宁区	
19	928	上海火车站	闸北区	南浦大桥	黄浦区	
20	940	军工路机床厂	杨浦区	老西门人民路	黄浦区	
21	126	新开河	黄浦区	虹桥路	长宁区	始发
22	71	延安东路外滩	黄浦区	仙霞路	长宁区	始发
23	145	人民广场	黄浦区	敦化路	杨浦区	
24	316	公交天山场	长宁区	十六铺	黄浦区	始发
25	324	上海火车站	闸北区	南浦大桥	黄浦区	
26	736	老西门	黄浦区	罗山新村	浦东	

续表

序号	线路名称	起点	所在区域	终点	所在区域	线路类别
27	801	南浦大桥	黄浦区	上海火车站	闸北区	
28	926	新开河	黄浦区	上海体育馆	徐汇区	始发
29	934	国顺东路	杨浦区	人民广场	黄浦区	
30	隧道9线	临沂新村	浦东	广东路外滩	黄浦区	始发
31	游8					
32	锦江观光					

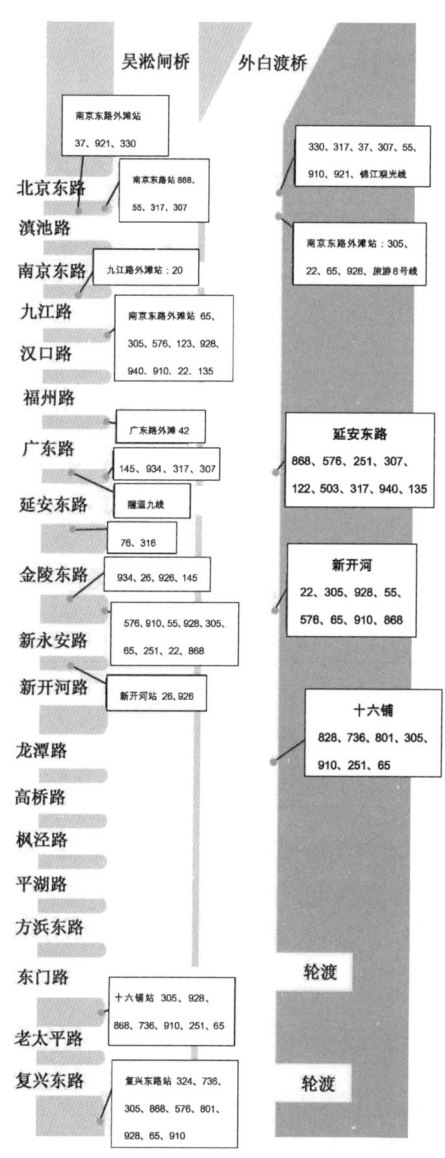

图6-11 2007年中山东一路沿线公交设施调查汇总图

3) 停车设施状况

停车设施按照停车场的用途可以分为自用停车场和公用停车场。自用停车场主要是指不对外开放的配建停车设施;公用停车场则由公共停车场、路外临时停车场、对公众开放的配建停车场和路内临时停车设施组成。

根据上海市第三次交通大调查的资料,河南路—复兴东路—黄浦江—苏州河所围成的主要研究范围内现状共有停车泊位约 4 000 个,其中苏州河—黄浦江—延安东路—四川路区域为 1 700 个左右。从泊位的分布情况来看,由于金陵东路以北的土地开发利用强度明显要高于以南地区,停车需求很高,因此停车供应也相对主要集中于外滩、南京东路、金陵东路地区。

4) 外滩人行过街通道状况

2007 年时,行人穿越中山东一路至外滩防汛堤观光,需要从人行地道通行。外滩通道建设时中断人行地道。因此对穿越中山东路人行地道的流量做了调查。

从表 6-5 来分析,穿越中山东路的行人每小时要接近 8 000 人次,节假日出行高峰更是要突破万人次。从方向上看,西向东方向去外滩观光的人流要明显高于反向人流。从地区分布上来看,还是以南京东路地道流量最大。

表 6-5　　2007 年外滩人行过街地道人流调查汇总

通道名称	方向	人流/(人次·h^{-1})
北京东路地道	东向西	816
	西向东	960
南京东路地道	东向西	1 704
	西向东	2 226
福州路地道	东向西	486
	西向东	612
金陵东路天桥	东向西	420
	西向东	456
延安东路天桥	南向北	223
	北向南	335

外滩综合改造工程交通调查包括道路设施、交通流量、公交状况、停车设施状况和外滩人行过街通道等五个方面,对外滩隧道工程主要影响的中山东路、中山东路周边主要道路以及外滩隧道北段周边道路的断面形式和交通管理与控制、流量情况、路内外停车泊位数、过街通道运行情况进行了汇总。

2. 施工交通组织设计

外滩综合改造工程分了五个主要施工节点,分别是:延安路高架(东段)及外滩匝道拆除节点;南段中山东一路(延安东路—东门路)、北段(苏州河以北)天潼路、武昌路等道路改造;吴淞闸桥拆除节点、外白渡桥拆除节点。施工交通组织围绕这五大节点开展研究。

外滩综合改造工程必须在世博会前全面建成,施工周期紧,再加上外滩黄浦江区域地质条件、周边建筑保护等要求高,施工复杂且难度高,为确保工程安全按质按时完成,交通组织编制时遵循了"确保施工、优先公交、外围分流"的指导思想。同时,在交通组织研究中,始终贯彻"突出重点、逐步递进、统筹协同、措施连续"的原则进行研究。

1) 第一个重要节点施工交通组织——延安高架外滩匝道拆除

2008 年 2 月 23 日实施延安路高架东段和外滩上、下匝道(第一弯)拆除。这是外滩综合改造工程中第一个对交通影响大的子项目。

施工期间,延安路高架西向东至外滩的车辆需从福建路下匝道进入地面行驶。此外,原外滩东向西上延安路高架的车辆需从地面至河南路上匝道进入延安路高架。外滩匝道拆除,会加大以上两个匝道的压力。

受施工要求和周边保护建筑限制,拆除期间延安东路(中山东一路—河南中路)地面保留双向 4 车道,相交路口保证通行。在夜间外运拆解混凝土箱梁时,延安东路(中山东一路—河南中路)部分路段封闭机动车通行。中山东一路(延安东路—福州路)地面保留双向 5～7 车道,在夜间建筑材料运输期间,中山东一路(延安东路—福州路)保留双向 3 车道。

延安东路高架连接中山东一路上、下匝道拆除,由东纵—延安东路高架串联成的快速通道功能削弱,过境车辆需要从外围快速路和其他主干道绕行。为了做好疏导,制定了外围疏导方案。交通疏导的主要方向是通过地面道路,经南北高架后再转入延安路高架,分流外滩中山东一路和延安路东段的压力。交通组织具体措施如下:

(1) 延安东路立交全天禁止南北高架南向东车辆进入延安高架主线,削减延安高架西向东主线交通量。引导车辆由徐家汇路、淮海路、西藏路下匝道通过地面道路分流。

(2) 共和新路立交内环线内圈西向南进入南北高架采取匝道信号灯控制。控制进入南北高架流量,以适应由于延安东路外滩上匝道缺失,由内环高架东北段、中环线北段增加的交通量。同时引导车辆通过沪太路、镇坪路绕行。

(3) 南北高架西侧进入天目立交出口关闭时间由 7:00—19:00 调整为 6:00—22:00。减少车辆交织引起的通行缓慢,加快南北高架主线的通行速度。

(4) 调整南京东路(河南中路—外滩)车道布置,增加一条东向西车道,利用拓宽后的河南中路分担部分原由外滩上匝道进入延安高架的车流量。

(5) 为适应南北高架海宁路上下匝道的绕行压力,海宁路/西藏北路交叉口实施可变车道,根据流向调整直行车道。

(6) 南北高架鲁班路立交实施灯控措施,规范该转盘行车秩序。

(7) 重庆南路/徐家汇路口实施直行待行区,提高路口通行效率。

此外,为了应对超出预判情况的极端交通拥堵,制定了 6 条应急方案,具体方案如下:

(1) 为应对可能出现的延安高架南侧西藏路下匝道和福建路下匝道极度拥堵,将视情况采取白天关闭这两个下匝道的措施,引导车辆由茂名路下高架,进一步削减延安高架西向东主线的交通量。

(2) 为加快南北高架东侧北京路下匝道的通行能力,以及充分利用跨苏州河桥梁,北京东路(西藏中路—河南中路)实施西向东单行道(公交双向通行)、曲阜路(西藏北路—浙江北路)实施东向西单向交通,组成一组单行道。

(3) 视情况开放内环线外圈广中路上匝道,为虹口、杨浦地区的车辆提供通道。

(4) 福建路/延安东路南进口南向东右转机动车禁止进入延安东路隧道,减少地面道路干扰,缓解延安高架福建路下匝道拥堵。

(5) 九江路(西藏北路—外滩)采取可变车道,根据流量调整东西向车道布置。

(6) 关闭延安高架北侧东向北进入南北高架右转匝道,减少南北高架南向北的流量压力。

在实际操作中,应急措施没有被启动使用。由于事先进行了大规模的宣传,提前告知市民交通绕行方式,很多市民通过周边道路绕行,没有发生大面积拥堵,但局部节点如南北高架海宁路上下匝道、延安东路立交、延安高架福建路下匝道等的确出现了较长时间的拥堵,白天始终处于高流量缓行状态。但区域交通和城市快速路(南北高架、延安高架、延安路隧道等)运行仍保持正常。延安高架外滩匝道拆除交通影响得到有效控制。

从施工后流量跟踪调查结果来看,延安高架外滩上下匝道拆除后,外滩中山东一路全天流量下降约14%,绕行的车辆主要从海宁路—南北高架—延安高架绕行;另约80%的车辆仍按照原来路径通行,即从中山东一路—延安东路—河南路上匝道(福建路下匝道)通行,中山东一路的车流量有明显减少;另约6%的车辆可能采取避高峰出行,一定程度上也减轻了外滩地面道路的压力。

施工期间交警部门加大了现场指挥力度,在延安东路和其他分流道路布置了大量警力指挥交通,车辆通行秩序大大改善。施工期间虽然仍出现拥堵现象,但拥堵程度明显好于预期,交通组织方案取得了较好的效果。

2) 第二个重要节点施工交通组织——外白渡桥迁移维修

在延安高架外滩匝道拆除一周后,2008年3月1日实施外白渡桥移桥保护。由于延安高架外滩上下匝道和外白渡桥缺失,市区东北区域和高架系统连接通道减少,东纵(吴淞路—中山东一路—中山东二路)的交通功能进一步削弱,跨越苏州河桥梁缺失,交通系统受到较大影响。

外白渡桥迁移前为南向北单向3车道,虹口往黄浦北向南交通从吴淞闸桥通行。外白渡桥迁移需要解决中山东一路南向北跨苏州河交通。根据当时外滩周边道路设施情况,制定了社会车辆和公交疏导组织方案。

(1) 社会车辆绕行方案:往北至虹口、杨浦区的车辆改走吴淞路闸桥通行;往东北方向至北外滩、杨浦区的车辆主要通过南苏州路—乍浦路桥—北苏州路—大名路—东大名路绕行;吴淞路闸桥南向北调整为两车道,北向南调整为三车道;南苏州路(乍浦路—中山东一路)调整为东向西单向。图6-12为外白渡桥迁移后南向北社会车辆绕行示意图。

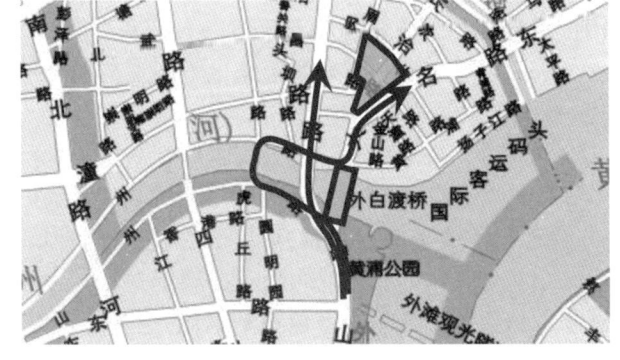

图6-12 外白渡桥迁移后南向北社会车辆绕行示意图

(2) 公交车辆绕行方案:外白渡桥迁移后影响15条公交线路的运营。根据这些公交线路的去向目的地,采取了从吴淞闸桥(2条线路)和乍浦路桥(13条线路)绕行的两条路径;65路、928路由外白渡桥改走南苏州路—乍浦路—天潼路通行;55路、910路往五角场方向,改走吴淞路闸桥通行;135 路、251 路、33 路、37 路、868 路、921 路、934 路由外白渡桥改走南苏州路—乍浦路—天潼路—吴淞路东侧辅道—北苏州路—大名路通行,如图 6-13 所示。

图 6-13 外白渡桥迁移后公交车辆南向北绕行示意图

外白渡桥原南向北社会车辆和公交车辆主要通过北苏州河路—乍浦路桥绕行,因此,对部分道路设施采取扩容改造,以满足分流交通需求。具体工程改造有：

(1) 外白渡桥南桥台下桥洞调头车道改造,拓宽至单向 2 车道,并保证净高满足公交车辆通行要求。

(2) 乍浦路桥载重检测,保证其能满足公交车辆安全通行。

(3) 吴淞路东侧辅道拓宽(压缩天潼路至北苏州路段停车场用地),吴淞路闸桥立柱至东侧人行道侧石间的 11 m 宽度划分车道为 2 条 4 m 机动车道 + 3 m 非机动车道,其中 1 条车道作为公交专用道。

(4) 在周边道路较大范围内设置了交通绕道提示标志及诱导标志,并在施工前通过媒体大力宣传,告知市民及时调整出行习惯。

通过以上措施的准备,外白渡桥迁移后,区域交通在早晚高峰还是出现一定的拥堵(平峰时段运行良好),这一期间,同样受益于交警部门的大力指挥排堵,地区道路运行总体情况明显好于预期,交通仍保持平稳有序的状态。

在延安高架外滩匝道拆除和外白渡桥迁移后,对这两个节点施工前后的交通影响做了评估分析,评估分析可按照 4 个时间段(工作日早高峰和晚高峰、双休日早高峰和晚高峰)来进行分析判断,通过对比分析,评估结果为：

(1) 延安东路"亚洲第一弯"和外白渡桥拆除后交通直接影响范围为中山东一路—复兴东路—西藏南路—海宁路所围合区域,间接影响范围为东方路—中山南一路—重庆南路—中山北一路—大连路所围合区域。直接影响范围与预计情况基本一致,交通影响范围得到有效控制。

(2) 原外滩地面道路总交通量中约 33% 的机动车流量由周边道路绕行分流,高峰小时中山东一路—吴淞路闸桥一线的双向流量由原来的 9 200 pcu/h 降至 6 200 pcu/h。

(3) 原预测外滩施工后中山东路一线流量将分流 40% 左右,预测误差约 17%,基本正确。

(4) 施工后影响区域内道路拥挤程度明显上升,发生局部拥堵加剧现象,但没有出现长时间大面积拥堵,交通局面基本稳定,主要原因是交通本身有其特有的自愈功能。另外,所采取的交通组织及管理措施、高强度的交警管理也很大程度上缓解了该区域的交通矛盾。

（5）施工前工作日早高峰区域拥堵率为27.7%，施工后工作日早高峰区域拥堵率为33.7%，上升率约为21%，施工直接影响范围内拥堵率有明显上升，但是都未达到50%以上的大面积拥堵指标。

（6）对于已实施的交通管理措施分析发现：延安路高架（南北高架以东）流量有明显的减少，延安路高架（南侧西藏路下匝道至福建路下匝道）流量由2 729 pcu/h，降为1 960 pcu/h，降低28%；西藏路下匝道等节点流量有明显增加，流量上升82%；南北高架西侧流量有一定上升，上升比例为2%～15%，但是行车速度略有上升，上升比例为10%～30%。

（7）目前尚未实施强制性的交通管理措施，也说明了交通拥堵问题已经通过路网自身的分流功能得到了缓解。

从道路实际运行情况看，通过相关措施引导，加上交警加派人力在主要分流道路执勤指挥交通，很大程度上改善了行车秩序和通行能力，缓解了施工影响的程度。有了前两个重要节点施工交通组织成功经验后，给后续拆除吴淞闸桥施工交通组织工作带来了信心。

3）吴淞路闸桥拆除

吴淞路闸桥拆除是整个外滩综合改造工程最后一个影响很大的节点项目。为了最大限度降低交通影响，吴淞路闸桥拆除施工安排在外白渡桥原址恢复并通车后再启动，最大限度确保跨苏州河通道容量。

吴淞闸桥拆除采取了分幅拆除的施工步骤。先拆除东半幅闸桥，封闭南向北交通；最后拆除西半幅闸桥，封闭北向南交通。

第一阶段：吴淞路闸桥东半幅拆桥。

2009年4月11日，启动了吴淞路闸桥东半幅桥体的拆除工作，吴淞路闸桥南向北交通封闭。之前，外白渡桥已恢复交通，实施机动车双向3车道，其中北向南1车道、南向北2车道。原吴淞闸桥南向北车辆从外白渡桥和其他道路绕行。该阶段交通组织主要采取的措施是事先大力宣传，提前告知市民绕行路径，并且在周边道路设置引导标志标牌，引导车辆绕行。该节点交通组织基本延续了外白渡桥时期的方案，即南向北公交线路部分从乍浦路桥回到外白渡桥，原从吴淞闸桥南向北2车道交通也部分转移至外白渡桥，通过大名路、长治路等进行绕行。在这之前，虹口区分流道路已经做了扩容改造，武昌路、天潼路等进行了拓宽改造，也针对区域内支小道路条件实施了区域系统性的单行道措施，为交通分流做好了准备。

该阶段外滩中山东路一线南向北的车流量进一步减少，高峰时段南向北从外白渡桥行驶的车流量减少到约1 200 pcu/h，比之前2 200车次/小时的规模降低了约50%。吴淞路闸桥北向南的车流量也明显降低，已经从之前的高峰时段4 600 pcu/h减少至2 100 pcu/h，减少了约50%。

从当时流量调查结果看，吴淞路闸桥南向北车流量主要绕行路径有三条：一是从南北高架—海宁路绕行；二是从河南路—天潼路绕行（此时河南路桥已恢复通车）；三是从四川路—天潼路等绕行，乍浦路南向北的车流量明显减少，基本恢复至施工前规模。

由于外滩改造工程各子项目逐步推进展开，施工对交通的压力也是逐渐递增，市民也逐步熟悉了绕行路径，吴淞路闸桥半封后，区域交通仍保持平稳，主干道车流量有不同程度变化，但运行状况正常。

总体来看，拆除吴淞路闸桥东半幅时，交通组织方案没有做大的调整，基本延续之前的管理措施,主要依靠宣传和交警部门的指挥排堵保畅,这一阶段的交通运行较为平稳,拥堵现象增加不明显。外围快速路入南北高架的海宁路匝道等运行状况也没有发生进一步下降。交通总体上仍保持平稳。

第二阶段:吴淞闸桥全部拆除。

2009年8月16日,市领导在视察工程进展时提出了按计划加快推进的重要指示。之后在市政府办公会议上决定于2009年10月16日24点起封闭吴淞路闸桥,完成剩余结构拆除工作,确保在2010年4月外滩综合改造全面建成。

吴淞闸桥西半幅拆除前,北向南高峰流量已经由施工前的每小时4 600车次/小时降至2 100车次/小时,但分流压力仍然很大。为了做好交通疏导措施,再次对区域交通做了梳理和调整。

这个阶段交通组织重点在于疏解吴淞闸桥北向南流量。通过评估,周边道路在历经之前三个节点施工后,已经处于"脆弱稳定"状态,已经没有分流潜力。区域路网中,仅有乍浦路桥具备一定的分流潜力。

乍浦路桥当时为双向2车道,高峰车流量约为600车次/小时。为了最大限度挖掘乍浦路桥分流能力,对乍浦路桥重新划分车道,压缩车道宽度和非机动车宽度后,机动车道设置为3车道,并实施北向南单向,通过连续单行道来形成新的北向南跨苏州河通道。为配合这个目标,实施了以下管理措施:一是北苏州路(吴淞路—四川路桥)东向西单向2车道;二是乍浦路(天潼路—北京东路)北向南单向2车道至3车道;三是南苏州路(乍浦路—中山南东一路)西向东单向2车道。通过这三个措施形成区域单向系统,提高乍浦路桥的通行能力,消化原吴淞路闸桥北向南的交通。

吴淞路闸桥西半幅封闭后进行了流量观测,发现乍浦路桥、四川路桥、河南路桥、西藏路桥和南北高架跨苏州河段承担了主要的分流功能,其中乍浦路桥发挥了预期的效果。乍浦路桥高峰车流量从600车次/小时猛增到1 700车次/小时,承担约50%的分流功能;其余近500车次/小时的车辆从河南路桥绕行,河南路桥承担了约24%的分流功能;四川路桥和西藏路桥各自承担了约8%的分流功能,其次是海宁路—南北高架承担了10%的分流功能。受此影响,海宁路东向西方向流量增加明显,高峰每小时增加约200车次的流量,高峰拥堵现象加剧,拥堵时段延长。

由于乍浦路桥、北苏州路、海宁路、天潼路沿线各交叉口在早晚高峰布置了足够的警力指挥,在施工开始的两周时间里连续高强度指挥交通排堵保畅,使得乍浦路桥分流通道运行较为平稳,没有出现严重拥堵,绕行车辆运行秩序井然。在高强度管理持续近半个月后,逐步降低现场管理力度,社会车辆基本熟悉绕行路径,交通运行达到了新的自然平衡状态。吴淞闸桥拆除工作全部顺利完成。

由于前期制定了交通组织方案,充分挖掘路网潜力,加上交警大力指挥管理,整个外滩改造工程没有发生长时间大范围拥堵,社会经济活动得到保障。

3. 外滩综合改造施工交通组织各阶段后评估

外滩综合改造工程结合各个阶段开展多轮次的后评估,及时掌握交通运行状况并适时调整交通管理措施。后评估涉及范围大,在常规的工作日运行指标评估的基础上,增加了区域路网拥堵率指标、快速路运行指标、主要交叉口运行状况指标、高架重要匝道及路口延误指标、相邻越江桥隧运行状况指标等评估分析。节选部分评估指标如下：

1) 平均行程车速比较

直接影响范围内施工前工作日早高峰平均车速为 18.52 km/h，施工后工作日早高峰平均车度为 16.64 km/h，下降 10%；施工前工作日晚高峰平均车速为 17.98 km/h，施工后工作日晚高峰平均车速为 14.12 km/h，下降 21%。

直接影响范围内施工前双休日早高峰平均车速为 23.24 km/h，施工后双休日早高峰平均车速为 24.75 km/h，上升 6%；施工前双休日晚高峰平均车速为 19.37 km/h，施工后双休日晚高峰平均车速为 18.40 km/h，下降 5%。

2) 区域拥堵率对比

施工前工作日早高峰区域拥堵率为 27.7%，施工后工作日早高峰区域拥堵率为 33.7%，上升率约为 21%；施工前工作日晚高峰区域拥堵率为 30.1%，施工后工作日晚高峰时段区域拥堵率 46.7%，上升率约为 55%。施工后工作日直接影响区内道路拥堵率有明显上升，尤其以晚高峰的拥堵率上升幅度更大，但是早、晚高峰拥堵率均未达到拥堵率大于 50% 的大面积拥堵指标。

施工前双休日早高峰区域拥堵率为 13.5%，施工后双休日早高峰区域拥堵率为 15.3%，上升率约为 13%；施工前双休日晚高峰区域拥堵率为 31.8%，施工后双休日晚高峰时段区域拥堵率为 45.6%，上升率约为 43%。施工后双休日道路拥堵率有一定上升，其中早高峰拥堵率上升幅度较小，晚高峰拥堵率上升幅度较大。施工期间早、晚高峰拥堵率均未达到大于 50% 的大面积拥堵指标。

3) 高架道路对比分析

根据影响范围内南北高架主线流量与车速比较结果，施工后南北高架各路段流量都有一定上升，上升比例在 2%～15%，说明南北高架承担了外滩改造期间南北向分流的骨干作用（表 6-6、图 6-14、图 6-15）。施工后南北高架的南向北车速有不同程度下降，下降幅度在 3%～15%。南北高架北向南方向由于采取了相应的交通管理措施，因此虽然流量有一定上升，但是运行车速没有下降，也说明了该交通管理措施的有效性。

表 6-6　　　　影响范围南北高架主线流量与车速比较（2009 年）

南北高架	高峰时段流量			高峰时段车速		
	施工前/(pcu·h⁻¹)	施工后/(pcu·h⁻¹)	流量变化	施工前/(km·h⁻¹)	施工后/(km·h⁻¹)	流量变化
东侧徐家汇上匝道至淮海中路下匝道	6 902	7 000	1.4%	30	32	7%
东侧淮海中路下匝道至延安东路立交出口匝道	5 841	5 955	2.0%	44	42	−5%
东侧延安东路立交出口匝道至延安东路立交入口匝道	3 160	3 505	10.9%	47	41	−13%
东侧延安东路立交至威海路上匝道	5 504	6 163	12.0%	58	56	−3%
东侧北京西路下匝道至新闸路上匝道	5 201	5 599	7.7%	62	52	−16%
东侧天目中路下匝道至天目中路上匝道	4 982	5 269	5.8%	61	58	−5%

续表

南北高架	高峰时段流量			高峰时段车速		
	施工前/(pcu·h⁻¹)	施工后/(pcu·h⁻¹)	流量变化	施工前/(km·h⁻¹)	施工后/(km·h⁻¹)	流量变化
西侧淮海中路上匝道至徐家汇路下匝道	6 255	6 654	6.4%	31	24	−23%
西侧延安东路立交入口匝道至淮海中路上匝道	5 154	5 566	8.0%	35	53	51%
西侧延安东路立交出口匝道至延安东路立交入口匝道	2 682	3 129	16.7%	41	53	29%
西侧威海路下匝道至延安东路立交出口	5 277	5 799	9.9%	43	47	9%
西侧新闸中路下匝道至北京西路上匝道	6 081	6 633	9.1%	47	41	−13%
西侧天目中路下匝道至天目中路上匝道	5 637	6 399	13.5%	27	25	−7%

注：以上数据为上海市城市交通信息中心线圈数据。

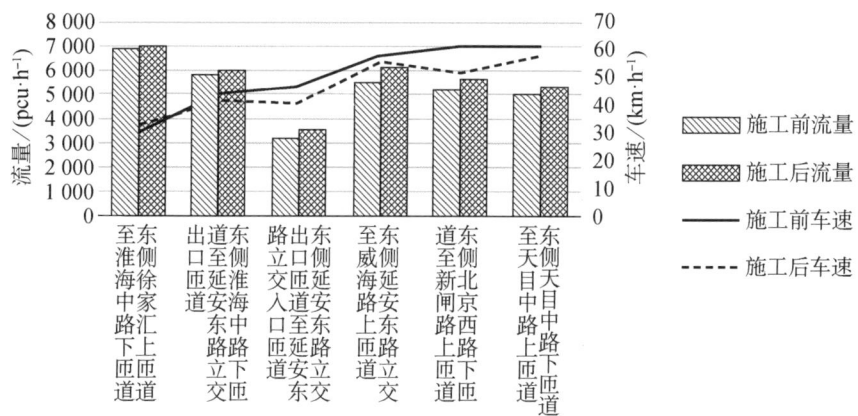

图 6-14 南北高架东侧施工前后工作日高峰时段的流量和车速变化对比图

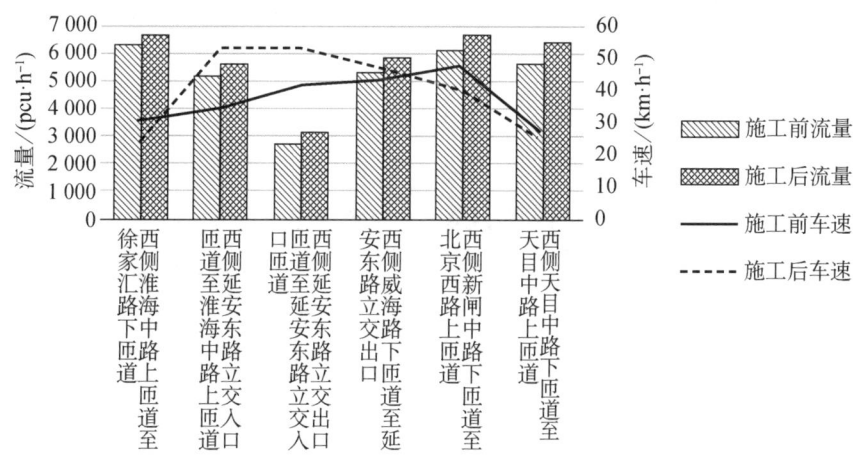

图 6-15 南北高架西侧施工前后工作日高峰时段流量和车速变化对比图

根据影响范围内延安路高架主线流量与车速比较结果,施工后延安路高架各路段流量都有一定下降,下降比例在6%~28%,速度则相应有提高,提高比例为3%~18%(表6-7、图6-16)。

表6-7　　　　　　　　影响范围延安路高架主线流量与车速比较

延安路高架	工作日高峰小时流量			工作日车速		
	施工前/(pcu·h^{-1})	施工后/(pcu·h^{-1})	流量变化	施工前/(km·h^{-1})	施工后/(km·h^{-1})	速度变化
南侧延安东路立交入口匝道至西藏中路下匝道	3 890	3 631	-6.7%	40	42	3.2%
南侧西藏中路下匝道至福建路下匝道	2 729	1 960	-28.2%	32	34	8.4%
北侧西藏中路上匝道至延安东路立交出口匝道	3 260	2 742	-15.9%	69	74	7.3%
北侧福建路上匝道至西藏中路上匝道	3 448	3 237	-6.1%	43	50	17.9%

注:以上数据为上海市城市交通信息中心线圈数据。

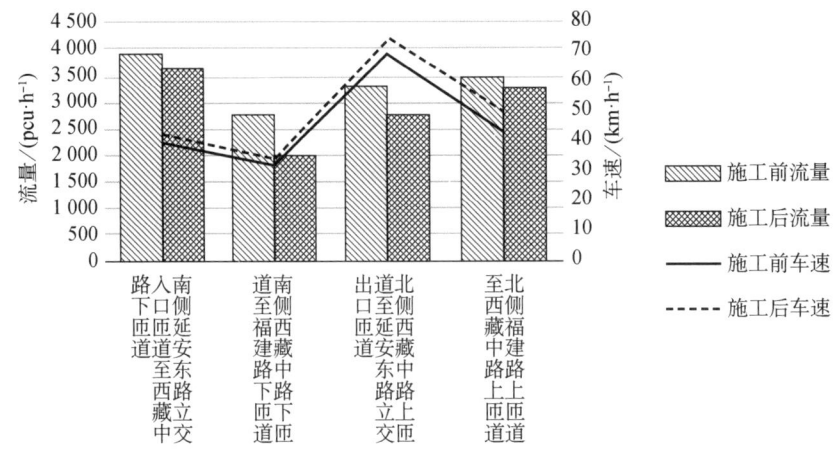

图6-16　延安路高架施工前后工作日高峰时段流量和车速变化对比图

4) 地面道路对比分析

根据强生浮动车提供的数据,分别对施工前工作日、施工前双休日、施工后工作日、施工后双休日早晚高峰的主要道路车速对比分析,数据详见表6-8、表6-9。

表6-8　　　　　　　　影响范围内地面道路早高峰车速比较表

路段	工作日早高峰车速及对比			双休日早高峰车速及对比		
	施工前/(km·h^{-1})	施工后/(km·h^{-1})	车速对比	施工前/(km·h^{-1})	施工后/(km·h^{-1})	车速对比
海宁路	20.88	18.17	-13%	20.46	23.36	14%
北京路	15.3	12.23	-20%	18.68	19.75	6%

续表

路段	工作日早高峰车速及对比			双休日早高峰车速及对比		
	施工前/(km·h⁻¹)	施工后/(km·h⁻¹)	车速对比	施工前/(km·h⁻¹)	施工后/(km·h⁻¹)	车速对比
福州路	18.49	13.73	-26%	22.7	23.93	5%
延安东路	23.9	17.94	-25%	33.21	27.93	-16%
金陵东路	11.45	11.89	4%	18.28	16.71	-9%
复兴东路	26.8	24.84	-7%	30.85	28.44	-8%
中山东一路	29.68	18.53	-38%	25.89	38.04	47%
中山东二路	36.05	26.6	-26%	37.99	32.34	-15%
河南中路	16.26	11.31	-30%	20.84	17.38	-17%
四川中路	15.55	13.11	-16%	18.91	19.59	4%
西藏中路	14.99	13.28	-11%	24.04	22.56	-6%

注：以上数据为强生浮动车数据。

表6-9　　　　影响范围内地面道路晚高峰车速比较表

路段	工作日晚高峰车速及对比			双休日晚高峰车速及对比		
	施工前/(km·h⁻¹)	施工后/(km·h⁻¹)	车速对比	施工前/(km·h⁻¹)	施工后/(km·h⁻¹)	车速对比
海宁路	18.77	17.03	-9%	18.74	21.77	16%
北京路	16.35	11.49	-30%	14.03	13.14	-6%
福州路	15.16	11.94	-21%	19.76	15.79	-20%
延安东路	25.54	21.42	-16%	28.12	21.66	-23%
金陵东路	12.53	8.17	-35%	16.82	14.6	-13%
复兴东路	27.06	21.16	-22%	25.82	33.56	30%
中山东一路	17.86	12.48	-30%	33.47	29.44	-12%
中山东二路	30.24	28.63	-5%	34.13	33.9	-1%
河南中路	16.43	12.14	-26%	20.18	16.34	-19%
四川中路	21.82	6.41	-71%	18.33	9.26	-49%
西藏中路	15.18	12.32	-19%	14.39	16.17	12%

注：以上数据为强生浮动车数据。

根据施工前、后工作日直接影响范围内主要道路早晚高峰车速对比发现,施工后区域内道路早晚高峰的车速均有下降,其中晚高峰下降更为明显。这也说明施工对地区路网造成的影响还是较大的。

5)延安路高架上下匝道节点对比分析

延安路高架相关匝道的节点评估主要以施工前后的流量数据变化为评估指标。根据表6-10的数据,施工期间,延安路高架匝道流量变化最为明显的分别是西藏路下匝道上升

82%、福建路上匝道上升 27%、西藏路上匝道上升 22%、海宁路下匝道上升 21%,可见分流原外白渡桥及延安东路上下匝道的流量主要由经过西藏路上下匝道、福建路上匝道、南北高架海宁路下匝道等节点的道路承担,与前面预测的分流路径基本一致,详见表 6-10。

表 6-10　　延安路高架、南北高架相关匝道工作日高峰时段车流量变化表

节点名称	施工前高峰小时流量/(pcu·h^{-1})	施工后高峰小时流量/(pcu·h^{-1})	施工后流量变化
延安东路上匝道	2 400	0	-100%
延安东路下匝道	2 200	0	-100%
福建路上匝道	2 627	3 341	27%
福建路下匝道	2 089	2 058	-1%
西藏路上匝道	1 605	1 966	22%
西藏路下匝道	1 200	2 178	82%
海宁路上匝道	2 015	2 079	3%
海宁路下匝道	1 695	2 047	21%

注：以上数据为上海市城市交通信息中心线圈数据及交通所实测数据。

6) 相邻越江隧道施工影响对比分析

从影响范围内各越江隧道的运行变化情况分析来看,延安东路隧道所受影响不明显,工作日流量变化约为 1%,属于正常波动变化。复兴东路隧道施工后工作日流量增加 4%,速度降低 19%,车速降幅较大。大连路隧道施工后工作日流量增加 5%,速度降低 20%,速度降幅较大。根据以上分析得出,延安高架上下匝道的拆除对复兴东路隧道和大连路隧道都有一定影响(表 6-11)。这也可以说明,外滩改造期间,部分车辆通过复兴路隧道—张杨路—大连路隧道两次越江绕行,避开了外滩施工区域。

表 6-11　　延安东路隧道相邻越江隧道早高峰车速比较

隧道	工作日早高峰车速及对比			双休日早高峰车速及对比		
	施工前/(km·h^{-1})	施工后/(km·h^{-1})	车速对比	施工前/(km·h^{-1})	施工后/(km·h^{-1})	车速对比
复兴东路隧道	27.54	22.34	-19%	28.23	24.77	-12%
大连路隧道	17.31	13.74	-21%	20.39	17.84	-13%

注：以上数据为强生浮动车数据。

6.6　案例二:G15 嘉浏段拓宽改造工程

6.6.1　G15 嘉浏段拓宽改造工程概述

G15 嘉浏段是上海市与江苏联系的重要高速公路之一,车流量较高,2019 年日均双向

车流量在 17.5 万车次(自然车)左右,高峰时段单向车流量约 6 100 pcu/h,货车流量占总流量达到 35%,是上海高速公路中常态性拥堵的路段之一。

工程北起江苏省省界(新浏河大桥中心),南至 G1503/G15 嘉浏立交,全长约 12.6 km。拓宽工程在现状 G15 嘉浏段高速公路上进行两侧拓宽改建,从双向 6 车道改建为双向 8 车道,同步实施沿线桥梁、互通匝道出入口的改造,共涉及大小桥梁 26 座、匝道桥梁 3 座以及箱涵 8 座。

施工期间交通组织研究工作历经两个阶段,关注了三大内容。

历经的两个阶段是:第一阶段,建设单位和交通管理部门对"施工顺利和交通保畅"哪个优先进行了充分讨论,讨论主要议题是施工期间嘉浏段采用双向 4 车道还是双向 6 车道的翻交方案。经过充分论证,经上级批准,最后确定嘉浏段施工期间维持双向 6 车道的通行模式。第二阶段工作是编制具体交通组织方案,重点对高速公路施工期间应急保障措施进行落实。

关注的三大内容是:一是高速公路施工期间车辆通行安全和应急救援保障;二是高速公路匝道和服务区功能保障;三是施工期间周边道路配套疏导方案。这三个关注点也是高速公路施工交通组织研究中最为关键的环节。

6.6.2 G15 嘉浏段交通组织方案

G15 嘉浏段施工交通组织第一个遇到的争论点在于施工交通组织的基本原则确定。建设单位从施工质量、施工成本角度提出了交通通行模式是"2+2",即 G15 嘉浏段施工期间,从双向 6 车道缩减为双向 4 车道(不设紧急停车带),按照城市快速路模式运行。交通管理部门提出确保交通功能不减弱,建议仍按照"3+3"双向 6 车道通行模式,车速可以适当降低,并应配套应急车道等安全设施。

两个不同指导思想导致交通组织方案、施工综合成本有很大差异。在施工交通组织前期,做了论证分析。

1. 施工方案比选研究简介

经过研究,共提出了三个施工交通组织比选方案:方案一是全线维持"3+3"模式;方案二是高速公路路基段维持"3+3"模式,仅祁迁河桥节点实施"2+2"模式;方案三是全线维持"2+2"模式。三个交通组织方案最为关键的节点在于祁迁河桥施工方法。由于祁迁河桥为钢箱梁桥,为了满足桥梁整体性施工要求,祁迁河桥只能半幅整体拆除改建。而半幅拆除后原有半幅桥梁宽度无法满足双向 6 车道的空间,只能做双向 4 车道。

方案比选从施工成本、施工质量、施工周期、交通影响、高速公路营收等五个方面进行评估。从施工成本、施工周期、施工质量三个方面来看,方案三全线"2+2"模式是最佳方案,施工周期最短为 20 个月,施工成本最低,施工质量最好(结构整体性最好,拼接缝少)。但是方案三对交通影响最不利,车道数不仅不能满足通行量需求,会引发 S6 沪翔高速、S5 沪嘉高速、G1503 绕城高速、G15 嘉金高速以及嘉定区沪宜公路、嘉松公路等主通道的严重拥堵,拥堵范围将达到 9 km 以上,而且行车安全很低,极易发生事故。方案三对高速公路营收影响最不利,为了确保行车安全,"2+2"模式只能满足小客车通行(车道宽度不足 3.5 m),且无紧急停车带,必须限制货车双向通行。而 G15 嘉浏段的货车流量很高,是货运主通道。经高速公路运营公司初步测算,限制货车双向通行后,G15 嘉浏段收费损失将达到 40%,这对高速公路投资方的经济影响是很明显的。

方案二仅在祁迁河桥实施"2+2"模式,其余路段实施"3+3"模式。该方案因为车道级翻交,翻交次数多,施工工期延长为 27 个月。方案二施工质量相较于方案一有所下降,主要是车道级翻交,同一断面接缝增加,道路结构整体性较差。方案二施工成本也有所增加,需要额外增加临时借地来设置施工便道和紧急停车带的费用。方案二对交通影响略好于方案一,但经过评估,由于存在祁迁河桥车道减少的瓶颈点,会导致 G15 嘉浏段双向严重拥堵,拥堵长度会蔓延 6 km 以上,仍然会引发大面积长时间的拥堵,并影响 S5 沪嘉高速公路、S6 沪翔高速、G1503 上海绕城高速等主通道的拥堵。因此,方案二对交通影响仍然很大。方案二高速公路营收效益也有所损失,经预测,受拥堵节点影响,施工期间日均车流量会比施工前降低 18% 左右,收益减少还是比较明显的。

方案一全线"3+3"模式,施工工期延长为 36 个月,但对交通影响最低。虽然双向 6 车道仍需要实施限速至 60 km/h,但高速公路施工期间的紧急停车带等安全设施得到保障,货车也不需要限行,最大限度保留原来通道功能,施工影响的矛盾没有扩大。方案三对施工质量影响与方案二基本相同,但施工成本有一定增加,主要是祁迁河桥东半幅桥梁在拓宽的基础上再加宽 8 m,增加 2 车道,供后续阶段翻交"3+3"预留条件。方案一高速公路营收效益可以得到最大化的保证,经预测,该方案施工期间日均车流量会比施工前降低 10% 左右,收益减少幅度最小且处于可接受范围。表 6-12—表 6-14 为方案一至方案三的交通组织分阶段方案。

表 6-12　　　　　　　　　　　　方案一交通组织方案

阶段	交通组织方案	车道规模工期
第一阶段		"3+3" 12 个月
第二阶段		"3+3" 12 个月
第三阶段		"3+3" 9 个月
第四阶段		"3+3" 3 个月

表 6-13　　　　　　　　　　　　　　方案二交通组织方案

阶段	交通组织方案	车道规模工期
第一阶段	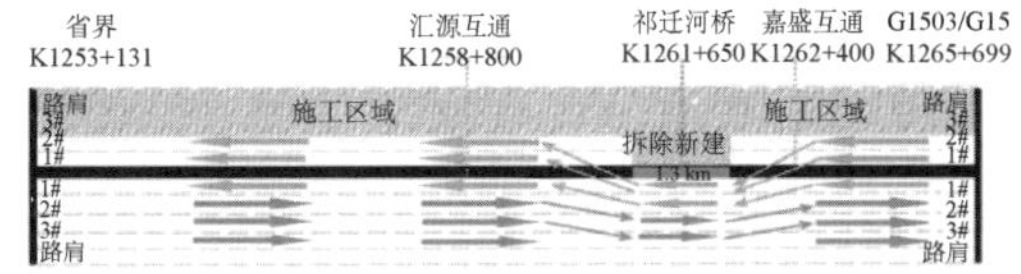	3+3(局部2+2) 9个月
第二阶段	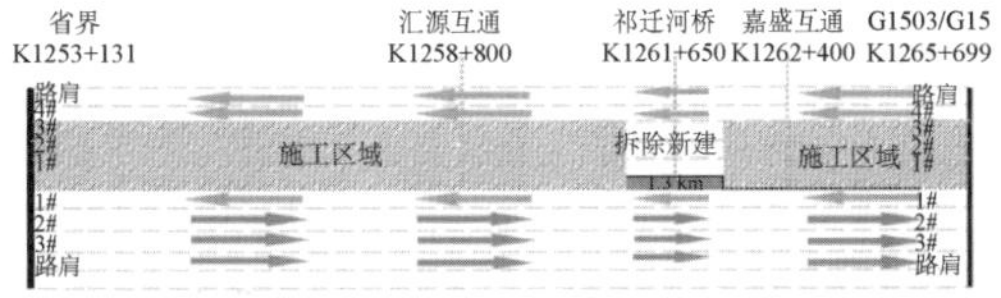	3+3(局部2+3) 6个月
第三阶段	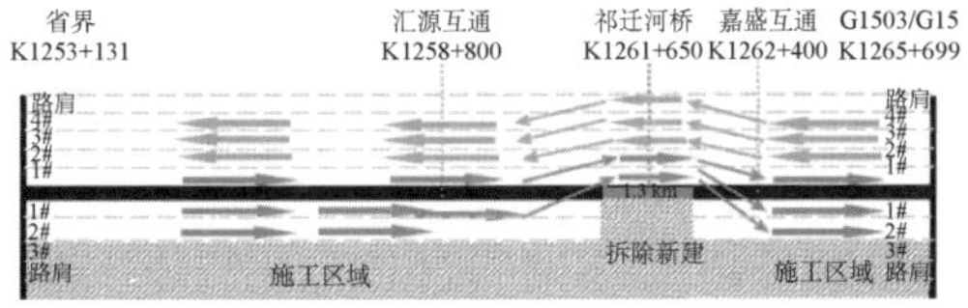	3+3(局部2+3) 9个月
第四阶段	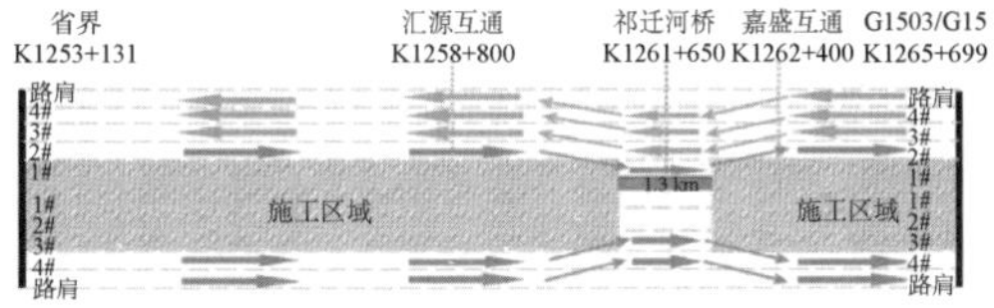	3+3 3个月

表 6-14　　　　　　　　　　　　　　方案三交通组织方案

阶段	交通组织方案	车道规模工期
第一阶段	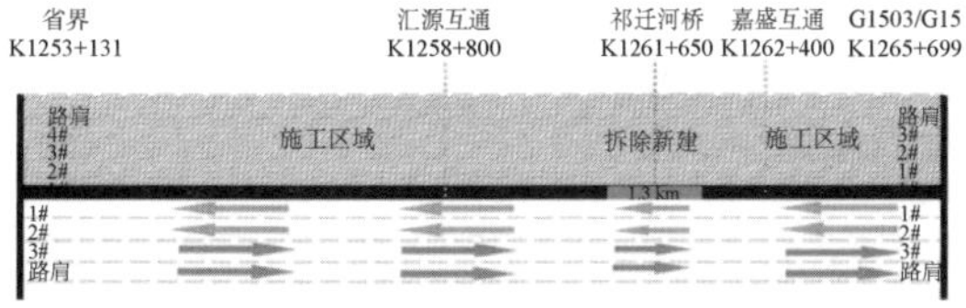	2+2 10个月
第二阶段	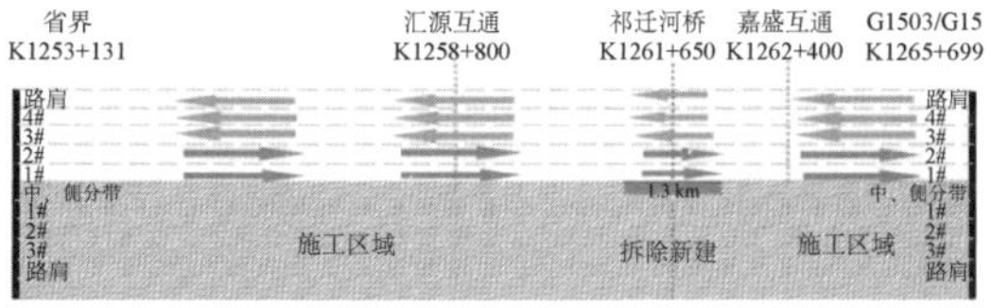	2+3 10个月

2. 方案比选

三个交通组织方案就"施工周期、工程质量、施工安全、总投资、社会影响"五个方面进行综合评估分析,主要差异点如表 6-15 所示。

表 6-15　　　　　　　　　　　　　　三个施工方案对比分析表

比选项目	方案一：全线"3+3"模式	方案二：仅祁迁河桥"2+2"模式	方案三：全线"2+2"模式
施工周期	38个月	29个月	20个月
交通阶段	始终保持"3+3"模式，车道级拼宽	一阶段："3+3"模式、祁迁河桥"2+2"模式。 二阶段："3+3"模式、祁迁河桥"2+3"模式。 三阶段："3+3"模式、祁迁河桥"2+3"模式。 四阶段：全线"3+3"模式。 最终阶段：全线"4+4"模式	一阶段：全线"2+2"模式。 二阶段：全线"2+3"模式。 最终阶段：全线"4+4"模式
工程质量	(1) 结构整体性差，拼接缝多，工程质量较低。 (2) 分车道改建，无法实现线形改善。 (3) 沿线桥梁湿接缝浇筑时有车辆通行造成振动，短期内就会损坏。 (4) 祁迁河桥东幅钢结构拼宽间隔时间长，影响结构正常使用	(1) 结构整体性差，拼接缝多，工程质量较低。 (2) 分车道改建，无法实现线形改善。 (3) 沿线桥梁湿接缝浇筑时有车辆通行造成振动，短期内就会损坏	(1) 道路结构整体改建，质量高。 (2) 道路线形可彻底改善
经济性	(1) 施工便道需借地。 (2) 废弃工程需增加4 000万元投资	(1) 施工便道需借地。 (2) 工期短，费用较低	(1) 无须借地。 (2) 工期短
安全性	(1) 翻交道路间有高差，行车不安全。 (2) 汛期易积水，造成车道封闭。 (3) 沿线8个箱涵改建时均为深基坑，两侧重载车辆贴边通行存在极大安全风险。 (4) 二、四阶段施工时板梁拆除安装需频繁间歇性封闭半幅交通。 (5) 祁迁河桥二阶段施工时，两侧均有社会车辆通行，存在极大交通安全风险	(1) 翻交道路间有高差，行车不安全。 (2) 汛期易积水，造成车道封闭。 (3) 沿线8个箱涵改建时均为深基坑，两侧重载车辆贴边通行存在极大安全风险。 (4) 二、四阶段施工时板梁拆除安装需频繁间歇性封闭半幅交通	(1) 翻交道路无高差。 (2) 汛期无积水隐患。 (3) 单侧无法设置紧急停车带，救援应急能力差
社会影响	(1) 嘉西立交西向北上匝道关闭。 (2) G15嘉浏段拥堵虽然有所增长，但拥堵长度增加约1.6 km，影响范围可控，交通影响范围可接受	(1) 嘉西立交西向北上匝道需关闭，车辆从地面道路绕行。 (2) G15双向均会出现严重拥堵，第一阶段拥堵排队长度增加约5 km；耗时增加约17 min；波及影响G15、G1503互通匝道通行。 (3) 第二阶段"2+3"模式之后，出城方向可实施3车道，交通运行状况改善。江苏往上海仍然拥堵	(1) G15嘉浏段要实施双向禁货措施，嘉定区地面道路压力大。 (2) G15双向出现严重拥堵，第一阶段拥堵排队长度增加9 km。出城方向排队延长至S6沪翔高速，影响G15/G1503互通匝道通行以及G15宝安公路上匝道通行。 (3) 第二阶段"2+3"模式，出城方向3车道，交通改善。但江苏方向仍严重拥堵。 (4) 汇源立交、嘉西立交上匝道均须关闭，需从地面道路绕行

经过多轮次的论证研究,建设单位在综合考虑经济成本、施工期间车辆通行安全、高速公路收费效益、交通出行影响等因素后,决定采取方案一全线"3+3"模式的施工方案。当时在做施工成本分析时,还考虑了如果实施"2+2"模式,交通需要分流,需要对嘉定区影响范围内的沪宜公路、嘉松公路等进行扩容改造。这部分改造费用需要4 000万元,而且实施周期长,无法为施工提供实际分流作用。此外,拥堵蔓延至江苏,也会对太仓城区的道路产生不利影响,交通疏导的影响面太大,人力成本也会很高。

在研究阶段,建设单位、设计单位和施工方联合开展嘉浏段拼宽施工技术和新材料科研攻关,以解决车道级翻交造成的路面质量问题。之后,市交通委专题开展了"大流量空间受限高速公路拓宽改造的技术研究"课题研究工作,以嘉浏段施工为案例,研究不停车条件下高速公路拼宽的施工技术改进和新材料运用。这项技术的研究也可为上海后续G15嘉金段拓宽、G50沪渝高速拓宽工程提供经验。

最后,经过多方协调,嘉浏段施工最终采用全线"3+3"模式,祁迁河桥东半幅加宽,预留翻交通行空间;施工范围外临时借地增设港湾式紧急停车带,供事故车辆临停,也供施救车辆停靠。施工总体原则确定后,进一步编制各阶段施工交通组织方案。

3. 施工期间交通组织方案

嘉浏段施工交通组织方案有四个主要成果:一是在高速公路上采取了"直达外省市小客车道"的管理措施;二是制定了高速公路车辆事故应急保障方案和工作机制;三是制定了全线同步一体化施工的交通组织方案;四是运用智慧化手段实现车道级管控,精准合理引导和监控高速公路运行状态。

1) 设置"直达太仓小客车道"管理措施

为了贯彻执行嘉浏段双向6车道通行模式,在施工东半幅道路时(往江苏太仓方向)需要借用对向(宁波方向)1条车道,道路横断面形式为"4+2"。江苏方向1号车道由于隔离护栏因素无法进入嘉西立交和朱桥服务区及下匝道,该车道车辆只能直达至太仓。并且这条车道宽度只有3.3 m,无法通行大型车辆,仅能通行小客车。为此,研究团队提出了将该车道设置为"直达太仓小客车道"的管理措施。

该管理措施也经过了多轮研讨,有关部门认为该车道设置后实际使用效率低,不能满足嘉浏段流量需求。而且该车道事故处置困难,一旦发生事故难以及时处理。

针对这两个质疑点,研究团队开展了应对措施和分析研究。根据2019年嘉浏段车辆流量数据分析,上海直达江苏方向的小客车高峰小时流量约为3 100 pcu/h,其中,84%是来自G15嘉金高速和G1503绕城高速的流量,从嘉定区嘉西立交和朱桥进入江苏方向的流量仅为16%。由此预测,直达太仓小客车车道高峰时段的流量可能在1 200 pcu/h左右。按照60 km/h车速推算,该车道理论通行能力约为1 600 pcu/h,可以满足通行量需求。

为了做好该车道事故处置,在物理设施上做了优化调整。江苏方向1号车道与宁波方向1号车道采用水泥墩+水马隔离相结合的隔离,每300 m设置1组长度60 m的水马,便于1号车道发生车辆事故时,能通过宁波方向车道进入进行施救处置(施工隔离设施布置示意图见图6-17)。此外,根据嘉浏段流量分布特征,夜间车流量明显减少,江苏方向1号车道夜间关闭,往江苏方向保留2车道通行。这样既可满足通行需求,也能确保夜间行车安全。

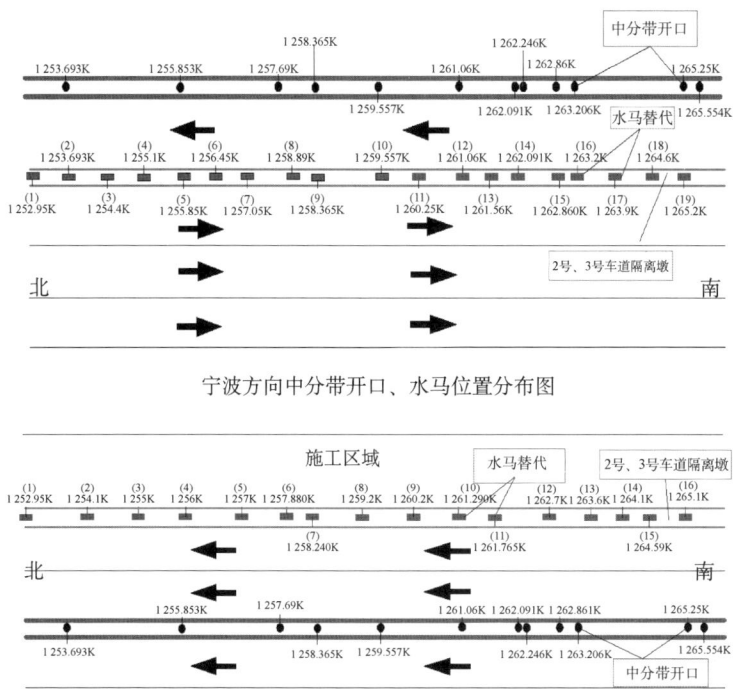

图 6-17 嘉浏段施工期间隔离设施与应急救援协同布置示意图

经过研究分析,管理部门和建设单位采纳了所提出的方案,在施工中得到落实。根据施工后实测流量统计,"直达太仓小客车车道"白天高峰小时流量接近 1 400 pcu/h,车辆运行平稳有序,没有发生行车安全事故,也没有发生拥堵。之后,在实施西半幅道路(宁波方向)施工时,反向设置了"直达 S6 小客车车道"的管理措施,也是借鉴了第一阶段的经验。

2) 制定了嘉浏段车辆应急救援处置方案和工作机制

道路交通首先关注行车安全,然后再考虑交通畅通。高速公路行车安全尤为重要,由于高速公路车速快、大型货车多,极容易发生重特大交通事故。这也是嘉浏段施工交通组织研究的重中之重。嘉浏段应急保障方案首先落实安全设施和设备的配置,从硬件上保证应急救援能力。同时完善救援处置工作机制,在处置流程、事故监控、人力保障等方面完善应急救援处置。

应急设施主要是设计和落实了港湾式紧急停车带。施工期间利用高速公路原紧急停车带设置了 6 车道,紧急停车功能缺失。为保障应急要求,在道路红线外临时借地,设置了 5 处港湾停车带,停车带长度为 100 m,宽度为 3 m,供社会车辆临时应急停靠,实现了 2.4 km 设置 1 个停车带的应急功能。部分路段利用施工围场空间设置了同样的紧急停车带,确保了双向都有应急设施,满足高速公路应急基本需要。

建设单位布置了双向各 5 处救援车辆的停靠点,并为应急保障特意新购买了大力神吊车,可以最快速度迁移故障车辆、最短时间恢复高速公路正常通行。这些应急措施的实施,在硬件上确保了施工期间救援处置能力得到有力加强。

此外,交警部门、建设单位和施工方建立了车辆事故紧急处置工作机制,根据事故处置预案要求,提出了一般事故 15 min 到场、25 min 内处置完成的标准。重特大事故 15 min 到场、45 min 内处置完成的标准。在此基础上,制定了处置流程、车辆施救操作方式等不同施救的细化预案,力求能最短时间处置好事故。G15 嘉浏段施工期间紧急停车带和应急救援车辆布置示意图见图 6-18。

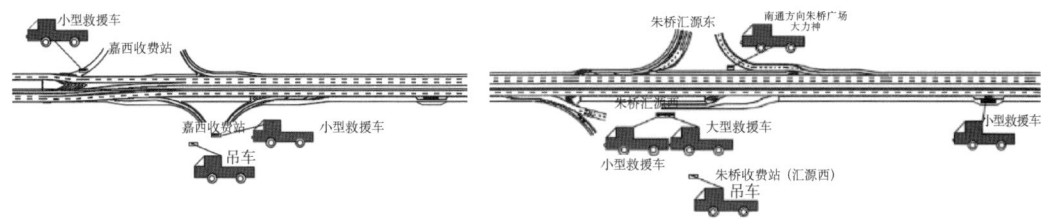

图 6-18　嘉浏段施工期间救援车辆和紧急停车带设置示意图

从施工后实际运行情况看,嘉浏段第一阶段和第二阶段(往江苏方向拓宽)车辆事故数量比 2019 年施工前的事故数量略有降低,事故处置时间虽然比目标值有所增加,主要是受制于嘉浏段车流量高,施救车辆抵达速度受到制约,但小事故平均处置时间在 30 min,大型事故处置时间约 1 小时(仅一起大货车疲劳驾驶引发),基本实现了事故快速发现、有序处置的目标。

3) 制定了全线同步一体化施工交通组织方案

常规高速公路大修或者养护施工期间,为了降低施工影响,一般都会采取分段施工的方法,施工作业面控制在 3 km 左右,施工区段可以交替间隔,避免长距离整个路段施工。这种做法也有利于施工期间事故处理。

嘉浏段施工总长度超过 12 km,按照常规施工方法,要被区分为 4 个区段,会采取 1、3 工区和 2、4 工区组合来施工,从而导致整个工期加倍延长,对施工和社会影响均不利。在充分论证整体施工行车安全性和施工场地布置后,打破常规,采取了全路段同时开工建设的方案,这更有利于施工组织。

此外,在嘉浏段施工前期,对沿线立交出入口匝道和服务区功能影响做了统筹考虑,充分论证施工期间嘉西立交出入口匝道、朱桥汇源上下匝道封闭交通的必要性,从出入口进出车辆是否有安全缓冲车道、上下匝道车流量特点、施工安全三个方面综合考虑,制定了分阶段交替封闭嘉西立交往江苏上匝道和汇源东往江苏上匝道交通组织方案;分阶段交替封闭汇源西往嘉定下匝道和嘉西立交往嘉定下匝道交通组织方案。这四处上下匝道封闭均无法设置车辆进出安全缓冲区段,极易造成车辆进出高速公路的冲突事故。同向上匝道和下匝道交替封闭,可以提供就近绕行的路径,降低车辆进出高速公路的影响。

由于事前统筹了匝道封闭交通组织措施,施工单位能够提前做好施工准备,也可以为管理部门提供全过程关键节点把控的预案,使管理措施更有连贯性。

在第一阶段施工期间,嘉西立交往江苏方向上匝道(WN 匝道)和朱桥汇源东往江苏方向上匝道(EN 匝道)交替封闭施工。封闭后进行了交通调查,两个上匝道交替关闭后,绕行车辆基本就近在世盛南路绕行,交通绕行没有扩散,对嘉定区其他道路基本没有影响。嘉浏段 2022 年 2 月开始将启动西半幅拓宽施工,也将交替关闭汇源西下匝道(NW 匝道)和嘉西立交下匝道(NW 匝道),经预判,下匝道车辆也会就近在世盛南路绕行,绕行车流量不高,对道路影响也有限。

G15嘉浏段拓建过程中,也同时影响下穿嘉浏段的其他地面道路如沪宜公路、嘉安公路、朱旺路、朱戴路、汇旺路等通行。施工交通组织也根据各条道路的功能作用采取不同交通组织措施:沪宜公路和嘉安公路采用了"占一还一"的交通组织方案,其余三条支路采用了"机动车封闭,仅保留人非通行"交通组织方案。施工期间地面道路交通运行正常,没有出现交通恶化的现象。

4) 运用智慧化手段实现车道级管控

嘉浏段施工交通组织研究时,为了进一步强化车辆安全监控以及适时掌握运行状况,实施车辆排堵,高速公路运行管理单位采用了智慧化设施设备,安装了车道级的监控设施和信息诱导设施,一方面可以精准监控高速公路运行状态,另一方面也能及时发现问题,采用技术手段提示引导车辆安全行驶。另外,施工区段采用了多种警示设施,全程警示车辆不超速,按照导流线行驶,降低车辆事故发生率。

5) 其他交通配套工作

嘉浏段还对特殊节假日交通管控做了预案,尤其是对长假集中出行时期的交通疏导做预案,如清明节、冬至、上海汽车赛等重大节假日和活动期间,加强事前谋划和活动期间的交通管理,保障大客流和重大赛事的顺利举办。

与江苏省交通建设和管理部门对接,协商协同做好G15嘉浏段施工期间交通的疏导措施,落实长三角交通一体化工作目标。

加强新闻媒体宣传,预先告知地区市民和企事业单位交通调整的措施,取得市民和企事业单位的支持配合。

做好与高德、腾讯等地理信息平台公司的沟通,发挥交通信息平台作用,合理引导车辆分流通行。

4. 施工交通组织后评估

嘉浏段于2020年10月18日启动建设,开始实施东半幅拓宽施工。由于新冠肺炎疫情影响,2020年10月日均双向车流量从2019年的17.5万车次(自然车)降低至16.6万车次(自然车),降幅约5%,但高峰时段车流量仍在6 100 pcu/h,没有减少。

施工后,2020年11月嘉浏段日均双向车流量环比下降约7%,高峰时段车流量环比下降约5%。总体来看,施工后车流量减少不明显。2020年11月后大气转冷,疫情有反复,一定程度上也影响了嘉浏段的通行量。此外,通过高峰延误实测,施工后通过嘉浏段平均耗时为13 min,比施工前慢了3 min,延误感受不明显。之后根据2021年全年各月流量比较,施工后嘉浏段全天车流量比2020年施工前下降幅度在6%~11%,下降幅度大的月份主要是在江苏发生疫情(南京和扬州)或者上海发生零星疫情时期,常态流量降幅在6%左右。嘉浏段施工期间车流量没有明显减少,交通量没有绕行其他道路。嘉浏段施工期间通行安全可靠,事故数量略低于施工前水平。这说明嘉浏段施工交通组织效果达到预期,最大限度保留了原通道功能,也做好了行车安全保障工作。

6.6.3 G15嘉浏段施工交通组织微观交通仿真与评估

重大通道改扩建不同施工交通组织方案对交通流的影响不同,关键瓶颈点的拥堵程度存在较大差异。因此,需要通过微观交通仿真的方法,对不同的施工交通组织方案进行评估,以分析不同方案的拥堵最大排队长度、时空拥堵状态等指标,比选不同的施工交通组织方案设计。本项目采用国产微观交通仿真软件 TESS NG,对嘉浏段施工交通组织方案进行微观仿真建模及评估。

1. 基础数据分析

1) 路网全天流量特征分析

G15 嘉浏段全天流量时变特征具体如图 6-19 所示。其中早高峰南北向高于北南向,晚高峰北南向高于南北向。一般早高峰在 8:00—9:00,晚高峰在 17:00—18:00。

为了仿真全天的拥堵变化情况,选择早 6:00 至晚 22:00 共计 16 个小时的仿真时段进行分析。

G15 嘉浏段"货车和大客车"的比例较高,"货车+大客车"的车流量占总流量约 28%。G15 嘉浏段大型车(重车)比例也较高,"大货车(重车)+大客车"的车流量约占总流量 17%。这也是仿真建模需要考虑的关键问题,即需要在车型组成中设置车长为 14~18 m 的铰链大货车。G15 嘉浏段车种构成见图 6-20。

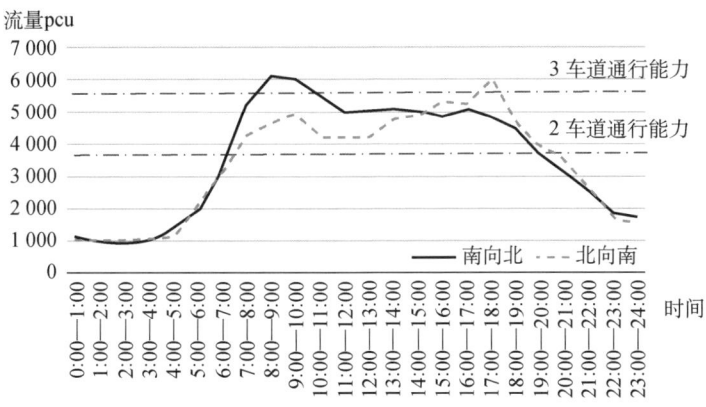

图 6-19　G15 嘉浏段全天流量时变特征

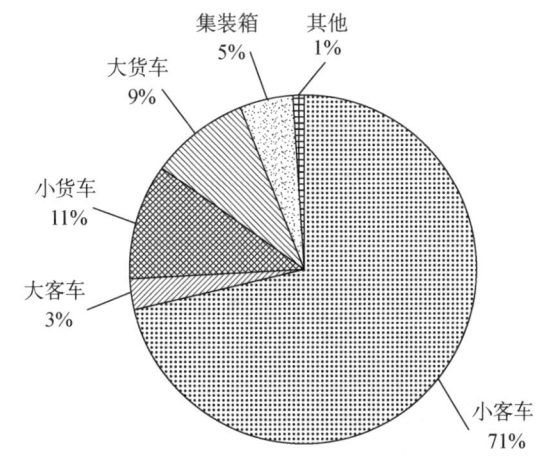

图 6-20　G15 嘉浏段车种组成情况

2) 路网的路径特征分析

经过实际调查,路网高峰小时各出入口转向流量比例如图 6-21 所示。由于统计信息中不包含 OD 数据,所以无法准确获取车辆的准确路径信息,但根据实际情况判断,此段路网的出入口主要有 3 个,出入口距离也较远。各出口流量根据上游不同进口按比例划分即可。

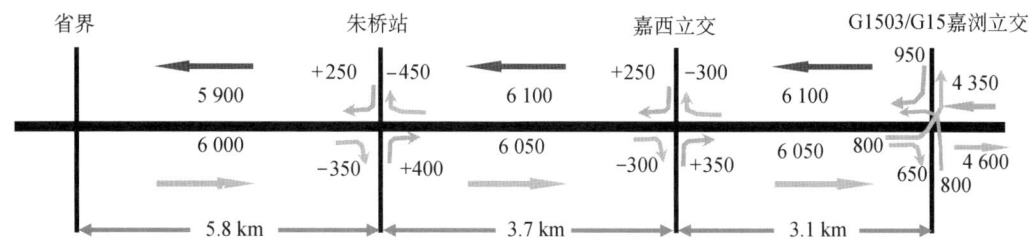

图 6-21 G15 嘉浏段高峰小时车流 OD 转向特征

3) 路网几何设计分析

施工期间嘉浏段已明确主线的设计速度为 60 km/h,匝道的一般限速为 40 km/h。分析路网中关键匝道的转弯半径,具体如表 6-16 所示。

表 6-16 　　　　　　　　　G1503/G15 匝道最大转弯半径

匝道名称	G1503EN 匝道	G1503WN 匝道	G15NE 匝道	G15NW 匝道
最大转弯半径/m	670	187	170	289

2. 仿真建模

在选择好仿真系统之后,在仿真软件中按照如下步骤完成模型的搭建。

第一步:基础路网构建。按照施工的基准 CAD 路网,在 TESS NG 微观交通仿真软件中,构建施工区交通组织的全局路网(图 6-22)。

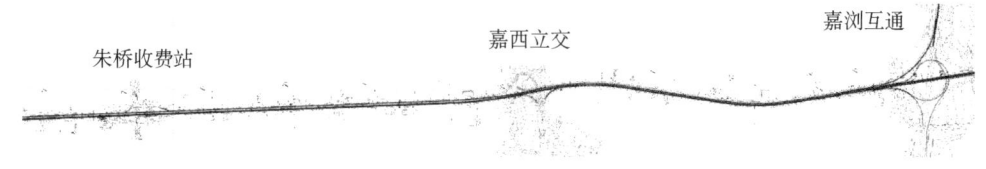

图 6-22 仿真模型中的全局路网结构

第二步:车辆组成及发车点。由于高速公路的大型货车较多,在传统的车型组成上,需要再增设铰链车这一车型,由于一般小客车的限速为 60 km/h,铰链大货车的车辆类型设置限速为 50 km/h,并在仿真软件中新增车辆类型。

第三步:路网车辆路径设置。对于 G15 南向北的车流,在 G1503/G15 处上匝道汇入,主线车道变化复杂,仿真模型根据实际车辆的行驶行为布设连接线,保证仿真车辆更加真实。同时,直通太仓的车道在 G1503/G15 之后都以实线与其他车道分隔,故将该车道单独设置为一条路段。

第四步:数据采集点设置。在路网、发车点、路径、限速等设置完成后,就需要设置各类采集点,进行整个路网运行状态的检测。设置数据采集点时,以路网的桩号作为数据采集点的名称,以便于分析拥堵产生的时空范围。

第五步,进行仿真运行并开展方案效果评估。在设置完仿真的所有对象后,开始在 TESS NG 仿真系统中进行仿真,仿真"3＋3"交通组织方案的运行状况。仿真运行会生成交通运行的各项参数,可作为方案评估的评价依据。

3. 仿真建模结果分析

仿真通过各断面的数据采集点速度,采用拥堵时空变化图分析路网的拥堵情况,包括拥堵持续时间、拥堵最大排队长度等。

1)"3＋3"模式南北主线各 3 车道方案运行情况

在"3＋3"模式的方案中,南北向全线运行均较为顺畅。主要拥堵点集中在 G15/G1503 嘉浏立交的上游南北向主线,以及 G1503WN 匝道方向(G1503 西方向左转进入 G15 方向)。这里分别作图进行分析,其中 G15 主线在嘉浏立交的拥堵起点汇入点桩号为 K1265＋700 m,往上游方向每隔 500 m 设一个检测断面,至上游 K1271＋200 m 共计 12 个断面。G1503WN 方向匝道由于没有桩号,故从汇入点开始往上游依次递增编号,嘉浏互通 2 个拥堵路段检测断面编号示意如图 6-23 所示。

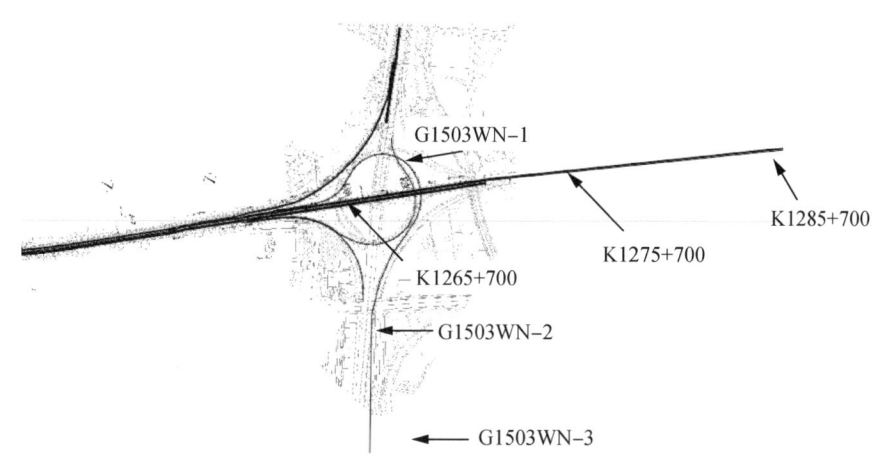

图 6-23　检测断面编号示意

在此拥堵点上游的 G15 主线嘉浏互通南北向上游 6 km 范围拥堵时变图如图 6-24 所示,其中横轴表示 6:00—22:00 时间,纵轴表示检测断面位置,空间点位表示在不同时段,不同位置断面的车辆通过速度,颜色越深表示速度越低。

由图 6-25 可以看出,在 G15 主线嘉浏互通南向北方向,从 7:00 开始,由于车流增加,拥堵会迅速向上游蔓延至 K1270＋700 m 位置处,在早高峰 9:00 拥堵长度达到最大,拥堵里程共计 5.5 km,然后随着车流降低,拥堵情况会稍微缓解,但白天平峰依然保持 1~2 km 的常态拥堵。至晚高峰 17:00 时刻,拥堵会再次蔓延至 4.5 km,然后随着流量降低,拥堵逐渐消散,直至 20:00,排队结束。

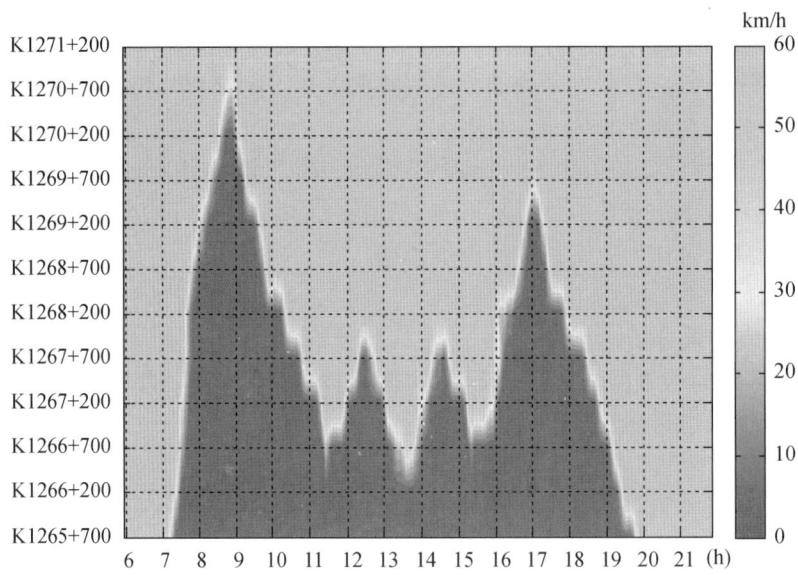

图 6-24 G15 主线嘉浏互通南向北上游 6 km 范围拥堵时变图

在 G1503WN 匝道方向(G1503 西方向左转进入 G15 方向)向上游 6 km 范围拥堵时变图如,图 6-25 所示。

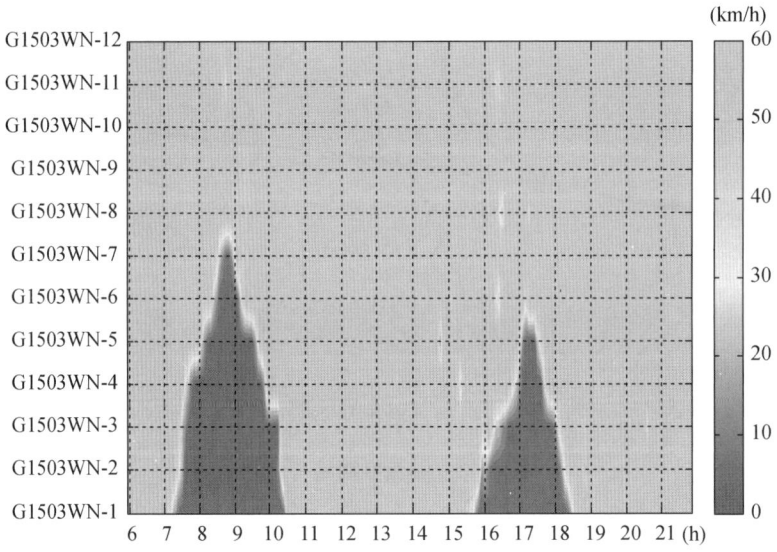

图 6-25 G1503 WN 匝道方向上游 6 km 范围拥堵时变图

由图 6-25 可以看出,在 G1503WN 匝道方向,从 7:00 开始,由于车流增加,拥堵会迅速向上游蔓延至 G1503WN-7 位置处,在早高峰 9:00 拥堵长度达到最大,拥堵里程共计 3 km,然后随着车流降低,拥堵情况会稍微缓解,直至拥堵消失。至晚高峰 17:00 时刻,拥堵会再次蔓延至上游 2.2 km 左右,然后随着流量降低,拥堵逐渐消散,直至 18:30,排队结束。

由图 6-26 可知,G15 嘉浏段施工期间,北向南方向拥堵不太明显,运行基本平稳。

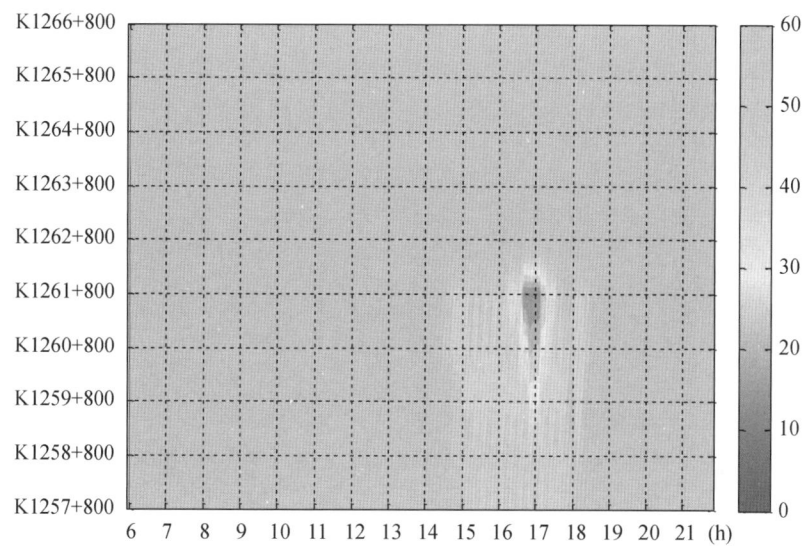

图 6-26 "3+3"模式 G15 主线北向南拥堵时变图

6.6.4 案例的经验与启示

（1）对高速公路等市域主通道，宜尽量做到"占一还一"，最大限度保留原通道的通行能力。高速公路施工交通组织以保障安全为基本要求，保障通行为主要目标。在确定施工交通组织基本原则时，要从工程质量、总工期、总投入、施工安全、交通影响、高速公路营收效益等六个方面考量，结合施工项目的具体情况和周边的交通情况选择最优方案。

（2）在仿真高速公路的运行状况时，要准确表征汇入段的行车路径及汇入/变道行为，才能得到有效的仿真结果。在施工交通组织方案的设计阶段，利用仿真软件预测实施效果，能直观有效帮助交通组织设计方案的比选决策。

（3）施工区加强交通智慧化监控和引导设施，设置齐全的标志标牌，提前告知前方施工信息，监控和管控车辆规范行驶，降低事故率，确保畅通。

6.7 | 案例三：济阳路快速化改造工程

6.7.1 济阳路快速化改造工程概述

济阳路（中环—卢浦大桥）于 2003 年同卢浦大桥同期建成，2009 年中环线/济阳路立交随中环线浦东段南段工程建成。济阳路在快速化改造前，北接卢浦大桥主桥下匝道，南接外环立交。济阳路按照原规划理念"快出慢进"建设，出市区为准快速路连续流，进市区为主干路，沿线路口设信号灯控制。济阳路沿线设置中环、外环两座立交。济阳路快速化改造前为主线双向 6 车道，两侧辅道各 2 车道。济阳路快速化改造前存在车道少、道路沿线出入口间距较密、局部路段主辅混流、存在平交路口、全线辅道不贯通等诸多问题，济阳路作为主通道的功能尚未完全发挥。为了进一步提高交通设施配套保障，有关部门决定实施济阳路快速化改建工程。

济阳路快速化工程北起卢浦大桥主桥南端,南至济阳路/外环线立交以南,全长约 7.1 km(图 6-27)。工程布置采用主线高架快速路＋地面辅道的形式,主线快速路设计车速为 60 km/h,布置双向 6 车道;地面辅道为主干道(耀华路以北为次干道),布置双向 6 车道(耀华路以北双向 4 车道)。

图 6-27 济阳路快速化工程区位示意图

济阳路快速化工程于 2018 年 12 月 15 日(周六)凌晨正式启动实施,至 2020 年 12 月底,济阳路快速化工程(卢浦大桥—外环线)基本完成,实现了快进快出的功能。济阳路周边区域的道路运行状况恢复至施工前的状况,施工造成的交通拥堵彻底改善。

6.7.2 济阳路快速化改造施工交通组织综述

济阳路快速化改建工程整体历经三个施工阶段,采取了不同的交通组织形式。三个施工阶段前后衔接,施工筹划充分考虑了对道路交通的影响,交通组织方案既满足各阶段交通疏导的关键点,也兼顾交通组织措施前后的连贯性。济阳路快速化改造分阶段推进,也是贯彻了交通压力逐步递进、交通矛盾逐项分解、交通措施逐步加强的指导思想。通过三个阶段的划分,不仅分解了交通困难,也实现了前道工序为后道施工提前做好设施准备的效果。

1. 第一阶段施工

济阳路快速化改建工程第一阶段于 2018 年 12 月 15 日(周六)凌晨正式启动实施,本次施工范围为卢浦大桥引桥至耀华路段,工程内容包括新建通耀路上匝道、桥上拼宽及耀华路下匝道改建、川杨河桥主墩改建。第一阶段施工封闭原卢浦大桥耀华路下匝道,原下匝道车辆引导至通耀路下匝道,经通耀路—济阳路—耀华路—原线实施绕行。这个阶段影响相对较小,主要是通过路网自然引导绕行,交通管控措施力度较小,没有采用大的管理措施和手段。2019 年 4 月,济阳路快速化耀华路下匝道改建完成并通车。随后进入第二阶段施工。

2. 第二阶段施工

第二阶段施工建造耀华路至三林路主线高架,施工期间济阳路由现状6～10车道减少为6～8车道。这一阶段施工建造高架主体结构,也为第三阶段卢浦大桥主线抬升施工做交通组织的设施准备。第二阶段施工是从2018年12月底开始,直至2020年12月底全部建成通车。

第二阶段施工期间交通组织,济阳路(卢浦大桥—中环)南向北交通临时翻交至西侧道路,维持南向北3车道的连续流运行状况,交通管理措施基本没有大的变化。而济阳路(卢浦大桥—中环)北向南道路从原线位向西侧翻交,并形成了多个交叉口信号灯放行通行模型,改变了原先连续流的特点,北向南交通通行效率有一定的下降。为缓解济阳路北向南车辆可能出现的拥堵,采取了济阳路与支路交叉口禁左,以及交叉口信号灯优先放行济阳路南北向交通的多项管控措施。济阳路北向南交通状况略有下降,延误增加不明显,运行状况基本畅通;济阳路南向北交通运行状况基本没有变化。

3. 第三阶段施工

2020年5月30日凌晨实施第三阶段的施工,卢浦大桥主线抬升施工,与济阳路高架接顺。这个阶段卢浦大桥与济阳路主线不得不关闭,济阳路上卢浦大桥以及卢浦大桥往济阳路的双向交通无法通行,往返于济阳路的越江车辆必须从新建的通耀路上、下匝道进出卢浦大桥,济阳路和卢浦大桥快速化连接功能严重下降。第三阶段是济阳路快速化改造整个施工中交通影响最大的环节,经充分研究,为了避免各项影响叠加,同时也尽量压缩施工影响周期,结合施工筹划安排,把第三阶段施工放在最后一个阶段实施。

第三阶段施工面临两大难点:难点一是济阳路与卢浦大桥主线连通中断,卢浦大桥至济阳路往南的车辆需要从通耀路下匝道绕行,济阳路南向北上卢浦大桥需要从新建的通耀路上匝道通行,上下卢浦大桥的通行能力大大降低;难点二是济阳路(耀华路—德州路)因高架主体结构施工占路,只能维持济阳路南向北3车道,北向南车辆需要从周边道路绕行;这使得济阳路南北向交通都从地面通行,且北向南车辆还需从其他道路绕行,通行能力又有很大降低,卢浦大桥越江南北向快速路的功能严重削弱,也极易造成施工区域较大范围的交通拥堵。

为了缓解交通矛盾,第三阶段采取了多项交通组织措施,包括:周边路网的扩容改造;临时打通济明路增加分流道路;交通流强制引导、交通大力宣传、交通警力指挥等措施。

6.7.3 济阳路工程交通组织方法内容简介

1. 施工影响范围确定

按照常规研究流程,根据施工各阶段占用道路设施的情况,运用交通预测模型对施工期间交通影响范围进行了初步预判,据此作为交通组织重点研究范围的依据(图6-28)。根据预判,济阳路最不利施工阶段的交通影响范围较大,北至世博大道,西至耀龙路—林浦路—浦锦路,南至陈行公路,东至杨高南路(图6-29)。同时,由于影响范围内涉及诸多越江桥隧,部分交通组织和管理设施的调整范围包含浦西部分快速路系统、隧道出口区域的地面道路系统。

图 6-28 济阳路快速化最不利施工阶段交通影响范围预判图(流量变化范围)

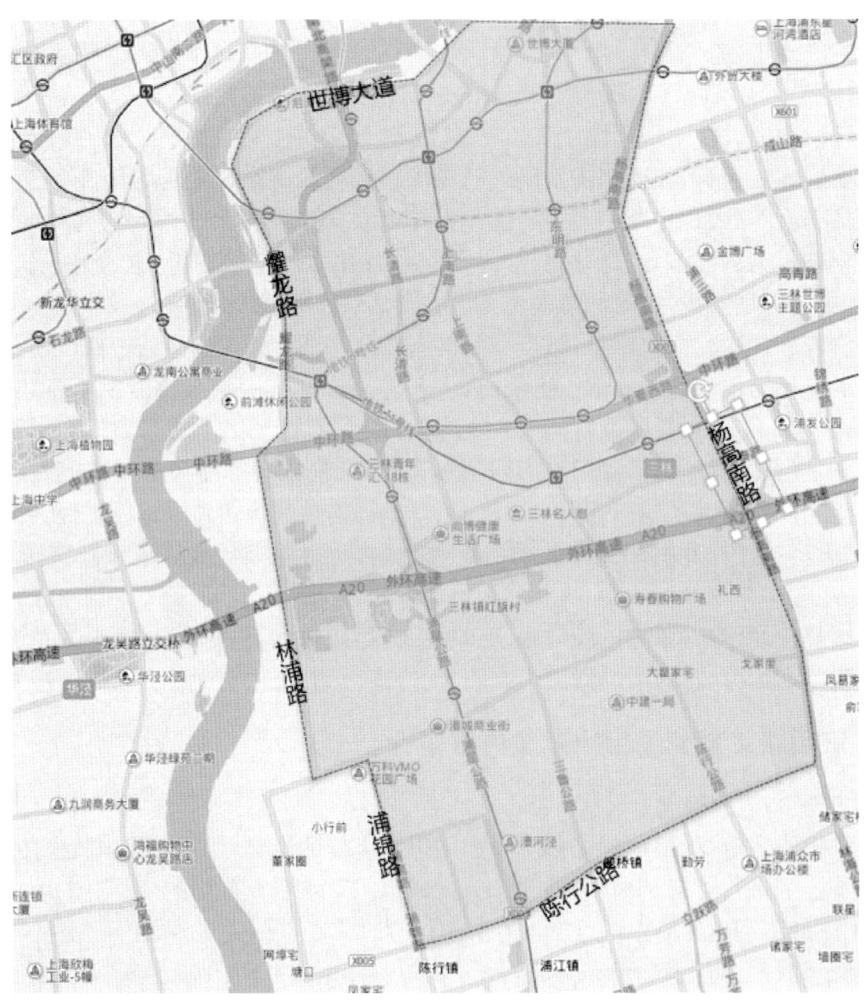

图 6-29 济阳路快速化工程交通组织研究范围(即影响范围)

2. 现状交通调查汇总[①]

1) 现状道路设施

济阳路现状北接卢浦大桥下匝道,南接外环立交,按"快出慢进"思路建设,出市区为准快速路连续流,进市区为主干路,设信号灯控制。沿线设置中环、外环两座立交。济阳路主线双向6车道,两侧辅道各2车道,现状红线宽度在45～70 m不等(局部为80 m)。目前道路两侧设绿带10～20 m不等,工程总用地宽度在45～90 m。

济阳路各路段车道布置如图6-30、图6-31所示。

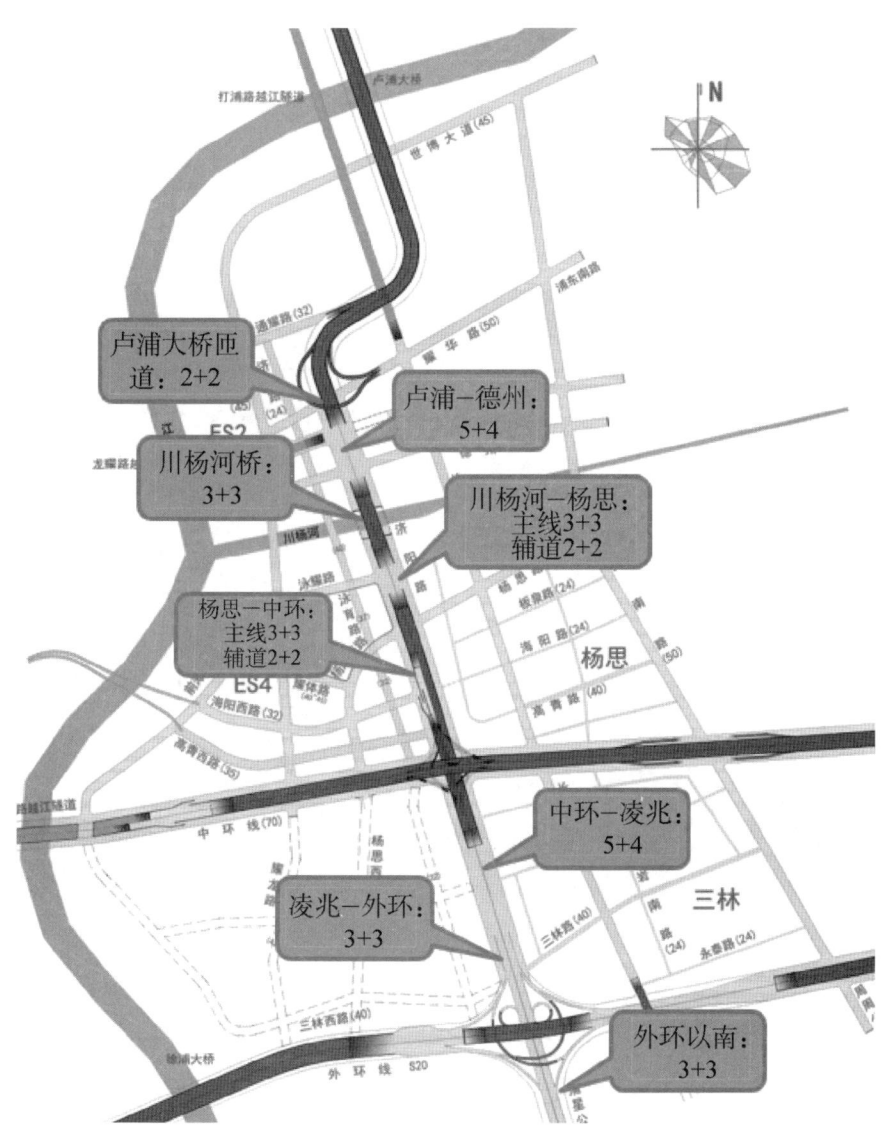

图6-30 济阳路现状车道布置示意图

[①] 指的是2018年的状况。

图 6-31 济阳路施工前沿线路况

济阳路周边平行的南北向道路包括耀龙路、长清路、上南路等；济阳路周边相交道路包括耀华路、龙耀路、德州路、杨思路、杨思西路、华夏西路、凌兆路、懿行路、芦恒路(东段暂未通车)等(图6-32)。

2) 现状交通流量

(1) 济阳路交通拥堵明显，局部瓶颈路段高峰时段处于常态拥堵。现状济阳路—浦星公路一线总体交通处于拥堵状态，早晚高峰饱和度基本维持在1.0左右，尤其是早高峰，中环—卢浦大桥南向北方向处于常态拥堵状态(表6-17、图6-33)。

第6章 / 重大通道施工交通组织

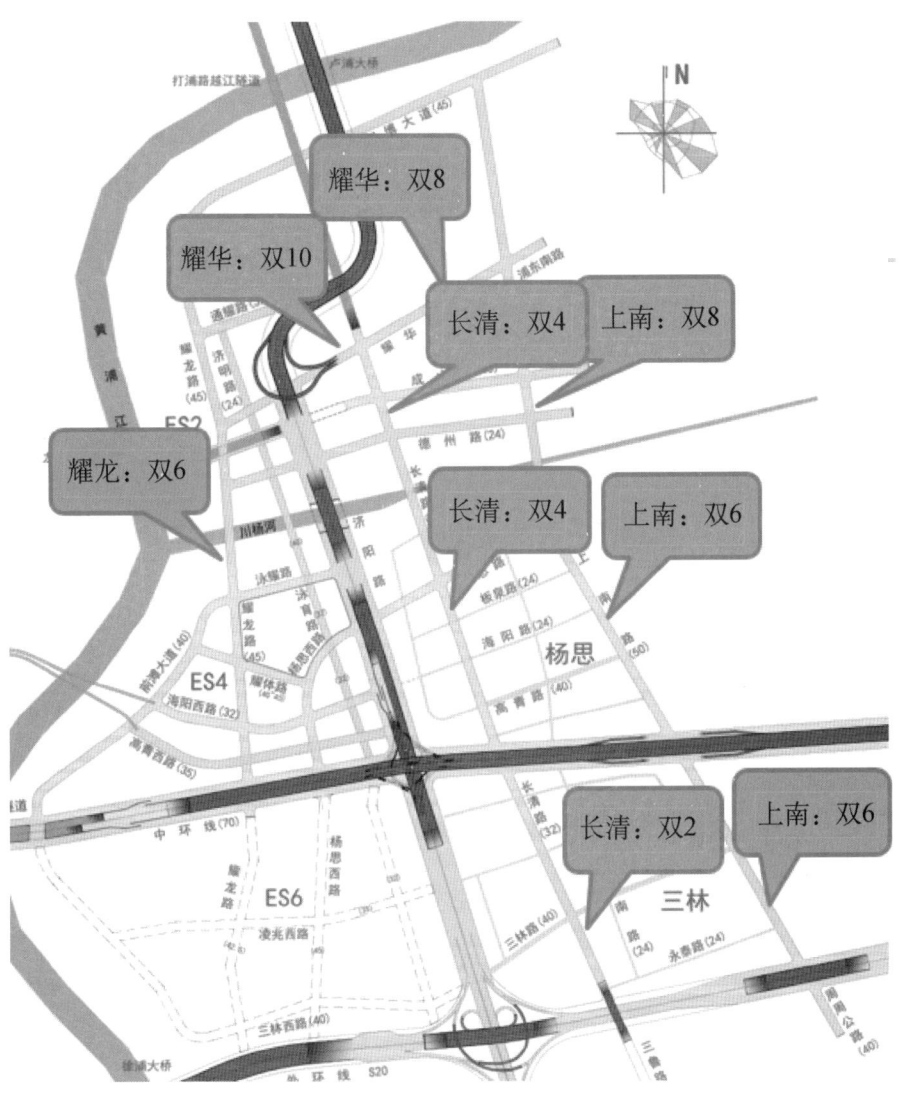

图 6-32 济阳路周边道路情况

表 6-17 2018 年济阳路沿线道路断面流量汇总表

道路名称	路段	方向	车道数	12 h 流量/ [pcu· (12 h)$^{-1}$]	流量/(pcu·h^{-1})		高峰小时 饱和度 V/C
					早高峰	晚高峰	
济阳路	卢浦下匝道	北向南	2	31 366	2 772	3 039	0.76
		南向北	2	35 073	4 090	3 176	1.02
	卢浦—龙耀	北向南	5	59 177	4 984	4 489	0.83
		南向北	4	59 027	5 658	5 259	0.94
	龙耀—德州	北向南	5	59 484	4 601	4 135	0.77
		南向北	4	59 028	5 569	5 358	0.93

续表

道路名称	路段	方向	车道数	12 h流量/[pcu·(12 h)⁻¹]	流量/(pcu·h⁻¹) 早高峰	流量/(pcu·h⁻¹) 晚高峰	高峰小时饱和度 V/C
济阳路	德州—杨思	北向南	3	56 732	5 304	4 532	1.11
		南向北	3	53 610	5 327	5 581	1.16
	杨思—中环(主线)	北向南	3	49 274	4 546	3 716	0.95
		南向北	3	47 549	4 410	5 012	1.04
	杨思—中环(辅道)	北向南	2	7 458	739	816	0.68
		南向北	2	6 061	917	569	0.76
	中环—凌兆	北向南	5	41 056	4 062	3 188	0.68
		南向北	3\4	41 806	4 359	3 858	0.91
	凌兆—外环	北向南	3	40 035	4 050	3 276	0.96
		南向北	3	42 235	4 141	3 401	0.99
浦星公路	外环—懿行	北向南	3	29 070	2 366	2 662	0.63
		南向北	3	33 742	3 321	2 829	0.79
	懿行—芦恒	北向南	3	28 507	2 378	2 688	0.64
		南向北	3	30 621	2 933	2 944	0.70

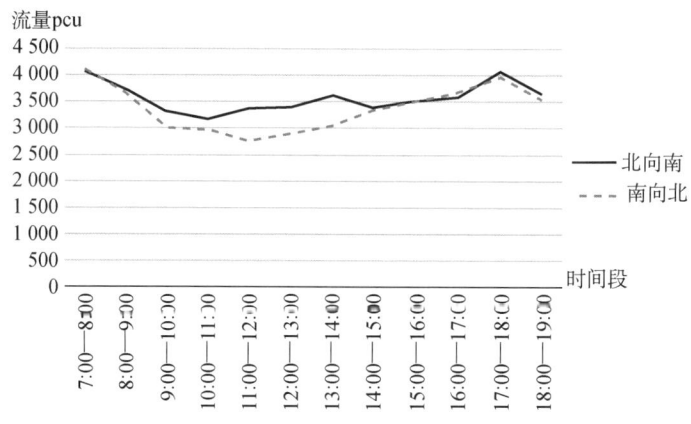

图 6-33 济阳路白天 12 小时流量分布

(2) 济阳路以过境交通为主,小客车居多。济阳路现状交通组成中过境交通占 70%～80%。现状车流量中,以小客车交通为主,比例达到 85% 左右。此外白天 12 小时的外牌车比例在 30%～35%,高峰小时的外牌车比例在 25% 左右。

(3) 周边区域道路交通已趋于饱和。济阳路周边道路交通压力较大,尤其是东侧长清路、上南路等,部分路段高峰时段也趋于饱和,济阳路西侧目前总体交通量较低。

(4) 济阳是重要的公交客运通道。济阳路沿线公交线路较多,统计共 18 条线路将受到济阳路快速化工程施工影响,主要公交站点集中在凌兆路、懿行路、芦恒路两侧,现状公交占济阳路交通流量比例约为 2%。

3. 交通影响预测

济阳路施工三个阶段交通影响有所不同,结合三个阶段特点,交通影响预测汇总如下:

第一阶段主要影响现状耀华路下匝道,匝道封闭后 1 000~1 200 pcu/h 交通量须提前通过通耀路下匝道至地面绕行。济阳路以西地块在 2018 年时还处于开发建设状态,就地交通量较低,主要道路如通耀路、耀龙路、济明路等交通量较低,有条件承担耀华路下匝道封闭期间的交通分流。该阶段济阳路南向北仍保持准快速通行模式,交通基本不受影响。北向南交通也基本保持原状,运行状况可控。总体分析,第一阶段施工对区域道路影响较小,路网不会发生大范围的拥堵。交通疏导重点在于卢浦大桥北向南车辆在通耀路/济明路、通耀路/耀龙路路口的通行效率提高。

第二阶段主要是济阳路(耀华路—华夏西路)北向南受高架主体结构影响,向西翻交后局部利用原辅道空间,只能保留 3~4 车道,且北向南车辆经过多个相交路口时,均需采用信号灯控制,北向南通行效率有明显下降。根据调查,2018 年开工后,济阳路高峰车流量仅下降 7%,高峰时段北向南仍有 4 500 pcu/h 规模,流量很大。根据预测,第二阶段主要影响北向南交通,高峰时段济阳路车流量通过路网自然分流后,仍将有 4 100 pcu/h 的车辆从济阳路通行。如果相交路口按照既有管理措施,那么施工期间济阳路北向南高峰车辆拥堵长度会增加近 1 km,车辆排队虽然不会蔓延至卢浦大桥主桥上,也不会影响至浦西内环线,但运行效率有所下降。该阶段提出交通组织应优先确保济阳路北向南主线直行通行效率,限制部分进入济阳路北向南的车流量。

第三阶段影响主要是卢浦大桥浦南端的主线关闭、济阳路南北向都无法实现准快速化。同时,济阳路(耀华路—德州路)北向南只能保留 1 车道、中环立交北向西等转向匝道改造关闭。根据 2019 年施工前流量调查资料显示,卢浦大桥高峰时段双向车流量约 8 000 pcu/h,济阳路主线双向约 10 000 pcu/h,考虑路网自然分流以及通耀路、耀华路匝道通行能力两方面因素控制,预计卢浦大桥高峰双向流量下降至 6 000 pcu/h(越江交通从西藏南路隧道、打浦路隧道、南浦大桥、上中路隧道等绕行);济阳路高峰双向车流量下降至 5 000 pcu/h。

通过预测,济阳路及西侧耀龙路—涵林路一线将承担济阳路 60%~65% 的车流量,东侧长清路、上南路、杨高路等预计承担济阳路 15%~20% 的车流量,外围越江桥隧(西藏南路隧道、打浦路隧道、南浦大桥、上中路隧道、龙耀路隧道)和快速路约承担约 20% 大范围绕行流量。

针对预判结果,交通组织提出了重点做好施工相邻区域路网扩容增能的措施,同时采取济阳路施工区段"交通截流减量"的管理措施。

表 6-18　　第三阶段主要道路交通量变化预测

主要道路	2021 年 2 月交通量/(pcu·h⁻¹)	施工期间交通量/(pcu·h⁻¹)	变化幅度	施工期间饱和度 V/C
济阳路	10 600	5 000	−53%	0.75
上南路	4 000	4 800	+20%	1.00

续表

主要道路	2021年2月交通量/(pcu·h^{-1})	施工期间交通量/(pcu·h^{-1})	变化幅度	施工期间饱和度 V/C
长清路	2 100	2 500	+19%	1.04
杨高路	5 000	5 300	+6%	0.88
耀龙路	800	4 200	+425%	1.00
涵林路	0	2 800	—	0.93
卢浦大桥	9 400	6 000	−36%	—
龙耀路隧道	2 700	2 400	−11%	0.60
上中路隧道	6 800	7 200	+6%	0.90
徐浦大桥	10 800	9 400	−13%	0.94
打浦路隧道	2 400	2 900	+21%	0.96
南浦大桥	8 400	9 000	+7%	0.99
西藏南路隧道	4 200	4 600	+10%	0.90

4. 交通组织方案原则

济阳路快速化改造工程施工交通组织首先确定研究原则,以兼顾施工和交通。经过多轮研究论证,确定了以下原则。

1) 保留到发交通及地面公交,确保施工期间居民出行

(1) 施工期间济阳路交通便道规模原则上不低于双向4车道,车道宽度不小于3.25 m,限速40 km/h,施工便道交叉口尽量渠化,人非通道宽度不小于4 m。交通便道与桥梁施工区域保持一定距离,以保证行车安全。

(2) 施工期间济阳路交通便道主要提供给公交、沿线企业单位的车辆进出使用。

(3) 施工期间全线保障行人和非机动车辆等慢行系统的贯通。

2) 过境交通多级分流,逐级引导,缓解施工期间交通矛盾

(1) 引导车辆通过中环线、罗山路等快速路网分流长距离过境交通(市区与机场方向的联系)。

(2) 施工期间全市快速系统做好相应的诱导和提示。

(3) 通过西藏南路隧道、打浦路隧道等近江越江设施分流卢浦大桥的越江压力。

(4) 通过济阳路两侧南北走向道路分流,并加强东西向联通配套工程的建设。

3) 优化施工工艺,确保交通组织顺利实施

(1) 采用预制拼装技术,工厂化施工,最大化降低侵占道路空间的时间。

(2) 从施工工艺和顺序上保证施工期间的交通通行。交叉口考虑采用钢梁吊装施工工艺。

4) 施工前加大宣传及应急预案研究,施工中强化交通管理和评估反馈

(1) 交通组织方案和相应的配套工程及管理措施完成后实施具体的交通组织和道路翻

交,在实施过程中强化交通管理并建立相应的后评估和反馈机制,及时调整方案。

(2) 交通组织方案实施前做好与媒体的沟通,加大交通安全和交通组织方案的宣传。

(3) 交通组织方案提前与沿线小区和企事业单位沟通,主要交叉口、小区出入口配置足够的交通管理人员和设施。

(4) 做好快速路、越江交通、地面道路交通拥堵的分流应急预案。

5. 施工交通组织方案

1) 第一阶段交通组织:主要解决卢浦大桥耀华路下匝道关闭交通疏导的问题(图6-34)

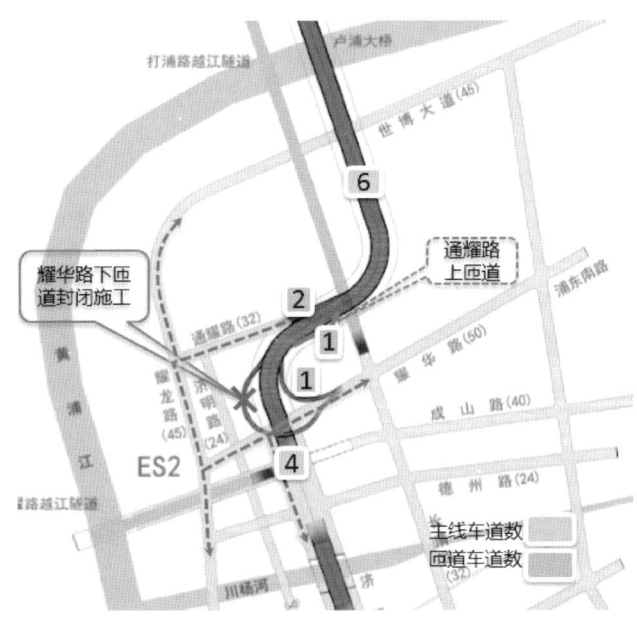

图6-34 济阳路快速化工程第一阶段交通组织示意图

该阶段交通组织主要采取路网自然分流,通过标志标线引导车辆从通耀路下匝道通行,经耀龙路—世博大道—长清路(耀华路)等既有路网绕行。同时调整上述分流道路交叉口的信号相位,增加通耀路、耀龙路、耀华路通行能力,避免排队影响下匝道及卢浦大桥主线。

此外,南北高架浦西段、内环线等主要节点设置绕行提示标志,引导车辆通过打浦路隧道、西藏南路隧道等绕行,避开耀华路下匝道施工影响区域。

第一阶段施工封闭原卢浦大桥耀华路下匝道后开展了跟踪调查和后评估。经调查,施工后第一个双休日卢浦大桥和分流道路交通总体运行平稳,卢浦大桥北向南方向没有因为耀华路下匝道关闭而发生车辆积压和排队拥堵情况;地面道路如通耀路、济明路及耀华路因双休日总体流量较低,也没有明显拥堵情况发生。

耀华路下匝道封闭后首个工作日调查,卢浦大桥交通状况与施工前变化不明显,高峰小时流量仍维持在双向 7 000~7 500 pcu/h,其中北向南方向早晚高峰流量分别在 3 200 pcu/h 和 3 500 pcu/h,与施工前流量规模基本一致。济阳路交通状况也与施工前基本一致,没有发生明显变化。

通耀路下匝道高峰小时流量由施工前的 150~200 pcu/h 上升至 700~800 pcu/h,基本承担了原耀华路下匝道85%以上的交通需求。

通耀路地面东向西方向高峰小时流量增加了500～600 pcu/h,高峰小时饱和度达到0.8左右,与预判基本一致。

济明路承担了原耀华路主要分流交通,北向南交通流量由施工前的200 pcu/h左右增加到了650～700 pcu/h,饱和度上升到0.78。

耀华路(济阳路以西)西向东流量增加较为明显,交叉口西进口流量由施工前的1 800 pcu增加至2 300～2 400 pcu/h,高峰小时饱和度达到0.82,高峰时段有一定排队情况发生,但未影响后续交叉口正常通行。耀华路(济阳路以东)出口道拓宽为3车道后总体运行平稳有序,未出现明显交通积压影响交叉口运行的情况。

分流道路中涉及的通耀路/济明路、济明路/耀华路、济阳路/耀华路交叉口早晚高峰运行情况良好,除济阳路/耀华路存在常态拥堵情况外,耀华路下匝道封闭后未对卢浦大桥和地面道路产生明显交通影响。第一阶段施工影响平稳渡过。

2) 第二阶段交通组织:高架结构施工,济阳路车道减少为6～8车道

第二阶段主要是济阳路车道数量减少,总体通行能力下降,须考虑采取外围绕行和配套交通管理措施确保区域交通出行,并提前为第三阶段交通分流做准备。

南向北方向施工期间保留原济阳路高架连续流3车道,现状高峰小时流量在5 300～5 500 pcu/h。建议在长清路、耀龙路、上南路等设置绕行提示标志,分流部分原辅道进入济阳路的交通(300～500 pcu/h)通过周边道路绕行,为第三阶段分流提前做准备。

北向南方向施工期间保留3～4车道的交通便道,受翻交影响通行能力下降,现状高峰小时流量在4 500～5 200 pcu/h,3车道饱和度达到1.2左右,高峰时段拥堵长度会增加近1 km,须通过济阳路西侧区域路网分流交通压力(以耀龙路、耀体路为主)。交通组织突出优先保障济阳路北向南直行通行效率和分流北向南交通总量两个环节。具体措施有:

(1) 耀华路/济阳路交叉口东向南左转车辆只能进入龙耀路隧道,原左转车辆直行至耀龙路分流;

(2) 济阳路(耀华路—华夏西路)北向南方向全天禁止货运车辆通行;

(3) 龙耀路隧道浦东出口西向南右转车辆不能直接进入济阳路,须从辅道经耀龙路往南绕行;

(4) 杨思路/济阳路交叉口南北两侧增加渠化车道及渠化段长度,北侧增至5车道,南侧增加渠化路段;

(5) 济阳路/杨思路交叉口南北方向禁左,车辆由华夏路等绕行;

(6) 外围区域增设交通绕行引导标志,重点在卢浦大桥增设引导标志,由通耀路、耀龙路绕行,横向道路中杨思路等也提前设置绕行引导标志。

2019年6月28日凌晨,济阳路第二阶段正式实施翻交。根据后续流量观测情况,济阳路北向南方向由施工开始前的高峰小时4 500～5 200 pcu/h下降到了3 800～4 000 pcu/h,降幅达到15%～20%,施工后早、晚高峰通行情况良好,部分时段出现拥堵排队情况,但排队长度未超过600 m,拥堵路段未达到川杨河桥,与预判基本一致。此外卢浦大桥主线进出济阳路流量与本阶段施工前基本一致。

地面交通方面:耀龙路双向流量均有一定增加,其中北向南方向增幅明显,由施工前高峰小时400～500 pcu/h增加到了800～1 000 pcu/h,现状高峰小时服务水平维持在C级,

未出现明显交通拥堵。周边长清路、上南路等暂未受到本阶段交通组织方案影响,交通流量基本无变化。

耀华路(济阳路以西)由于卢浦大桥原耀华路下匝道建成通车,流量相较之下有所降低,交叉口东向南禁行及禁货措施实施后,该路段交通也未产生影响。

总体而言,济阳路第二阶段交通组织方案实施后,区域交通流量变化与预期基本一致,各项工程改造和交通管理措施发挥了作用,第二阶段交通组织方案达到了预期效果,为后续卢浦大桥顶升阶段交通方案创造了条件。

3) 第三阶段交通组织:新建中环立交北侧的主线高架系统(卢浦引桥抬升、杨思路跨线桥顶升、中环立交北主线顶升),完成川杨河桥节点改造

第三阶段也是济阳路改建工程交通影响最大的阶段,施工主要导致三个交通矛盾:一是卢浦大桥浦南端主线关闭;二是济阳路南向北无法实现准快速化,南向北交通也明显恶化;三是济阳路(耀华路—德州路)北向南只能保留1车道,北向南需要强制分流。(说明:该阶段同时实施济阳路/中环立交北向西转向匝道改造关闭,该工程施工时,济阳路北向西进入上中路隧道的通道仍保留,实际影响较小,不是交通矛盾节点)。为缓解三大交通矛盾,交通组织方案提出了如下措施(图6-35):

一是打通了济明路,形成了北向南绿波通行模式,缓解了北向南通行矛盾。济阳路西侧耀龙路和东侧长清路、上南路车流量已经饱和,无法分流。因此,研究团队经过前期踏勘和分析,经过与龙耀路隧道施工单位协调,利用施工场地里空间,临时新建1条道路,提前打通了济明路(德恒路—德州路),在济阳路西侧增加一条南北向3车道的道路,为济阳路北向南

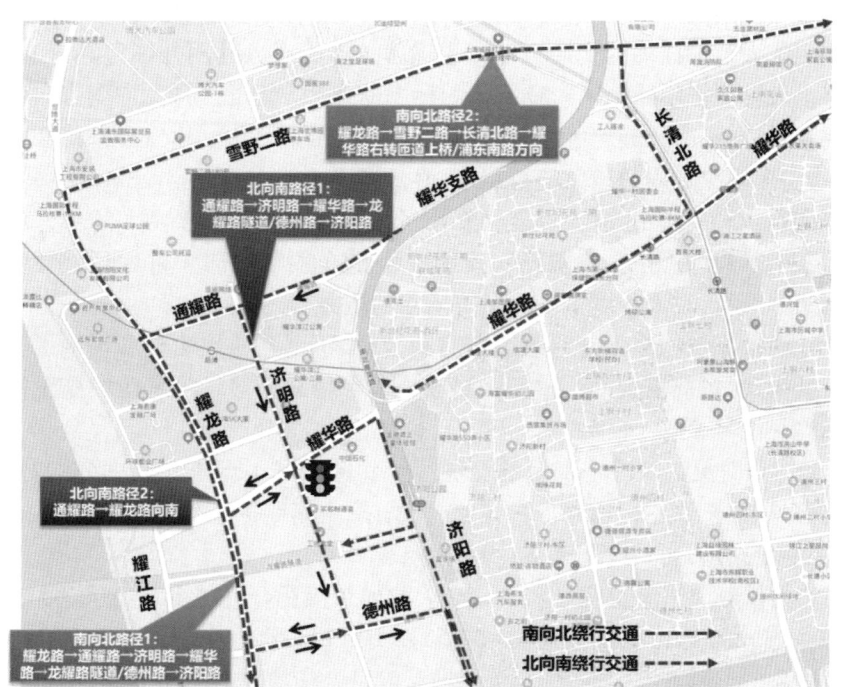

图6-35 济阳路快速化工程第三阶段施工交通组织示意图①

---

① 彩图参见附图9。

车辆就近绕行提供条件。配合济明路贯通,提出了济明路(通耀路—德州路)实施机动车北向南单向 3 车道的管理措施,并调整沿线交叉口信号灯,形成从卢浦大桥通耀路下匝道至济明路/德州路的绿波信号灯放行模式,替代原来济阳路北向南的交通功能。这一措施实施后,确保了卢浦大桥北向南越江交通没有出现长时间大面积拥堵的效果。从施工后的流量调查结果来看,济明路通道北向南高峰时段流量达到 1 500 pcu/h,承担了卢浦大桥原北向南 40% 的车流量。

二是新建了涵林路,连通至耀龙路,从中环以南实施车辆分流,引导车辆从耀龙路绕行。在济阳路施工启动初期阶段,为了给济阳路提供分流道路,提前实施了涵林路辟通至中环并与杨思西路连接的工程。在济阳路西侧新增了 1 条道路。

三是制定了济阳路南向北限流措施。禁止济阳路(中环以南)车辆直行进入济阳路前往卢浦大桥(仅允许公交线路通行),在华夏西路路口强制这部分车辆从耀龙路、长清路和上南路绕行。济阳路只允许中环内圈东向北和上中路隧道西向北车辆南向北进入济阳路。这一措施使得济阳路南向北流量从施工前的 6 000 pcu/h 降低至 3 600 pcu/h,南向北 4 车道虽然拥堵,但拥堵范围得到控制。这项措施的实施,另一个考虑因素也是为了配合施工需要,一旦施工期间遇到紧急情况,可以采取进一步的强制分流措施,使应急状态时交通疏解更有序。

四是对长清路、上南路等分流道路进行了局部扩容。考虑到济阳路南向北和北向南流量会从周边道路绕行,提前对分流道路进行了局部扩容改造,主要是改造部分路段绿化带,进行路段和路口渠化扩容,并对相关交叉口转向车道设置做了调整。长清路(耀华路—中环线)调整断面布置,增加 1 条车道并设置潮汐式可变车道,以适应可能出现的拥堵。

五是制定了大范围详细的交通引导标志标牌。为了充分利用外围道路分流,在浦西和浦东快速路上设置了济阳路施工车辆绕行的标志标牌。如南北高架北向南方向设置了引导车辆从南浦大桥、西藏南路隧道等绕行提示标牌和引导标牌。此外,管理部门和百度等导航企业合作,指引车辆改走周边道路绕行路径,避开施工区域。

六是新闻媒体开展集中宣传,提前告知市民出行路径和注意事项。这项措施也发挥了很大作用,经调查,卢浦大桥—济阳路一线约 20% 的车辆从南浦大桥、西藏南路隧道、打浦路隧道外围道路绕行,很大程度上减轻了济阳路的压力。

根据第三阶段制定的多项交通组织方案和措施,运用交通预测模型预判了施工后区域路网的运行状况,对可能出现的严重拥堵路段提出了警示预警。第三阶段施工后区域交通运行状况预判见图 6-36。

2020 年 6 月,对第三阶段施工后的交通运行状况开展了调查。调查分别对越江桥隧、济阳路施工区域、济阳路周边道路如耀龙路、长清路、上南路等进行了流量调查。

评估一:越江桥隧运行状况(表 6-19)

(1) 卢浦大桥双向车流量明显减少。全天双向车流量合计减少 24 000 pcu/d。其中浦东往浦西减少 10 000 pcu/d;浦西往浦东减少 14 000 pcu/d。

(2) 南浦大桥车流量增幅最大,全天双向车流量合计增加 13 000 pcu/d。其中浦东往浦西增加近 4 000 pcu/d;浦西往浦东增加 9 000 pcu/d。

(3) 西藏南路隧道车流量也有所增加。西藏南路隧道全天双向车流量合计增加 3 700 pcu/d。其中浦东往浦西增加近 1 200 pcu/d;浦西往浦东增加 2 500 pcu/d。

图 6-36　济阳路快速工程第三阶段施工期间交通流量分配图

(4) 打浦路隧道车流量只有浦东往浦西车流量有所增加。浦东往浦西增加近 2 000 pcu/d；浦西往浦东基本没有变化。

(5) 龙耀路隧道双向车流量基本没有变化。

济阳路第三阶段施工后，近 80% 的车辆仍由卢浦大桥至地面道路通行，南浦大桥、西藏南路隧道、打浦路隧道承担了 20% 的交通分流。

表 6-19　　　　第三阶段施工前后越江桥隧流量比较汇总表　　　单位：pcu/d

越江桥隧	施工前(2020 年 5 月 26 日)			施工后(2020 年 6 月 1 日)		
	浦西往浦东	浦东往浦西	合计	浦西往浦东	浦东往浦西	合计
打浦路隧道	13 905	18 692	32 597	13 818	20 639*	34 457*
西藏南路隧道	24 632	23 959	48 591	26 989*	25 222*	52 211*
延安东路隧道	28 781	25 774	54 555	31 144*	27 281*	58 425*
龙耀路隧道	11 805	18 480	30 285	12 197	19 169	31 366
卢浦大桥	48 349	52 495	100 844	34 187**	42 490**	76 677**
南浦大桥	63 357	56 415	119 772	72 802*	59 962*	132 764*

说明：* 代表流量增加；** 代表流量减少；其他代表流量不变。

评估二：地面道路运行状况

(1) 卢浦大桥北向南状况：通耀路下匝道承担了 40% 流量，耀华路下匝道承担了约 40% 流量，其他越江桥隧承担了约 20% 流量。

通耀路下匝道流量由施工前高峰小时 200 pcu/h 左右增加到 1 400~1 500 pcu/h，承担分流交通约占原卢浦大桥至济阳路交通总量的 40%。这部分交通量中选择路径一：通耀路—

济明路—德州路—济阳路方向约40%,总量达到高峰小时400~600 pcu/h。选择路径二:通耀路—耀龙路—华夏西路方向约60%,总量达到高峰小时800~900 pcu/h。

耀华路下匝道流量由施工前高峰小时1 200 pcu/h增加到2 500 pcu/h,主要分流交通仍集中在济阳路以东区域,并通过长清路、上南路、杨高路等绕行。

上南路、长清路、东明路、杨高路等流量增加较为明显。其中长清路高峰小时单向流量增加600~800 pcu/h,上南路高峰小时单向流量增加1 000 pcu/h左右。

从总体流量判断,原卢浦大桥北向南至济阳路方向交通,20%左右由周边越江桥隧绕行;40%由通耀路下匝道经济明路—济阳路绕行;40%由耀华路下匝道通过长清路、上南路等绕行,济阳路以东片区道路在早晚高峰面临较大交通压力,拥堵严重。

(2) 卢浦大桥南向北运行状况:通耀路上匝道承担约60%流量,耀华路上匝道承担约25%流量,其他越江桥隧承担约15%流量,耀龙路分流效能低。

通耀路上匝道:施工后通过济阳路耀华路至通耀路上匝道越江的高峰小时流量为1 900~2 300 pcu/h,与前期研究预判的高峰时段车流量2 400 pcu/h基本一致。受地面信号交叉口因素影响,济阳路南向北方向早晚高峰排队拥堵现象仍较为明显,常态拥堵至川杨河桥附近,这部分流量约占原南向北上卢浦大桥交通总量的60%。

耀华路上匝道:耀华路上匝道流量由施工前高峰小时1 000~1 200 pcu/h增加到1 600 pcu/h,承担原济阳路主线上卢浦大桥25%的分流交通。根据施工后地面道路早晚高峰情况,长清路、上南路承担了沿线主要分流交通,工作日首日早高峰长清路(华夏西路—耀华路)双向拥堵,上南路(华夏西路—耀华路)南向北拥堵,影响范围扩大至德州路、西营路等。由于长清路沿线有学校,早高峰拥堵更为严重,施工初期的几天,长清路早晚高峰出现各长达3小时的拥堵现象,沿线居民出行延误严重。交警部门及时增加警力维持秩序,并调整部分管理措施,尤其对学校接送车辆进行管理,降低了拥堵程度。此外,杨高路、东明路部分路段也出现较为明显的拥堵,济阳路施工产生的分流影响范围有所扩大。

耀龙路—世博大道分流作用小。耀龙路南向北早高峰流量与施工前基本一致(单向2 600~2 900 pcu/h),没有明显增加,济阳路南向北交通主要通过济阳路地面和东侧长清路、上南路等绕行。

从目前总体流量判断,原济阳路南向北方向交通,60%仍在济阳路地面通行,西侧耀龙路基本没有承担分流交通,东侧长清路、上南路、东明路、杨高路等承担了40%左右分流交通(其中耀华路上匝道承担25%~30%,打浦路隧道、西藏南路隧道、南浦大桥等承担10%~15%)。

评估三:中环节点

济阳路/华夏西路北进口:济阳路地面北向南流量为1 200~1 700 pcu/h,其中北向东左转至浦东机场方向占比达到60%,北向南直行至外环方向占比达到35%,北向西右转至上中路隧道方向占比仅为5%。济阳路地面南向北流量仍达到600~800 pcu/h,这部分流量均须从杨思路等进行二级分流绕行。

济阳路/华夏西路南进口:济阳路地面南向北流量为1 600~2 300 pcu/h,其中南北直行至卢浦大桥占比20%,南向东右转至浦东机场方向15%,南向西左转至上中路隧道方向65%。

华夏西路东西方向地面:华夏西路地面流量增加较为明显,高峰小时东向西流量增加

500 pcu/h 左右，达到 1 500 pcu/h。西向东流量增加 1 000 pcu/h 左右，达到 1 600～1 700 pcu/h。说明济阳路/华夏西路南进口直行限行后，济阳路南向北车辆从华夏西路—长清路绕行。

杨思(西)路：杨思路作为中环以北最后的分流节点，济阳路以东高峰小时单向流量由施工前约 900 pcu/h 增加至约 1 300 pcu/h；济阳路以西高峰小时单向流量由施工前约 400 pcu/h 增加至约 1 000 pcu/h。承担了重要的绕行功能。

评估四：外环节点

外环节点部分匝道断交，车辆通过林恒路、上南路等分流，施工后交通运行情况与前期预判基本一致，林恒路—上南路分流路径上单向流量增加 600 pcu/h 左右，其中上南路外环线南进口南向北流量由施工前的 1 200～1 400 pcu/h 上升到了 2 000 pcu 左右，施工后分流道路总体运行情况良好，未出现明显排队拥堵。

浦星公路(外环至芦恒路)早晚高峰北向南流量由施工前的 2 200～2 400 pcu/h 下降至 1 800～2 000 pcu/h，南向北高峰流量由施工前的 2 300 pcu/h 下降至 1 800 pcu/h 左右，受浦星公路及芦恒路施工节点施工影响，早晚高峰交通拥堵状态没有明显变化。

外环线西向北匝道调整至地面交叉口后拥堵加剧，按照目前交通运行情况，匝道排队长度与预判基本一致，早晚高峰外环线(徐浦大桥—浦星公路—上南路段)处于明显拥堵状态，车辆延误增加约 20 min。

6.7.4 案例的经验与启示

(1) 重大通道建设项目应分不同施工阶段制定相应的交通组织方案，分散施工矛盾节点，缓解对区域道路交通的压力。每个施工阶段交通组织方案要有连续性、连贯性。

(2) 重大通道施工交通组织尽最大努力保留通行能力，优先保障公共交通、沿线居民及单位日常交通尽可能不受影响，过境交通通过外围道路绕行，将交通影响分化到周边道路和快速路系统。

(3) 重大通道施工交通组织应采用综合方案，需要"路网扩容＋交通管理措施调整＋施工筹划优化"多管齐下，才能缓解施工对道路交通的影响。

(4) 为了平衡交通供需平衡，重大通道施工交通组织可以采取强制分流措施，实现路网流量均衡。

6.8 案例四：S20 外环隧道大修工程

6.8.1 S20 外环隧道大修工程概述

在常规施工筹划中，重要节假日如春节、国庆节等小长假一般不安排施工作业。尤其是春节，考虑到民俗传统，外省市务工人员多离沪返乡与家人团聚过春节。因此，除了地铁因盾构掘进不能中断而在节假日连续施工外，其他施工项目在春节期间都会停工，春节至元宵节期间，返沪人员也没有完全到位，施工也处于半停顿状态。

而春节等小长假时期道路交通流量会明显减少，是利用出行低流量组织占路施工的最佳"窗口期"。尤其对重大通道建设项目来说,"窗口期"施工影响的程度会明显降低。

上海最早利用春节长假窗口期施工的项目是外环隧道大修。外环线隧道车流量很大,而且因为是上海市重要港口货运主通道,大型集卡车占了很高的比例。外环隧道双向拥堵已经成为常态。外环隧道大修会损失一半的通行能力,会造成长达 8 km 的拥堵,影响范围很大,并会波及造成宝山区道路大面积的拥堵。经过前期交通组织的充分研究论证,提出了外环隧道"利用春节假期大修"的方案,并于 2015 年 2 月 13 日(周五)21:00 至 2015 年 3 月 2 日(周一)6:00,先后分别封闭南管和北管大修。大修期间,南北管的车辆分别改道中孔通行。施工周期为 16 天。外环隧道中孔和道路面层摊铺"利用双休日施工":利用周五 21:00 至周一 6:00 的双休日时间分管摊铺,利用 5 个双休日完成施工。这一方案上报市政府并取得了同意。

利用春节等节假日施工不仅仅要制定交通组织方案,还需要施工材料供应、施工人员组织等各方面的统筹组织安排。在外环隧道大修项目确定春节施工后,建设单位与道路建材供应商订购时,遇到了沥青生产厂春节不开工的局面。后经协调,确保沥青等材料春节期间生产供应,才保证了施工开展。此外,建设单位事先留住务工人员在上海过春节,不仅给予节假日双倍工资,还主动安排在沪工作人员家属来上海过年,使外环隧道大修有足够的施工人力。从施工方经济成本来看,利用节假日施工给施工单位增加了施工成本,但减少交通拥堵所产生的社会效益是非常明显的。

外环隧道利用长假节日大修的作法获得很好的预期效果,并在之后的其他重要交通节点的施工中加以推广。中环线金沙江路地道大修经论证分析,安排在 2017 年春节的 1 月 24 日(周二)至 2017 年 2 月 7 日(周二)进行施工,施工周期为 15 天。施工期间,中环线双向 8 车道改为双向 4 车道通行。春节期间,中环线金沙江路相关地区道路仅出现时段性拥堵,拥堵缓行长度约为 1 km,交通运行较为平稳,达到预期效果。春节后的工作日,由于市民提前熟悉金沙江路施工情况,提前进行了绕行。再加上春节后 4 个工作日交通出行量还未完全恢复,因此中环线拥堵情况同春节期间基本相同,大量车辆绕行至其他道路。总体分析,中环线金沙江路地道利用长假窗口期施工对交通影响降到最低。

同样,江宁路桥挡墙和桥面应急抢修工程也以春节低流量为基础,编制了交通组织方案。江宁路桥抢修工程通过研究确定了于 2020 年春节施工。2020 年春节时期因新冠肺炎疫情,上海处于出行管控管理,道路流量很低,直至 2020 年 4 月才逐步恢复常态交通量。

利用长假低流量窗口期突击施工的案例显示,重大通道建设项目采用"窗口期"施工是降低交通影响非常有效的方法。"窗口期"施工除了需要制定交通分流疏导方案外,还需要前期做好施工统筹组织,即需要事先组织好人力、材料供应、施工工艺衔接、设施设备,才能在最短时间里完成施工任务。建设单位根据这些施工要求逐步提出了施工建设"四新"的要求,即在施工中采用新技术、新工艺、新材料、新设备,以达到最短周期最小影响程度的目标。交通组织反馈促进了施工工艺的提升和改进。

利用低流量施工的作法逐步延展到利用一天里出行低谷施工的措施,如根据交通分析,利用白天非高峰时段(10:00—16:00)以及夜间(22:00—6:00)两个时间段施工,最大程度降低施工影响。

6.8.2 S20 外环隧道大修施工交通组织

外环隧道为三孔运行,北孔和南孔为隧道主通道,各为3车道;中孔为2车道,根据车流量实施可变车道管理。2014年时,中孔的管理措施一般早高峰为浦西往浦东通行;晚高峰为浦东往浦西通行。此外,根据外环隧道的流量,浦东和浦西交警联动,适时调整中孔的通行方向。据统计,中孔流向调整措施每天要变化3~4次。

外环隧道是城市北部地区唯一的货运车通道,因此车流量很大。据统计,S20外环隧道工作日24小时双向车流量(自然车)达到日均8万车次以上,周四和周五车流量最大,双向自然车流量达到每日8.5万车次左右,且大型货运车较多(图6-37)。如果折算成标准客车统计,外环隧道24小时双向车流量达到140 000 pcu/d左右。

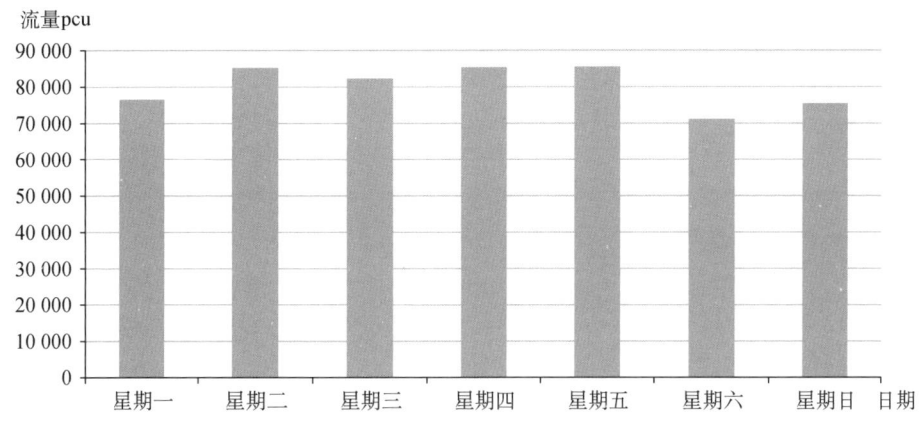

图 6-37　S20 外环隧道一周车流量分布图

外环隧道的车流量从 8:00 开始至 19:00 均处于流量较高的状态,白天基本没有明显的高峰和低峰区别。按照自然车统计,外环隧道白天车流量高峰高单向流量达到 5 000 车次/小时,折算成标准小客车相当于 6 460 pcu/h 流量规模,工作日白天单向车流量基本稳定在 5 000~6 500 pcu/h 的规模(表6-20)。

表 6-20　2014 年外环隧道全天流量分布汇总　　单位:自然车/小时

时间	东向西	西向东	双向小计
0:00—1:00	1 031	1 076	2 107
1:00—2:00	934	1 033	1 967
2:00—3:00	910	1 154	2 064
3:00—4:00	1 121	1 432	2 553
4:00—5:00	1 322	1 289	2 611
5:00—6:00	2 011	1 867	3 878
6:00—7:00	2 452	2 226	4 678
7:00—8:00	2 668	2 494	5 162

续表

时间	东向西	西向东	双向小计
8:00—9:00	4 785	4 811	9 596
9:00—10:00	4 314	4 408	8 722
10:00—11:00	4 945	4 053	8 998
11:00—12:00	4 314	3 941	8 255
12:00—13:00	4 432	3 829	8 261
13:00—14:00	3 956	4 469	8 425
14:00—15:00	4 877	4 955	9 832
15:00—16:00	3 925	4 083	8 008
16:00—17:00	4 021	4 738	8 759
17:00—18:00	4 423	5 075	9 498
18:00—19:00	3 987	4 452	8 439
19:00—20:00	3 011	3 212	6 223
20:00—21:00	2 613	2 533	5 146
21:00—22:00	1 995	1 988	3 983
22:00—23:00	1 382	1 226	2 608
23:00—24:00	1 105	1 043	2 148
合计	70 534	71 388	141 922

外环隧道车流量中,按照自然车计算,客车(含公交)比例约为32%;货运车比例高达68%,其中集卡等大型货车的流量比例达到54%(图6-38)。如果按照标准小客车计算,外环隧道货运车比重更是高达88%左右。这充分体现了外环隧道货运交通功能的重要性。2014年时,外环隧道已经处于饱和运行状态,交通拥堵成为常态,高峰拥堵里程达到2 km左右。

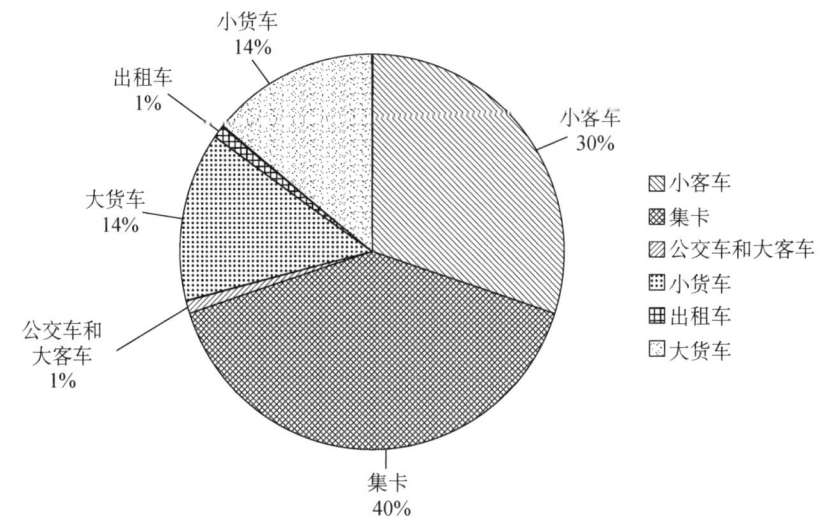

图6-38 S20外环隧道车流量构成示意图(以自然车计算)

根据施工要求,外环隧道北孔和南孔需要交替封闭施工,利用中孔交替通行浦东与浦西车辆。根据通行能力计算,中孔两个车道最大通行能力在 3 500 pcu/h。而现状浦东与浦西白天 7:00—20:00 的流量维持在 5 000～6 500 pcu/h,中孔的通行能力无法承担现有的车流量。届时将可能出现以下极为严重的局面:

(1) 外环隧道浦东往浦西方向的车辆拥堵排队长度可能达到 13 km 左右,外环隧道外圈的排队长度将绵延至杨高北路,且拥堵持续时间较长。

(2) 中孔无法实现流量调节作用,浦西往浦东车辆更为拥堵。高峰时段,浦西往浦东最高流量达到 6 500 pcu/h,而外环隧道南孔的三条车道最高通行能力约为 4 500 pcu/h。届时浦西往浦东方向入口的宝山区会出现车辆排队现象。同济路高架排队长度约 4 km;S20 排队长度约 8 km;同济路地面道路会出现 2 km 的车辆延误排队。宝山城区道路会出现极度拥堵局面。

经预判,外环隧道施工产生的交通影响巨大,不仅过境的越江交通受到严重影响,宝山地区的地面道路也会出现极度困难的局面。由于外环隧道功能的无可替代性,周边也无分流的货运越江通道,因此常规的交通组织措施和手段无法缓解施工产生的不利影响。必须从施工的"时段安排"和"工艺优化"两个方面入手来降低交通影响程度。

(1) 施工时间安排优化:春节长假期间组织大修。根据历年外环隧道春节前后的流量情况,春节前后是外环隧道车流量最低的时段,该时段外环隧道车流量只有工作日的 40%～60%,车流量低,交通影响程度较小。春节前后流量低谷约为 19 天:春节前 4 天 + 春节 7 天长假 + 春节后 8 天。S20 外环隧道春节前后车流量状况见图 6-39。

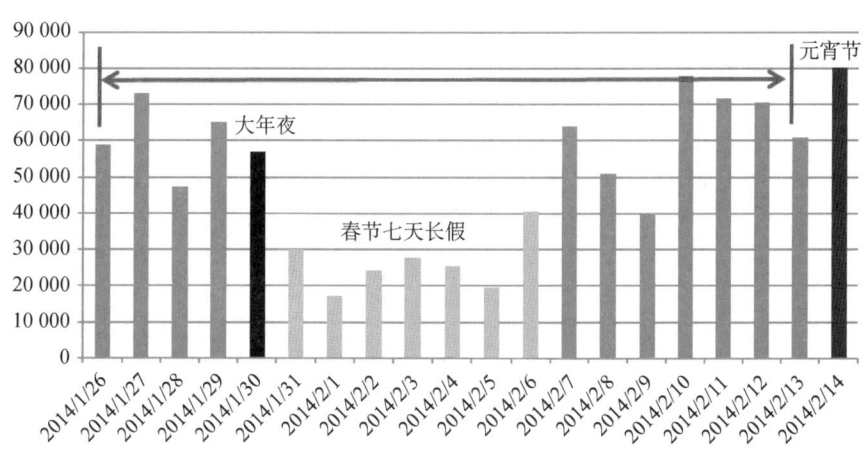

图 6-39　2014 年春节前后外环隧道车流量分布图

外环隧道春节前后车流量比平常车流量减少 40%～60%,高峰小时单向最大流量在 2 400～3 600 pcu/h,中孔两车道基本可以承担南、北管道交替封管的流量。

同时,宝山地区道路流量在春节前后也较小,据统计,春节长假期间,吴淞大桥、同济路地面道路、江杨路等道路车流量比平时减少近 32%;春节前夕及节后 10 天左右,宝山地区道路车流量也较平时减少约 17%。如果施工安排在春节期间,宝山地区的地面道路受到隧道施工影响的程度也较小。

(2) 施工工艺优化。如果施工安排在春节期间实施,建议施工顺序为"先南孔、再北孔、后中孔"。利用低流量时期抢修主通道。此外,尽量压缩施工周期。

为了降低施工影响,配套了其他管理措施:一是高速公路、快速路大范围设置外环隧道施工警示标志标牌;二是施工期间在隧道出入口等相关交叉口增加交通协管员维持交通;三是施工之前,加强媒体宣传,并在施工期间滚动宣传施工信息及道路交通实时信息;四是与港区企业沟通,调整货运安排,实现"客、货车错峰出行"。

考虑到节后货车可能短时期恢复增加,还会出现严重拥堵局面,为了缓解外环隧道可能出现的严重拥堵,确保港口集疏运功能,交通组织制定了"外环隧道错时通行+客车强制分流"两套备用方案,目的就是降低高峰出行量,避免大面积拥堵。

(1)"错时通行"是通过调节外环隧道客车和货车高峰出行时间,延长高峰的时段,降低高峰车流量规模,实现隧道车流量与隧道通行能力的匹配。从外环隧道车种出行的分布情况看,客车主要集中在早晚高峰(通勤交通),出行时间在8:00—10:00和16:30—18:00两个时间段;这两个时间段的客车流量约占全天客车流量的35%,约2 800 pcu/h。而货车从8:30—19:30均处于较高流量状态。因此,建议施工期间,外环隧道"早晚高峰(7:30—9:00;16:30—18:00)禁止大型货运车通行"。

(2)"强制分流"是限制小客车通行,优先确保货运交通通行。建议措施为"早晚高峰(7:30—9:00;16:30—18:00)禁止大型货运车通行;9:00—16:30外环隧道禁止社会客车通行(公交、大客车和出租车除外)"。这一措施的实施,可以减少外环隧道平峰时段约30%的车流量,高峰车流量将从6 500 pcu/h降至3 500 pcu/h,外环隧道的车辆拥堵状况会得到有效改善。经预测,该项措施实施后,外环隧道的车辆排队长度可降至5 km左右,与现状水平相同。

两个备用措施虽然能使外环隧道拥堵状况得到控制,但宝山区吴淞大桥、翔殷路隧道等会出现严重拥堵,影响范围会有所扩大,且客车绕行距离较远,绕行距离长达15 km。实际管理中,以上两项备用措施均未执行。图6-40为外环隧道大修期间客车绕行翔殷路隧道示意图。

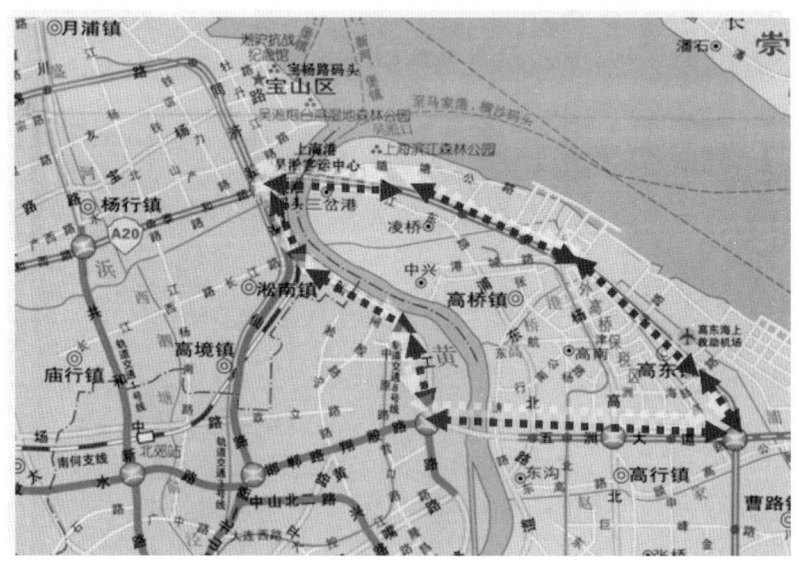

图6-40 外环隧道大修期间客车绕行翔殷路隧道示意图

外环隧道施工后,春节长假7天里,外环隧道单向出现拥堵,拥堵长度达到2 km左右,与工作日拥堵长度基本相同,宝山区地面道路没有受到影响而发生波及拥堵,交通运行状况较好。春节后数天,外环隧道车流量逐步恢复,拥堵有明显加剧,但经过春节期间的熟悉,外环隧道车辆很多提前出行,避开高峰。根据调查,外环隧道节后极端拥堵长度达到6 km,主要影响浦东区域,宝山区交通未受到影响。至施工结束,外环隧道拥堵程度得到有效控制,也没有对宝山区交通产生影响。

6.9 | 本章小结

本章介绍了重大通道施工交通组织的原则、交通组织遇到的问题以及解决方法。不同于单点和干道施工交通组织,重大通道施工交通组织更关注施工方案与交通组织方案的系统性、连续性和连贯性,对交通组织的精细化要求更高。重大通道交通组织需要结合不同施工阶段开展跟踪评估,为交通组织方案的优化提供依据。

参考文献

[1] 刁雨.高速公路改扩建施工期区域路网交通运行分析[J].北方交通,2017(4):101-104.
[2] 王雨.高速公路改扩建保通方案浅析[J].北方交通,2012(4):47-49.
[3] 侯伟.城市路网多线施工交通组织协调优化研究[J].城市道桥与防洪,2018,233(9):92-94,110.
[4] 归狎,崔通.浅析高速公路改扩建施工中的交通组织和保通方案[J].科技信息,2013(9):367.
[5] 张开键.高速公路养护安全施工交通组织[J].黑龙江交通科技,2019(9):233-234.
[6] 冯杰.道路施工区交通组织分析[J].交通运输研究,2009(11):54-57.
[7] 李颖峰.基于占道施工条件下的交通分配及禁限管理的应用研究[D].成都:西南交通大学,2017.
[8] 董海隆.大型市政工程施工占道区交通特性和影响分析[J].农家参谋,2019(22):174-175.
[9] 田青松,潘祖高.分析路面大修设计方案与施工交通组织[J].黑龙江交通科技,2018,41(7):30-31.
[10] 温智和.基于三级疏解法的大规模施工交通组织研究[D].武汉:华中科技大学,2016.
[11] 徐亚辉,李光明.城市商业区地铁施工期间交通组织研究——以郑州二七广场站为例[J].价值工程,2019(18):98-100.
[12] 龚敏.城市道路施工期间交通影响分析及对策研究[J].中国新技术新产品,2017,337(3):100-101.

第 7 章
重要枢纽施工交通组织

重要枢纽施工项目不同于单点、干道与重大通道三种类型的施工项目,它并不是简单的点—线—面特征结构,而是多个单点、多个干道甚至多个重大通道施工区影响叠加的复杂施工项目。重要枢纽施工项目是集合单点、干道与重大通道的综合性建设项目。作为不同运输方式和网络运输线路的交汇点,它承担着枢纽所在区域对外交通和对内交通功能,在施工时必须保证其集疏运交通功能体系的完整。因此,重要枢纽施工项目需要开展交通组织研究,最大限度降低施工对枢纽客运交通的影响,确保施工期间对外客运枢纽的正常运行。本章主要对浦东国际机场综合改造工程施工交通组织工作进行介绍。该项目在兼顾保障枢纽功能和推进施工建设上开展了多项专题研究,制定了一整套交通疏导方案,从设施扩容、需求控制、交通引导、应急处置等多个层面提出了应对措施。该案例可以为类似重要枢纽改造建设期间交通组织提供参考。

7.1 浦东国际机场综合改造工程概况

"十四五"期间,上海国际航运中心建设的总体目标是全力支撑上海打造国内大循环的中心节点,国内国际双循环的战略链接,形成枢纽门户服务升级、引领辐射能力增强、科技创新驱动有力、资源配置能级提升的上海国际航运中心发展新格局,2025 年基本建成便捷高效、功能完备、开放融合、绿色智慧、保障有力的世界一流国际航运中心。浦东国际机场作为上海国际航空的重要枢纽,其改造建设有助于提升基础设施保障能力、突破航空运输发展瓶颈、支撑国际航运中心建设。因此,上海市政府明确要求进一步提升和完善浦东国际机场的综合服务和辐射能力,形成"高标准、一体化、全融合"的世界级一流综合交通枢纽典范,规划于 2017 年启动综合改造工程,主要包括两大工程:一是机场联络线浦东国际机场站的施工建设;二是 T3 航站楼施工建设(图 7-1)。

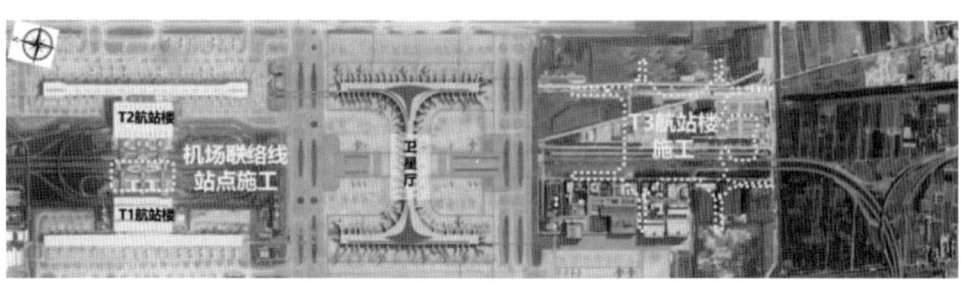

图 7-1 浦东国际机场站综合工程示意图

机场联络线浦东国际机场站于 2020 年 2 月开工，T3 航站楼于 2021 年 12 月底开工。这两大工程项目会对浦东国际机场既有交通运行和交通保障带来很大的挑战和影响，会改变浦东国际机场原有的运输格局和交通组织，也对浦东国际机场航空客运以及货运的系统保障提出了新的要求。图 7-2 为浦东国际机场现状道路以及施工节点分布图。

机场联络线浦东国际机场站结构主体位于 S1 迎宾高速北向南道路的下方，主体结构埋深达 40 m，施工期间将占用 S1 迎宾高速北向南全部车道空间，致使 S1 迎宾大道北向南机动车通行受阻。

T3 航站楼施工期间，将临时阻断 S32 南进场线双向通行，浦东国际机场往返于 S32 的快速联系将中断。此外，T3 航站楼施工期间，P7 出租车专用蓄车场将施工改造，不得不临时向北搬迁至机场大道/东远航路地块内。整个出租车进出场流线组织发生很大变化，并且出租车流线与机场办公区和工作区的车辆叠加，会进一步加剧机场北区地面道路的压力和拥堵，也会影响浦东国际机场客流集疏运系统的功能发挥。

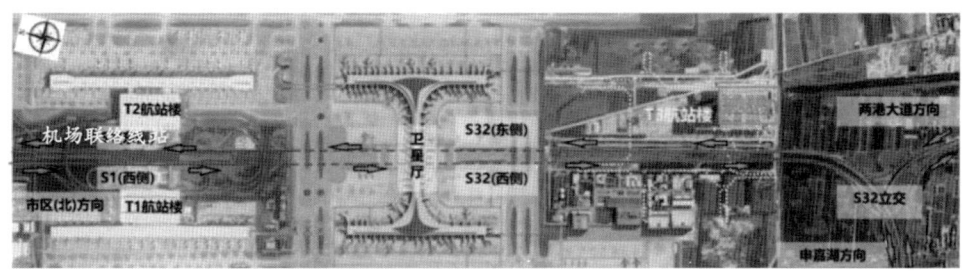

图 7-2 浦东国际机场现状道路以及施工节点分布图

7.2 | 浦东国际机场交通组织难点及问题分析

浦东国际机场将面临同时有机场联络线浦东国际机场站和 T3 航站楼两大工程同时施工的局面，形成影响迎宾大道北向南交通、影响 S32 南进场线通行、搬迁 P7 出租车蓄车场造成机场北片区道路交通压力三大难点。

机场联络线浦东国际机场站主体结构位于迎宾大道西侧北向南现状 9 条车道下方，施工期间无法避免占用既有道路，迎宾大道西侧主线 5 车道和辅道将全部被车站结构和施工必要作业空间占用，市区往机场的快速通道损失。如何确保施工期间市区往机场车辆能够保持快速抵达功能是交通组织的难点之一（图 7-3）。

T3 航站楼施工期间，临时改造 S32 南进场线隧道段将切断原有南进场线兼顾机场工作区的客运集散通道，如何构建 S32 南进场快速抵离功能是交通组织的难点之二；P7 出租车专用蓄车场搬迁不仅影响出租车运营管理模式，也会加剧机场北区地面道路的拥堵情况，确保 P7 出租车蓄车场进出场交通既有序又不与机场工作区交通叠加影响是交通组织的难点之三（图 7-4）。

如何既保证机场客运枢纽功能，又能兼顾施工安全质量和施工周期，是本次交通组织的重点任务。基于这一重点任务，浦东国际机场综合改造工程的交通组织主要研究内容总结为以下三点：

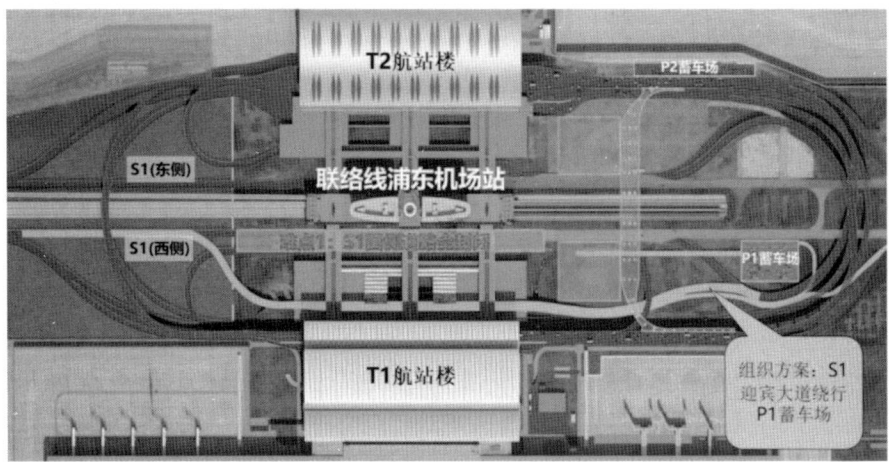

图 7-3　机场联络线浦东国际机场站施工交通组织难点图

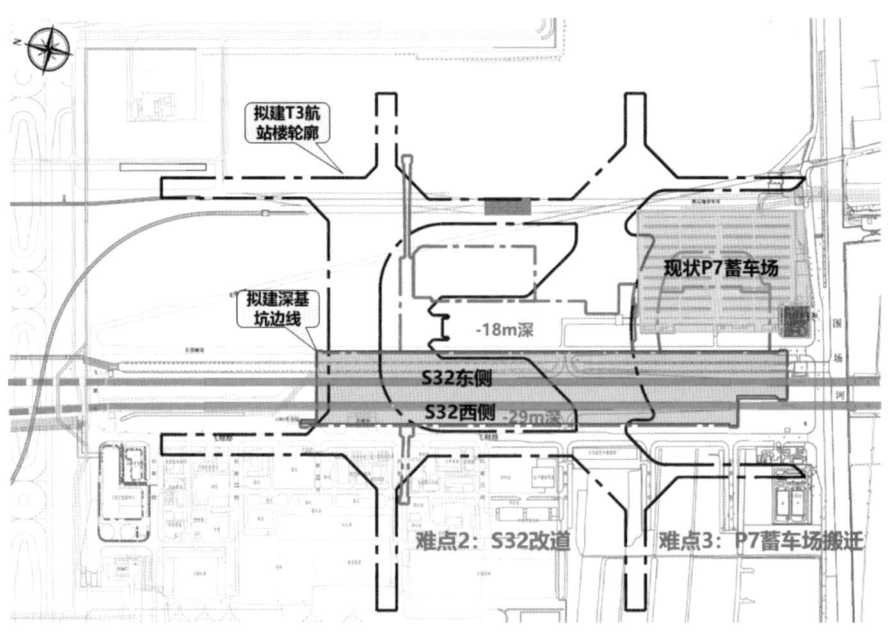

图 7-4　T3 航站楼施工交通组织难点图

（1）机场联络线浦东国际机场站施工是采用"全封闭方法"还是"半封闭方法"的论证。建设单位、交通管理部门和交通组织研究团队就此展开了多轮次充分的论证研究。考虑到 S1 迎宾大道西侧北向南车流量很大，也是市区往机场航站楼的主通道，交通管理部门坚持市区往机场航站楼要维持快速通道的功能，既有 S1 迎宾大道西侧的通行能力不能降低。而建设单位从施工安全风险和工程质量角度出发，结合深基坑车站分段施工安全风险、施工难度和施工周期等情况，提出了 S1 迎宾大道北向南全封闭的要求。后来经过多方案比选论证，各方均认同 S1 迎宾大道是浦东国际机场客运最重要的通道之一，必须全力保障其功能不减弱。

研究团队曾提出借用 T1 到达层的通道绕行,替代原 S1 迎宾大道的功能。但考虑到 T1 到达层通道具有机场安保防恐应急作用,全部作为交通通道后,机场应急防恐能力大大降低,这个方案不满足机场安全保障要求,故没有被采纳。

最后,研究团队提出了临时新建 1 条抵达 T2 航站楼的全封闭通道,并借用 P1 停车库顶层蓄车空间改为临时车道,形成 S1 迎宾大道绕行 P1 停车库至 T2 航站楼和 S32 的通道,确保了 S1 北向南车辆通过新建通道抵达 T2 航站楼和 S32 的准快速化功能。这个交通组织方案基本维持了 S1 迎宾大道北进场线的快速功能,也支持车站采取"全封闭"施工方法,兼顾了机场交通保障和施工安全质量,最终被各方接受,并予以实施。

(2) S32 南进场线改道的标准和设计方案论证。T3 航站楼地下空间整体开挖建设,需要临时改造既有 S32 南进场线隧道段,S32 通行中断。在 S32 南进场线改道设计初期,为了节省临时道路的建设投入,S32 临时改道设计方案为地面道路形式,并在机场河路路口采用信号灯管理模式,S32 南进场线快速功能大大减弱。经过反复论证,各方对施工期间应确保 S32 南进场线快速化功能的目标达成一致。研究团队根据车流量近中期预判结果,提出了 S32 南进场线设计为双向 6 车道全封闭道路的方案,路网功能得到有效保障。在研究过程中,还对 S32 连接南侧工作区的临时上下匝道设计方案进行了优化,确保出入口匝道设计指标满足行车安全。这一方案的确定,有力保障了浦东机场整体对外集散能力和服务水平在施工期间不降低。

(3) P7 出租车蓄车场搬迁后交通组织和配套建设。P7 出租车蓄车场从机场南侧搬迁至北侧,出租车进出场流线与机场办公区及工作区的交通会有叠加,不仅会影响办公区的交通出行,也会降低出租车运行效率,还会在局部道路交叉口形成较为严重的拥堵节点,尤其在大客流时期(国庆长假以及春运),出租车用量高峰期,会严重影响北区道路的运行状况。整个研究历经了对 P7 出租车蓄车场选址的多方案论证,对 P7 蓄车场周边道路设施扩容改造,P7 出租车蓄车场进出流线规范措施,在东启航路新增加 S1 迎宾大道北进场线上匝道方案多个阶段的专项研究,编制了 P7 出租车运行高峰时的管控措施和预案,确保浦东国际机场在客流运输高峰时能有效提供出租车服务。此外,还制定了 P7 出租车蓄车场搬迁后交通配套设施改善方案,为其长期运行提供了有力保障,也可保持机场客运交通的高质量服务水平。

7.3 | 浦东国际机场交通组织原则

从实际工作情况来看,浦东国际机场施工交通组织是对机场地区路网建设和交通管理"重塑"的过程,是一项集区域交通规划、道路建设和区域交通管理的综合性研究工作。基于多年综合交通枢纽建设的技术方法与经验,总结得到的重要枢纽施工交通组织原则如下:

一是贯彻"整合统筹"设计理念。浦东国际机场枢纽客流具有不同规模和流向、运输方式多样、机场后勤保障通勤客流较大等特点,在各子系统交通保障方案基础上,厘清、协调和整合好总体交通组织方案,确保交通组织方案既能支持各子系统独立运行,又能保证各子系统的兼容性,避免系统间发生阻断和冲突。

二是秉持"突发应急处置"工作指导思想。重要枢纽在设计临时配套建设项目时,要形成"多通道、多预案"的交通组织方案,为应急状态下仍能保障机场客货运集散功能提供设施条件和交通管理预案。这样,在机场遇到紧急事件时,可以避免因某个功能损失而影响机场整体运作效力的现象发生。

三是兼顾"机场运输多模式"的需求特点。机场客货运交通保障不仅是交通流线(通道)组织,还是不同行业运输规程的融合和整合。机场出租车接送客流线、机场后勤作业车辆流线、机场应急处置流线都有其特有的规定程序和路径要求,交通组织研究应充分融合这些运输需求,实现机场区域交通设施和管理措施的兼容性。

7.4 | 浦东国际机场站施工交通组织

浦东国际机场综合改造工程涉及项目多、影响范围大,交通组织研究内容涉及机场道路和车辆进出流线组织、机场客运服务设施容量保障和运行组织等方面,因此前期交通调查内容也很广泛。根据施工子项目的不同,分别对 S1 迎宾大道、S32 南进场线、机场北工作区和南工作区作业特点、机场北区和南区道路运行状况、出租车蓄车场设施和运行模式等进行了调查,为编制交通组织提供了基础和依据。调查内容包含机场客运特征、道路设施量和车流量、停车场停车状况、出租车运营情况、公交和长途客运运营情况等方面。

7.4.1　S1 迎宾大道交通现状调查与数据收集(2019 年)

浦东国际机场站主体结构位于迎宾大道西侧(北向南)车道上,且地下主体结构挖深达到超过 40 m,导致 S1 迎宾大道北向南道路空间将被全部占用,不仅影响 S1 前往 T2 航站楼和 S32 的车辆通行,也会影响到长途汽车站、大众空港宾馆车辆运营,以及 P1 车库与 T1 航站楼廊道等使用。因此,对迎宾大道西侧道路、长途汽车站和大众空港宾馆、廊道等的运行情况做专项调查。

1. 迎宾大道西侧道路状况

迎宾大道西侧道路是车辆由北向南进入机场 T1 和 T2 航站楼的主通道,北向南的车道数由进场前的 3 车道逐步扩展到"主线 5 车道 + 辅道 3 车道 + 蓄车区"的道路形式(图 7-5)。

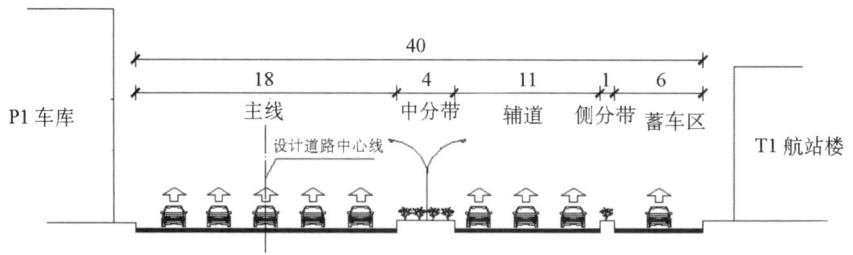

图 7-5　迎宾大道西侧北向南车道分布示意图(单位:m)

迎宾大道主线 5 条车道的主要功能有三个:一是抵达 T2 航站楼的车辆通行;二是前往 S32 高速公路的车辆通行(过境交通);三是最东侧车道作为机场特殊车辆进入机房的通行

作用。车道布置为"2条前往T2航站楼+2条前往S32+1条机场特殊车辆通道"(图7-6)。

图7-6　迎宾大道西侧(北向南)主线车道布置图(2019年)

迎宾大道西侧辅道3条车道和蓄车区的主要功能有三个：一是前往大众空港宾馆上匝道的车辆通行；二是长途汽车站大客车进出场的通行；三是蓄车区作为长途大客车上下客的临时停靠区。图7-7为迎宾大道西侧辅道路况图。

图7-7　迎宾大道西侧辅道(3条车道)路况图(2019年)

根据调查，西侧辅道实际的通行车道只有1条，另外2条车道被长途大客车占用，作为大客车临时上下客停靠车道和大客车长时间停车带。按照规定，部分发车间隔较长的大客车应前往长时停车库停靠，并在发车前20 min提前再返回到汽车站。但是实际运营中，不少长途大客车不愿意长距离绕行至专用停车库停车，而是就近占用辅道的1条车道停车。由于辅道车流量极少，因此2019年调查时期，这样的占道停车并没有引起交通矛盾。

根据流量调查(表7-1)，2019年迎宾大道西侧主线5车道的12小时车流量约为3.2万pcu/12 h，主要是前往"T2航站楼+S32(部分往南工作区)+出租车蓄车场"三部分车流量。高峰小时(午高峰)的车流量接近3 100 pcu/h，车流量较高。由于主线有5条车道，通行能力较高，因此，高峰时段主线道路的饱和度约为0.5，运行良好。

表 7-1　　2019 年迎宾大道北向南车流量调查汇总表

区域	功能	12 h 流量 /[pcu·(12 h)$^{-1}$]	午高峰流量 /(pcu·h^{-1})	饱和度 V/C	午后高峰流量 /(pcu·h^{-1})	饱和度 V/C
迎宾大道施工影响区段	前往 T2 航站楼(3 车道)	21 542	2 141	0.59	2 387	0.66
	前往 S32 高速(2 车道)	10 344	950	0.40	610	0.25
	前往"T2 航站楼和 S32 高速"的流量合计	31 886	3 091	—	2 997	—
	辅道(长途汽车站)	169	22	0.03	24	0.04
	辅道(大众空港宾馆)	429	68	0.11	49	0.08
迎宾大道非施工区域	前往 T1 出发层(2 车道)	12 771	1 380	0.58	880	0.37
	前往 T1 到达层和 P1(2 车道)	10 419	1 164	0.49	1 021	0.43
	前往"T1 出发层、T1 达到层和 P1 车库"的流量合计	23 190	2 544	—	1 901	—

2019 年 10 月,浦东国际机场卫星厅启用,正值国庆节长假机场客运高峰,研究团队对迎宾大道车流做了调查。卫星厅启用后,国庆节北向南前往 T2 和 S32 的 12 小时车流量增加了 5.1%,高峰时段车流量增加了 4.2%。高峰小时的车流量增加不明显,但高峰流量持续时间变长。

根据 2019 年以前历年浦东国际机场客运量发展趋势预判,浦东国际机场客运量仍保持一定的增长速度,预计在整个施工期间的 3 年时间里(2020—2023 年),浦东国际机场客运量保持 7%~10% 的增长趋势。由此推算,在施工期间,迎宾大道北向南方向(经过 T1 航站楼区段)的车流量会从现状高峰小时 3 200 pcu/h 增长到 4 000 pcu/h,理论上需要 5 条车道承担流量需求。

2. 浦东国际机场大众空港宾馆运营状况

大众空港宾馆地处浦东国际机场 T1 和 T2 候机楼正中,步行至 1 号或 2 号航站楼仅需 5~7 min。宾馆有 712 间客房,配建 158 个小客车车位(其中工作人员一般占用 10 个车位,小长假等高峰日禁止工作人员停车)。宾馆入住率达到 95% 以上,停放车辆约 120 辆,泊位利用率 76%,旅客停车总体不多,旅客到发以轨道交通、出租车、接送为主,自驾车比例不高。

到达大众空港宾馆的车辆只有通过迎宾大道西侧辅道以及宾馆专用上匝道抵达宾馆的楼前广场。离开宾馆的车辆只有通过宾馆东侧的专用下匝道,经迎宾大道东侧道路(南向北)离开宾馆。根据对上匝道流量的观测,该上匝道日均车流量约为 12 小时 430 pcu/12 h,高峰小时最高流量约为 70 pcu/h,车流量规模很低。施工期间,抵离大众空港宾馆的车辆上下匝道将被拆除,届时大众空港宾馆的停车场车辆要改停至 P1 车库。

3. 现状调查与数据分析结论

根据上述调查结果,可以得到以下几个结论:迎宾大道西侧北向南主线道路流量较大,5 条车道通行能力较高,可以承担高峰小时的车流量,车辆通行较为顺畅,运行情况良好。迎宾大道西侧辅道承担长途汽车进出站和大众空港宾馆车辆的通行功能,辅道现状车流量较低,运行情况稳定。迎宾大道西侧辅道现状有 3 条车道,实际通行车道只有 1 条,其余 2 条车道供长途汽车临时停靠和长时停靠使用。大众空港宾馆的住客规模也较为稳定,进入宾馆的车流量也较为稳定。

浦东国际机场站施工期间将占用迎宾大道北向南 5 条车道,会大大影响市区往 T2 航站楼、长途汽车站、大众空港宾馆等车辆的通行,严重降低浦东国际机场陆域的集疏运能力。车站所在的通道节点十分重要,施工类似于在机场"心脏主动脉"上形成了梗阻。这一通道节点的重要性还体现在车流量规模上。S1 北进场线总流量约为 5 600 pcu/h,其中前往 T2 航站楼和 S32 高速的车流量达到 3 100 pcu/h,与内环高架高峰时段的车流量相同。

7.4.2 浦东国际机场站施工方案比选论证

为了保障浦东国际机场交通基本正常运行,对迎宾大道(施工区段)的交通组织进行了两个基本方案的比选论证:方案一是迎宾大道全封闭施工;方案二是迎宾大道半封闭施工(维持 3 车道)。

1. 全封闭施工方案

迎宾大道采用全封闭施工,整个结构主体施工需要分为三个区先后施工,整个施工周期内基本不需要翻交,施工周期为 38 个月,比半封闭施工节省了约 10 个月的周期。为了确保前往 T2 航站楼和 S32 车辆的通行需求,做到 S1 北向南"占一还一",把 P1 停车库顶层的停车空间全部作为临时便道,临时设置"4 车道 + 紧急停车带"的准快速通道,替代原迎宾大道北向南的车道。同时,新建 1 条全封闭的临时道路,连接 S1 迎宾大道和 P1 停车库顶层车道;并新建临时匝道连通前往 T2 的立交匝道,形成 1 条市区北向南前往 T2 航站楼以及 S32 的无冲突干扰的准快速通道,替代原迎宾大道的交通功能。根据评估,P1 停车库顶层的 4 车道启用后,理论通行能力约为 4 000 pcu/h,可以承担浦东国际机场既有的车流需求,也能满足施工期间可能增长的车流量需求。

2. 半封闭施工方案

如果迎宾大道采用半封闭施工,整个结构主体施工需要分为三个区先后施工,最后施工附属结构(图 7-8)。三个施工区段又需要围护结构东西两侧翻交施工,基坑分区分段半盖挖,主体结构采用顺作施工工艺。这样一来,整个施工周期内将有 6 次翻交,施工周期长达约 48 个月。

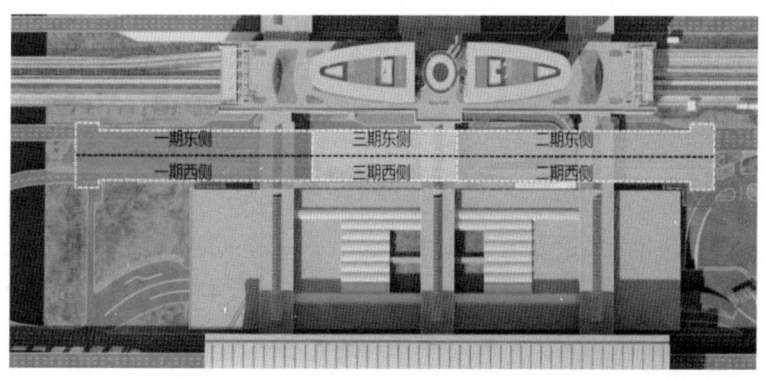

图 7-8 迎宾大道半封闭施工工艺示意图

采用半封闭施工,在第二阶段最困难时期(约有 6 个月时间),迎宾大道(施工区段)北向南只能保留 11 m 的通道,只能实施 3 条机动车道,且线形较为曲折,车道宽度相对较窄,3 条车道的理论通行能力下降为 2 800 pcu/h。而现状经过这一区段的车流量已经达到 3 100 pcu/h,通行能力不能满足流量需求,高峰时会出现车辆严重拥堵。经预测分析,拥堵时段,车辆排队长度将达到 1 km,延误时间平均增加约 11 min,迎宾大道北向南车辆排队较长,大大降低前往 T1 和 T2 航站楼的旅客通行效率,浦东国际机场国际枢纽的服务水平会受到严重影响。要缓解这一局面,需要另外增加至少 2 条车道的分流通道,为迎宾大道分流,并提供紧急状态下的车辆分流条件。也就是说,半封闭施工期间,仍需要外围设置新的通道分流才能确保机场交通正常运行。此外,半封闭施工对施工安全也存在很大隐患。由于该车站属于深度超过 40 m 的深基坑施工,施工中遇到不可预见的风险很大,一旦施工应急需要封闭车行道,那么 S1 北进场线将面临全面中断,对浦东国际机场的客运集疏运系统造成严重影响。因此,半封施工对施工安全应急和浦东国际机场客运系统安全都不利。

表 7-2 为两个施工方案的比选论证汇总。经过综合评估,确定了 S1 迎宾大道采用"全封闭"施工方法,并围绕施工期间交通保障,制定了一整套交通管理措施和预备方案。

表 7-2　　　　　　　　浦东国际机场站施工方案比选论证汇总表

施工方案	前提条件	施工难易	施工工期
迎宾大道 全封闭施工 方案一	1. 外围设置准快速通道,占一还一; （P1 车库顶层设置车道） 2. 其他配套交通管理措施; 3. 施工区域余留紧急情况时开放 2 车道条件	连续施工, 质量安全可控	38 个月
迎宾大道 半封闭施工 方案二	1. 迎宾大道保留 3 车道,线形曲折; 2. 外围还需设置 2 条车道,提供分流路径; 3. 施工事故时将会全封,机场北通道缺失	6 个作业面, 安全性低	48 个月

7.4.3　浦东国际机场站施工交通组织方案简介

浦东国际机场站施工交通组织研究围绕如何形成有效的分流通道制定了交通疏导方案,并且对长途客车、大众空港宾馆车辆、出租车蓄车场、施工车辆流线制定了各项管理措施。

1. P1 停车库顶层设置通往 T2 航站楼和 S32 的准快速通道

经研究论证,利用 P1 车库顶层空间设置了 4 车道的全封闭通道。机场景观水池改造搭建了一条 S1 连接 P1 停车库顶层和机场南立交的全封闭通道,替代了 S1 前往 T2 航站楼和 S32 的路径,S1 北进场线交通功能得到保留。同时,引导接送小客车和大客车转移至 P4 长时停车库停放(有 7 000 多个车位),减轻施工区域车流压力。为此,机场运营部门专门配置了 P4 长时停车库至 T1 和 T2 航站楼的接驳巴士,满足停车接驳需求。图 7-9 为 S1 北进场线改道设计方案图。

从新建通道设计标准来看,该通道设计车速约为 60 km/h,通道全程封闭,与其他流向的车辆无冲突干扰。按照通行能力测算标准,新建的 4 条车道理论通行能力约为 4 400 pcu/h,不仅可以承担浦东国际机场目前暑运、国庆长假等客运高峰时期的 3 200 pcu/h 车流量需求,也可以基本承担近 3 年可能的车流量增长需求(预测近 3 年高峰车流量规模约为 4 000 pcu/h。S1 北进场线功能得到保留，使得该车站可以全封闭施工，施工质量和施工安全都得到大幅度改善，施工周期也从 4 年缩短为 3 年。

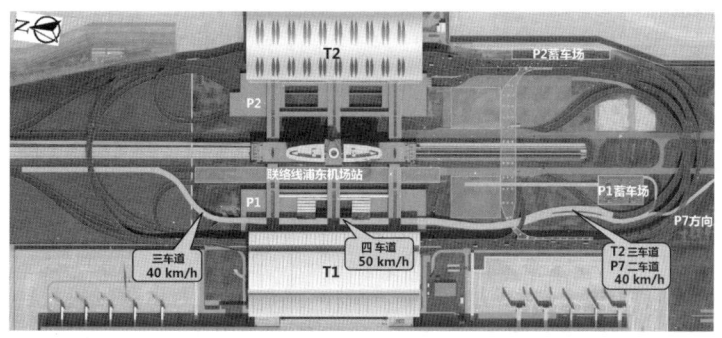

图 7-9　S1 北进场线改道设计方案图[①]

2. 制定了一整套机场交通引导的管理措施

浦东国际机场站结合临时专用道设置，制定了一整套交通引导和交通保障措施方案，包括 10 个专项交通组织方案，确保浦东国际机场施工期间正常运行：①超高大客车交通引导和容错方案；②出租车蓄车场车辆引导方案；③大众空港宾馆车辆引导方案；④长途客车站点临时搬迁和旅客乘用引导方案；⑤前往 T2 航站楼和 S32 车辆引导方案；⑥施工车辆进出场交通流线组织方案；⑦T1 航站楼廊桥拆建交通组织方案；⑧T1 航站楼达到层与 P1 停车库电梯等设施运力保障方案；⑨长时停车库旅客与 T1 和 T2 航站楼接驳服务方案；⑩突发事件交通应急保障方案。图 7-10 为车辆引导示意图。

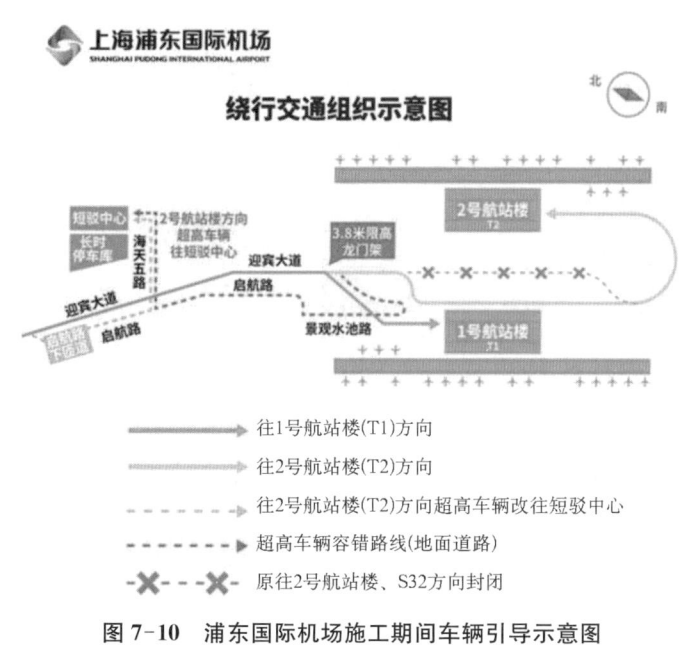

图 7-10　浦东国际机场施工期间车辆引导示意图

---

① 彩图参见附图 10。

机场重要枢纽交通组织应满足"多通道、多预案"应急处置的要求。在T1航站楼二层的三条廊桥拆建分析时,仅从廊桥客流承担能力来看,一条廊桥(净宽16 m)即可满足高峰时期三条廊桥总人流通行需求(近4 000人次/小时双向),廊桥可以"拆二保一"。但考虑到机场反恐防恐要求,避免单一通道遇到紧急状况时无法满足人流通行需求,因此在实际施工中,廊桥拆建采取了"保二拆一"的方案。这项研究充分体现了重要枢纽在制定交通组织方案时,要有给交通设施留出备用通道的指导思想,为机场应急处置提供合适保障和条件。

3. 制定了外围高速公路绕行预案,限制过境车辆通行

随着机场客运量的增长,交通压力会逐步增加。施工期间虽然新设置了1条"准快速通道",但该通道设置条件仍有别于常规道路,驾驶员经过该路段时会减速行驶。流量增加和通行效率下降,极有可能在高峰时段形成拥堵。为了优先确保机场客运交通的稳定,交通组织方案提出了过境交通外围分流的设想。交通引导预案是"施工期间G1503部分路段(S1至S32)免收费,引导过境车辆由G1503分流",从而减轻浦东国际机场临时道路的交通压力。

根据流量调查资料,迎宾大道北向南方向车流量中,有一定数量的车辆是为了躲避G1503收费而从机场高速前往S32的,高峰时段这部分过境车流量接近1 000 pcu/h;平峰时段,过境车辆流量在600 pcu/h左右。这部分车流量如果从G1503绕行,可以很大程度减轻机场交通的压力。经推算,过境车辆如果从G1503绕行,迎宾大道北向南高峰时段的总车流量(含T1、T2)可从5 500 pcu/h下降为4 700 pcu/h,并且利用新建"准快速通道"的车流量可以减少至2 700 pcu/h,4条车道能满足通行需求。而G1503为双向6车道(另有紧急停车带),2019年时内圈北向南高峰流量约为3 000 pcu/h,大型货车和集卡较多,在部分下匝道有时段性拥堵。机场车辆绕行后,G1503的流量增加到3 800 pcu/h,饱和度约为0.88,运行状况良好,能够承担绕行功能。经商议施工后如果浦东国际机场客运量有明显增长将启用G1503绕行方案。

7.4.4 浦东国际机场站施工交通组织方案预评估

交通组织研究还结合浦东国际机场历年客运发展趋势以及卫星厅启用后的客运变化情况,预测分析了从2019年至2023年(施工期间)机场客运规模和车流量增长情况,以此评估测试施工期间浦东国际机场交通系统的承压能力和设施韧性。

2019年10月国庆节长假期间浦东国际机场卫星厅启用,长假的客运量较平日有增长。S1北进场线北向南前往T2和S32的12小时车流量从3.15万pcu/12 h增长到了3.32万pcu/12 h,增幅约为5.4%。最高峰时段车流量从3 100 pcu/h增长到了3 220 pcu/h,增幅约为4%,高峰流量持续时间也有所延长。

按照浦东国际机场年吞吐量平均增长10%,S1迎宾高架北进场线车流量按照6%年增长幅度预测,2020年预计S1往T2和S32高峰车流量约为3 300 pcu/h,S1临时道路饱和度约为0.85,运行状态平稳良好。

2021年高峰流量约为3 500 pcu/h,S1临时道路饱和度约为0.90,运行状态略有拥堵,车流密度高,但仍基本平稳。

2022年高峰车流量将达到3 700 pcu/h,S1临时道路饱和度约为0.95,运行会有拥堵,交通运行风险较高。这一时期应启动S1限制前往S32过境车辆通行措施,使车流量从3 700 pcu/h减少到2 800 pcu/h,保持机场运输平稳。

2023年如果仍沿用限制前往S32过境车辆通行,那么S1车流量即使增长到3 100 pcu/h,S1临时道路运行仍较为良好平稳。

通过预测评估,机场交通组织措施实施后,可以保障浦东国际机场集疏运体系的正常运行,可以确保施工期间(约3年)浦东国际机场门户枢纽地位不减弱。

7.4.5 浦东国际机场站交通组织后评估

2020年8月21日夜间,浦东国际机场站正式开工建设(受疫情影响开工日期有所延后)。S1北向南方向车辆引导至P1停车库顶层车道通行。

2020年因新冠肺炎疫情,浦东国际机场的客流量骤降。2020年下半年随着国内疫情形势好转,浦东国际机场国内航班量逐步恢复,但客运吞吐量仍比2019年减少58%。2020年11月观测了机场主要通道的车流量,S1迎宾大道等主要快速路车流量约为2019年车流量的52%,其中S1北进场线(北向南)高峰小时车流量从2019年的5 600 pcu/h降低为2 400 pcu/h,北进场线临时通道的通行情况良好,较为通畅。由于前期采取了车辆限制措施,S1北进场线通行的车辆主要是小型客车,通行效率也相对较高。

2020年11月S1北向南高峰流量约为2 400 pcu/h,其中往T1航站楼的车流量约为910 pcu/h(约占38%)。前往T2航站楼的车流量仅为130 pcu/h(约占5%),主要是T2航站楼国际航班量少。前往机场工作区的车辆约为380 pcu/h(约占16%,含往P7蓄车场)。前往S32的车流量约为980 pcu/h(约占41%)。从车辆流向来看,机场道路交通中过境车流量与2019年常态(疫情前)基本相同,原规划定位作为机场尽端交通所配套的路网设施,还额外承担了相当多的过境交通功能。截至2021年底,受新冠疫肺情影响,浦东国际机场客运量仍处于低位,交通流量较小,S1迎宾大道临时便道运行正常平稳。

7.5 | S32南进场线翻交交通组织

7.5.1 S32交通现状调查与数据收集

S32南进场线为双向8车道,等级为城市快速路,限速为60 km/h,是浦东国际机场对外客运和机场工作区公务车辆的主要集散通道(图7-11)。受T3航站楼建设影响,S32南进场线部分路段将中断。

图7-11 S32南进场线设施状况(2019年)

2020年春节,受新冠肺炎疫情影响,浦东国际机场航班量大幅度减少。至2020年10月,全国疫情防控形势明显好转,国内旅游和商务活动逐步恢复,但国际航班仍很少。

根据2020年10月调查(表7-3),S32南进场线高峰小时单向车流量在1 400～1 800 pcu/h,比疫情前下降约22%,S32南进场线饱和度在0.5以内,运行状况通畅。S32南进场线车流量中,出租车约22%(418 pcu/h),小客车约74%(1 406 pcu/h),大客车约1.6%(28 pcu/h),大型货车约2.4%(48 pcu/h)。

表7-3　　　　　　　　　　2020年S32南进场线车流量调查汇总表

方向	高峰小时流量 /(pcu·h^{-1})	全天流量 /[pcu·(24 h)$^{-1}$]	单幅车道数	饱和度
南至北	1 800	22 008	4	0.45
北至南	1 400	19 013	4	0.35

7.5.2　S32南进场线改道方案设计与评估

经过充分研究,S32南进场线新建1条长约2.7 km的临时道路,该临时道路向东侧绕过T3航站楼的施工区域,为双向6车道、限速50 km/h的快速路(图7-12中绿色线形)。其主线设计车速为50 km/h,车道宽为3.5 m,单向理论通行能力约3 500 pcu/h;并设计2对上、下匝道连接T3施工区和南工作区,匝道宽度为9.5 m,设计车速为30 km/h。图7-13为S32南进场翻交道路横断面设计图。

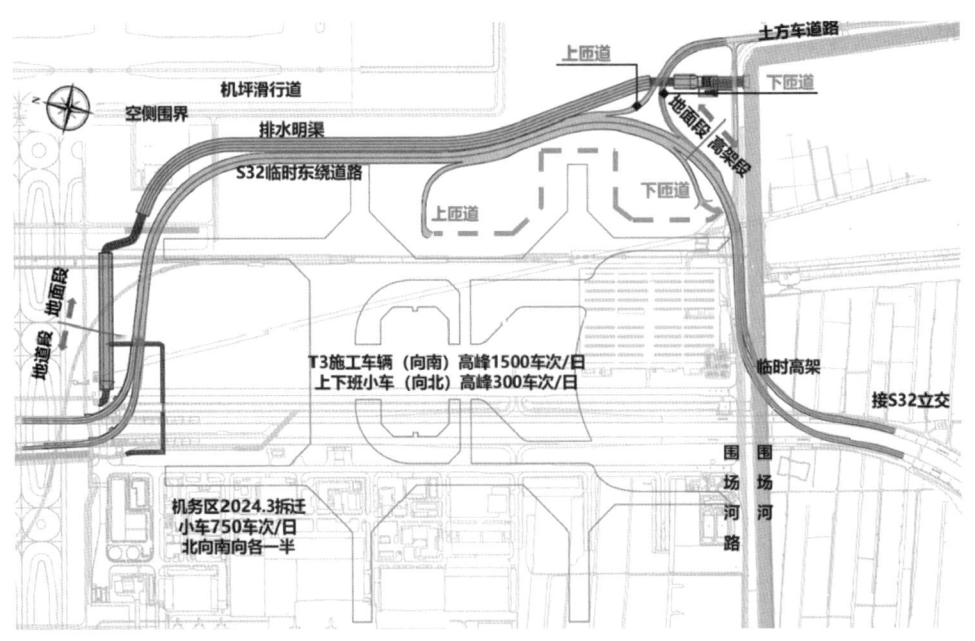

图7-12　S32南进场临时改道路线设计图①

---
①　彩图参见附图11。

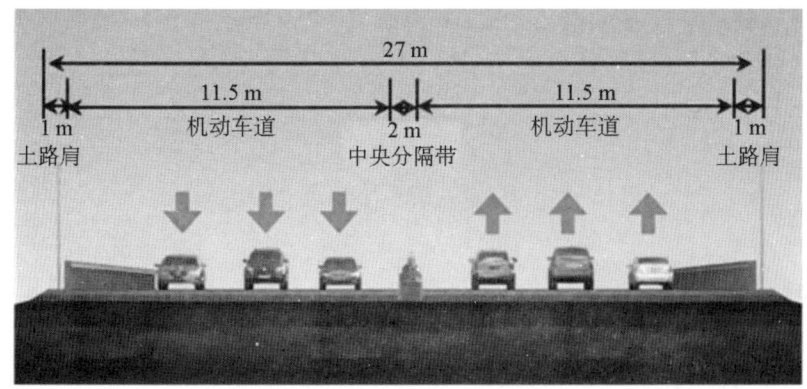

图 7-13 S32 南进场翻交道路横断面设计图

在评估 S32 翻交道路承载力时，做了 3 个车流量发展趋势场景的预判。预判场景一：按照 2019 年常态期间，S32 高峰单向车流量在 2 100～2 400 pcu/h，翻交道路的饱和度约为 0.60，运行良好。预判场景二：按照 2019 年国庆节车流量（大客流），S32 高峰单向车流量约为 2 600 pcu/h，翻交道路饱和度约为 0.65，运行良好。预判场景三：机场客运量以 2019 年客流规模为基础，每年 10% 增长，高峰时段车流量 6% 增长，预计 2025 年，S32 常态日的高峰时段车流量会超过 3 400 pcu/h，临时道路的饱和度为 0.85，白天部分时段会有车辆缓行状态；长假时期会出现时段性的区段拥堵，但总体平稳可控。

经过上述预测评估，S32 翻交道路双向 6 车道通行能力完全可以承担施工期间 S32 南进场线的车流增长需求，运行仍较为良好。S32 南进场翻交道路设置了联系南侧工作区的 2 组上下匝道，南侧工作区车辆能够通过翻交道路往市区方向和往 S32 方向的进出通行，行驶路径基本不变，有效保障了南侧工作区业务作业的正常开展。这个交通组织方案得到管理部门和建设单位采纳并实施。

7.5.3 T3 航站楼及 S32 南进场线施工期间货车流线组织

浦东国际机场综合改造工程全面展开后，道路形态和格局发生变化，而且大量施工车辆通行也会给机场客运交通产生影响，因此专题开展了机场改造期间货车流线组织的研究，避免施工车辆对机场客运交通的影响。

根据施工单位测算，T3 航站楼及周边机坪建设高峰期，土方运输、材料运输等大型货车出行高峰期预计在 2022 年 6 月至 2025 年 6 月，高峰日货车单向抵离车流量将达到 1 800 车次/日（自然车），高峰小时集卡等大型货车进出的流量将达到 600 车次/小时（自然车）。

为了确保浦东国际机场客运交通安全和通畅，经过前期研究，机场施工期间渣土、建材等运输点布置在 3 号围场，结合机场区域地面道路情况，规定了大型施工货车的运输行驶路径，施工货车从"围场河路—纬十一路—经一路—临时道路—巡场内侧新建道路"往返于东侧的机场 3 号围区，进行土方装卸、建材和设施设备等运送，施工货车不进入临时 S32 绕行道路行驶，保障了 S32 临时道路的通行安全和通行效率（图 7-14）。货车专用通道也不与机场客运流线和工作区公务车辆流线重叠，实现了客货分离。

图 7-14 施工车辆进出流线组织图

7.6 | P7 出租车蓄车场搬迁交通组织

7.6.1 P7 蓄车场交通现状调查与数据收集

P7 蓄车场原址位于机场南区的 S32 东侧辅道/围场河路东北角,场地 7.8 万 m²,有 1 920 个车位供出租车停靠。蓄车场设有两个出入口,围场河路为进口,S32 东侧辅道为出口。

根据机场运营部门提供的数据,2019 年 P7 日均蓄车总量约 11 000 车次,高峰单向进(出)流量约为 1 000 pcu/h,因蓄车场进口能力有限以及停车场车位不足,经常会出现出租车占路排队现象,排队长度超过 1 km。2019 年国庆节期间是客流高峰,P7 最高单日蓄车数量近 15 000 车次,高峰进(出)量约为 1 200 pcu/h,出租车占路排队长度近 1.6 km。

2020 年 8 月至 11 月,国内新冠肺炎疫情有所好转,国内航空客流部分恢复。根据机场运营部门的数据,P7 日均蓄车总量约 6 000 车次,最高日蓄车量约 8 900 车次。蓄车场平时同时停靠车辆约 700 辆;最高时同时在场停靠车辆约 950 辆。高峰时段,进出场的单向流量约为 240 pcu/h,长假进出场(单向)流量约为 540 pcu/h。疫情后,出租车客运量和蓄车场停车量比疫情前大幅度减少,也没有出现出租车占路排队现象。

为了充分预留疫情结束后可能出现的旅游和商务客流的迅猛反弹,在 P7 临时蓄车场设计时,按照 2019 年大客流状况下出租车需求进行相关设施的设计和改造(图 7-15)。

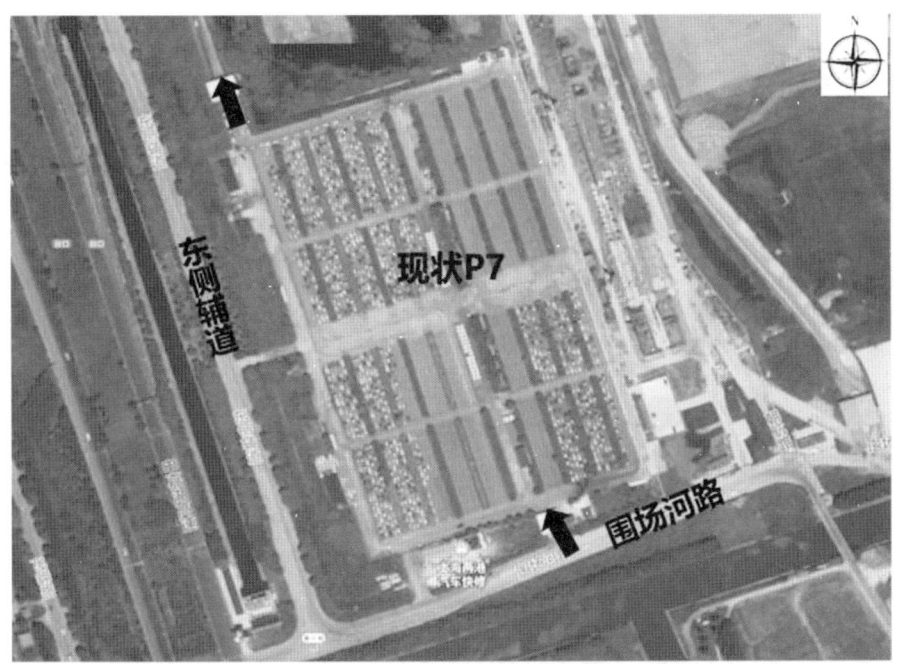

图 7-15　P7 蓄车场原址示意图(2020 年)

7.6.2　P7 蓄车场搬迁交通组织难点分析

为配合 T3 航站楼施工，P7 出租车蓄车场从机场南区搬迁至机场北区。在研究 P7 蓄车场交通组织中，遵循了两个原则：不影响机场北工作区既有交通运行水平；出租车服务保障能力不降低。出租车蓄车场搬迁不是简单的场站搬迁，随着场站的转移，出租车抵离航站楼接送客的流线发生变化，规范出租车运营秩序是关键，其中三个关键环节是交通组织研究的重点：

（1）蓄车场本体设计方案的合理性。表现在蓄车场容车规模和出入口设计两个方面。容车规模是影响出租车运营高峰时段，集中到达车辆能够全部停在场内，不会溢出影响道路交通的蓄车能力；蓄车场出入口设计影响出租车进出场的效率和应急处置能力，是影响蓄车场所在区域道路其他车辆通行畅通的主要因素。

（2）出租车进出蓄车场专用路线组织和管理。出租车进入蓄车场需要预留必要的过渡缓冲区，避免车辆高峰时造成蓄车场进口拥堵，并波及所在道路其他车辆的通行。此外，离开蓄车场前往 T1 和 T2 航站楼的出租车也需要规定一定的通行路径，既可以使出租车能够按照秩序有序地抵达 T1 或者 T2 航站楼接客，有利于对出租车全程管控，也有利于机场北区道路车流量的均衡。

（3）P7 蓄车场周边道路设施扩容和交通管理调整。出租车蓄车场大客流时期可能出现停车溢出，以及因蓄车场进出车辆导致相关道路拥堵加剧的问题，需要对周边道路做整体性的扩容改造和交通管理措施的调整，以期达到既能解决出租车停车溢出的问题，也能缓解出租车交通量叠加后道路拥堵的状况。

图 7-16 为 P7 蓄车场临时搬迁点进出场流线示意图。

(a) 进入P7蓄车场流线示意图

(b) 离开P7蓄车场流线示意图

图 7-16　P7 蓄车场临时搬迁点进出场流线示意图

7.6.3　P7 临时蓄车场设计和优化论证

P7 蓄车场自身设计的合理性可以大大降低对道路交通的影响,也能提高蓄车场运行效率。新的 P7 蓄车场占地面积约为 9.5 万 m^2,设计停车能力为 2 800 个,停车容量比原 P7 规模增能约 40%。P7 停车场设置 2 个出入口,入口设置于东远航路,设 4 个进口闸机;出口设置在内部辅路上,通过内部辅路连接到东远航路。停车场入口和出口采用物理设施隔离,形成独立的行车流线,车辆进出无冲突干扰。此外,蓄车场在机场大道上设置一个应急出入口,供消防以及停车场应急疏散使用。蓄车场的办公区和维修区也在东远航路上设置了 1 个出入口,既可以供办公区车辆以及出租车维修进出使用,也可以在紧急情况时,临时供出租车进出使用。整体分析可知,P7 临时蓄车场出入口的数量、功能和设置位置均是合理的,能够保障停车场的安全有效运行。图 7-17 为新建 P7 蓄车场设计方案图。

结合疫情影响下客运变化的因素,在 P7 蓄车场总用地规模确定的基础上,提出了分期建设的方案,避免设施建设浪费。具体措施为:一期先建成 1 600 个车位,同时平整场地,预留短期能增加到 2 800 个车位的设施条件;二期待高峰停车位使用率达到 80% 后,启动剩余 1 200 个车位的建设和使用。

P7 蓄车场出入口行车流线也是设计关注点之一。出入口通行能力的大小会影响车辆进出停车场的效率,尤其是进口的通行能力如果不能承担出租车高峰抵达的需求,会造成进场车辆排队溢出,波及蔓延至道路,造成车辆占路排队现象,影响道路其他车辆通

第 7 章 / 重要枢纽施工交通组织

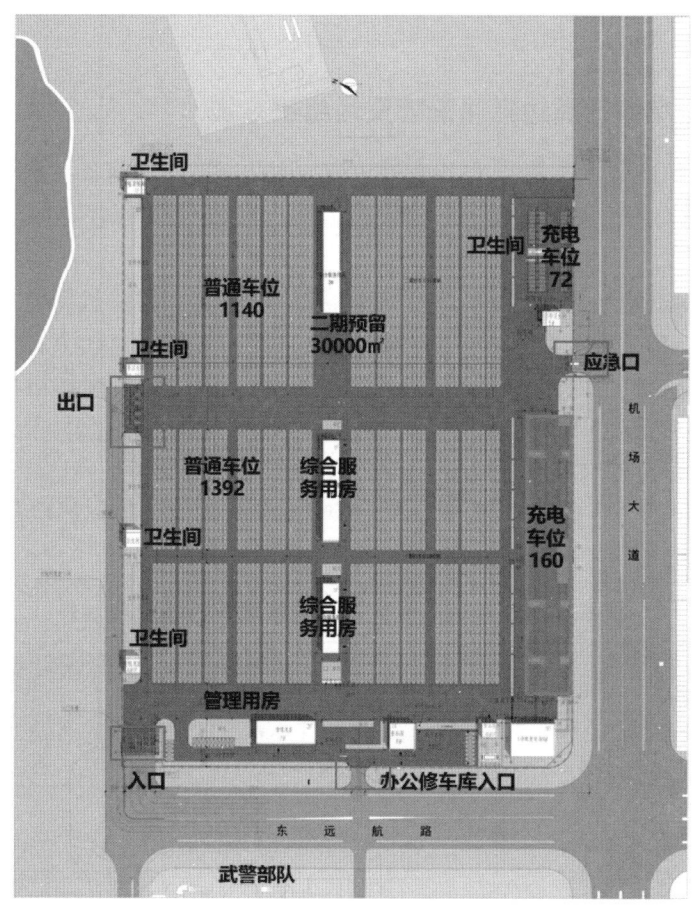

图 7-17　新建 P7 蓄车场设计方案图

行。为此,对 P7 蓄车场进口通行能力开展了专题评估。表 7-4 为 P7 蓄车场不同停车需求统计。

表 7-4　　　　　　　　　　P7 蓄车场不同停车需求统计表

停车需求	2019 年度		2020 年度(疫情)	
	平时	国庆节	平时	国庆节
总蓄车量/(车次·日$^{-1}$)	11 000	15 000	6 000	8 905
高峰进(出)量/(pcu·h^{-1})	1 000	1 200	460	650

按照出租车进场速度测算,4 个闸机入口理论通行能力约为 960 pcu/h。评估结论为:4 个闸机入口可满足疫情期间高峰入场的通行能力需求,但不能满足极端高峰 1 200 pcu/h 的进场需求。车辆会因入口受阻而排队积压在东远航路上,长度预计达到约 2 km。为了应对 P7 蓄车场进口数量不能满足高峰通行能力的问题,提出了以下两项改善措施:①入口闸机扩建为 5 个,并在高峰时实施人工发卡,提高车辆进场速度;②结合周边道路扩容改造,增设出租车专用车道,提供出租车临时排队空间,有序规范出租车排队入场。这在之后相关道

路如东远航路、机场大道道路改造、增加机动车道中得到落实。至此,P7 蓄车场本体的设计方案得到优化和稳定。

7.6.4　P7 蓄车场搬迁周边道路配套交通组织方案

P7 蓄车场搬迁至机场北区后,出租车进出会加剧北区道路如海天五路、东远航路、机场大道、S1 迎宾大道海天五路上匝道等车流量压力,故为此专题开展了区域道路运行状况的预判分析。

根据浦东国际机场不同时期北区道路流量状况,以及浦东国际机场航空客运量不同规模的分类预测,预判 P7 蓄车场迁入后,机场北区的道路车流量将有较大幅度增长。如果机场航班及客流恢复至疫情前水平,那么 P7 蓄车场出租车进出流量叠加机场工作区的车流量,机场北工作区道路会出现严重拥堵,其中 S1 迎宾大道海天五路上匝道流量大幅度增加,拥堵更为严重,上匝道拥堵节点导致 S1 迎宾高架北向南方向拥堵长度达到 2 km,海天五路和东远航路拥堵长度也将达到 1.4 km,严重影响浦东国际机场整体运输效能。表 7-5 为 P7 蓄车场搬迁后机场北区道路流量和运行状况预测。

表 7-5　P7 蓄车场搬迁后机场北区道路流量和运行状况预测表　　单位:pcu/h

路名	方向 (匝道)	2019 年流量		2020 年 10 月流量		P7 迁入后预判			
						按照疫情期间		按照疫情前正常状态	
		早高峰	晚高峰	早高峰	晚高峰	早高峰	晚高峰	早高峰	晚高峰
海天五路匝道 (2 车道)	上匝道	1 035	1 201	641	753	660 (0.33)	720 (0.36)	1 200 (0.9)	1 400 (1.1)
	下匝道	876	892	511	537	570 (0.29)	600 (0.30)	1 000 (0.80)	1 000 (0.80)
海天五路 (东启航路— 东远航路)	东向西	—	—	320	391	800 (0.67)	900 (0.75)	1 500 (1.10)	1 600 (1.2)
	西向东	—	—	445	308	1 000 (0.83)	800 (0.67)	1 700 (0.94)	1 500 (0.88)
东远航路 (机场大道— 海天五路)	南向北	—	—	321	229	850 (0.71)	750 (0.63)	1 600 (0.94)	1 500 (0.83)
	北向南	—	—	289	357	800 (0.67)	900 (0.75)	1 500 (0.88)	1 600 (0.94)
迎宾高架	北向南	4 122	4 262					4 122	4 262

注:表内括号数据为道路饱和度。

为了避免 P7 蓄车场北迁后造成机场北区道路严重拥堵的不利局面,研究制定了两套措施:一是区域道路拓宽增能,通过对出租车的出行路线进行有效管理以及相应道路拓宽增加运输能力,保障出租车顺畅出行;二是 S1 迎宾大道海天五路上匝道交通流调整,打通海天一路至 S1 高架西侧绿带以新建上匝道,出租车通过新建匝道直接进入 S1 主线,改善出租车对内部道路及海天五路上匝道的影响和交通压力,也便于管理和疏导。但是方案二需要上报规划、审批和建设等流程周期比较长,因此,首先选用第一项措施进行交通组织落实。区域道路拓宽增能主要是对出租车通行的道路进行扩容改造,并调整了相关交通管理措施,具体方案如下:

海天五路(东远航路—东启航路)实施行人和非机动车并板,机动车车道数量可从双向4车道拓宽为双向6车道,为缓解出租车上下S1迎宾高架流量压力提供条件(图7-18)。

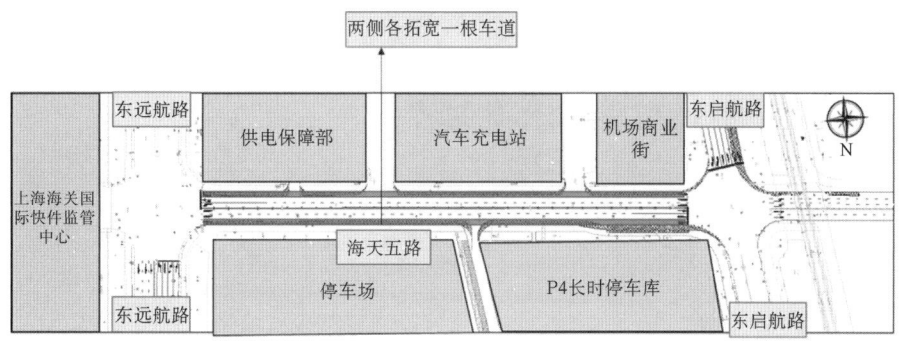

图7-18 海天五路(东远航路—东启航路)拓宽改造示意图

海天五路(东启航路—启航路)从双向4车道拓宽为双向5车道(北侧增加1条车道),为海天五路上S1迎宾高架海天五路上匝道增加1条车道。同时,为了降低海天五路/上匝道车辆冲突,禁止海天五路机动车西向东直行,西向东车辆只能进入海天五路上匝道进入S1迎宾高架。这一措施可以实现海天五路东向南上S1迎宾高架车辆的连续流,可以大大缓解出租车运营高峰上S1迎宾高架受阻的矛盾。海天五路(启航路—东启航路)西向东车辆从其他道路绕行。为了"补偿"海天五路(启航路—东启航路)西向东车辆禁行,海天东三路由西往东增加1条车道;打通海天二路(启航路—东启航路),为海天五路西向东车辆提供绕行路径。图7-19为海天五路(东启航路—启航路)改造后的示意图。

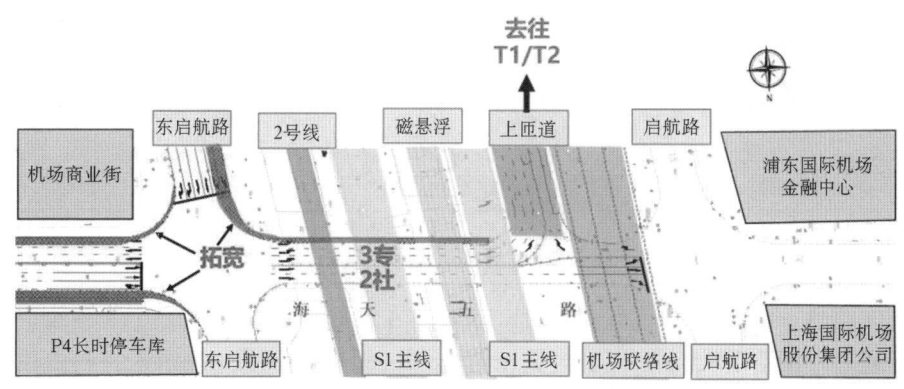

图7-19 海天五路(东启航路—启航路)改造后示意图

机场大道(东远航路—河滨东一路)从双向6车道拓宽为双向8车道,并进行隔离,社会车辆和出租车各2个车道,以备出租车进场高峰时段利用机场大道作为排队等候车道。东远航路(海天五路—机场大道)与机场大道交叉口西进口以及与海天五路交叉口东进口均拓宽1条车道,作为右转专用车道。同时,东远航路(机场大道—海天五路)西侧北向南

3号车道作为出租车进入 T1 和 T2 航站楼的专用车道。图 7-20 为改造后的出租车流线预案图。

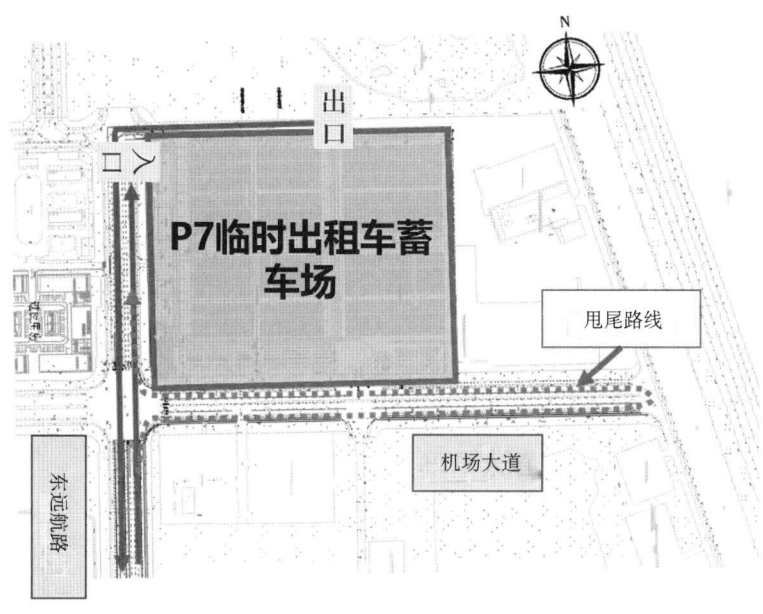

图 7-20　机场大道(东远航路—河滨东一路)改造后出租车流线预案图

东远航路/机场大道西进口和东远航路/海天五路东进口拓宽增加 1 条右转专用车道。东远航路西侧 3 号车道作为出租车专用车道，规范出租车通行秩序和通行能力。东远航路/海天三路开口封闭，以提高东远航路通行能力。图 7-21 为东远航路(机场大道—海天五路)改造示意图。

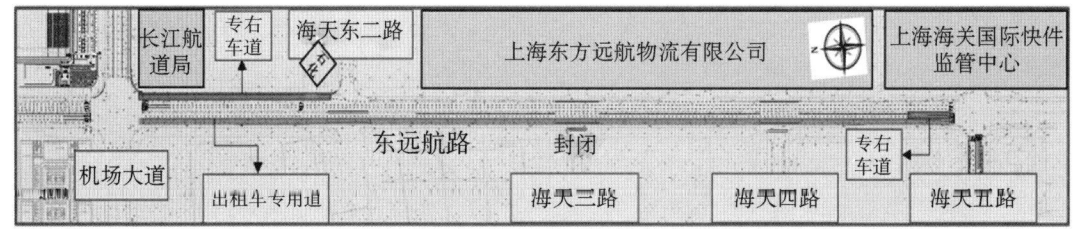

图 7-21　东远航路(机场大道—海天五路)改造示意图

东远航路(机场大道—河滨东路)改造，从双向 6 车道改为双向 7 车道，7 条车道均为出租车专用通道。保留现状机非分隔带、人行道和非机动车道。南向北布置 3 条出租车专用道+预留 1 条应急车道。北向南布置 2 条出租车专用道+1 条应急车道。该段道路作为出租车进出场专用通道，保障了出租车管理和通行效率。另外，东远航路西侧武警和消防队车辆另辟通道，拟新建海天东一路(东远航路—S1 西侧辅道)，为武警和消防队车辆提供通行通道。图 7-22 为东远航路(机场大道—河滨东路)改造示意图。

S1 迎宾高架海天五路下匝道改造和管理措施调整如下(图 7-23)：海天五路下匝道拓宽 2 条车道，从单向 2 车道变为单向 4 车道；下匝道/东启航路进口道也拓宽 2 条车道，从单向

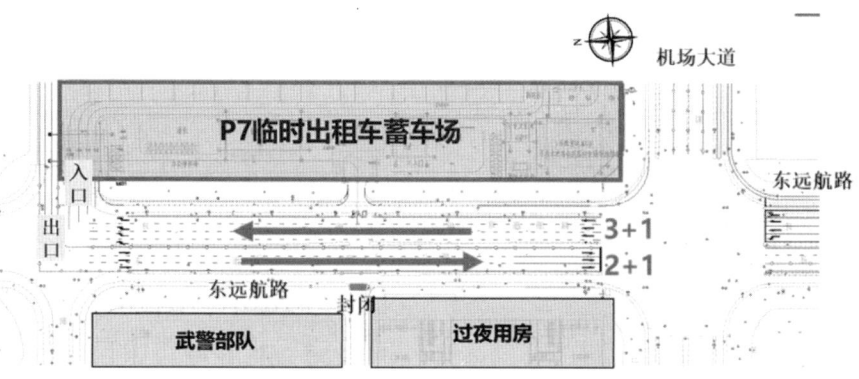

图 7-22　东远航路(机场大道—河滨东路)改造示意图

4 车道变为单向 6 车道,车道设置为"2 右转 + 2 直行 + 2 左转",缓解出租车调头及回场交通压力;同时调整东启航路南段管理措施,封闭东启航路以南路段,减少社会车辆对下匝道车流量的叠加,便于管理和疏导,减小交通压力,原东启航路南段车辆可以从海天六路—东远航路海天五路绕行,影响有限。

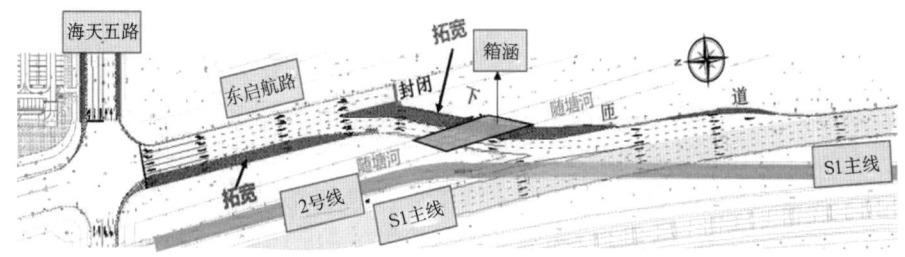

图 7-23　S1 迎宾高架海天五路下匝道改造图

S1 迎宾高架海天五路上匝道改造。东往西方向上匝道由 3 车道拓宽至 4 车道。由西往东,右转进入上匝道。海天五路上匝道拓宽"1 车道 + 1 应急车道"。海天五路东向南和西向南上 S1 迎宾高架的两股车流中间采用隔离墩隔离,互不干扰,通过交织逐渐合并车道。上匝道经过 330 m 渐变段后从 5 车道合并为 2 车道进入 S1 主线地面段。S1 迎宾高架主线北向南车道调整为"4 主线 + 2 匝道",主线经过 220 m 交织段后从 4 车道合并为 3 车道。这一措施可以使海天五路上匝道进入 S1 主线的车道始终保持 2 车道,比原先增加 1 车道的通行能力,保障出租车可以顺利进入高架主线前往 T1 和 T2 航站楼,可以基本满足出租车前往 T1 和 T2 航站楼的通行需求(图 7-24)。

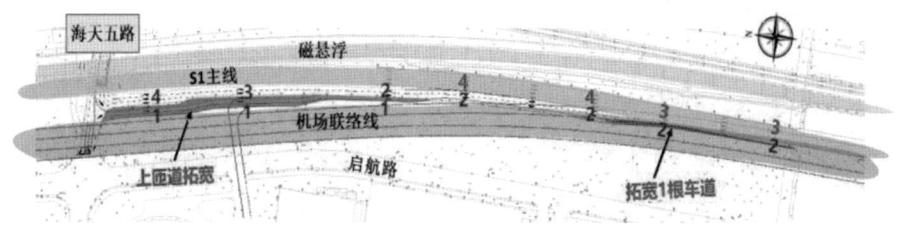

图 7-24　S1 迎宾高架海天五路上匝道改造图

临时新建海天东一路(东远航路—东速航路),道路宽度为 7 m,为武警和消防队提供专用通道,武警和消防队车辆可通过速航路经机场大道进出(图 7-25 红色部分)。

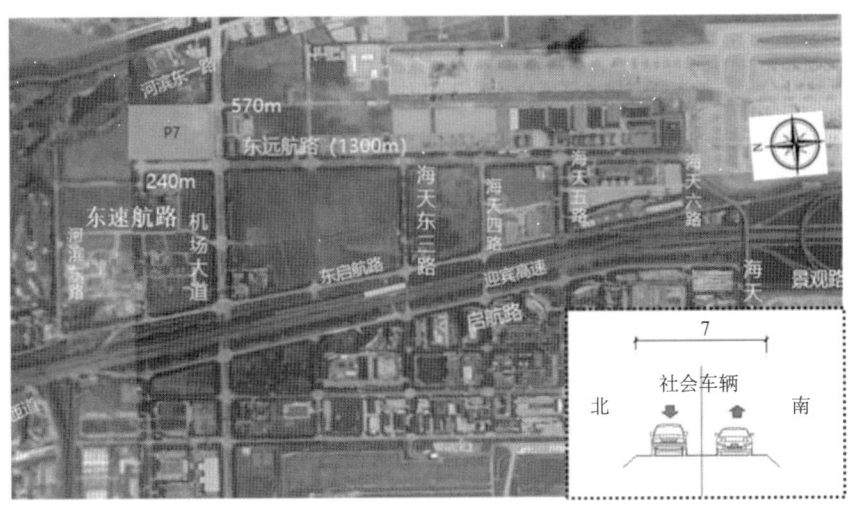

图 7-25　新建海天东一路专用通道图[①]

研究制定了"S1 迎宾高架新增海天东一路上匝道"的设计方案。通过对以上措施的评估,即使实施了诸多措施,S1 迎宾高架海天五路上匝道仍将成为严重拥堵节点,车流交织冲突仍然较突出。考虑到 P7 蓄车场使用时间长达 3~5 年,为了根本性解决这一矛盾,交通团队研究了在 S1 迎宾高架增设上匝道的工程可行性。经过设计深化,提出了打通海天东一路至 S1 迎宾高架西侧绿带,然后在绿带内新建上匝道直接进入 S1 迎宾高架主线。这一工程建设可以大大改善出租车对机场北工作区道路及海天五路上匝道的影响和交通压力,也便于出租车的管理和疏导,对 S1 迎宾高架车辆通行影响也较小。经过充分讨论后,新增 S1 迎宾高架海天东一路西向南上匝道方案(图 7-26)得到管理部门和建设部门一致同意。该方

图 7-26　S1 迎宾大道新增上匝道设计方案图

① 彩图参见附图 12。

案上报规划、审批、建设等流程周期比较长,近期由于疫情在较低客运量的情况下,先实施之前的诸项措施。

7.7 案例的经验与启示

浦东国际机场作为上海国际航运中心的重要组成部分,是上海连接其他城市、其他国家的门户枢纽,其综合改造工程难度大、周期长、要求高,是重要交通枢纽改造工程的代表性案例,能为其他重要枢纽改造工程提供参考。总结浦东国际机场综合改造工程的交通组织研究,可以得到以下几点启示:

(1) 对于重要枢纽的交通组织研究,首要原则是保障原有枢纽的集疏运交通功能,确保在施工期间重要枢纽也能够正常运行,最大程度降低施工对枢纽客运交通的影响。同时,需要尽可能兼顾施工安全质量与施工周期时长。

(2) 在保障施工期间重要枢纽的集疏运能力时,通常需要采用外围分流的方式,即制定一系列外围高速公路、快速路或主干道的绕行方案,以便为分担枢纽的客运交通流量提供条件。

(3) 枢纽内部运营保障统筹协调也是一大重点,需要制定一系列车辆引导和交通保障措施方案,例如机场客货运交通流线(通道)组织、机场应急保障时客货运集散功能提供设施条件和交通管理预案等,从而确保施工期间枢纽内部正常运行。

(4) 枢纽交通组织需要确立"多通道、多预案"的指导思想,确保应急处置时交通设施条件和容量,避免单一交通设施和通道。

(5) 枢纽交通组织前期需要开展详细的交通设施、交通运行的调查和调研,摸清各交通子系统的运行状况和运营管理需求,使得交通组织方案能够满足实际运营和管理的需要。

7.8 本章小结

本章详细介绍了浦东国际机场综合改造工程的交通组织研究工作。首先对此类重要交通枢纽的交通组织难点进行了阐述,并根据多年施工交通组织经验总结了重要交通枢纽的交通组织原则;然后对浦东国际机场所关注的三个交通组织难点问题进行了分析,对S1迎宾大道全封闭、S32南进场线翻交与P7出租车蓄车场搬迁三个主要项目交通组织方案设计过程做了介绍;最后对案例的技术方法和经验做了总结,以期为类似重要交通枢纽施工交通组织工作提供参考与借鉴。

第 8 章
重大建设项目施工交通影响综合评价

上海重大建设项目施工交通组织历经 20 多年发展,形成了较为完善的工作机制和研究方法。以往重大建设项目施工交通组织更关注单个项目具体的交通组织细节方案,虽然也会考虑同一地区或者相邻地区其他工程项目的叠加影响,但总体上仍处于单个项目的研究,系统性研究相对较弱。

随着交通管理精细化工作的深入,管理部门除了需要微观层面项目交通组织方案来缓解实际的交通拥堵矛盾,也需要事先对上海市全年度所有重大建设项目同时开工情况下,可能出现的交通运行状况做预判分析,从全市交通系统宏观层面掌握可能出现的交通问题,以便采取阶段性的交通政策来缓解交通矛盾。为此,上海市交通委于 2016 年开始至今,每年立项开展"上海重大交通建设项目施工影响综合评估研究",并已经成为常态化的工作。

上海重大交通建设项目施工影响综合评估研究成果是预判分析上海交通可能出现的最不利局面,为城市交通管理者提供预警判断;研究成果可作为重大建设项目进度协调和优化的依据,从而可以避免同一区域多个建设项目同时施工的叠加影响;研究成果更可以为管理部门制定交通政策和措施提供决策的参考依据。概括来看,这个项目的研究成果可以发挥两个作用:一是预警研判——分析评估年度建设项目对城市交通可能产生不利影响的程度;二是对策措施——针对可能出现交通矛盾和困境,提出交通疏导和改善的综合性措施和对策。

8.1 | 研究必要性及研究目标

8.1.1 研究必要性

(1) 掌握上海市施工和交通影响的具体信息资料,统筹研判交通面临的挑战。汇总当年度各类重大建设项目,全面详细地展现各类建设项目的分布、施工工况和施工筹划、不同施工阶段占用城市道路空间等信息,梳理所有施工项目对交通的叠加影响,为管理部门及时掌握完整全面的数据信息、了解交通运行特征提供了分析平台,并为今后建立全市性建设项目信息数据平台打下基础。

(2) 预先对交通运行状况做超前研判,为交通保障工作提供预警警示。根据交通运行的历史变化趋势、充分考虑多种因素影响,尤其是当年度重大活动(如进博会、大型赛事、重要展会等),在面临施工占路影响下,运用所掌握的交通大数据和预测技术,超前对上海市不同时期、不同区域的交通运行特征进行预判,提出可能出现的交通拥堵敏感区以及关键拥堵节点,提出交通拥堵评级指数和预警分级,为交通管理部门制定相应的交通保障方案提供科学指导和依据。

(3) 为研究和出台相关交通改善的政策和措施提供技术支撑。在建设项目评估和预判结果的基础上,为降低建设项目施工的影响、保障交通正常运行,需要提出交通改善的政策性措施,并对交通政策性措施实施的效果进行预评估和跟踪评估,分析其适应性、可持续性以及对上海市交通产生的影响等。交通政策性措施更多是运用交通需求控制手段,如外牌限行政策等。近年来,上海在外牌车辆限行方面逐步采取了强化的手段,外牌限行时间和限行范围逐步延长和扩大,这项措施实施也考虑到了上海仍处于高强度建设的因素。

8.1.2 研究目标

本项目的研究目标是:全面掌握建设工程的基本信息资料;提出建设项目对城市交通不利影响的预警警示;提出交通改善的对策和措施。

(1) 全面掌握和汇总建设工程的信息和资料,汇总梳理各类项目的施工特点,统筹全市建设项目的部署和筹划。

(2) 定量分析大规模施工建设对城市交通的影响,分析交通影响的范围、程度等基本情况,预判出城市可能出现的拥堵片区和症结,为交通管理部门预先掌握交通恶化程度提出预警。

(3) 提出交通改善的各项措施和对策,有针对性地缓解关键交通拥堵地区的交通矛盾,为交通改善政策和措施的研究提供基础。

8.2 交通综合影响评价研究范围和年限

本项工作重点研究区域为中心城,同时对有重大建设工程的郊区新城进行研究。此外,关注上海市重要交通枢纽(如虹桥枢纽、浦东国际机场等)和重要活动场所的施工交通影响和交通保障,确保城市重要基础设施的正常运行。

本项工作研究期限是自然年全年的交通运行状况,同时关注重要节假日、春运、重要赛事和活动期间的交通运行状况。另外积累研究年的运行数据资料,对下一年可能出现的交通局面做预测分析,为下一年建设项目综合评估分析做好研究准备。

8.3 交通综合影响评价总体研究思路

本项工作研究的主要特点是:既要有交通研判的预测技术,也要有缓解交通矛盾的可操作交通组织方案。根据该特点,本项目的研究工作要做到:现场调研,交通调查,预测研判,提出警示,提出改善措施。因此,本项工作总体研究思路如下:

(1) 开展调研和调查,全面掌握和了解各类施工建设情况和信息,并对建设项目特点进行分类,可按照地区分布、施工类型、影响程度等进行分类汇总。建设项目汇总应包含以下内容:轨道交通建设计划和车站分布情况;地下管线建设计划和施工占路情况(包含架空线入地、雨污水总管敷设、积水点改造等工程）；市政道路养护项目和施工情况；市政道路改扩建项目和施工情况；重要建筑项目和施工情况（如对外枢纽建设会对配套交通产生影响）。

（2）对现状的交通运行状况进行总体评估和分析，预判城市在常态情况下的运行状况，并以此为建设项目综合影响的研究基础。总体分析评价主要对交通总体需求（出行量、机动车拥有量等）、城市道路交通、对外交通、关键的大型活动场所等运行状况做汇总和分析，寻找交通发展规律和特点，为交通评估和交通改善提供基础依据。

（3）对大规模建设期间的交通状况进行预判分析，预测可能出现的拥堵恶化程度和道路拥堵的关键节点等。利用交通预测模型、软件分析技术，提出城市路网系统可能出现的交通拥堵片区和严重拥堵节点，全面系统地呈现各类建设项目叠加影响后的交通问题，提出交通预警提示，为管理部门决策和安排当年度工作重点提供技术支持。

（4）针对交通恶化的症结，研究交通改善的措施和建议，并对改善措施实施效果做预评估。从施工工艺改善、交通需求的宏观控制优化等方面提出具体措施和建议，最大限度地降低施工对交通的影响，保障城市交通的平稳运行。

8.4 交通综合影响评价研究方法

（1）信息化与人工手段相结合，多渠道收集数据资料。

首先，充分利用上海市城乡建设和交通发展研究院既有信息平台，收集包括收费数据、线圈数据、出租车GPS数据、交通监控系统和交通信息采集系统数据等资料，掌握全市综合交通运行状况。

其次，针对信息化手段较难采集的数据，开展人工小样本调查，如重大工程施工后周边道路的流量观测等，并对重点地区或重要时段的交通开展问询调查，及时全面掌握运行数据。

最后，和各个建设单位紧密联系，维护好信息沟通渠道和机制，及时了解和掌握施工信息和资料，全面掌握施工的进展情况。

（2）专业分析相关数据，总结交通特征。

根据收集到的各类数据资料，进行整理分类，利用交通预测模型，对交通运行形势做出预判，寻找出规律和特征。通过研究分析，提出不同区域道路交通的拥堵状况和拥堵指数，并形成拥堵分级，把交通运行状况的评估形象化，为相关保障建议分析提供依据。

同时，汇总施工信息资料和影响交通的特点，定量分析道路容量和车流量的匹配特性，分析预判道路交通可能出现的极度拥堵区域，发出预警提示。

（3）聚焦交通问题，兼顾交通和施工，制定可操作的交通改善措施。

结合城市交通可能面临的困境，与建设单位共同研究，兼顾城市交通正常运行和施工安全推进，提出综合性的交通改善政策和措施，使得交通改善政策和措施更聚焦问题，更有实施效果，更有可操作性。

（4）编制建设动态及交通影响简报，为管理者适时提供决策依据。

在每年度建设项目交通影响综合评估研究工作中，研究团队编制完成《重大工程建设动态及交通影响研判（双月刊简报）》。简报功能是适时汇总和上报新开工项目实施进展和交通影响情况,让管理者及时了解施工动态情况和交通运行状况。同时提出问题及解决方案,为管理部门及时制定改善措施提供依据。

8.5 交通综合影响评价成果介绍

从 2016 年至今,上海已经连续开展 6 年建设项目交通综合影响评价研究工作,通过不断总结和积累,研究方法更加完善,提交的研究成果也更精准和更有指导性。

8.5.1 2020—2021 年度综合影响评价成果概述

1. 2020 年度施工交通影响情况

1) 上半年总体情况

受新冠肺炎疫情影响,2020 年上半年总体开工项目较少,实际新开工的项目主要是济阳路快速化改造。其余轨交工程、市政工程等基本延续了 2019 年施工状态。

综合分析,与 2019 年年底实际产生的 3 个交通恶化片区相比,2020 年上半年仅增加了 1 个拥堵片区,其余 3 个拥堵片区均维持原有状况。因此,2020 年上半年拥堵片区总数为 4 个。2020 年上半年交通拥堵片区汇总如图 8-1(a)所示。

"1 增":济阳路快速化改造,济阳路与卢浦大桥主通道功能明显削弱,形成越江拥堵。

"3 维持":一是武宁路快速化改造;二是轨道交通 14 号线和东西通道的浦东大道沿线拥堵片区;三是轨道交通 14 号线黄浦区车站的施工拥堵片区。这 3 个拥堵片区交通状况基本保持现状。

2) 下半年总体情况

2020 年下半年国内疫情形势好转,经济活动恢复常态。2020 年下半年交通拥堵片区的具体变化为"1 扩 4 维持",拥堵片区总数为 5 个,影响程度及范围较上半年有所恶化。2020 年上半年交通拥堵片区汇总如图 8-1(b)所示。

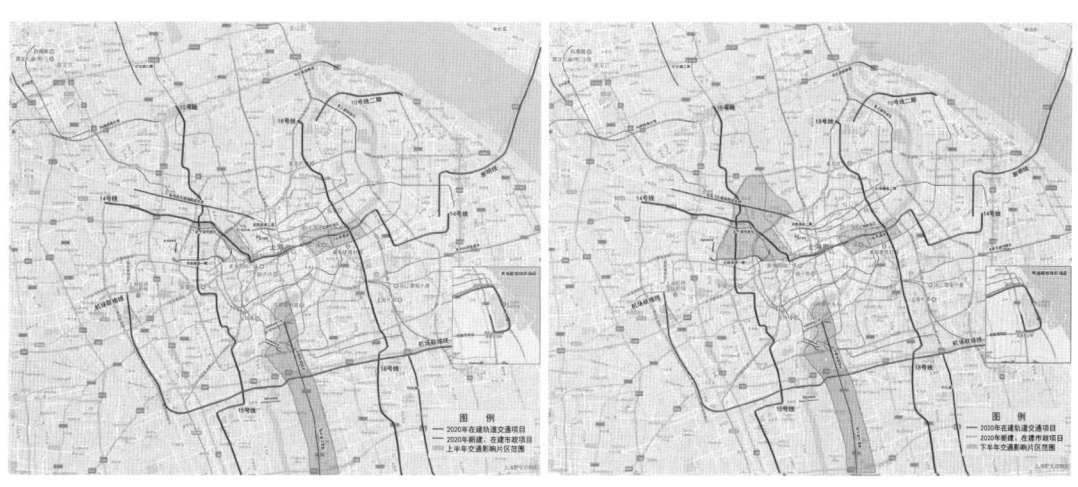

(a) 上半年交通拥堵片区　　　　　　(b) 下半年交通拥堵片区

图 8-1　2020 年上、下半年交通拥堵片区汇总图

(1)"1扩":主要是武宁路快速化改造进入第三阶段施工,武宁路将从双向7车道缩减为双向6车道,会影响G2入城段车辆拥堵。此外,武宁路/中山北路路口形成环岛模式,通行能力大幅度降低,会引发内环高架和武宁路地面道路的拥堵。这一区域将在2019年拥堵程度的基础上,会有进一步的恶化和扩展。

(2)"4维持":一是济阳路快速化改造,济阳路与卢浦大桥主通道功能明显削弱,形成越江拥堵;二是轨道交通14号线和东西通道的浦东大道沿线拥堵片区;三是轨道交通14号线黄浦区车站的施工拥堵片区;四是轨道交通14号线静安区拥堵片区。

2. 2021年计划建设情况汇总

2021年上海市新开工和续建重大工程项目有56项。其中包括市属公路和市政项目、航道建设项目、区区道路对接建设项目、省界断头路打通建设项目、轨道交通(含市域线)建设项目、港口建设项目、机场建设项目、铁路建设项目和区属交通建设项目。

经过梳理分析,建设期间对上海市交通有影响的项目有41项(含5个预备项目),按照工程项目功能归类如下:

如表8-1所示,轨道交通共11个项目,其中新开工项目7个:轨道交通2号线西延伸、轨道交通13号线西延伸工程、轨道交通17号线西延伸工程、轨道交通18号线二期工程、轨道交通21号线工程、轨道交通23号线工程、市域铁路嘉闵线工程。续建项目4个:机场联络线工程、轨道交通崇明线工程、轨道交通14号线工程、轨道交通18号线一期工程。

表 8-1　　　　　　　　　2021年度轨道交通建设项目一览

编号	类型	项目名称	最新进展
1	新开工	轨道交通2号线西延伸工程	徐泾东站端头井
2		轨道交通13号线西延伸工程	纪翟路站
3		轨道交通17号线西延伸工程	拦路港特大桥主体工程正式开钻试桩
4		轨道交通18号线二期工程	长江西路站
5		轨道交通21号线工程	浦东足球场站
6		轨道交通23号线工程	江川东路站
7		市域铁路嘉闵线工程	北路站、莘建路站施工
8	续建	机场联络线工程	三林南站超深地下连续墙完成
9		轨道交通崇明线工程	申江路站、高宝路站
10		轨道交通14号线工程	6月全线贯通
11		轨道交通18号线一期工程	3月一期北段全线贯通

对外交通设施如铁路、机场、航道、省界道路项目有4个,均为新开工项目:新川沙河改造工程、沪杭客专上海南联络线工程、沪苏湖铁路上海段工程、浦东机场T3航站楼和三期改造工程。

如表 8-2 所示,市政道路共有 17 个项目,其中新开工项目有 6 个:漕宝路快速路新建工程、杨高路改建工程、S4 抬升改造工程、龙水南路越江隧道工程、银都路越江隧道工程、内环高架更新改造工程;续建项目有 11 个:G15 嘉浏段拓宽改建工程、S3 新建工程、北横通道新建工程、G1503 北沿江工程、武宁路快速化改建工程、军工路快速化工程、S7 新建工程、江浦路越江隧道新建工程、济阳路快速化改建工程、东西通道扩建工程。

表 8-2　　　　　　　　　　2021 年度道路工程项目一览

编号	类型	项目名称	最新进展
1	新开工	漕宝路快速路新建工程	嘉闵高架至中春路的高架段
2		S4 抬升、奉浦大桥东桥及接线工程	—
3		龙水南路越江隧道工程	4 月浦东盾构始发井基加固施工
4		内环高架更新改建工程	武宁路/中山北路路口交通翻交施工
5		银都路越江隧道工程	—
6		杨高路改建工程	杨高南路龙阳路立交
7	续建	嘉松公路越江大桥	—
8		G15 嘉浏段拓宽改建工程	南通方向拓宽完成,宁波方向施工
9		S3(周邓公路—G1503)新建工程	航塘港大桥进入悬浇梁施工阶段
10		北横通道新建一期、二期工程	6 月西段通车、东段主体结构贯通
11		G1503 北沿江工程	吴淞江 G1503 桥西半幅桥通车
12		军工路快速化(中环线—长江西路)工程	杨浦段主线高架和下部地面道路完工
13		武宁路快速化改建工程	武宁路、中山北路路口交通翻交
14		东西通道(浦东段)扩建工程(区属)	隧道口至龙居路主线地下段施工完成
15		S7(月罗公路—宝钱公路)新建工程	7 月建成通车
16		江浦路越江隧道新建工程	9 月底建成通车
17		济阳路(中环—闵行区界)快速化改建工程	建成通车

2021 年水务及地下管线建设项目也较多,如曲阳排水系统、大名排水系统、临平排水系统、龙华排水系统、中央商务区排水(北京东路区域)、南干线修复等,这些工程多数工作井位于中心区主要道路,会对交通产生影响。此外,2021 年架空线入地工程影响也较大,如曹杨路架空线入地与武宁路快速化工程会产生叠加影响;其他各区架空线入地项目也会影响城市主干道和次干道的交通。

2021 年还有 5 个预备项目也会对交通产生影响,具体如下:长江西路(西泗塘—逸仙路)快速路新建工程、沪嘉高速—嘉闵高架联络线、油墩港航道整治工程、隆昌路越江隧道、G318 扩建工程。这五个项目会对省界干道、高速公路以及跨河大桥主通道产生影响。2021 年新开工和续建重大建设项目分布见图 8-2。

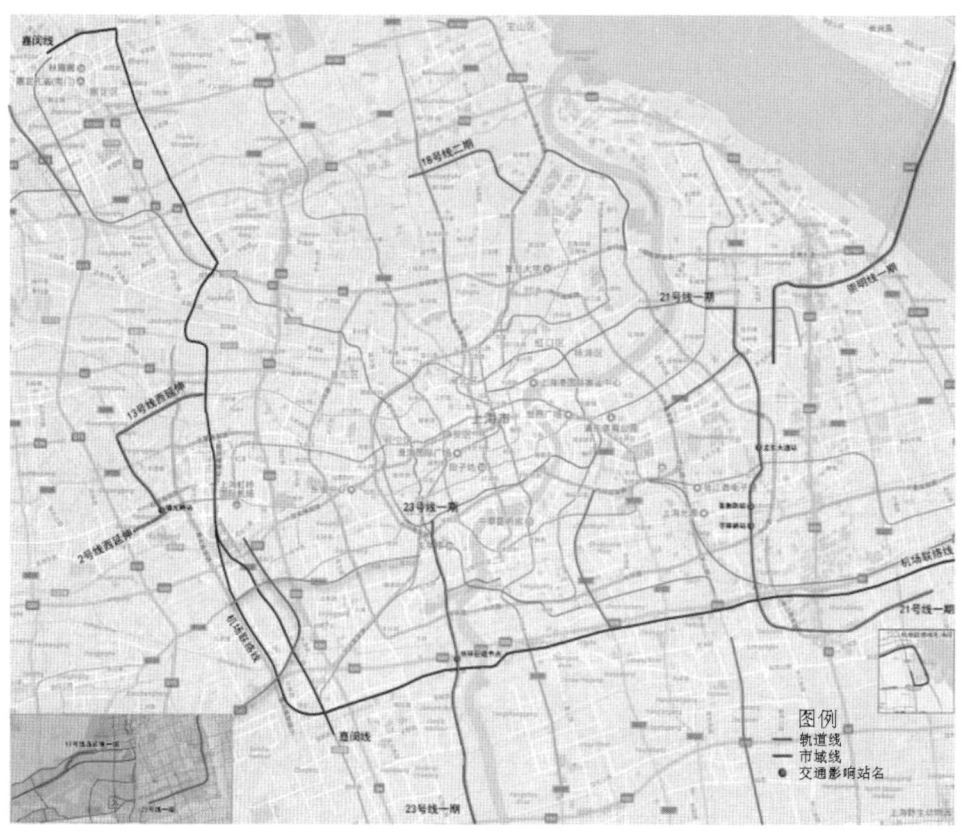

图 8-2 2021 年度重大建设项目分布图

3. 2021 年度交通运行状况预判

研判 2021 年度上海市交通运行基本状况是评估施工交通影响的基础。2021 年度交通运行预判主要以道路交通运行状况预判为主。

（1）2021 年小客车保有量仍保持快速增长，新能源号牌机动车涨幅明显。

新能源号牌机动车涨幅明显。根据预测，2021 年底，上海市小客车总量将增加到 420 万辆（包括新能源号牌小客车），与 2020 年底相比增加约 22 万辆。机动化出行压力持续增加。

（2）快速路车流规模已恢复至疫情前水平，早晚高峰车速同比下降。

预计 2021 年快速路网日均流量将达到 205 万车次，已恢复至疫情前水平，甚至会超过疫情前水平。

浦西快速路早晚高峰车速同比下降。除环线外的快速路早高峰双向车速差异明显。2021 年浦西中心城快速路系统早高峰车速为 41.5 km/h，同比下降 3.7 km/h；晚高峰车速为 44.2 km/h，同比下降 3.0 km/h。南北高架（延安高架以北）及其他射线快速路早高峰车速方向性差异显著。

2021 年 46 个快速路区段中，有 20 个区段工作日平均拥堵指数达到 50，同比增加 9 个区段，其中南北高架路东侧（鲁班—共和）高峰时段平均拥堵指数最大为 72.5，同比上升 10%；外环线内侧（济阳—沪渝）高峰时段平均拥堵指数为 50.4，同比上升 27%，增幅最大；

20 个拥堵区段高峰时段平均拥堵指数同比均有所上升,增幅在 4%～27%。2021 年上半年高架道路区段工作日拥堵指数分布如图 8-3 所示。

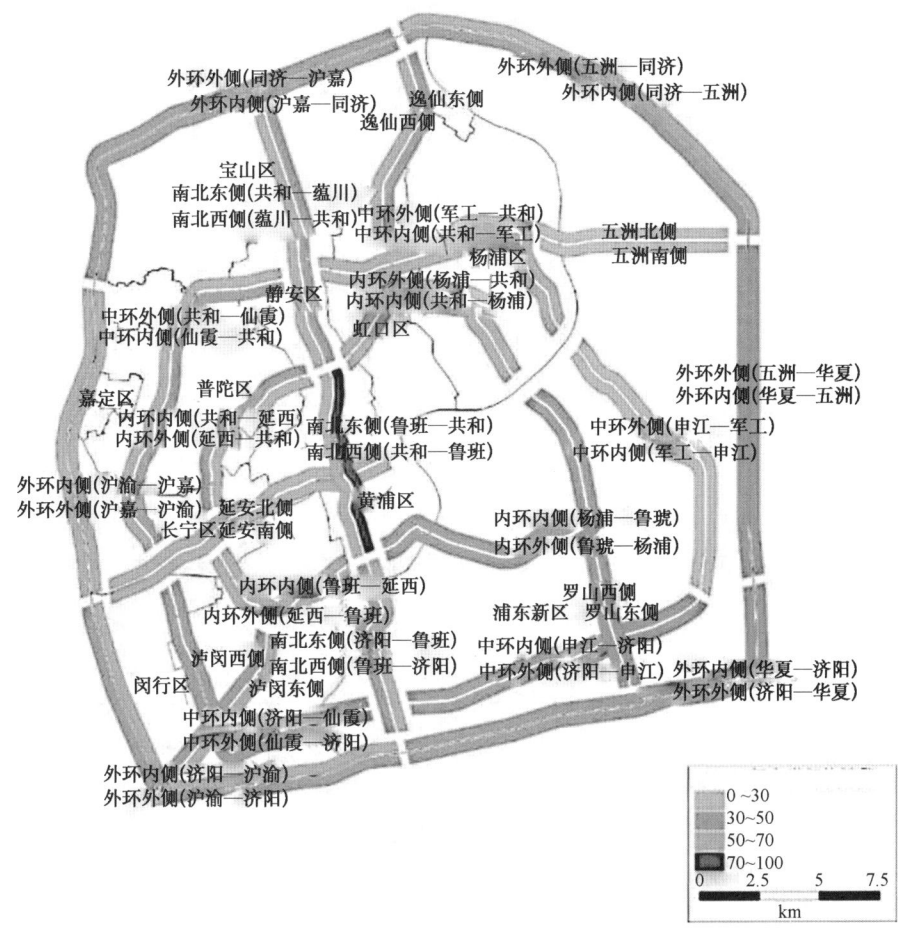

图 8-3　2021 年上半年高架道路区段工作日拥堵指数分布

(3) 中心城地面干道早晚高峰时段平均车速同比有所上升。

2021 年中心城地面干道早晚高峰平均行程车速分别为 20.5 km/h、21.5 km/h,同比增长 6.9%、7.1%。

从中心城不同地带运行情况来看,早高峰浦西内环内、浦西内外环间、浦东内环内、浦东内外环间的地面干道平均行程车速为 19.1 km/h、19.1 km/h、21.8 km/h、21.9 km/h,同比均有所上升。晚高峰时段,上述四个区域的地面干道平均行程车速为 18.0 km/h、20.0 km/h、23.6 km/h、24.5 km/h,同比均有所上升。与去年同期相比,受限行影响,浦西内环内区域车速增幅较大。

2021 年地面道路工作日早晚高峰时段平均拥堵指数分别为 40.5、40.3,同比分别上升 11%、14%。其中,早高峰浦西内中环间区域地面道路拥堵指数最大为 41.9,同比上升 11%。晚高峰浦西内环内区域地面道路拥堵指数最大为 44.2,同比上升 13%。地面道路工作日拥堵指数对比如表 8-3 所示。

表 8-3　　　　　　　　　　　地面道路工作日拥堵指数对比

区域	早高峰			
	2019 年	2020 年	2021 年	同比
地面道路	39.3	36.6	40.5	11%
其中:浦东内环内	40.7	38.4	40.9	7%
浦东内外环间	36.4	33.4	34.6	3%
浦西内环内	39.2	38.1	41.1	8%
浦西内中环间	40.7	37.9	41.9	11%
浦西中外环间	36.9	33.3	37.3	12%
区域	晚高峰			
	2019 年	2020 年	2021 年	同比
地面道路	38.8	35.3	40.3	14%
其中:浦东内环内	38.8	34.2	39.5	16%
浦东内外环间	32.7	30.2	31.0	3%
浦西内环内	42.1	39.0	44.2	13%
浦西内中环间	40.0	36.1	41.1	14%
浦西中外环间	34.5	31.1	35.2	13%

随着疫情得到有效控制,社会经济运行趋于平稳,2021年中心城越江桥隧总流量较同期呈现明显增长趋势,2021年中心城越江桥隧总体越江流量为日均92.7万车次,同比增长16.3%。四个片区的越江桥隧流量均呈现增长趋势,其中南部片区和中北部片区增长较明显,较去年增长幅度分别为24.89%、21.75%。

(4) 重大活动——中国进口博览会

第四届进口博览会于2021年11月5日至10日在国家会展中心如期线下举办。第四届进博会企业商业展签约展览面积达到36万平方米,参展世界500强和行业龙头企业数量达到2020年规模,并且消费品、医疗等展区招展火爆。

第四届进博会可能随着全球疫情形势趋缓,世界经济面临巨大的复苏重振需求,存在大客流可能。预计活动形式和客流规模将介于第二届"大客流"和第三届"防疫管控"之间。

4. 2021 年交通建设工程影响评估

根据2021年交通发展预判状况,同时考虑2021年重大建设项目施工占路的情况,进行施工影响后中心城交通运行状况的预判。

1) 上半年交通影响评估

2021年上半年上海市交通最为严重的拥堵片区格局有较大变化,出现"2消5增"的变化情况,形成五大拥堵片区(图8-4)。"2消"主要是指:轨道交通14号线和东西通道合建的浦东大道拥堵片区会逐步消失;轨道交通14号线黄浦区车站逐步恢复交通后拥堵片区消失。

五大拥堵片区具体范围和成因如下：

（1）中环（西段）—曹安路—内环高架—南北高架—济阳路—中环（南段）拥堵片区。该片区主要是内环高架更新和武宁路快速化两大工程叠加影响造成的，也是2021年影响最为严重的区域。

（2）张杨路—东陆路—新金桥路—罗山路拥堵片区。该拥堵区域主要是杨高中路快速化工程，杨高中路/中环（金桥段）立交施工时，部分匝道封闭施工造成的。

（3）军工路—闸殷路—淞沪路—黄兴路—翔殷路拥堵片区。该拥堵区域是军工路快速化工程杨浦段中环民星路上匝道封闭施工造成的。

（4）长江西路—军工路—逸仙路拥堵片区。该拥堵区域是军工路快速化工程与逸仙路新建匝道造成的。

（5）G15嘉浏段—G1503—S6拥堵区域。该拥堵区域是G15嘉浏段拓宽工程造成的。

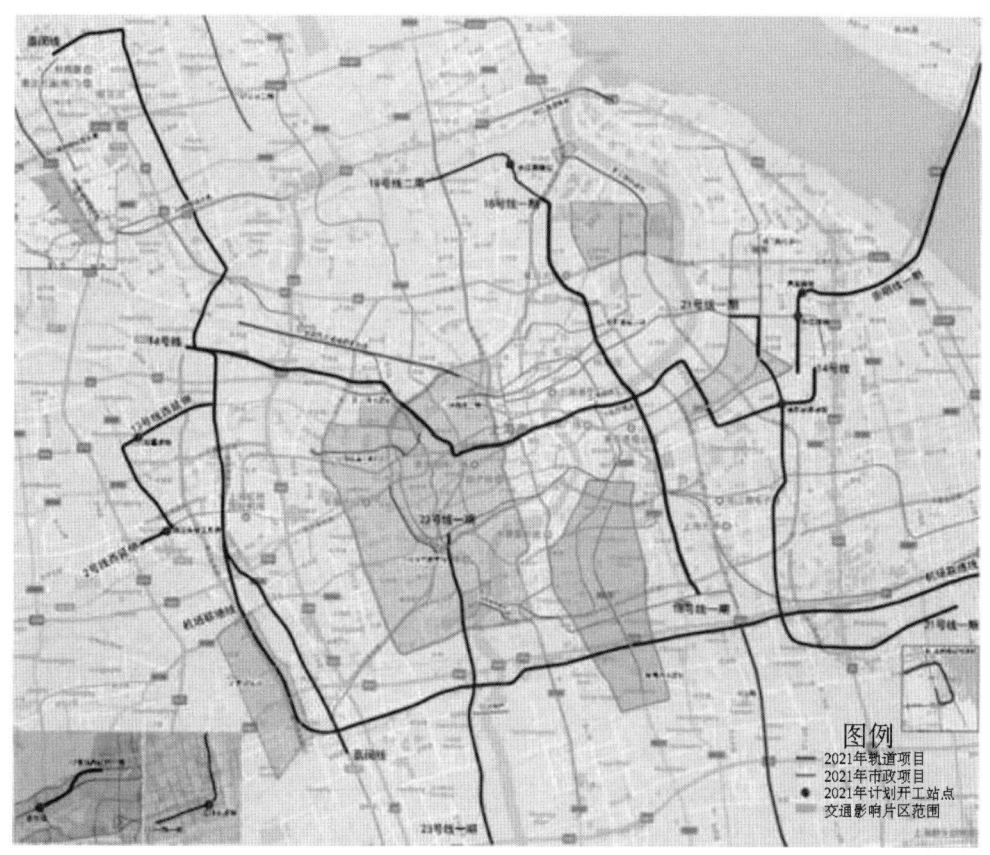

图8-4　2021年上半年上海市建设工程交通严重拥堵区域分布图

2）下半年交通影响评估

2021年下半年上海市交通最为严重的拥堵片区格局有较大变化，出现"1消3增"的变化情况，形成七大拥堵片区（图8-5）。"1消"主要是内环高架更新和武宁路快速化两大工程叠加影响逐渐减弱。

三大新增拥堵片区具体范围和成因如下：

（1）漕宝路—中春路—莘松路—闵松公路—沪亭南路—涞亭南路—涞亭北路拥堵片区。该片区主要是沪苏湖铁路工程及漕宝路快速化工程叠加影响。

（2）喜泰北路—龙耀路—天钥桥路—临江路—规划六路—云锦路—龙水南路拥堵片区。该片区主要是受龙水南路隧道浦西段施工影响。

（3）上南路—浦东南路—浦建路—锦绣路拥堵片区。该片区主要是杨高南路快速化工程，杨高南路/龙阳路立交和杨高南路/中环（南段）两处立交的部分定向匝道封闭施工造成的。

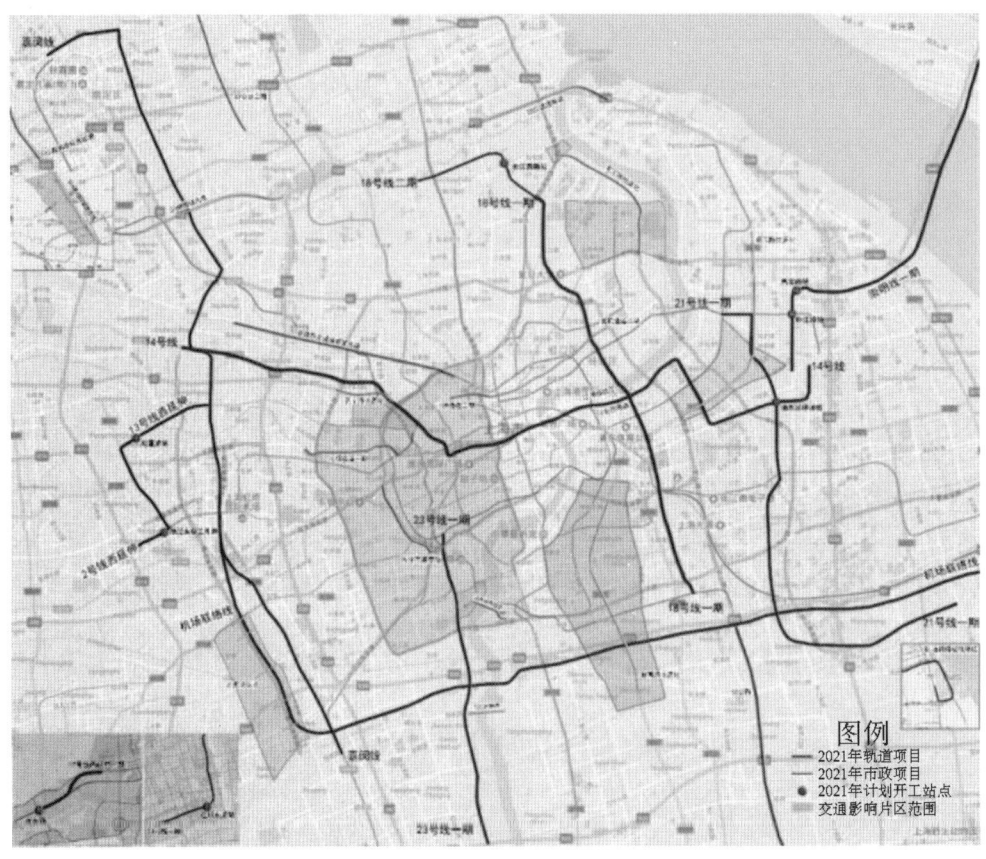

图 8-5　2021 年下半年上海市施工影响交通严重拥堵区域分布图

综合 2021 年度施工影响产生的交通严重拥堵片区分布情况看，2021 年因施工引发的拥堵片区主要集中在中心城的外围区，城市核心区的交通矛盾随着轨道交通的逐步完成而同步减少。尤其到了 2021 年下半年，随着北横通道西段通车，轨道交通 14 号线车站的建成恢复道路正常通行，中心区拥堵状况会有明显好转。

5. 2022 年度建设项目交通综合影响初步预判

按照常规作法，在 2021 年年底前，收集 2022 年建设项目的计划，并对 2022 年施工影响状况做预判，为 2022 年年初制定全年度交通管理措施和安排工程建设计划提供决策依据。

2021年部分重大工程建设影响会延续至2022年,预计施工影响延续工程15项,其中,城市道路建设3项、轨道交通建设6项、铁路建设2项、公路建设4项(表8-4)。

表8-4 　　　　　　　　2022年续建项目一览表(2021年底初步资料)

编号	项目类型	项目名称	开工时间	计划建成时间
1	城市道路	杨高路改建	2021年1月4日	2022年12月
2		漕宝路快速化改造工程	2021年3月	2024年(工期30个月)
3		龙水南路隧道	2019年12月25日	2024年12月
4	轨道交通	13号线西延伸	2021年05月30日	—
5		17号线西延伸一期	2021年06月30日	2023年
6		18号线二期	2021年06月30日	—
7		轨道交通嘉闵线	2021年6月28日	2026年
8		21号线一期	2021年	
9		23号线一期	2021年	—
10	铁路市域铁路	沪苏湖铁路	2020年6月5日	"十四五"期间建成通车
11		机场联络线	2021年6月28日	2024年(工期预计60个月)
12	公路建设公路	G15公路嘉浏段扩建工程	2020年10月18日	2023年4月
13		叶新公路G60沪昆高速公路跨线桥	2021年7月9日	2022年底施工工期约20个月
14		S3公路(周邓公路—G1503公路两港大道立交)	2021年10月28日	2022年
15		S4公路奉浦东桥及接线工程	2020年9月29日	2024年

值得说明的是,2021年开工的轨道交通建设项目大多数在中心城外围区,或未全面开工,2022年计划全面铺开,轨道交通18号线二期工程,轨道交通21号线、轨道交通23号线、轨道交通嘉闵线均穿越市区,可能造成较大影响,再加上2021年续建项目,2022年的交通建设工程数量也非常庞大(图8-6)。

与2021年交通恶化片区相比较,2022年将呈现出"3减3增4维持"的特征,片区总数为7个,比2021年增加3个拥堵片区,交通运行状况将会明显下降。2022年交通拥堵片区分布预判结果见图8-7。

随着武宁路快速化改造工程接近尾声,杨高南路改建工程主线贯通以及G15转入宁波方向道路拓宽施工,减少的3个拥堵片区主要为:中环(西段)—曹安路—内环高架—南北高架—济阳路—中环(南段)拥堵片区;上南路—浦东南路—浦建路—锦绣路拥堵片区;G15嘉浏段—G1503—S6拥堵区域。

维持的4个拥堵片区为:

(1) 漕宝路—中春路—莘松路—闵松公路—沪亭南路—涞亭南路—涞亭北路拥堵片区。该片区主要是沪苏湖铁路工程及漕宝路快速化工程叠加影响,沪苏湖铁路沿线13个下穿铁路道路需要半封或全封施工,使得松江和闵行两区对接道路通行能力降低近60%,会

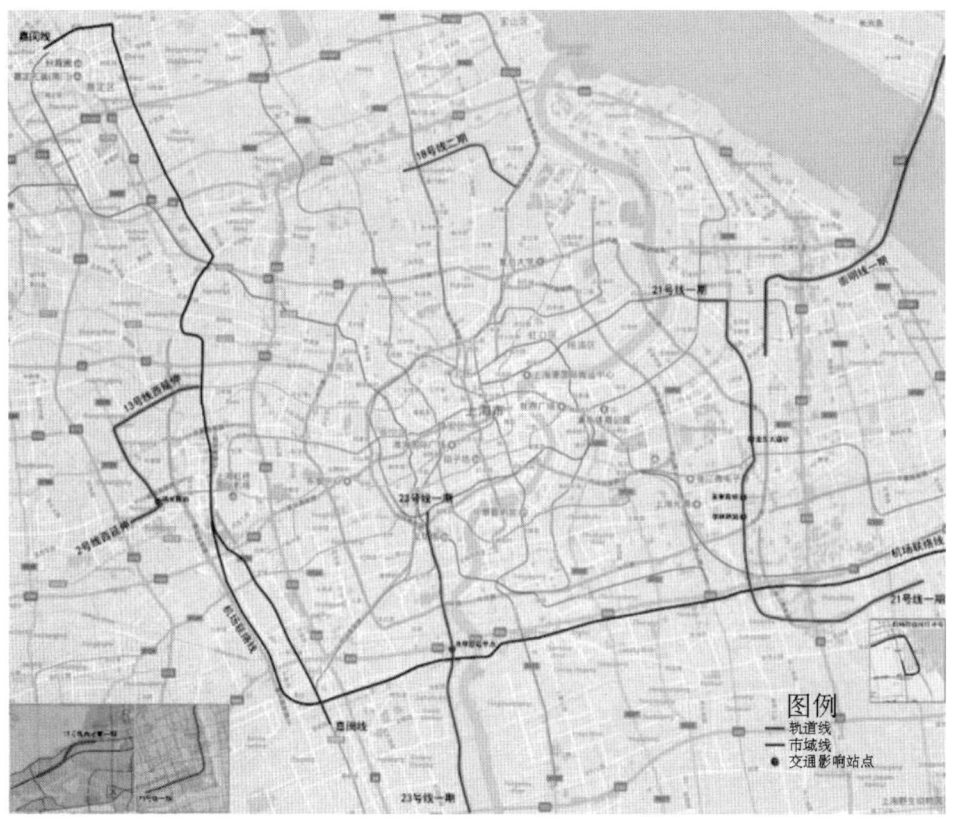

图 8-6 2022 年轨道交通施工计划图

导致区域交通严重拥堵。总体周边高快速路通行压力有所增加,区域内主要集散道路产生拥堵,主要道路高峰时段饱和度达 0.9。

(2) 张杨路—东陆路—新金桥路—罗山路拥堵片区。该拥堵区域主要是杨高中路快速化工程,杨高中路/中环(金桥段)立交施工时,部分匝道封闭施工造成的。届时,金桥路、锦绣东路、罗山路等道路车流量会大幅度增加,车辆拥堵延误增加约为 17 min。

(3) 军工路—闸殷路—淞沪路—黄兴路—翔殷路拥堵片区。该区域是军工路快速化工程杨浦段中环民星路上匝道封闭施工造成的。中环民星路上匝道封闭后,车辆绕行中原地区内部道路如国和路、嫩江路、中原路等至中环国和路上匝道,或军工路地面至控江路、周家嘴路上匝道,五角场地区国和路上匝道以及中原地区内部道路交通产生较大影响。预测该地区高峰时段车辆平均延误增加 22 min。

(4) 长江西路—军工路—逸仙路拥堵片区。该区域是军工路快速工程与逸仙路新建匝道造成的。逸仙路/军工路新建匝道施工,将主要影响逸仙路东侧地面道路,会引发交通拥堵,并会波及逸仙路高架车辆通行。预测该地区高峰车辆延误增加约 18 min。

新增的 3 个拥堵片区为:

(1) 高青西路—济阳路—前耀路—耀龙路以及前滩地区。该区域主要是龙水南路隧道浦东段的施工影响造成。浦东接线道路主要包括高青西路(前滩大道—耀龙路)段道路改建,海阳西路工作井及匝道影响区段为海阳西路(前滩大道—耀龙路),区段流量呈现上下学

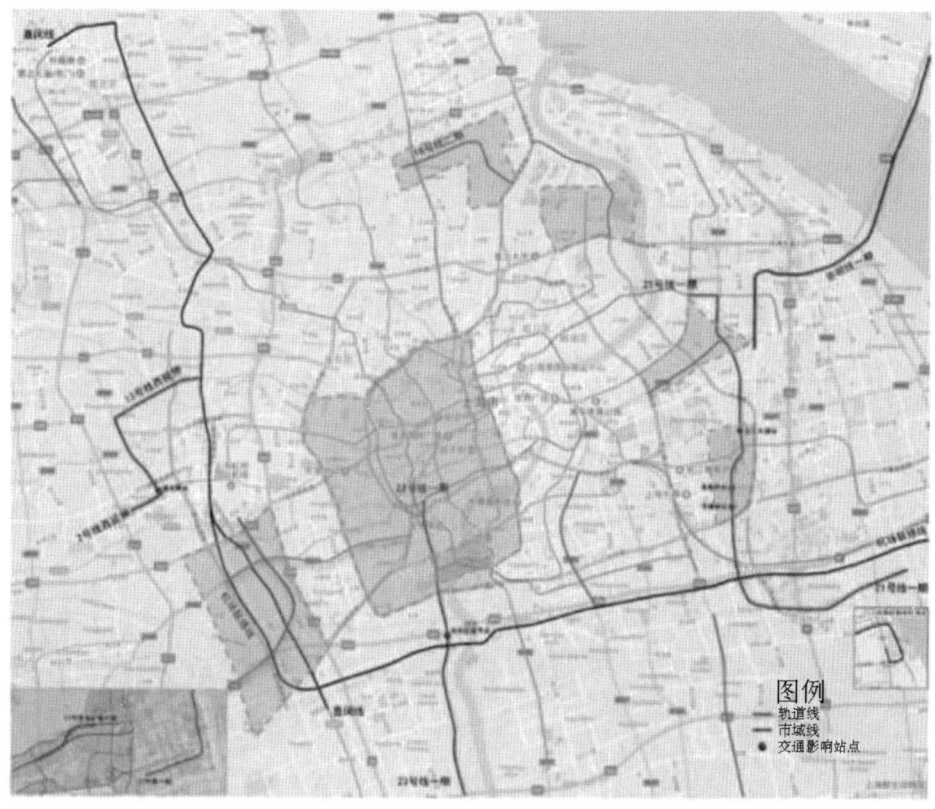

图 8-7 2022 年上海市建设工程交通严重拥堵区域预测分布

期间双向均达到极值 200 pcu/h,施工可能对区域交通带来较大影响。

(2) 殷高西路—逸仙路—呼兰路—共和新路以及通河新村、高境地区。该片区主要是由轨道交通 18 号线二期工程,长江南路、呼兰路、南蕰藻路站点施工影响。相关站点预计采用"占一还一"的交通组织方式,因跨越逸仙高架路以及南北高架路,相关施工组织调整预计会对区域交通产生压力。

(3) 龙东大道—金科路—中环路—学林路—哥白尼路及相关区域道路。该片区主要由轨道交通 21 号线一期工程,学林路站、张衡路站以及龙东大道站的施工影响。哥白尼路呈现出明显的潮汐现象,高峰高断面流量在 800 pcu/h 左右;广兰路高峰高断面流量在 520 pcu/h 左右,饱和度接近 0.90,接近饱和状态;预计施工叠加影响,区域交通压力进一步增大。

8.5.2 上海 2016—2021 年建设项目交通综合影响评价情况综述

从 2016—2021 年的 6 年时间里,重大建设项目发生了更新和变化,上海市因施工引起的拥堵片区的分布情况和影响范围都有不同变化。这也反映了上海城市交通管理重点和重心不断调整的发展历程。

1. 2016 年度交通建设工程交通影响综合评估

综合各轨道交通项目和市政项目施工对道路产生的交通影响范围,有多个项目影响区域有叠加(图 8-8)。经当时的预判,预计会形成 6 个交通恶化片区(图 8-9)。

图 8-8 2016 年上海市重大交通建设项目

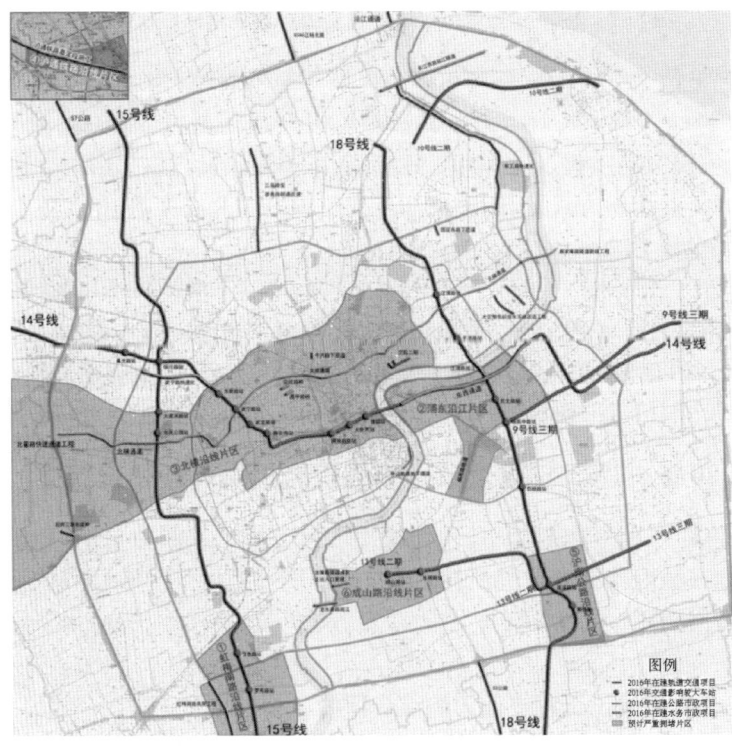

图 8-9 2016 年上海市交通恶化片区预测分布

（1）虹梅南路沿线片区：该片区范围为龙吴路—上中路—龙川北路—上海南站—莲花路—黄浦江围合区域。该片区是由虹梅南路高架工程以及 15 号线老沪闵路沿线车站施工所共同引发。该片区基本不涉及公交线路改道以及取消公交专用道的情况。

（2）浦东沿江片区：范围为黄浦江—张杨路—东方路—龙阳路—锦绣路—世纪大道—杨高中路—罗山路—黄浦江围合区域。该片区是由杨高南路地道、14 号线浦东大道沿线车站、东西通道以及新开工的 18 号线民生路沿线车站施工所共同引发。该片区将新增 10 条公交线路改道以及取消杨高路、张杨路部分区段公交专用道。

（3）北横通道沿线片区：范围为金沙江路—内环线—大连路—黄浦江—复兴东路—淮海西路—延安西路—S20 围合区域。该片区是由北翟路—北横通道，轨道交通 14 号、15 号线中心城各车站，武宁路快速化等工程全面铺开所共同引发。该片区将新增 40 多条公交线路改道以及取消长宁路、天目路、海宁路、周家嘴路、武宁路、华山路、大渡河路等道路部分区段公交专用道。

（4）沪通铁路沿线片区：范围为外青松公路—宝安公路—翔江公路—曹安公路围合区域。该片区是由沪通铁路嘉定段各下立交施工所引发。该片区基本不涉及公交线路改道以及取消公交专用道的情况。

（5）沪南公路沿线片区：范围为沪南公路—川杨河—罗山路—S20 围合区域。该片区主要是由于轨道交通 18 号线莲溪路站、御桥站封交施工所引发。该片区将新增 6 条公交线路改道以及取消沪南公路部分区段公交专用道。

（6）成山路沿线片区：该片区范围为黄浦江—耀华路—浦东南路—高科西路—杨高南路—高青路—长清路—川杨河围合区域。该交通恶化片区是由轨道交通 13 号线成山路站以及龙耀路隧道复建工程施工所共同引发。该片区将新增 10 条公交线路改道以及取消成山路部分区段公交专用道。

公交线路运行受到影响，市民出行有所不便。2016 年全面开工后，将有 66 条地面公交线路需要临时改道运行。另外，周家嘴路、海宁路等道路的公交专用道也会减少，预计中心城以内的公交专用道长度将减少约 4 km。

2017 年初，对 2016 年施工实际的综合影响进行了评估。2016 年对交通产生影响的新开工的和续建项目有北翟路地道、北横通道、杨高南路地道、虹梅南路高架、轨交 14 号线武宁路站、13 号线成山路站、18 号线莲溪路站等，实际形成了五个交通恶化片区，交通恶化片区的数量和恶化范围都好于预判。造成这一现象的原因主要有：多个建设项目处于前期配套阶段，未对交通产生实际影响；二是受动拆迁等各种因素影响，实际开工数量少于计划，施工交通影响范围缩小；三是前期制定完善交通组织方案，交通影响程度得到有效控制。2016 年交通恶化实际分布图见图 8-10。

2. 2017 年度交通建设工程交通影响综合评估

2017 年底，实际在建的重大施工项目主要有北翟路地道，北横通道（西段），杨高南路地道，东西通道，中兴路匝道，轨道交通 14 号线、15 号线、18 号线等，实际产生的交通恶化片区为 9 个，其中 6 个为 2016 年片区的延续。图 8-11 和图 8-12 分别为预测和实际交通恶化片区分布。

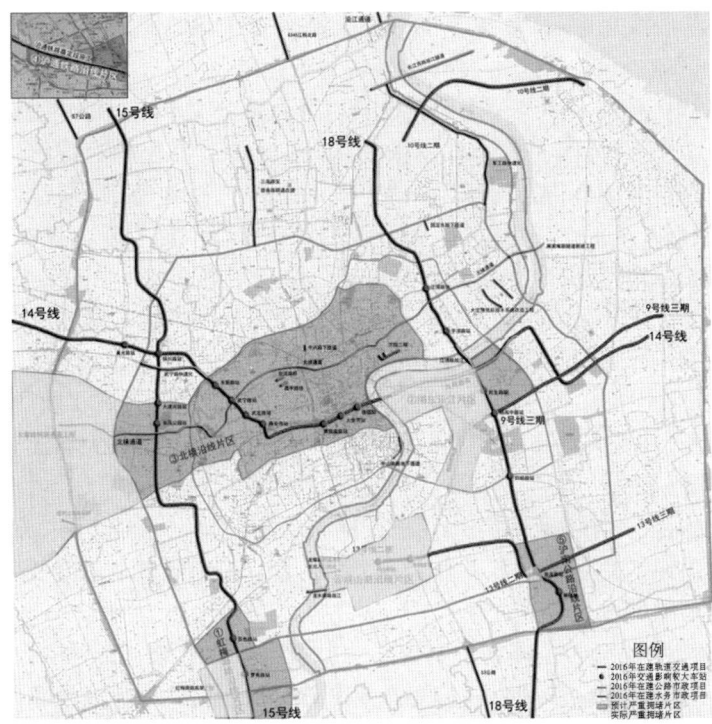

图 8-10 2016 年上海市交通恶化片区实际分布图[①]

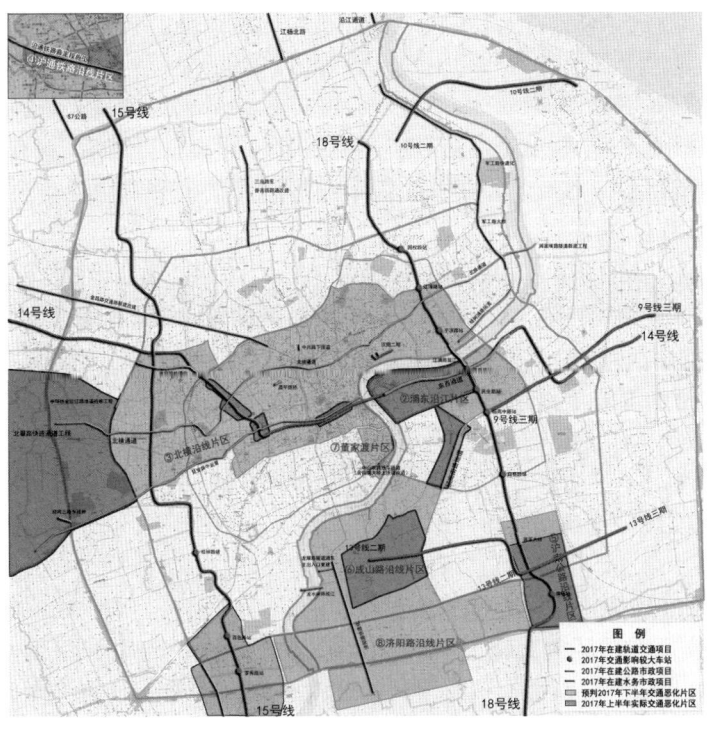

图 8-11 2017 年上海市交通恶化片区预测分布

---

① 彩图参见附图 7。

第8章 / 重大建设项目施工交通影响综合评价

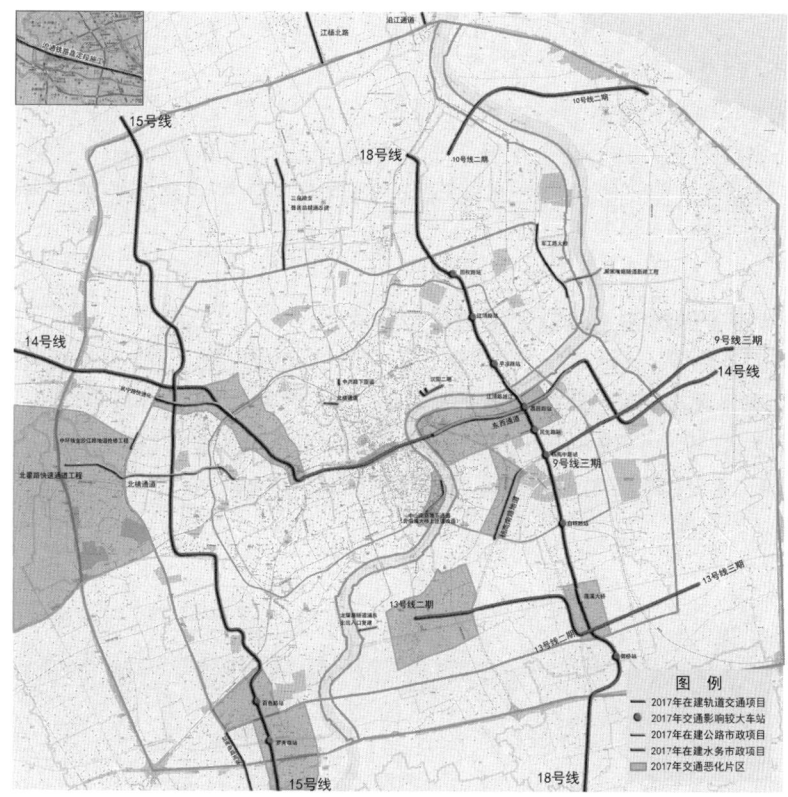

图 8-12　2017 年上海市交通恶化片区实际分布

中心区东西向大范围恶化片区(北横沿线恶化片区):该片区实际上分解为 3 块小的恶化片区,其中由于北翟路地道施工所引发的中心城西部片区和由轨道交通 14 号线黄浦区段车站施工所引发的淮海路片区基本维持 2016 年底状况;轨道交通 14 号线静安段施工的武宁路片区由于武宁路快速通道在年底开工,会有一定程度的扩散,范围为中环线—铜川路—岚皋路—中山北路—镇坪路—常德路—延安中路—镇宁路—万航渡路—长宁路—曹杨路—武宁路围合区域。该片区没有新增改道的公交线路,但取消了武宁路局部路段的公交专用道。

(1) 董家渡交通恶化片区:该片区实际影响范围缩小在了董家渡路—外马路—中山南路围合区域,新增了 2 条公交线路改道。

(2) 虹梅南路交通恶化片区:该片区的实际交通影响为轨道交通 15 号线老沪闵路沿线车站施工,影响范围缩小在虹梅路—沪闵路—龙川北路—上中路—龙吴路—华泾路—老沪闵路—上中路围合区域。该片区没有新增改道的公交线路。

(3) 浦东沿江交通恶化片区:该片区在维持了轨道交通 14 号线浦东大道沿线车站、东西通道、杨高南路地道施工的情况下,新增了轨道交通 18 号线民生路沿线车站和江浦路隧道施工。实际交通恶化片区向东扩大至黄浦江—苗圃路—张杨路围合区域。该片区新增加 3 条公交线路改道。

(4) 沪南公路沿线恶化片区:该片区在维持了轨道交通 18 号线莲溪路站施工的情况下,新增了莲溪大桥和御桥路站施工。但在合理的交通组织以及交警的大力管理下,恶化片区基本控制在了中环线内。该片区新增了 6 条公交线路改道,并且取消了沪南公路部分区段公交专用道。

(5) 成山路沿线恶化片区:该片区基本维持 2016 年底状况。

沪通铁路沿线恶化片区:2017 年施工的墨玉路下立交和嘉松北路下立交,还是对区域交通产生了一定影响,主要影响集中在新源路—昌吉路—嘉松北路—宝安公路围合区域内。该片区公交线路不调整。

3. 2018 年度交通建设工程交通影响综合评估

受到相关因素影响,原计划于 2017 年开工建设的交通建设工程,如北横通道(天目立交段)、武宁路快速化改造、济阳路快速化改造等项目推迟到 2018 年进行实施。经过梳理分析,2017 年续建(在建)和 2018 年新开工的项目累计有 51 项将对城市道路交通产生影响。图 8-13 和图 8-14 分别为 2018 年预测和实际交通恶化片区分布。

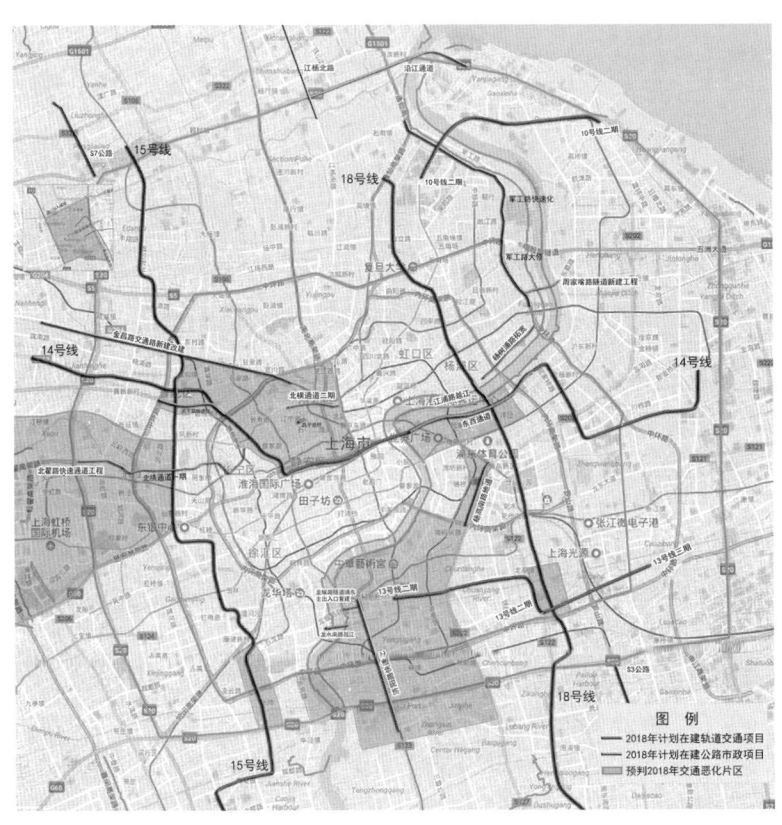

图 8-13　2018 年上海市交通拥堵片区预测分布

在这 51 个项目中,轨道交通类项目有 7 项,道路市政项目有 37 项,水务及地下管线项目有 7 项。这些项目中有 33 项位于中心城内,且大都在交通主干路或重要交通节点上进行施工;其余 18 项位于中心城外,对相关区域道路交通也将产生影响。

2018 年上半年上海市交通恶化片区的具体变化为"1 增 2 减 2 扩大 5 维持",合计总数为 8 个。

第 8 章 / 重大建设项目施工交通影响综合评价

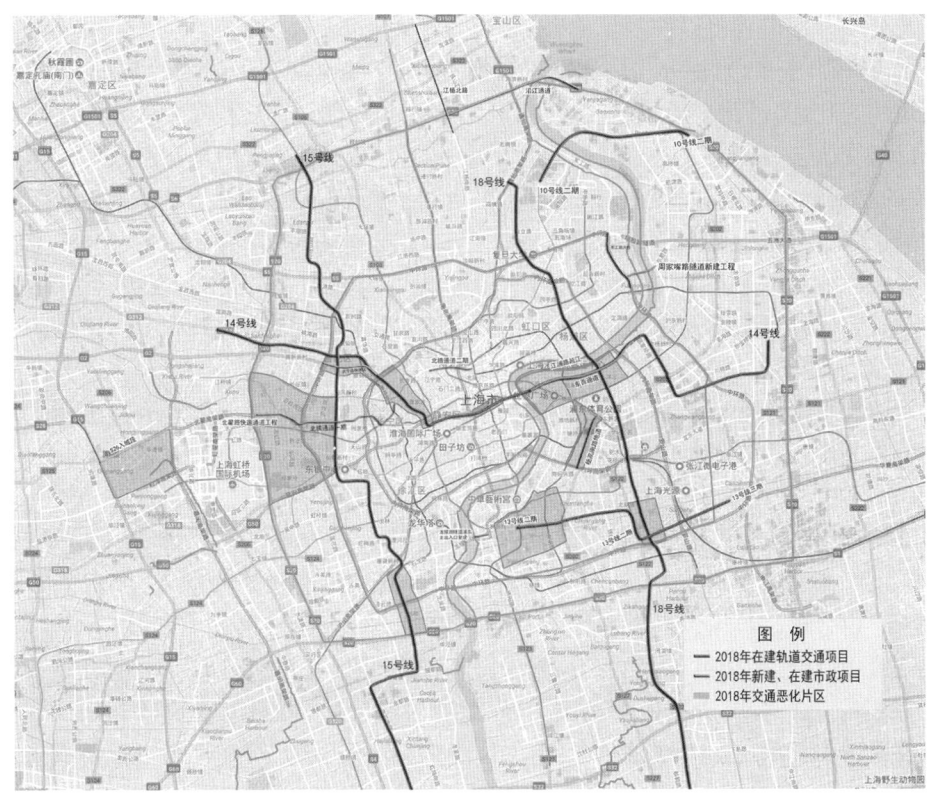

图 8-14　2018 年上海市交通恶化片区实际分布

"1 增": 随着 S26 入城段工程开工,虹桥枢纽西交通恶化片区为 2018 年新增的恶化片区。该恶化片区是由于 S26 入城段施工封闭北青公路匝道所引发,但该片区基本不涉及公交线路改道以及取消公交专用道的情况。

"2 减": 嘉定沪通铁路沿线恶化片区以及黄浦董家渡交通恶化片区随着工程进入尾声逐步消除。

"2 扩大": 中心城西部恶化片区随着北翟路快速化工程以及 15 号线天山路站单向系统的综合影响,片区范围略有扩大,由中环向东延伸到了古北路,同时有 6 条公交线路进行了局部绕行,但不涉及取消公交专用道的情况;普陀静安交界处的武宁路沿线恶化片区随着武宁路快速化项目的开工建设,总体交通影响得以显现,片区范围向西扩大至中环线,同时武宁路及曹杨路局部约 3 公里的公交专用道临时取消,但不涉及公交线路绕行。

"5 维持": 浦东新区由于济阳路快速化工程尚未开工,总体影响尚未呈现。沪南公路沿线恶化片区、浦东沿江交通恶化片区以及成山路沿线恶化片区基本维持在 2017 年年底状况。另外,闵行徐汇交界处的老沪闵路恶化片区、黄浦的淮海路沿线恶化片区也基本维持在 2017 年年底的状况,对公交线路改道的影响也将基本维持在 2017 年年底的状况。

预判 2018 年下半年交通恶化片区的具体变化为"0 增 2 减 6 维持",总数将减少 2 个,合计总数为 6 个,影响程度及范围基本维持上半年状况。

"2 减": 随着 S26 入城段在 9 月要恢复交通以及轨道交通 13 号线二、三期年底试运营通车,虹桥枢纽西交通恶化片区以及浦东成山路沿线恶化片区将逐步消除,成山路沿线公交线路以及公交专用道将得以恢复。

"6维持":由于11月举办中国国际进口博览会,下半年新开工的工程如军工路快速化、龙东大道快速化、金昌路交通路新改建工程等以及对于交通会产生重大影响的工程如北横通道天目立交改造、济阳路快速化、松浦大桥大修施工等都将会推后至年底或明年再正式动工,相关的交通影响将会到明年才会进一步显现,预计下半年不会产生新的交通恶化片区,公交影响也将基本维持上半年的状况。

另外,2018年架空线入地工程在下半年将进入建设高潮,根据相关资料,普陀区的金沙江路以及长宁区的愚园路在施工期间会对区域交通产生一定影响,但不会产生新的交通恶化片区,其余各道路总体影响基本处于可控状态。

2019年年初,对2018年施工实际的综合影响进行了后评估。2018年本市拥堵片区最高峰数量为8个,但实际拥堵影响范围明显缩小,好于预期。

4. 2019年度交通建设工程交通影响综合评估

根据上海市建设计划,2019年度全市迎来又一波集中建设高峰期,对城市道路交通的影响和压力也会进一步加大。

经过梳理分析,2018年续建(在建)和2019年新开工的项目累计有57项将对城市道路交通产生影响。在这57个项目中,轨道交通类项目有7项,道路市政项目有43项,水务及地下管线项目有7项。这些项目中有31项位于中心城内,且大都在交通主干路或重要交通节点上进行施工;其余26个项目位于中心城外,但对相关区域道路交通也将产生影响。图8-15和图8-16分别为2019年预测和实际交通拥堵片区分布。

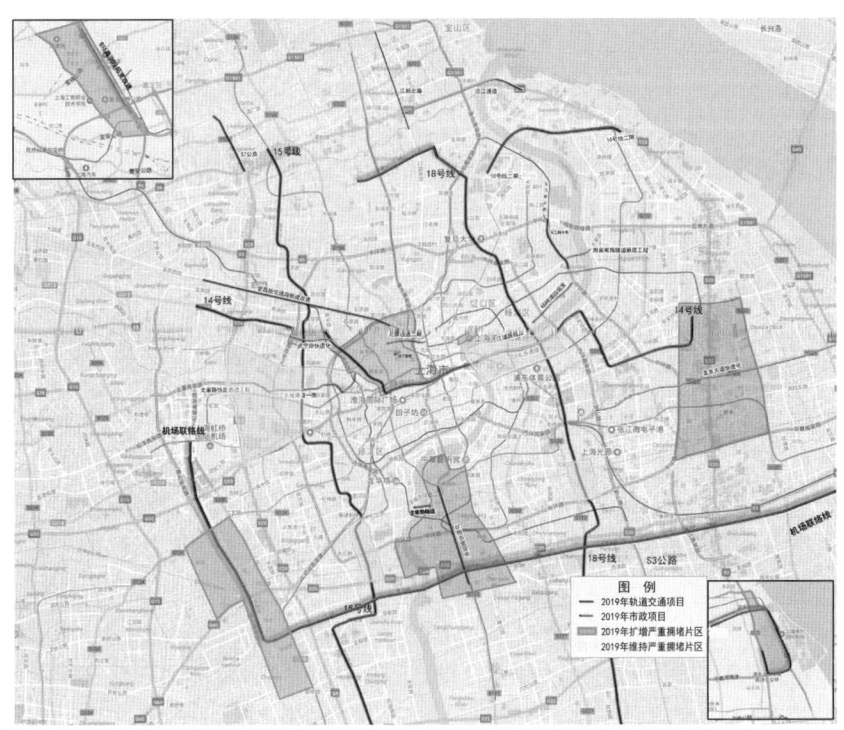

图8-15 2019年上海市交通拥堵片区预测分布

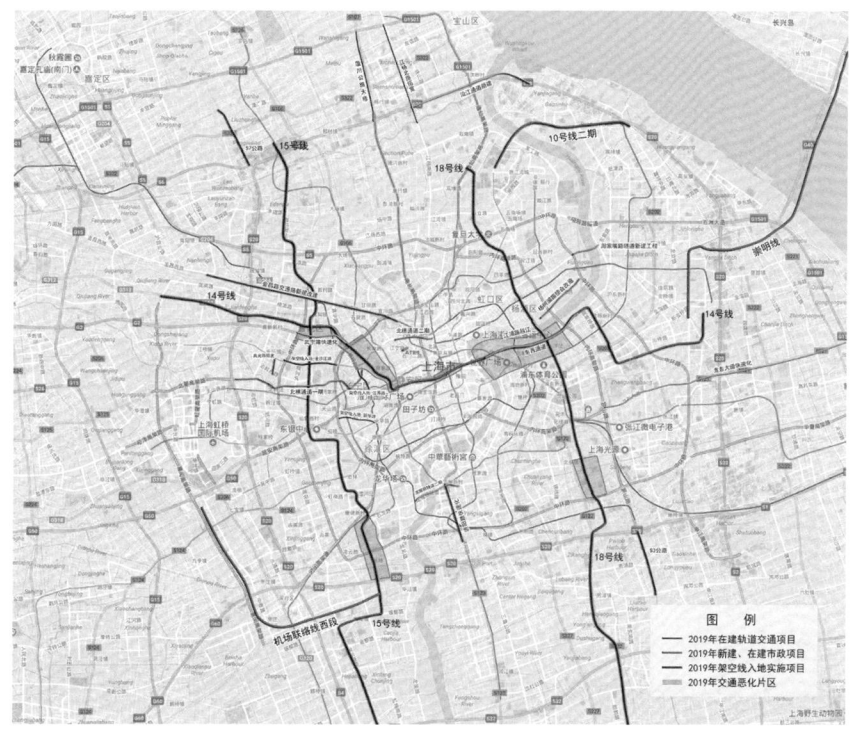

图 8-16　2019 年上海市交通拥堵片区实际分布

与 2018 年年底实际形成的 6 个交通恶化片区相比,2019 年上半年全市交通恶化片区没有明显变化,维持 6 个拥堵片区,具体情况如下:

(1) 武宁路沿线恶化片区:该片区由武宁路快速化改造及轨道交通车站施工同步形成,目前武宁路沿线及京沪高速等总体运行情况平稳,上半年部分路段调整施工也未产生明显交通影响。

(2) 黄浦淮海中(东)路沿线恶化片区:该片区是 14 号线车站施工形成的交通影响片区,基本维持 2018 年年底状态。

(3) 沪南公路沿线恶化片区:该片区是 18 号线沪南公路沿线车站及跨外环线立交施工形成的交通影响片区,目前交通运行稳定,总体情况维持 2018 年年底状态。

(4) 老沪闵路恶化片区:该片区是 15 号线老沪闵路沿线车站施工形成的交通影响片区,目前交通运行稳定总体情况维持 2018 年年底状态。

(5) 中心城西部交通恶化片区:该片区是北翟路地道施工所引发的,自 2016 年起形成至今交通运行稳定,总体情况维持 2018 年年底状态。预计 2019 下半年随着北翟路地道施工逐步结束,区域道路交通恢复,该片区交通影响将有所减少。

(6) 浦东沿江恶化片区:该片区是东西通道及 14 号线在浦东大道沿线施工形成的交通影响片区,目前交通运行稳定,总体情况维持 2018 年年底状态。

2019 年下半年交通恶化片区变化为"1 消除 5 维持",同时下半年无新开工项目,因此相比上半年恶化片区总数减少至 5 个,其交通影响程度和范围与上半年项目相比总量减少,影响范围缩小,整体交通运行状况好于上半年。

(1) "1 消除":中心城西部交通恶化片区主要由北翟路沿线施工形成区域交通影响,对北翟路及中环、外环快速路均产生影响。2019年下半年北翟路地道主线已竣工通车后,道路通行条件大幅提升,该交通恶化片区已消除。

(2) "5维持":5个交通恶化片区为武宁路沿线恶化片区、黄浦淮海中(东)路沿线恶化片区、沪南公路沿线恶化片区、老沪闵路恶化片区和浦东沿江恶化片区总体施工和交通情况预计下半年不会发生较大变化,基本维持上半年状态,按照目前工作计划也不会产生新的交通恶化片区。

5. 2020年度交通建设工程交通影响综合评估

受到相关因素影响,原计划于2019年开工建设的交通建设工程,如北横通道(天目立交段)、武宁路快速化三期造、济阳路快速化改造等项目推迟到2020年实施。

根据2020年上海市重大工程建设计划,全市共安排正式项目152项,预备项目60项。据统计交通类项目共70项(含正式项目和预备项目),较2019年增加18项,计划投资额约增长16.8%,分属城市基础设施类、城乡融合与乡村振兴类以及预备类。

根据《2020年度市管道路养护项目计划》,有63个项目将要实施,其中对道路交通有影响的项目有32个,具体分布为中心城内12个、中心城外20个。

此外,2020年郊区公路整治项目有51项,其中有20个项目会对道路交通产生影响。

2020年除了以上建设项目外,各区地下管线施工项目也较多,包括架空线入地、地下排水管网更新等。这些工程时长相对较短(2~3个月),但也会对区域交通带来压力。

经统计,2019年在建和2020年新开工的项目累计有75项将对道路交通产生影响。从工程地理位置上来看,有32项位于中心城内,且较多位于城市主干道或重要交通节点。其余43个项目位于中心城外。

2020年上半年,受到新冠肺炎疫情的影响,上海市无新开工项目。在建的施工项目受人员和材料等因素制约,也没有实质性施工。再加上上半年疫情防控要求,交通出行量较大幅度降低,全市交通运行情况基本良好。上半年5月底时,济阳路快速化改造,济阳路与卢浦大桥快速化连接中断,出现了较大区域的交通拥堵。

上海于2020年1月27日起启动了为期8周(57天)的严控防疫,期间严格控制市内人员的出行和活动,同时也对外省市入沪车辆和人员进行严控。至5月5日之后,全市逐步降低疫情防控等级,经济活动逐步恢复,但交通出行量相较常态有明显减少。

受到外省劳务人员进沪以及施工材料供应等限制,新开工项目较少。有关部门充分利用疫情期间交通出行量低的"窗口期",人力推进重大工程项目建设。上半年3月至5月底,新开工项目主要是郊区公路国检整治、中环线部分立交立柱安全改造、打浦路隧道浦东出口段改造工程,新开工项目很少,施工对交通影响程度较低,未形成新的拥堵片区。

根据2020年下半年建设项目进展,预判2020年下半年交通运行状况较上半年会有一定下降。从全年总体情况来看,2020年上海市因施工引发的拥堵片区比2019年略有增加,从2019年的4个片区增加为5个片区,交通运行状况总体平稳有序。图8-17和图8-18分别为2020年预测和实际交通拥堵片区分布。

2020年的拥堵片区变化为"1增1扩3维持",拥堵片区总数为5个。

"1增":即济阳路快速化改造,济阳路与卢浦大桥主通道功能明显削弱,形成越江拥堵。

"1扩":主要是武宁路快速化改造进入第三阶段施工,武宁路将从双向7车道缩减为双向6车道,会影响G2入城段车辆拥堵。此外,武宁路/中山北路路口形成环岛模式,通行能

第8章 / 重大建设项目施工交通影响综合评价

图 8-17　2020 年上海市拥堵片区预测分布

图 8-18　2020 年上海市交通拥堵片区实际分布

力大幅度降低,会引发内环高架和武宁路地面道路的拥堵。这一区域将在2019年拥堵程度的基础上,会有进一步的恶化和扩展。

"3维持":一是轨道交通14号线和东西通道的浦东大道沿线拥堵片区;二是14号线黄浦区车站的施工拥堵片区;三是14号线静安区拥堵片区。这三个拥堵片区状况保持现状。

需要特别说明的是,由于新冠肺炎疫情影响,浦东国际机场T2航站楼国际航班大幅度减少,机场客运量大幅度降低,机场迎宾大道高峰时段车流量仅为1 600车次/小时,比常态减少约50%。因此,预计的浦东机场拥堵片区没有出现。

6. 2021年度交通建设工程交通影响综合评估

2021年上半年,经梳理,上海市实际开工的重大项目5项,包括城市道路2项及轨道交通建设3项;延续建设的重大项目13项,包括铁路及市域铁路2项、公路建设3项以及城市道路8项。

2021年上半年上海市交通最为严重的拥堵片区格局有较大变化,出现"2消5增"的变化情况,形成五大拥堵片区。"2消"主要是轨道交通14号线和东西通道合建的浦东大道拥堵片区会逐步消失;轨道交通14号线黄浦区车站逐步恢复交通后拥堵片区消失。

五大拥堵片区具体范围和成因如下:

(1)中环(西段)—曹安路—内环高架—南北高架—济阳路—中环(南段)拥堵片区。该片区主要是内环高架更新和武宁路快速化两大工程叠加影响造成的,也是2021年影响最为严重的区域。由于内环高架的延西立交至漕溪路以及内环高架漕溪立交至鲁班立交分段建设,高架通行能力大幅度降低,且中山西路地面道路也将被占用车道,整个内环高架地面道路通行条件降低,导致整个快速路长时间大面积拥堵。再加上武宁路/中山北路"环岛"异形路口的叠加影响,交通状况更为严峻。

(2)张杨路—东陆路—新金桥路—罗山路拥堵片区。该拥堵区域主要是杨高中路快速化工程,杨高中路/中环(金桥段)立交施工时,部分匝道封闭施工造成的。届时,金桥路、锦绣东路、罗山路等道路车流量会大幅度增加,车辆拥堵延误增加约为17 min。

(3)军工路—闸殷路—淞沪路—黄兴路—翔殷路拥堵片区。该区域是军工路快速化工程杨浦段中环民星路上匝道封闭施工造成的。中环民星路上匝道封闭后,车辆绕行中原地区内部道路如国和路、嫩江路、中原路等至中环国和路上匝道,或从军工路地面至控江路经过周家嘴路上匝道绕行,五角场地区国和路上匝道以及中原地区内部道路交通产生较大影响。

(4)长江西路 军工路—逸仙路拥堵片区。该区域也是军工路快速工程与逸仙路新建匝道造成的。逸仙路/军工路新建匝道施工,将主要影响逸仙路东侧地面道路,会引发交通拥堵,并波及逸仙路高架车辆通行。

(5)G15嘉浏段—G1503—S6拥堵区域。该拥堵区域是G15嘉浏段拓宽工程造成的。G15嘉浏段车流量高,且货车流量集中,施工期间车辆限速,且车道线形较差,通行能力降低,会造成高速公路车辆拥堵,拥堵长度达到7 km,并波及G1503和S6高速车辆通行。

2021年下半年上海市交通严重拥堵片区格局又有变化,出现"1消3增"的变化情况,形成七大拥堵片区。"1消"主要是内环高架更新和武宁路快速化两大工程叠加影响逐渐减弱。

三大新增拥堵片区具体范围和成因如下:

(1)漕宝路—中春路—莘松路—闵松公路—沪亭南路—涞亭南路—涞亭北路拥堵片区。该片区主要是沪苏湖铁路工程及漕宝路快速化工程叠加影响。

（2）喜泰北路—龙耀路—天钥桥路—临江路—规划六路—云锦路—龙水南路拥堵片区。该片区主要是受龙水南路隧道浦西段施工影响。

（3）上南路—浦东南路—浦建路—锦绣路拥堵片区。该区域主要是杨高南路快速化工程，杨高南路/龙阳路立交和杨高南路/中环（南段）两处立交的部分定向匝道封闭施工造成的。

2021年原计划实施的内环线年轻化更新项目没有启动，因此，预判中的内环拥堵片区没有实际发生。

图8-19为2021年预测和实际交通拥堵片区分布。

图8-19　2021年上海市交通拥堵片区预测（上图）与实际（下图）分布[①]

---

① 彩图参见附图13。

7. 历年建设项目交通影响综合评估回顾

从历年建设项目交通影响综合评估工作过程来看,研究工作有了完善,表现为:

(1) 评估更为精细。综合评估从年度一次性研判,逐步变化为半年度评估,对不同时期全市交通运行状况研判更为细化。此外,增加了建设项目交通影响评估的双月刊简报,及时汇总和研判当前的交通运行状况,给管理部门的决策管理提供更详细的依据。

(2) 评估更有延续性。在当年度影响评估中,首先回顾上一年交通实际影响状况和分析成因,并以此为基础,对当年度建设项目交通影响评估进行评估。这样,评估工作更有延续性,也能及时修正预判结果,使预判结果更精准。

8.6 本章小结

本章以上海重大建设项目交通组织工作从具体节点研究,到全市施工项目宏观层面综合影响评价为案例介绍了交通影响综合评估的流程、技术方法和具体成果,可以为精细化管理工作提供参考。

附 录

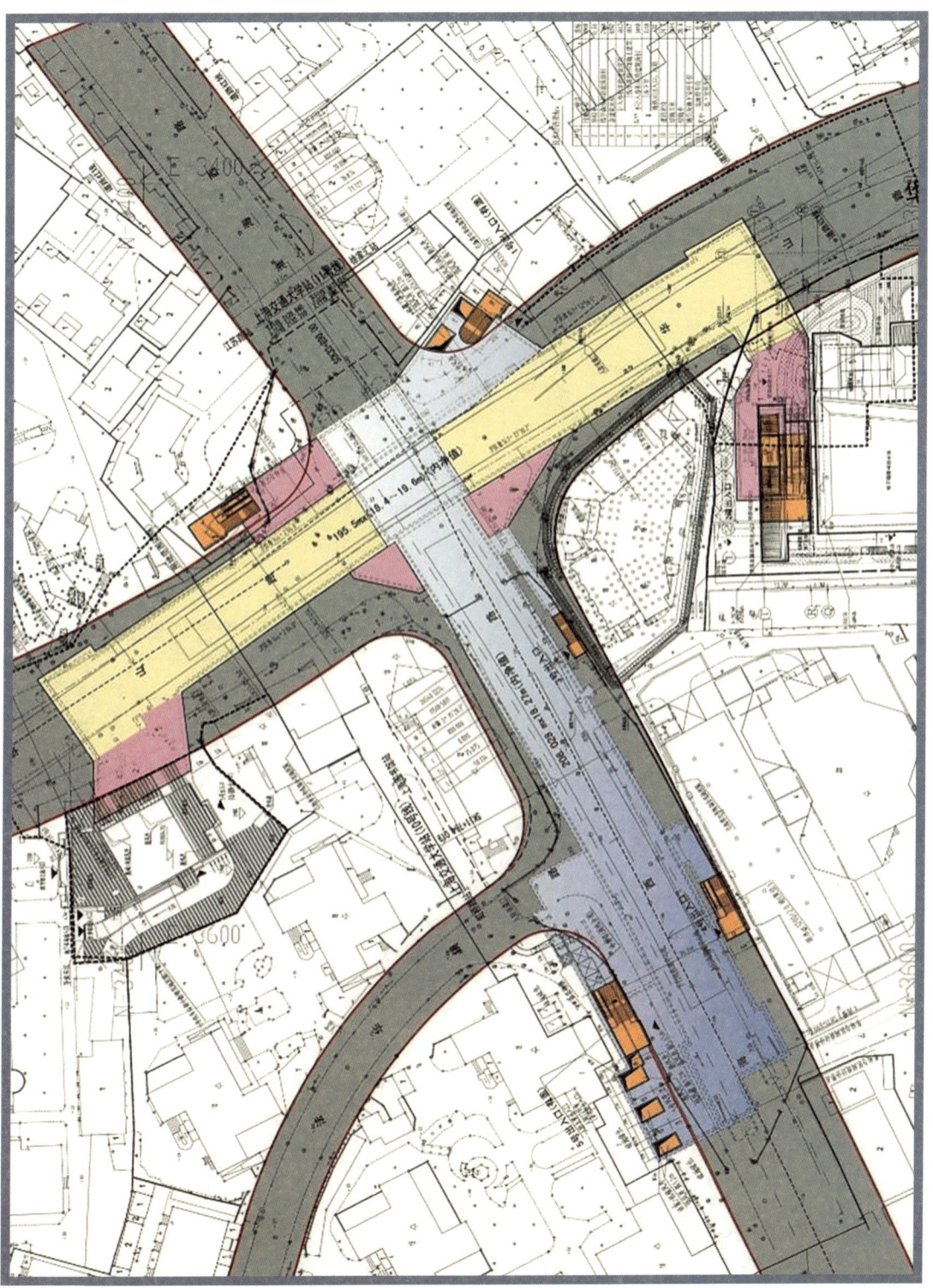

附图1 轨道交通10号线和11号线交通大学站平面图
(说明:蓝色是10号线车站,黄色是11号线车站)

附 录

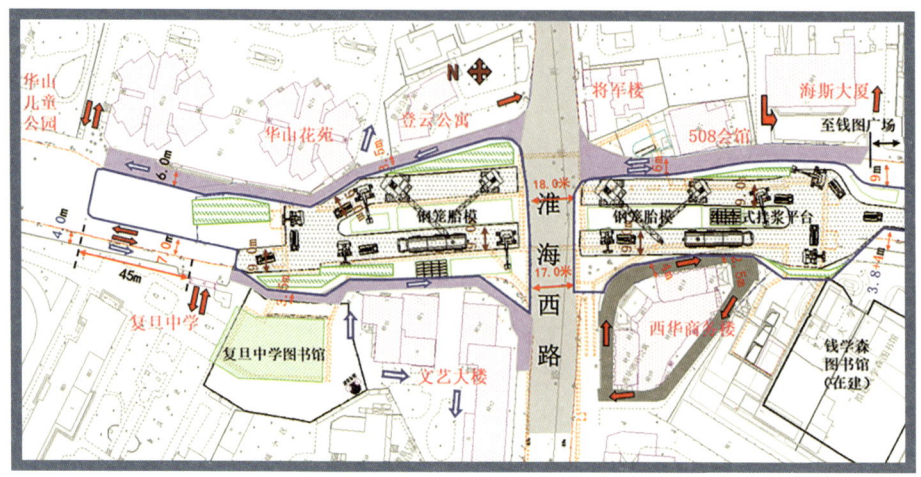

附图 2　轨道交通 11 号线交通大学站施工期间交通组织设计图

附图 3　轨道交通 11 号线交通大学站施工期间区域路网运行状况预测图
（说明：红色代表严重拥堵道路；蓝色代表拥堵明显增加道路）

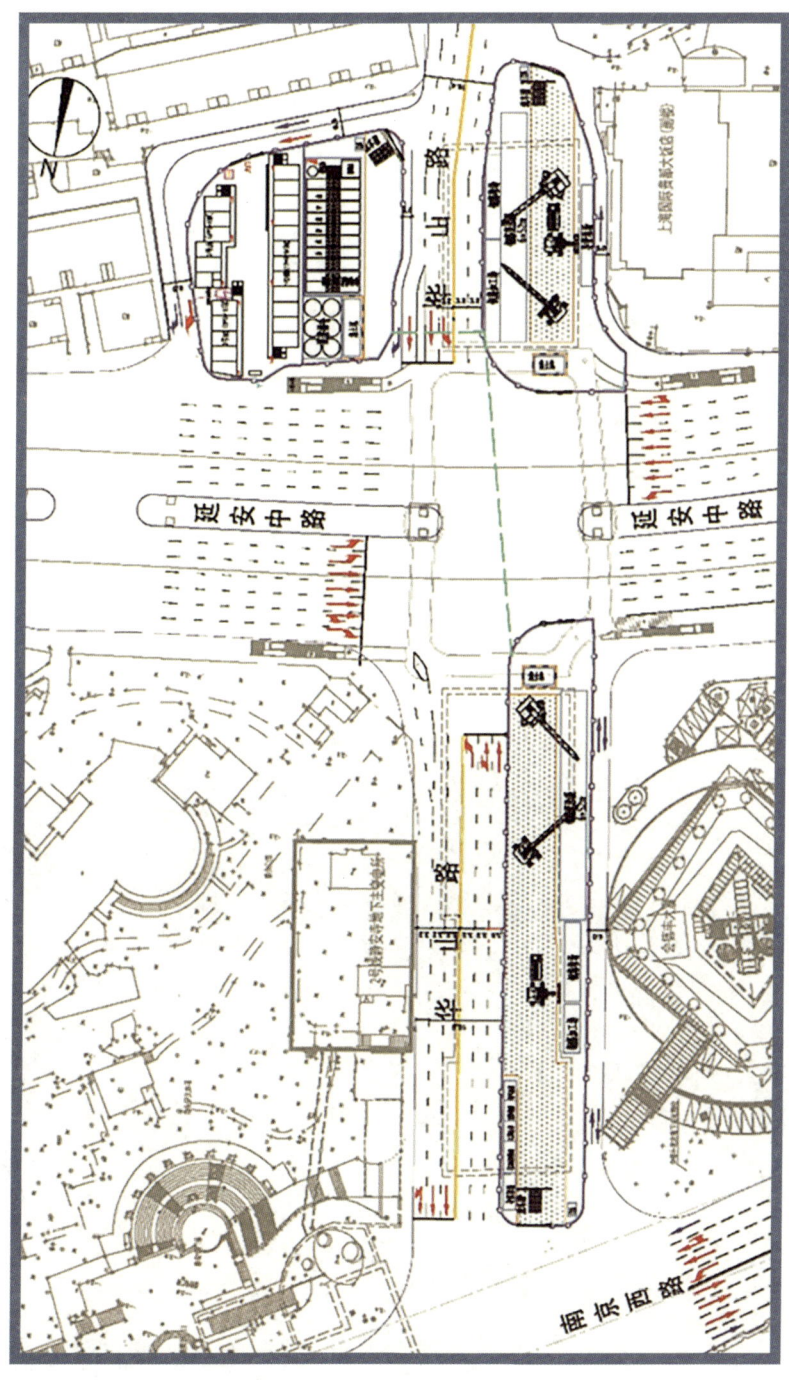

附图 4　静安寺站第一阶段交通组织图（施工方案优化后）

附 录

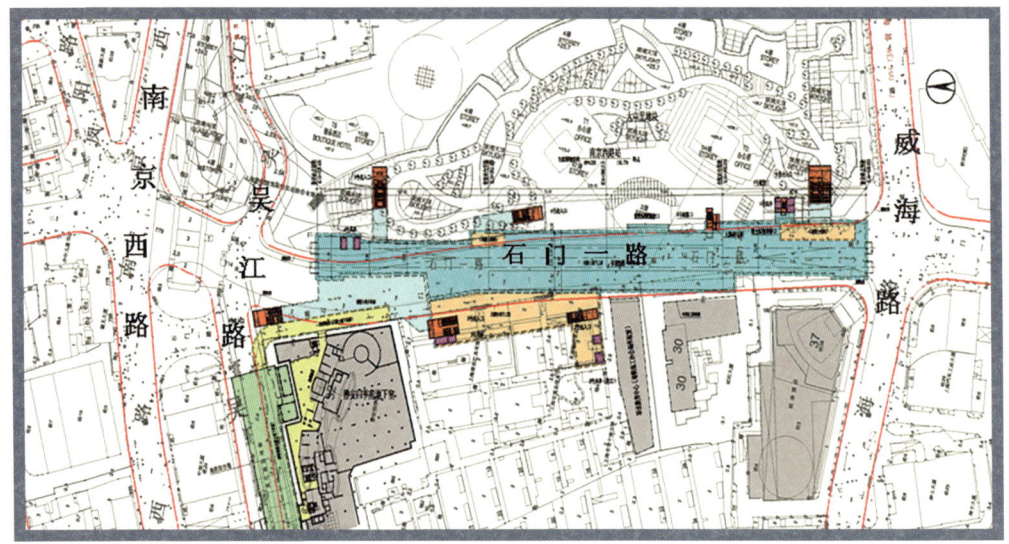

附图 5　轨道交通 13 号线南京西路站平面图（说明：蓝色部分为 13 号线车站）

附图 6　南京西路站与大中里地块同步施工第一阶段临时道路

附 录

附图 7　武宁路施工期间外围道路流量变化预测图

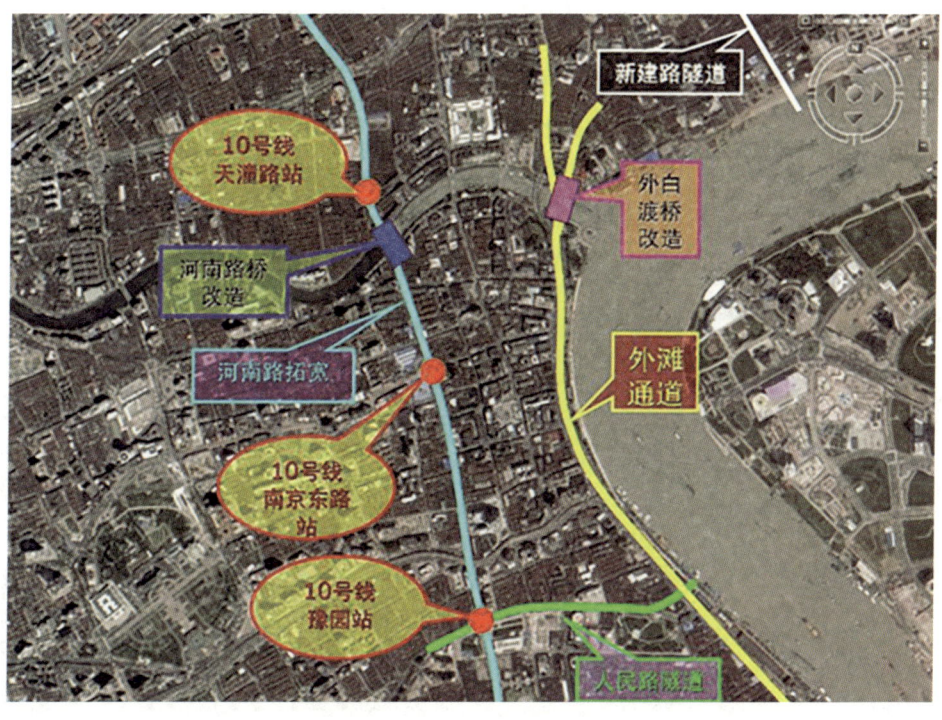

附图 8　外滩综合改造工程周边重大建设项目分布图

附 录

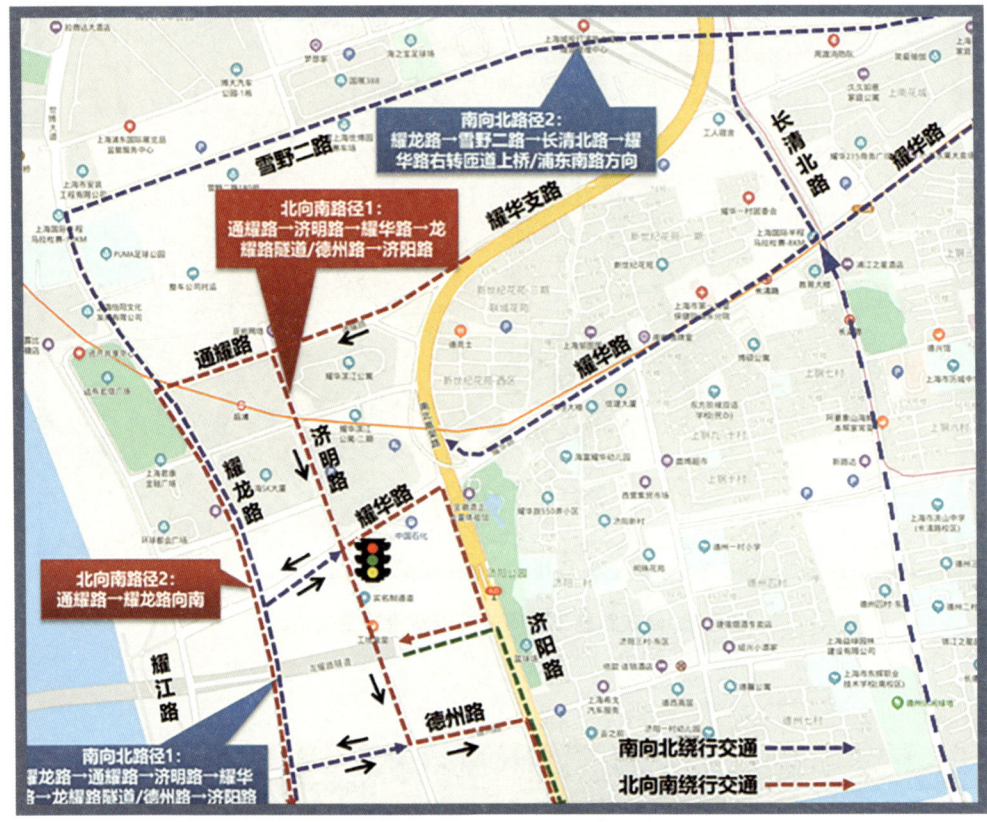

附图9 济阳路快速化工程第三阶段施工交通组织示意图

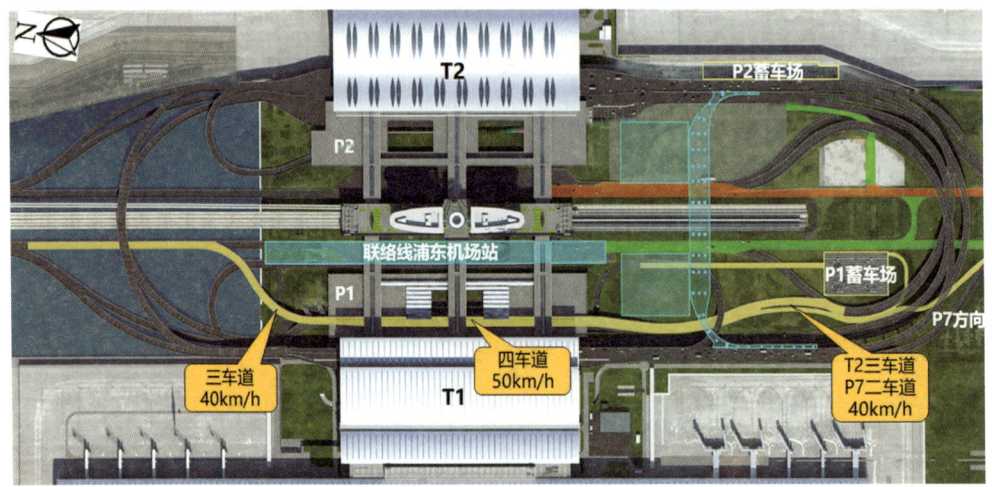

附图10 S1北进场线改道设计方案图

附 录

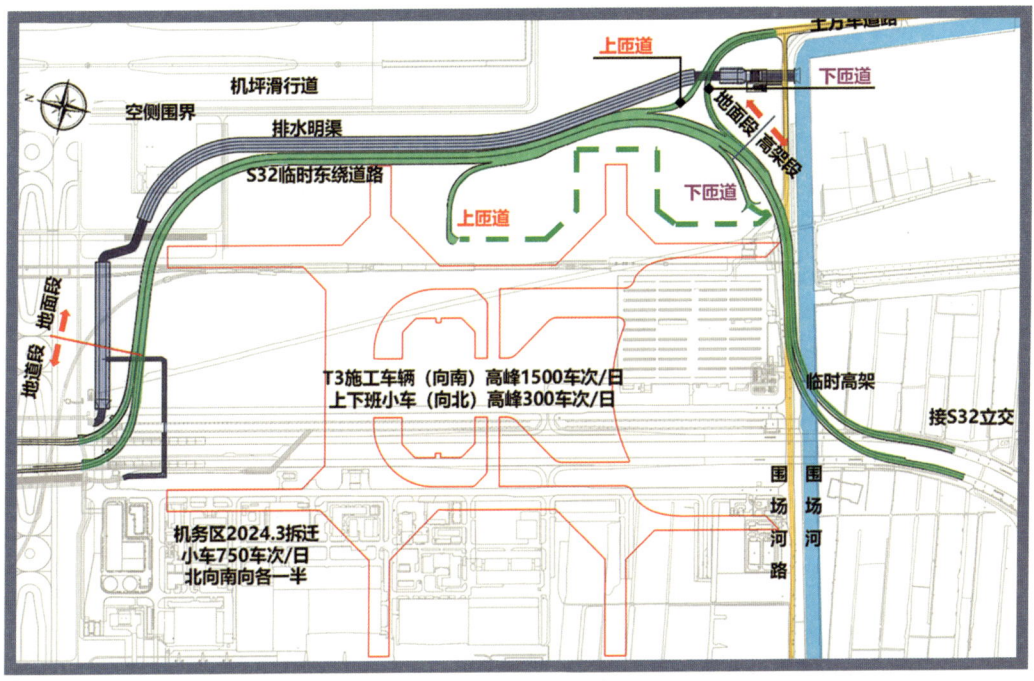

附图 11　S32 南进场临时改道路线设计图

附图 12　新建海天东一路专用通道图

— 261 —

附 录

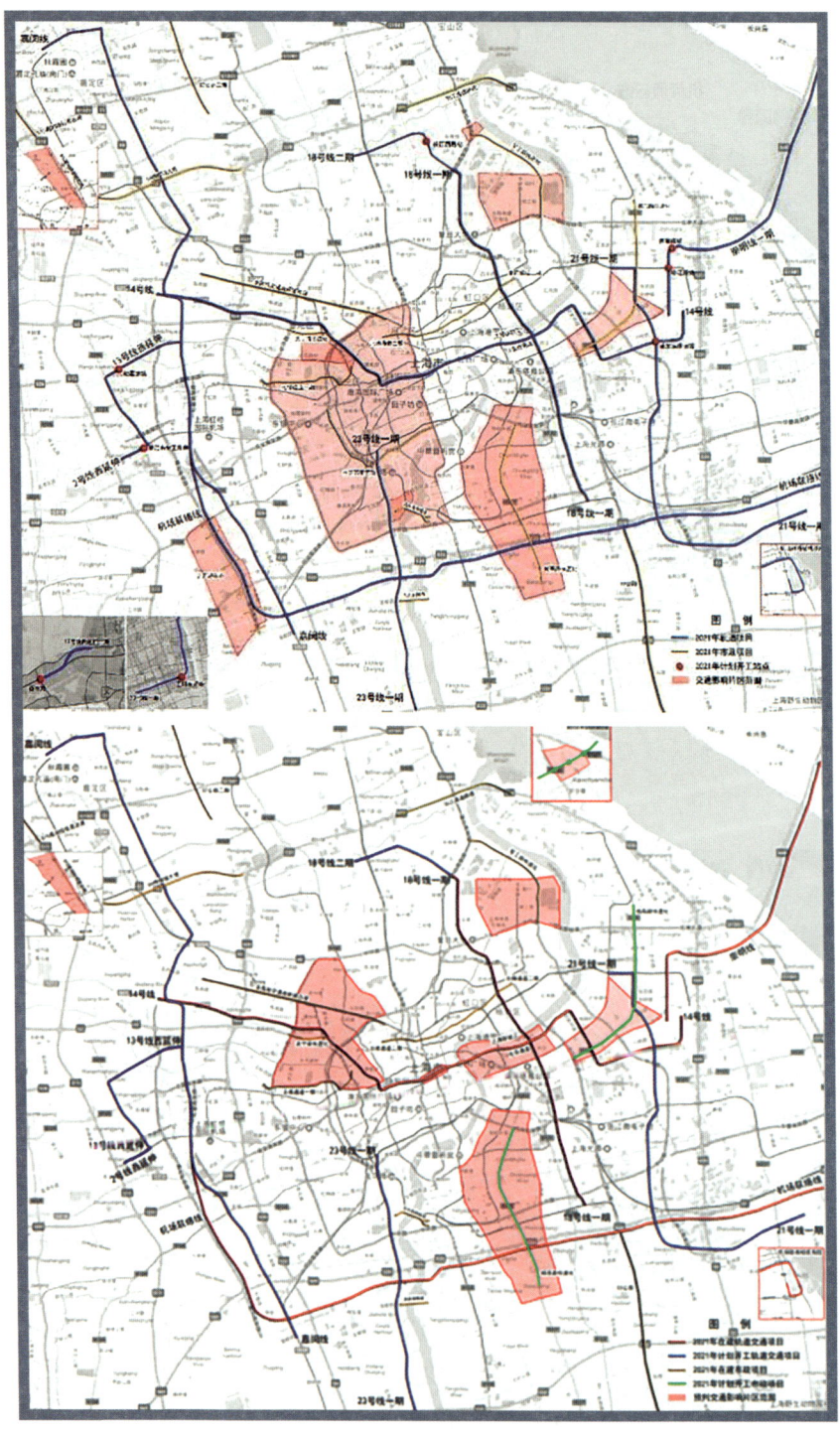

附图 13 2021 年上海市交通拥堵片区预测（上图）与实际（下图）分布